성철스님 시봉이야기

성철스님 시봉이야기

초판발행일	2001년 12월 1일
개정 초판발행일	2012년 4월 30일
개정증보 초판1쇄발행일	2016년 4월 20일
개정증보 초판6쇄발행일	2024년 5월 30일

지은이	원택
사진	주명덕, 유철주

발행인	여무의(원택)
발행처	도서출판 장경각
등록번호	합천 제1호
등록일자	1987년 11월 30일
본사	경남 합천군 가야면 해인사길 118-116 해인사 백련암
서울사무소	서울시 종로구 삼봉로 81(수송동, 두산위브파빌리온) 1232호
	전화 (02)2198-5372 팩스 (050)5116-5374
	홈페이지 www.sungchol.org

편집·교정·제작	선연 (02)733-0127

ⓒ 2016, 원택

ISBN 978-89-93904-71-0 03220

정가 18,000원

※ 이 책에 실린 내용은 무단으로 복제하거나 전재할 수 없습니다.
※ 잘못된 책은 교환해 드립니다.

※ 이 도서의 국립중앙도서관 출판예정도서목록(CIP)은 서지정보유통지원시스템 홈페이지(http://seoji.nl.go.kr)와 국가자료공동목록시스템(http://www.nl.go.kr/kolisnet)에서 이용하실 수 있습니다.
(CIP제어번호 : CIP2016009505)

성철스님 시봉이야기

원택 지음

개정증보판 서문

『성철스님 시봉이야기』1, 2권이 출간된 지도 10여 년이 지나고 있을 무렵, "원택스님, 2012년 3월에 성철 큰스님 탄신 100주년을 맞이하여 불필스님 회고록 출판을 준비하고 있는데, 『성철스님 시봉이야기』중에서 불필스님과 관계된 것을 빼고 다른 부분도 요약해서 두 권을 한 권으로 재편집하여 출판하면 어떻겠냐?"고 김영사 출판사에서 의견을 물어왔습니다.

그렇게 하여 그해 5월, 『성철스님 시봉이야기』가 한 권으로 출판되었고, 9월에는 불필스님의 회고록 『영원에서 영원으로』가 출판되었습니다.

그 후 세월이 흘러 2016년 1월부터 『성철스님 시봉이야기』 판권을 김영사로부터 돌려받게 되어 장경각에서 출판하기에 이르렀습니다.

『성철스님 시봉이야기』1, 2권이 2001년 12월에 출판된 후 15년이란 세월이 흘렀으니 성철스님께서는 열반적정에 드셨지만 지난 15년간 큰스님의 추모사업은 여러 방면으로 이루어져 왔습니다.

장경각에서 『성철스님 시봉이야기』를 다시 출판하면서 이러한 추모사업 등을 '성철스님 시봉이야기 그 후'로 정리하여 첨가해야겠다고 생각했습니다. 그리고 2012년에 두 권을 한 권으로 줄일 때 내가 직접 하지 않고 출판사에 일임하였는데 지금에 와서 보니 아쉬운 점이 많아 그러한 부분까지 보완하여 개정증보판 『성철스님 시봉이야기』를 출판하기에 이르렀습니다.

　세월이 흐르고 기록이 보완·정리되어 가니 『성철스님 시봉이야기』는 단순한 독서물이 아니라 한 시대의 해인사와 백련암의 역사서가 되어가고 있다는 생각이 듭니다. 성철 큰스님의 산승의 삶 58년과 소납의 출가의 삶 45년을 합하면 100년이 넘으니 2대에 걸친 절집 수행의 삶을 풀어쓴 드문 기록집이라 할 수 있겠습니다. 비록 넉넉하지는 못하지만 시대별로 사진도 체계적으로 실어 큰스님의 역사적인 모습을 조금이라도 느낄 수 있도록 편집하였습니다.

　5장까지의 내용은 2001년 12월 1일에 발행된 초판의 내용이므로 지금으로부터 15년 전에 쓰인 글임을 염두에 두고 읽어주셨으면 합니다.

　'소한에 대한이 들렀다가 울고 간다'는 속담이 있는데 지난 겨울은 '대한에 소한이 들렀다가 울고 가는' 불규칙한 맹추위를 경험하였습니다. 황벽선사는 시구에서 '뼛속깊이 사무치는 겨울 추위를 견뎌서야만 매화향기가 코를 찌른다'고 하셨습니다.

　춘분절을 맞이하여 산하대지에 싱그러운 봄기운이 가득함 속에서 더욱 청정하고 정대한 부처님의 깨달음을 내 마음속의 거울에 비춰 담기를 삼세三世의 독자님들에게 기원드립니다.

2016년 춘분절 해인사 백련암

원택 화남

개정판 서문

올해는 성철스님 탄신 100주년이 되는 해입니다. 지난 3월 11일 조계사에서 백련불교문화재단과 성철스님문도회, 조계사 주최로 성철스님 탄신 100주년 기념법회를 봉행했습니다.

이번에 김영사에서 『성철스님 시봉이야기』 1, 2권을 한 권으로 정리한 개정판이 출간되어 스님의 뜻을 되새기게 되길 바랍니다.

2001년 〈중앙일보〉에서 6개월간 연재하던 '남기고 싶은 이야기' 난에 '산은 산 물은 물-곁에서 본 성철스님' 칼럼을 거의 마쳐갈 무렵 최인호 작가에게서 전화가 와서 만날 기회가 있었습니다.

"최 작가님, 아니 후배님. 이 칼럼이 생각지 않게 많은 관심과 호응을 얻는가 봅니다. 그 이유가 무엇이라 생각합니까?"

"선배님, 아니 형님. 첫째는 스님으로서는 정말 쉽게 글을 썼기 때문입니다. 한글을 아는 사람이라면 불교 지식이 없어도 누구라도 쉽게 읽을 수 있다는 것입니다. 둘째는 '산은 산 물은 물'이라는 말씀으로 세상에 크게 알려진 성철스님에 대한 이야기이기 때문에 큰 인기를 얻었다고 생각합니다."

큰스님을 존경하는 가까운 불자들은 "원택스님, 『성철스님 시봉이야기』를 읽으면서 한편으로는 큰스님을 그리워하고, 한편으로는 야단맛은 안타까운 스님 생각에 울고 웃었습니다."라는 말을 했습니다.

또 조계사 앞길에서 만난 동국대 불교대학 오형근 교수님께서는 "원택스님, 『성철스님 시봉이야기』는 훌륭한 21세기판 사원 세시풍속 기록입니다. 어떻게 출가하는지, 행자 시절에 고생하는 모습, 어른 스님의 지도 등이 잘 묘사되어 있습니다. 정말 큰일 하셨습니다."라며 격려해 주셨습니다. 어느 보살님은 일부러 찾아와 "우리 집 양반이 그렇게 절을 못 가게 하더니 『성철스님 시봉이야기』를 읽고서는 '이런 스님들이 절에 살면 당신 절에 가도 좋다'고 허락했습니다. 세상에서 스님들에 대한 생각들이 보살들의 마음과는 다른 모양인데, 이번에 스님들에 대한 생각을 바꿔놓았을 뿐만 아니라 스님들의 격을 한층 높여주셨습니다. 스님, 정말 고맙습니다."라는 진정한 인사도 들었는데, 그 뒤에 다른 보살님들도 비슷한 말씀을 해주셨습니다.

그렇게 10여 년이 지나고 보니, 그때는 힘들어 믿기조차 하였는데 이제는 고인이 되신 〈중앙일보〉 이헌익 국장님과 지금 〈중앙일보〉 논설실장으로 있는 오병상 님께 정말 감사한 마음입니다. 그때 그렇게라도 힘들게 글을 써 남기지 않았다면 언제 다시 이 글을 쓸 수 있었을까 생각합니다. 이렇게 개정판을 출간해주신 김영사 박은주 사장님과 편집부 여러분에게 고마운 마음을 올립니다.

이미 이 책을 읽으신 독자님들, 지금 읽고 계시는 독자님들, 그리고 내일 이 책을 읽으실 독자님들에게 감사의 말씀을 드립니다.

2012년 곡우절을 앞두고 해인사 백련암 선불장選佛場

원택 圓澤

초판 서문

계절이 입동을 지나 소설의 절기에 접어들고 있습니다. 붉은빛과 황금빛으로 화사함을 자랑하던 단풍잎들이 이제는 바람이 부는 대로 땅 위로 떨어져 이리 뒹굴 저리 뒹굴거리고 있습니다.

성철스님께서는 봄 진달래가 만산을 붉게 물들이는 좋은 계절에 이 세상에 오셨다가 이렇게 입동에 들어설 무렵 만산에 홍엽이 우수수 떨어지기 시작하던 계절에 세연을 다하고 열반에 드셨습니다. 돌이켜 보면 스님 떠나심이 엊그제 같은데 어느덧 8년이라는 세월이 지나가 버렸습니다.

살아 계실 때 그 기세에 눌려 숨 한 번 크게 쉬지도 못하고 그저 어른께 야단맞지 않고 하루가 무사히 지나기만을 바라고 살았던 그 세월이 너무나 죄스럽고 부끄러워서 정말 견디기 힘들었습니다. 계실 때 좀 더 잘 모시고 많이 묻고 많이 들어야 했는데 그저 어렵다는 생각에 도망치려고만 한 세월들이 너무나 허허롭게 느껴졌습니다.

지난 5월에 〈중앙일보〉 이헌익 문화국장이 나를 찾아와서 "성철스님의 평전을 우리 신문에 한번 실어보자."고 제안하는 것이었습니다. "상좌가 어찌 감히 스님을 평하겠습니까? 세월이 흐른 뒤 훗날 누군가에게 맡겨야 할 일이 아니겠습니까?" 하고 사양했지만, 이런저런 얘기 끝에 '산은 산, 물은 물-곁에서 본 성철스님'이라는 제목으로 시자기侍者記를 쓰자는 데 어렵사리 합의를 보고 연재를 시작하게 되었습니다. 그렇게 시작된 연재가 5월부터 10월까지 6개월간이나 이어졌습니다. 그리고 그것이 인연이 되어 다시 김영사에서 『성철스님 시봉이야기』 1, 2권 두 권으로 출판하기에 이르렀습니다.

성철스님께서는 평소에 법문 끝이나 말씀 끝에 이런 말씀을 자주 하셨습니다.

"그림 속의 떡은 아무리 보아도 배부르지 않고, 그림 속의 사람은 아무리 불러도 대답이 없다."

옛날 중국 당나라의 고승인 황벽스님이 계시는 절에 재상 배휴 상공이 찾아오게 되었습니다. 벽에 그려져 있는 큰스님들의 화상을 둘러보다가 옆에 있는 스님에게 물었습니다.

"이 스님들은 지금 다 어디 갔습니까?"

그 스님이 대답을 못하고 쩔쩔매다가 황벽스님을 찾아가 자초지종을 말씀드리니, 황벽스님이 배상공에게 가서 다시 묻게 했습니다.

"이 스님들은 지금 다 어디 갔습니까?"

그러자 황벽스님이 두말 않고 "배상공!"이라고 소리쳐 불렀습니다. 배상공이 얼떨결에 "예!" 하고 대답하니, 황벽스님이 "지금 어디에 있는가?" 하고 소리쳤고 그 끝에 배상공이 깨달은 바가 있었다고 합니다. 그 후 배상공은 평생을 황벽스님을 믿고 따랐습니다.

어쭙잖은 시자가 성철스님을 모신 일화들을 주섬주섬 쌓기는 쌓아 보았습니다만 큰스님께 큰 누가 되지는 않을까 송구할 따름입니다. 또한 이 글을 읽는 독자들도 그림 속의 떡만 보아서 얼마나 배가 부를지, 공연한 시간 낭비가 되지는 않을지 두렵습니다.

  이 책 속을 아무리 뒤져도 그 어디에서도 성철스님을 찾아뵐 수는 없을 것입니다. 그렇지만 이 책을 읽어가는 동안에 "아무개야! 지금 어디에 있는가?" 하고 부르는 황벽스님의 목소리를 들을 수만 있다면 저 또한 큰 기쁨이 아닐 수 없습니다. 성철스님을 보아도 보지 못하고, 만나도 만나지 못한 이의 잠꼬대를 용납해주시길 바랍니다.

2001년 11월 소설절

원택 和南

자기를 바로 봅시다

자기를 바로 봅시다.
자기는 원래 구원되어 있습니다. 자기가 본래 부처입니다.
자기는 항상 행복과 영광에 넘쳐 있습니다.
극락과 천당은 꿈속의 잠꼬대입니다.
자기를 바로 봅시다.
자기는 시간과 공간을 초월하여 영원하고 무한합니다.
설사 허공이 무너지고 땅이 없어져도 자기는 항상 변함이 없습니다.
유형, 무형 할 것 없이 우주의 삼라만상이 모두 자기입니다.
그러므로 반짝이는 별, 춤추는 나비 등등이 모두 자기입니다.
자기를 바로 봅시다.
모든 진리는 자기 속에 구비되어 있습니다.
만약 자기 밖에서 진리를 구하면,
이는 바다 밖에서 물을 구함과 같습니다.
자기를 바로 봅시다.
자기는 영원하므로 종말이 없습니다. 자기를 모르는 사람은
세상의 종말을 걱정하며 두려워하여 헤매고 있습니다.

자기를 바로 봅시다.
자기는 본래 순금입니다.
욕심이 마음의 눈을 가려 순금을 잡철로 착각하고 있습니다.
나만을 위하는 생각은 버리고 힘을 다하여 남을 도웁시다.
욕심이 자취를 감추면 마음의 눈이 열려서,
순금인 자기를 바로 보게 됩니다.
자기를 바로 봅시다.
아무리 헐벗고 굶주린 상대라도 그것은 겉보기일 뿐,
본모습은 거룩하고 숭고합니다.
겉모습만 보고 불쌍히 여기면, 이는 상대를 크게 모욕하는 것입니다.
모든 상대를 존경하며 받들어 모셔야 합니다.
자기를 바로 봅시다.
현대는 물질만능에 휘말리어 자기를 상실하고 있습니다.
자기는 큰 바다와 같고 물질은 거품과 같습니다.
바다를 봐야지 거품은 따라가지 않아야 합니다.
자기를 바로 봅시다.
부처님은 이 세상을 구원하러 오신 것이 아니요,
이 세상이 본래 구원되어 있음을 가르쳐 주려고 오셨습니다.
이렇듯 크나큰 진리 속에서 살고 있는 우리는 참으로 행복합니다.
다 함께 길이길이 축복합시다.

— 성철 큰스님 법어, 1982년 음력 4월 8일

차례

개정증보판 서문	5
개정판 서문	7
초판 서문	9
자기를 바로 봅시다	12

1장 _ 우리 시대의 부처, 열반에 들다

열반	20
연화대의 탄생	23
길고도 짧고 짧고도 긴 영결식	31
다비식	36
종교를 초월한 사리 친견법회	40
방광放光	44
돈오돈수頓悟頓修	47

2장 _ 성철스님과 나, 원택

첫 만남	54
니 고만 중 되라	64

행자 생활의 시작	72
도끼에 발등 찍힌 날	80
연등 없는 백련암	83
육조단경 설법	87
시줏돈과 팁	93
내 이빨 물어줄래?	96
법명 번복 소동	100
생산의 기쁨, 노동의 보람	103
법명 '원택'	106
공양주에서 시찬으로	111
큰스님의 장난기	117
몸에 밴 근검절약	122
수박사건	125
꽃, 나무 그리고 사람	127
큰스님의 천진불들	130
가족과의 환속 전쟁	134
혼쭐난 배추밭 울력	140
빈틈없는 하루의 시작	143
행자 실력 테스트	146
가야산 호랑이 큰스님	150
삼천배를 하면	153
무관심한 절 살림	156
성철스님 모시기	159
나의 수행기	162
쉽지 않은 원주 노릇	174
독초소동	180
남산 제일봉 매화산에 올라	184

가난한 마장마을	188
시루떡 소동	192
큰스님의 똥물 처방	198
백련암의 텔레비전	201
병중일여病中一如	204

3장 _ 영원한 대자유인, 성철스님

큰스님은 부잣집 맏아들	210
동정일여, 몽중일여, 숙면일여	217
해인사로의 출가	221
출가송出家頌	225
성철스님의 오도송悟道頌	229
오도悟道 후 첫 만행	236
만공 큰스님과의 인연	239
제방선원 탐방	244
묘엄스님	248
봉암사의 혁신	253
엄격한 봉암사 수행	260
성전암 10년 동구불출洞口不出	269
최초의 사자후獅子吼	272
해인총림 방장	276
김병용 거사와 장경각	283
성철스님의 아버지	289
성철스님의 어머니	293
수경의 학창시절	297

수경의 출가	304
불필스님의 3년 결사	311
남산댁의 설움과 출가	314

4장 _ 우리 곁에 왔던 부처

스님의 도반들	322
무서운 방장스님	340
백일법문百日法門	343
삼천배와 아비라 기도	349
법난과 종정 취임	353
언론에 알려진 첫 법문	357
첫 한글 법어 탄생	363
백련불교문화재단	368
시주는 남 모르게	371
산문불출山門不出	374
효도와 고향	378

5장 _ 영원한 시간들 – 열반, 그 후

진영과 존상	382
생가 겁외사 창건	386
열반송 유감	391

6장 _ 시봉이야기 그 후

1. 성철스님 생전에 잘한 일　　　　　　　　　　　　　396
　　법어집과 선서의 출간 · 396

2. 성철스님 열반 후 잘한 일　　　　　　　　　　　　417
　　1) 칠일칠야 8만4천배 추모 참회법회 · 417
　　2) 사리탑 건립 · 422
　　3) 「성철스님 시봉이야기」와 「영원에서 영원으로」, 「설전」의 출간 · 430

3. 사리탑전 삼천배 기도의 감동　　　　　　　　　　445

4. 성철스님 탄신 100주년 기념 사업들　　　　　　　450
　　1) 성철스님 탄신 100주년 기념 학술포럼 개최 · 450
　　2) BTN '산은 산, 물은 물' 법문 방영 · 454
　　3) 성철스님 탄신 100주년 기념 다례제 · 458
　　4) 성철스님 일대기 전시회 · 460
　　5) 성철스님 수행도량 순례단 행사 · 461

5. 성철스님기념관 건립　　　　　　　　　　　　　　466
6. 「성철스님 이야기」 음반 출판　　　　　　　　　　477
7. 『명추회요』 발간과 봉정법회　　　　　　　　　　481

용성 대종사 행장　　　　　　　　　　　　　　　　488
동산 대종사 행장　　　　　　　　　　　　　　　　495
성철 대종사 행장　　　　　　　　　　　　　　　　503
성철 대종사 연보　　　　　　　　　　　　　　　　509

1

우리 시대의 부처, 열반에 들다

"인제는 가야지. 내 할 일은 다 했다……."
큰스님은 스르르 눈을 감았다.
팔십 평생 걸치고 다니던 육신을 벗기로 마음먹은 스님.
말릴 수도 돌이킬 수도 없는 순간이 다가오고 있었다.
창 밖에 여명이 사라지고 빛이 들 무렵,
스님의 숨소리는 점점 가늘어져 가며,
"참선 잘하그래이."라고 당부하시니
법랍 58세, 세수 82세,
갑자기 세상이 '큰 침묵' 속으로 빠져들었다.

열반

　　　　　　가야산 단풍의 절정기는 지금까지는 10월 18~25일
쯤이다. 그 시기가 지나면 붉고 노란 나뭇잎들은 나날이 낙엽으로
떨어져 뒹군다. 그런 뒤 나무는 앙상한 가지와 몸을, 본체를 드러내
게 된다.

　1993년 그해 가을도 그렇게 빨갛게 물들어가던 무렵 나의 스승
성철스님은 팔순을 넘긴 나이에도 불구하고 가야산 깊은 계곡 암자
에서 비교적 건강하게 한 철을 보내고 계셨다. 나는 별다른 걱정 없
이 스님 봉양을 시자(侍者: 노스님을 뒷바라지하는 젊은 스님)들에게 맡기고 해
인사 본찰에서 총무국장 소임으로 바쁜 나날을 보내고 있었다.

　나무들이 잎을 모두 떨구고 새벽 찬바람이 초겨울 한기를 느끼게
하던 11월 3일, 그날도 나는 해인사 장경각(대장경을 보관하는 건물)에 있
는 경판 중 몇 판을 '책의 해' 행사 준비를 위해 서울로 옮기는 작업
을 하고 있었다.

　그때 성철스님이 급히 찾으신다는 전갈이 왔다. 그전에 날마다 뵈
올 때 "이제는 건강이 좀 좋아진 듯하니, 자주 찾아오지 말고 내가
부르면 오너라." 하고 말씀하셨다. 그런데 그 성품에 갑자기 찾으신다

는 소리를 들으니 불길한 마음이 언뜻 스치고 지나갔다.

그래도 설마 하는 생각에 '시자들이 스님 마음을 편치 않게 했나 보다'라는 짐작을 하고 암자로 올라갔다. 문안을 올리고 고개를 들자 청천벽력 같은 말씀을 하셨다.

"내 인제 갈란다. 너거 너무 괴롭히는 거 같애."

가슴이 철렁했다. 예부터 선승禪僧들은 스스로 열반의 순간을 택한다고 한다. 스님의 말씀에 예전에 없던 결연함이 배어 있었다. 황망한 마음에 스님께 사정을 드렸다.

"시자들이 또 스님의 마음을 거슬렀나봅니다. 부디 고정하시고 노여움을 푸시지요."

그렇다고 마음을 돌이킬 스님이 아니다. 낮은 목소리는 단호했다.

"아이다! 인제는 갈 때가 다 됐다. 내가 너무 오래 있었다."

불과 사흘 전 상좌 원융스님이 큰스님을 찾아왔다 들려준 얘기가 생각났다. 스님이 잠든 것을 보고 원융스님이 "스님, 이러한 때 스님의 경계는 어떠하십니까?" 하고 물으니, 깊이 잠든 것 같던 스님이 벌떡 일어나 난데없이 뺨을 한 대 힘껏 치더라는 것이다. 그 말을 듣고 '오래오래 계시려나 보다' 하고 한숨을 돌렸었는데, 이런 날벼락 같은 말씀을 들으니 갑자기 맥이 탁 풀리는 느낌이었다. 다시 한 번 엎드렸다.

"불교를 위해서나 해인사를 위해서나 좀 더 같이 계셔야 되지 않겠습니까?"

부질없는 짓이었다. 스님의 목소리는 더 느리고 더 단호해졌다.

"아이다. 인제는 가야지. 내 할 일은 다 했다……."

큰스님은 말을 마치자 스르르 눈을 감았다. 팔십 평생 걸치고 다니던 육신을 벗기로 마음먹은 스님. 말릴 수도 돌이킬 수도 없는 순간을 기다리는 무기력함을 실감해보기는 난생처음이었다. 기나긴 침묵의 밤을 바스락거리는 낙엽 소리로 지샜다. 4일, 여명이 밝아올 즈음 스님이 입을 여셨다.

"내 좀 일어나게 해봐라."

듬직한 육신이 깃털처럼 가볍다. 일으켜 세워 내 가슴에 스님을 기대게 했다. 얼마나 시간이 흘렀을까. 창 밖에 빛이 환해질 무렵이었다.

"참선 잘하그래이!"

그러고는 아무 말이 없었다. 스르르 고개를 가누시면서 숨소리도 가늘어져갔다. 법랍 58세, 세수 82세. 갑자기 세상이 '큰 침묵' 속으로 빠져들었다.

스님은 떠나면서 다음과 같은 열반송을 남기셨다.

涅槃頌

生平欺誑男女群(생평기광남녀군)하니
彌天罪業過須彌(미천죄업과수미)라
活陷阿鼻恨萬端(활함아비한만단)인데
一輪吐紅掛碧山(일륜토홍괘벽산)이로다

일생 동안 남녀의 무리를 속여서
하늘 넘치는 죄업은 수미산을 지나친다.
산 채로 무간지옥에 떨어져서 그 한이 만 갈래나 되는데
둥근 한 수레바퀴 붉음을 내뿜으며 푸른 산에 걸렸도다.

연화대의
탄생

　　　　　　장좌불와長坐不臥(밤에도 눕지 않고 앉아서 수행하는 것)를 오래 한 탓인가. 성철스님은 편안히 누워 입적하지 않고 앉아서 숨을 거두는 좌탈坐脫을 택했다. 하지만 보통 사람들이 누워 있는 것보다 훨씬 더 편안해 보였다.

　아침 7시, 마주 댄 어깨 사이로 조금씩 온기가 사라지는 느낌에 비로소 큰스님을 자리에 눕혔다. 밤새 마음으로 준비한 열반인지라 가슴속에 솟구치는 감정의 응어리를 참고 참았다.

　선사들이 죽음을 맞이하는 방식은 여러 가지지만 남은 문도(제자)들이 그 주검을 거두는 과정은 한 가지다. 절집에선 '다비茶毘'라는 이름으로 화장을 한다. 다비란 말 자체가 태운다는 뜻의 범어를 소리를 따라 옮긴 말이다. 윤회를 믿기에 죽음이란 단지 육신이라는 옷을 바꿔 입는 데 불과하다. 또 육신은 그렇게 공空한 것이기에 깨끗이 태워 없애는 게 맞다는 교리다.

　개인적으로 다비장에 처음 가본 것은 출가한 지 몇 년 되지 않아서였다. 거기서 입적한 스님의 다비하는 모습을 보게 되었다. 솔직히 '절집에서는 아직도 이렇게 원시적으로 화장하나?' 하는 것이 처음

받은 인상이었다. 당시의 연화대蓮花臺는 평상의 반 정도 되는 넓이로, 엉성하게 짜놓은 쇠틀 위에 관을 얹고, 쇠틀 밑에 숯과 장작을 채우고 밖에는 2m 길이의 참나무를 세워서 만든 형태였다. 쌓아놓은 나무가 흩어지지 않도록 철사 줄로 여러 군데 동여매기도 했다. 이렇게 만드는 데 걸리는 시간은 1시간 30분 정도. 법구法柩가 도착해 위에 놓이면 장작을 쌓고 석유를 부어 불을 붙이면 화장이 시작된다.

그런 모습이 나에게는 충격적이었고 너무나 원시적으로 보였다. 그러나 절 집안의 연륜이 쌓여 이런 모습을 자주 보게 되면서 나중에는 익숙해져 그것도 당연한 것처럼 여겨졌다.

어느 산중의 큰스님이 돌아가시면 나는 종정 큰스님이신 스님을 대신해 조문 사절로 가는 경우가 많았다. 정확히 언제였는지는 모르겠지만 초겨울이었던 것으로 기억된다. 날씨가 좀 쌀쌀했다. 어떤 큰스님의 다비식에 참석했는데, 꽃상여로 꾸민 스님의 법구가 다비장까지는 잘 모셔졌다. 다비장에 이르자 꽃상여를 벗겨내고 큰스님의 법구를 침대 모양의 돌 위에 올리고는 주변에 장작을 쌓았다. 다비 방식은 산중마다 전통이 약간씩 달랐는데, 그 사찰에서는 해인사와는 달리 긴 나무를 쓰지 않고 짤막한 장작을 사용했다. 나무가 짧은 만큼 쌓기가 쉽지 않아 보였다. 게다가 날씨까지 쌀쌀해 음지에서 기다리는 사람들은 발을 동동 구르며 추위에 떨면서 다비가 늦어짐을 탓하였다. 일하는 사람들의 마음도 급해지기 시작했다.

그러더니 나중에는 일하는 사람들이 큰스님 법구 위에 올라가 나무를 발로 밟아 쌓기 시작했는데, 그 모습이 영 좋아 보이지 않았다. 게다가 그렇게 오랜 시간 힘들게 나무를 쌓아 연화대를 마련해 불을 붙이니 다비에 동참한 대중들은 이미 추위에 지쳐 있었다. 다비장의 그런 모습을 보면서 나도 모르게 고민하기 시작했다.

'우리 스님이 가시면 다비장을 어떻게 마련하는 것이 좋을까?'

큰스님들 다비식이 있을 때마다 개인적으로 눈여겨본 것은 다비 방식이었다. 그때마다 뇌리에서 떠나지 않은 것은 '어떻게 하면 법구에 결례를 끼치지 않고 대중들도 기다리지 않게 하면서 큰스님의 마지막 가는 길을 좀 더 여법如法(부처님의 가르침과 같다)하게 할 수 있을까?' 하는 것이었다. 그러던 나에게 새로운 힌트를 제공한 다비식이 있었다. 영암 큰스님의 다비식이었다.

노년에 봉은사에 머무시던 영암 큰스님(1907~1987)이 1987년 6월 3일 입적하자 봉선사 다비장에서 다비식이 거행될 예정이었다. 조문을 하고 주위를 둘러보니 다비 준비로 한창 분주했다. 같이 조문 갔던 자운 큰스님의 손상좌인 종성스님에게 말했다.

"스님, 영암 큰스님 다비 준비가 굉장합니다. 내일이 출상일이라 하니 봉선사 다비장에 먼저 가봅시다. 거기에 가면 뭔가 배울 것이 있을 것 같습니다."

그러자 종성스님도 그렇게 하자고 했다.

봉선사 다비장에 같이 들렀더니 여러 다비장에서 느꼈던 모든 문제점을 말끔히 해결한 다비 방식이 기다리고 있었다. 봉선사는 예로부터 나무가 아닌 짚으로 다비하는 곳으로 유명한데, 다비장에 가보니 화장장의 화구처럼 법구가 들어갈 만큼의 거푸집의 헛집을 지어놓고 그 주위에 '새끼 두 타래에 숯 한 포' 하는 식으로 숯과 새끼를 차곡차곡 쌓아놓아 언제든지 불을 붙일 수 있게 해두었다.

법구가 도착하면 동참 대중들은 기다리지 않아도 되고 큰스님 법구를 발로 밟는 일도 생기지 않는 묘책이다 싶었다. 그리고 각목으로 다비장 위에 5층탑 모양을 만들어 남방 가사 색깔인 오렌지색 천으로 둘러쳐놓으니 정말 화려하고 장엄해 보였다. 나는 기뻐하며 종성스님에게 말했다.

"여기 오길 참 잘했습니다. 다비장 문제는 다 해결되었습니다."

그러자 종성스님도 "참말 그렇다."며 동의해주었다.

봉선사 다비장에서 개인적으로 많은 것을 배웠고 거기서 배운 것이 나중에 장엄한 해인사 연화대 탄생의 밑거름이 되었다.

그 후 몇 년이 지난 1992년 2월 7일(음, 1월 4일), 자운 큰스님이 열반에 드셨다. 당시는 마침 나와 종성스님이 해인사 소임을 보고 있던 때였다. 있는 정성을 다해 다비식을 준비하고 큰스님의 장례 기간을 7일장으로 결정했다.

추운 겨울이라 준비가 쉽지 않았다. 거푸집을 만들고 그 위에 화장목(화장할 때 사용하는 나무)을 쌓아 미리 다비대를 만들었다. 많은 사람들이 모인 앞에서 허연 관을 쇠틀 위에 올리고 두 시간 가까이 나무를 쌓아 올리는 시간을 없앤 것이다. 여러 사람 앞에서 석유 기름을 붓는 일 역시 상상하기 싫은 일이었다.

종성스님은 봉선사 영암 큰스님 다비대처럼 5층탑을 만들지 않고 다비대 위에 나무를 쌓고 짚으로 둘러싼 뒤 그 위에 광목을 덮었다. 다비대를 석종형의 부도탑 형식으로 만든 것이다. 그 위에 연잎을 붙였다. 그것이 아마 우리나라 근현대 불교사에서 최초의 연꽃 모양 다비대, 즉 연화대였을 것이다. 그렇게 장엄하게 잘해놓으니 연화대 주위가 환해지는 느낌이었다. 주변의 산만함이나 혼란함도 찾아보기 힘들었다. 그야말로 큰스님이 여법하게 이생을 떠나시는 장엄한 축제를 준비하는 기분이었다.

당시는 몹시 추운 겨울이었다. 그래서 연화대 탄생을 모르는 참가 대중들은 단단한 옷차림으로 운구 행렬을 따라나서기 시작했다. 다비장에 도착한 대중들은 지금까지와는 다른 연화대를 보고 몹시 신기해하고 놀라는 모습이 역력하였다.

한겨울 큰 연꽃 속에 스님의 법구를 모시고 연화대에 불을 댕기자 문상 온 사부대중들은 "장엄하다" "여법하다"를 연발하며 감탄을 금치 못하며 다비과정이 장엄하고 엄숙함을 기뻐하였다.

물론 일부에서는 화려하다는 지적도 없지 않았다. 그래서 다비식은 잘해도 욕먹고, 못해도 욕먹는 일이라고 한다. 스님들이 다비식을 초라하게 하면 그 문도들한테 평생 한 맺힌 원망을 듣기 때문에, 차라리 화려하다고 욕먹는 게 낫다며 나를 위로했다.

그런데 정작 성철스님이 돌아가시자 마음이 흔들렸다. 가르침에 따라 다비식을 간소하게 해야겠다는 생각이 앞섰지만, 전국에서 모인 비구·비구니 대중스님들의 마음은 그런 것이 아니었다. 우리가 할 수 있는 정성은 다하고 싶어하였다.

빈소도 채 만들기 전부터 문상객들이 몰려들었다. 처음엔 근처에 와 있던 등산객들이 문상하겠다며 모여들었고, 시간이 지나면서 인근 지역 불자들이 밀려들기 시작했다. 추모 인파가 몰려들면서 '문상객이 적어 스님의 법력이나 덕에 흠이 될 일은 없을 것'이라는 점에서

● 다비식의 거화 장면

한편으로는 안심이 됐지만 다른 한편으로는 세간의 지나친 관심이 부담스럽기 시작했다.

세속의 가장 큰 관심사는 뭐니 뭐니 해도 사리舍利였다. 한 시대의 선풍을 주도했던 큰스님인 만큼 사리가 나오긴 나올 텐데, "과연 몇 과顆나 나올까" 하는 것이 세인의 관심사가 아닐 수 없었다.

사리란 원래 화장을 하고 나서 남는 유골을 말한다. 인도에선 부처님 이전 시대부터 덕이 높은 사람의 유골을 나눠 갖는 풍습이 있었다고 한다. 그 덕을 추모하는 뜻일 것이다. 불교에선 사리가 단순한 뼛조각이 아닌 구슬처럼 응결되어 부서지지 않으니 사부대중들에게는 법력의 상징처럼 여겨진다.

그러나 성철스님은 생전에 "사리가 뭐가 중요하노?" 하시며 주변에서 사리를 지나치게 신비화하는 풍토를 꾸짖으셨다.

"사리가 수행이 깊은 스님한테서 나오기는 한다만, 사리만 나오면

뭐하노. 살아서 얼마나 부처님 가르침에 맞게 수행하며 살았는가가 중요하지, 그 스님의 사리가 중요한 거는 아이다."

홍제암 자운 큰스님이 입적하셨을 때 얘기로, 자운스님은 성철스님보다 20개월 앞선 1992년 2월 7일에 열반하셨다.

당시 해인사 총무국장이었던 나는 자운 큰스님의 20여 과의 사리를 모시고 여는 '사리 친견법회'를 주관하고 있었다. 그런데 부산에서 연락이 왔다. 스님이 사리를 보고 싶어 하신다는 거였다. 나는 어느 날 법회가 끝나자마자 사리를 모시고 부산으로 달려갔다.

사리를 싼 보자기를 풀어 스님께 보여드렸다. 한참을 보시더니 한 마디 하셨다.

"이 사리가 자운스님이가?"

광복 직후인 1947년 경북 문경시 봉암사에서 '부처님의 가르침대로만 살아보자'라는 결심으로 함께 수행에 들어간 이래 반평생을 같이

● 조계종 종정으로
추대되신 후 찍은 사진

해온 도반. 쓸쓸한 듯, 서운한 듯, 그렇게 한참을 바라보고만 계셨다.

"사리가 이리 마이 나왔으니……, 얼매나 좋은 일이고!"

그러고는 깊은 침묵에 잠기셨다.

사리가 중요한 것이 아니라 부처님의 가르침에 따라 사는 것이 중요하다고 가르치던 큰스님이지만, 수행과 법력의 결과로 얻어진 도반의 사리에 대해서는 '좋은 일'이라고 말씀하셨다. 사리에 집착할 필요는 없지만 한평생 정진한 결과로 남겨진 사리가 분명 의미 없는 것은 아닐 것이다.

길고도 짧고
짧고도 긴 영결식

성철스님은 1981년 1월 조계종의 최고 지도자인 종정에 추대되고서도 산문 밖 출입을 전혀 하지 않으셨다. "종정이 되셨으면 서울에도 나오고 여러 법회에도 참여해 법을 베푸는 것이 도리인데, 예전과 다름없이 산중에만 계시기를 고집하니 너무하시다."라는 불만이 특히 서울·경기 지역의 신도님들에게서 많았지만 성철스님은 누가 뭐래도 한마디로 일축했다.

"종정이라카는 고깔모자를 덮어 썼다마는, 내 사는 거 하고는 아무 관계 없데이!"

그래서 다른 스님의 입적 소식을 들으면 내가 종정의 조문 사절로 다니곤 했다. 스님이 써주신 조사弔辭를 해당 본사나 사찰에 올리고, 종정스님께서 오지 못한 데 대한 사과를 드리는 것이 나의 주된 임무였다. 그러다 다비식에 참석하게 되면 낯익은 어른 스님들로부터 "큰스님을 모시고 있으니 나중에 실수 없도록 상중 일들을 잘 봐두어라."라는 당부의 말을 꼭 들어야 했다.

나름대로 준비를 한다고 했는데, 막상 일을 당하고 보니 어디서부터 무얼 어찌해야 좋을지 막막했다. 다행히 해인사 스님들은 종정을

● 다비장까지의 길을 가득 메운 만장과 추모 대중

지낸 고암 큰스님, 총무원장을 지낸 자운 큰스님의 다비를 치른 경험이 있었다. 스님들은 문상객맞이와 영결식, 다비식 준비를 차근차근 진행해나갔다. 장례는 7일장으로 정했다. 서울로 〈선림고경총서〉와 〈성철스님 법어집〉을 출간해준 불지사 김형균 사장에게 전화를 하였다.

"지금 해인사에서 무엇을 하는 것이 가장 필요하겠습니까?"

"기자들이 와서 기사를 정리해 송고할 수 있도록 팩스기를 여러 대 준비하고 언론 브리핑 장소도 마련해야 합니다."

나는 "기자들이…?" 긴가민가하면서 준비를 하였다.

워낙 세간에 얼굴을 안 보인 종정스님이라서 마지막 가시는 길을 보고 싶어 하는 문상객이 그렇게 많았던 것 같다. 그중에서도 의외의 손님은 기자들이었다. 종합 일간지나 방송사 기자들이 이 산골짜기까지 오리라고는 생각지도 않았는데 오후부터 기자들이 몰려들고 다음날 조간에 추모기사들이 신문의 온 지면을 덮기 시작했다.

절집에서 다비관련 정례브리핑이 생긴 것도 아마 전무후무할 것이다. 아침 브리핑 시간의 첫 질문은 늘 "오늘 어떤 저명인사가 문상 온다고 했습니까?"였다. 하지만 미리 알리고 오는 사람이 드물어 번번이 대답이 궁할 수밖에 없었다. 그러나 무엇보다도 언론 대책을 귀띔해준 불지사 김형균 사장님의 조언이 고마웠다.

한편 청화당에서는 송월스님을 비롯해 붓글씨 잘 쓰는 여러 스님이 '만장輓章' 글을 열심히 썼다. 주로 경전 구절이나 선사 어록이었다. 청하는 글이 따로 있으면 부탁대로 써주기도 하고, 만장마다 청한 사람의 이름을 적어주기도 했다.

전국에서 비구, 비구니들이 찾아와 지극히 애도하고, 가신 스님을 위해 정성을 다하고 싶다는 간절한 마음을 전해왔다. 스님들 사이에서는 "큰스님 깨달음의 경지에서야 모든 것이 필요 없지만, 산중대중의 허허로운 마음을 달랠 길이 없으니 대중의 정성을 모아 금강경을 독송하자."라는 뜻이 모아졌고, 오후 7시부터 많은 스님들이 빈소인 궁현당에 모여 금강경을 독송했다. 조문 온 신도들까지 한마음으로 참여하여 상좌들에게 또 다른 자긍심을 심어주었다.

마침내 출상 당일의 날이 밝았다. 아침이 되자 부슬부슬 비가 내리기 시작했다. 궂은 날씨에도 불구하고 스님의 마지막 길을 애도하는 신도들이 새벽부터 밀려들기 시작했다. 전날 저녁 산중회의에서 점심 도시락을 1만 개 정도만 준비하면 될 것이라고 추정하여 카스텔라와 음료 등을 1만 명분만 준비했는데 아침 해가 밝기도 전에 수만 명을 넘는 인파가 산사를 가득 메웠다.

11월 10일 오전 11시, 해인사 구광루 앞마당에서 영결식이 시작됐다. 다섯 번 치는 범종의 메아리가 어찌나 길게 가슴을 저미는지, 솟아오르는 슬픔을 견딜 수가 없었다. 눈물로 얼룩진 안경 너머로 오열하는 스님들의 모습이 어른거렸다. 김종필 민자당 대표, 이기택 민주당 대표, 이민섭 문화체육부장관, 박관용 대통령비서실장, 권익현 정각회 회장, 박찬종 신정당 대표 등 당시 정계 거물들이 참석한 사실은 뒤늦게서야 알았다.

'길고도 짧고, 짧고도 긴' 영결식은 두 시간 만에 끝났다. 큰스님이 58년간 지켜온 산문을 떠날 시간이었다.

다비식

1993년 11월 10일, 40년간 누더기만 입었던 성철스님이 노란 국화꽃으로 뒤덮인 법구차에 모셔졌다. 신도들이 지어 온 장삼을 물리칠 때마다 "나는 좋은 옷 입을 자격 없데이."라고 하던 스님이 이날만은 세상에서 가장 화사한 국화옷을 입으셨다.

아침부터 내리던 빗발이 가늘어지더니 뜸해졌다. 다비장은 적당한 거리에 있었다. 절에서 3km 정도 떨어진 산중, 예전부터 다비식이 치러지던 빈터다. 인로왕번引路王幡(운구 행렬을 이끄는 깃발)을 따라 큰스님의 명정이 앞서고 2,000여 개가 넘는 만장이 뒤따랐다.

이어 향로, 영정, 위패가 나서고, 그 뒤를 법구를 모신 영구차와 문도 스님 이하 스님들과 신도들이 대오를 지어 따랐다. 절을 내려오는데 운집한 신도들이 하나같이 오열했고, 3km의 산길을 가득 메우고도 남아 나뭇등걸 위에까지 애도 인파로 가득했다. 사람이 어찌나 많은지 장례 행렬이 길을 헤쳐 나가야 했다. 미리부터 기존 다비장 터 주변의 잡목을 정리해 넓혀놓았는데도 발 디딜 틈이 없었다. 주변 언덕, 나무 사이사이까지 사람들로 가득해 말 그대로 사람의 산이고 사람의 바다였다. 다비장 한가운데 연화대는 거대한 연꽃 봉우리로

● 이슬비 오는 날씨에도 활활 타오르는 연화대

장엄했다. 비구니 스님들이 열과 성을 다해 연꽃 모양의 종잇조각으로 디자인 해 연화대를 장식해놓았다. 법구를 연화대의 거푸집에 모셔 놓고, 성철스님의 상좌 중 맏이인 천제스님과 내가 마지막으로 장작을 집어 거푸집 입구를 막았다.

'이제는 정말로 마지막이구나!'

순간 미혹한 생각이 들면서 주체할 수 없는 눈물이 절로 뺨을 타고 흐르기 시작했다. 염불이 끝나고 종단의 대표 스님들과 문도 스님들이 솜방망이에 불을 붙였다. 이어 "거화擧火"라는 구령에 맞춰 일제히 연화대에 솜방망이를 길게 들고 불을 지폈다. 다비를 지켜보던 스님들이 거의 동시에 외쳤다.

"스님! 집에 불 들어갑니다. 어서 나오십시오."
"스님! 집에 불 들어갑니다. 어서 나오십시오."
"스님! 집에 불 들어갑니다. 어서 나오십시오."

목이 터져라 세 번을 외쳤다. 마지막으로 스님을 보내는 대중들의 외침이다. 참았던 눈물이 또 주르르 흘렀다. 불길은 하늘로 치솟고 운집한 수많은 대중은 누구랄 것도 없이 함께 참았던 울음을 터뜨렸다.

그렇게 한참을 울먹이면서 불길을 바라보다가 문득 '이렇게 많은 사람들이 아무 탈 없이 돌아가야 할 텐데…'라는 걱정이 들었다. 거화가 시작되기 전부터 이슬비가 내리니 다비장 바깥 사정이 걱정되었다.

주변을 살피는 길에 경찰 관계자를 만났더니 일대가 온통 난리라 한다. 해인사 경내와 다비장, 그 사이 3km의 산길을 메운 인파만 10만여 명. 대구에서 해인사로 들어오는 88고속도로 고령 인터체인지에서부터 해인사 인터체인지까지 버스들이 꽉 들어차서 옴짝달싹 못한다고 했다.

해인사I.C에서 버스를 버리고 걸어오는 인파까지 합하면 모두 30여 만이나 되는 인파가 다비장을 향해 몰려들고 있다고 한다. 성철스님은 평생을 산승은 산에 머물러야 한다며 세상에 한 발짝도 나가지 않으셨는데, 그 스님이 마지막 가시는 길에 이렇게 해인사 창건 이래 최대의 인파가 몰리다니……. 정말 알 수 없는 일이었다.

다시 다비장으로 돌아오니 수천 명이나 되는 신도가 여전히 다비장을 가득 메우고 있었다. 그냥 있는 것이 아니라 불길에 휩싸여 화광삼매火光三昧에 드신 스님의 법구를 향해 열심히 염불하고 있었다. 거화하고 다비식 법요를 마치면 문도들만 남고 나머지는 다들 흩어지는 것이 일반적인 다비식 모습이다. 그런데 이렇게 많은 신도들이 다비장을 떠나지 않고 기도하는 모습은 정말 뜻밖이었다.

다비장에서 타오르는 불길을 바라보니 만감이 교차했다. '스님의 육성은 아직도 귀에 쟁쟁한데, 이제 얼마 후면 스님도 한 줌의 재로 돌아가시는구나'라고 생각하니 한동안 잊었던 눈물이 또다시 밀려왔다. "살아 계시는 동안 왜 좀 더 잘 모시지 못했을까……." 하는 회한이 가랑비를 맞으며 뼛속까지 스며들었다.

종교를 초월한
사리 친견법회

다비식의 마지막은 사리수습, 정확하게 말하자면 유골을 수습하는 습골拾骨이다. 일반적으로 다비식 다음날 아침에 습골을 하는데, 성철스님의 경우 혹시나 다비의 실수가 있을까 싶어 여느 때보다 나무와 숯을 많이 쌓아서 불길이 쉽사리 사그라지지 않았다. 그래서 습골을 하루 늦추게 되었다.

성철스님 떠나신 지 9일째 되는 날인 11월 12일 아침, 2박 3일 동안 다비장을 지키며 밤낮으로 염불을 해온 1천여 명의 사부대중이 지켜보는 가운데 습골이 시작됐다.

비가 온다는 얘기가 있어 먼저 비닐로 휘장을 치고, 습골을 맡은 노스님들과 제자들만 안으로 들어갔다. 큰 나무젓가락으로 조심스럽게 잿더미를 헤치기 시작했다. 가장 먼저 정수리 쪽의 유골에 묻은 재를 털어내자 두개골 속에 박힌 자그마한 점점의 푸른빛이 반짝 빛을 발했다.

"사리가 나왔다."

어느새 누군가 대중을 향해 소리를 질렀다. 순식간에 다비장이 술렁거리기 시작했다. 방송용 카메라와 보도진, 염불하던 스님들까지 휘장 속으로 고개를 들이밀었다. 습골을 계속하기에는 분위기가 너무나 어수선했다. 혹여 스님의 유골이 다칠까 걱정돼 일부만 수습하고 일단 습골을 중단하기로 했다.

항아리에 유골을 담고 다비장을 나서려는데 갑자기 옆에 서 있던 떡갈나무의 무성한 잎들이 일제히 우수수 떨어지는 게 아닌가. 주위에 있던 사람들이 갑자기 앙상해진 나무를 올려다보며 신기해하였다.

절로 돌아와 유골 속에 박힌 사리를 수습했다. 다행이다. 뭇 세인들이 관심을 가지는 사리가 꽤 많이 나올 듯했다. 전체를 수습한 결과 100여 과의 사리가 모아졌다. 통상 유골은 따로 항아리에 담아 사리탑을 만들 때 바닥에 묻고, 사리는 별도의 함에 넣어 사리탑 안에 모시는 것이 관례다.

그 후 성철스님의 경우도 유골은 항아리에 담아 해인사 입구에 있는 사리탑의 아래쪽에 묻었다. 그리고 사리 중 70~80과는 사리탑에 안치하고, 나머지는 스님이 머물던 해인사 백련암과 생가 터에 복원된 기념관 등 스님과 관련된 여러 곳에 분산해 모셨다.

습골이 끝난 큰스님의 사리는 사리탑을 만들기에 앞서 일반인에게 공개하는 친견법회를 갖는다. 성철스님의 사리도 11월 15일부터 일반에게 공개됐다. 매일 몇만 명의 사람들이 모여드는 통에 감당하기가 힘들었다. 하지만 1km 밖에서부터 줄을 서서 그 누구도 새치기 하지 않고 차례를 기다려주는 모습에 그저 감사할 뿐이었다.

그렇다고 기다리는 신도들의 마음에 아쉬움이 없는 것은 아니었다. 친견을 마친 신도들 사이에 "300분 기다려서 3초만 보고 간다"는 말이 퍼졌다. 사람들이 많아 반나절이나 기다렸는데 친견 시간은 정작 몇 초에 불과하다는 안타까움을 드러낸 것이다. 줄을 서서 기다리고 서있던 한 신도의 말이 지금도 생생하다.

"내 평생 큰스님 한번 친견하려고 별렀는데, 삼천배가 무서워 백련암을 찾지 못하다가 이제야 스님을 뵈러 왔습니다. 사리 친견하는 데 이렇게 고생할 줄 알았으면 내가 죽든지 살든지 삼천배 하고 큰스님 살아 계실 때 친견할 걸 그랬네요."

또 어떤 신도는 이렇게 말했다.

"스님, 오늘 사리 친견뿐만 아니라 큰스님 다비식 때도 참석했었어요. 우리는 서울에서 왔는데 아침 9시쯤에 해인사 인터체인지에 도착하니 벌써 차가 막혀 옴짝달싹할 수가 없었어요. 누가 먼저랄 것도 없이 내려서 해인사 다비장을 향해 걷기 시작했어요. 우리만 그렇게 걷는 것이 아니라 벌써 많은 사람들이 길을 메우며 해인사로 해인사로 걸어가고 있었어요. 스님, 여기 있는 사람들 모두 그런 경험이 있겠지만 나는 처녀 때 6·25전쟁 피난길에 그 먼 길을 걸어본 이후 처음으로 오늘 스님 다비식에 그렇게 걸어봤습니다. 그런데 오늘 사리 친견에 몇 시간씩 기다리니 큰스님 뵙기가 생전이나 사후나 힘들기는 마찬가지네요."

이렇게 힘겨워하면서도 종교를 초월한 많은 신도들과 국민들이 사리친견법회에 동참해주었다. 많은 사람들이 모여드니 해인사로 올라오는 길의 여기저기서 라면이다 뭐다 해서 난장판이 벌어졌다. 청정도량의 수행 풍토에는 있을 수 없는 일이지만, 추운 날씨에 따뜻한 차 한 잔 대접하지도 못하는 처지에 단속할 수도 말릴 수도 없었다. 나중에 "큰스님 덕에 서민들이 한겨울 잘 나게 되었다."고 해인사 인

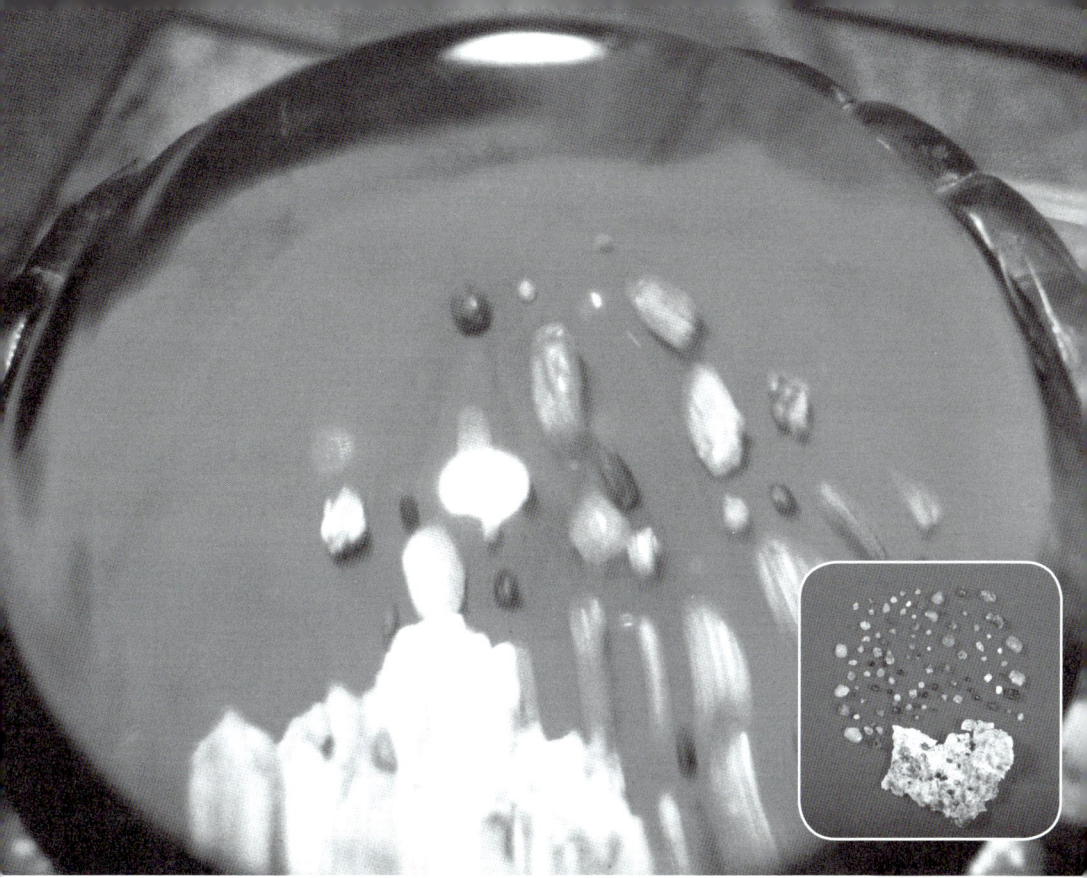

● 성철스님의 사리모습. 촬영하면서 반사된 빛에 의해 나타난 모습이 마치 부처님 형상과 같다.

근 주민들의 칭송이 자자했으니 그나마 다행한 일이었다.

10여일 동안 해인사에 상주하면서 큰스님의 7일장 모습과 사리습골 과정을 보도하고 떠나는 기자 한 분이 말했다.

"큰스님 떠나신 10일 동안 세상이 조용했습니다. 하루가 멀다 하고 여기저기서 사건이 터졌으면 우리가 여기서 한가하게 있을 수 있었겠습니까? 습골까지 10여일 동안 대한민국이 조용하였던 것은 성철스님 떠나신 후 온 나라가 추모의 정에 젖어 있었기에 가능한 일이라고 생각합니다. 우리도 좋은 경험하고 올라갑니다."

방광 放光

　　7일장을 지내며 들은 말 가운데 원체 황당한 이야기라 긴가민가하며 흘려 넘기고 말았던 일이 하나 있다. 바로 방광放光이다. 방광은 은은하고 밝은 오렌지 빛이 드러나는 현상을 말한다.

　방광 얘기가 처음 나온 것은 성철스님이 입적한 날 저녁 해질 무렵이었다고 한다. 나는 장례를 준비하느라 바빠서 보지 못했는데, 몇몇 스님이 "퇴설당에 불났다!"고 소리를 질러 근처에 있던 스님들이 허겁지겁 물통을 들고 달려갔다고 한다. 퇴설당은 성철스님이 생전에 머물던 곳으로, 사후 스님의 법구를 안치했던 곳이다.

　물론 불은 나지 않았다. 같은 시각 일부에선 "장경각에서 밝은 빛이 나오는 것을 봤다."는 얘기도 했다. 장경각과 퇴설당은 해인사 경내 가장 높은 곳에 나란히 위치해 있는 건물이다.

　보지 않고는 믿기 힘든 일이다. 장례를 마치고 사리 친견법회를 시작하는 날 아침이었다. 아침 공양을 마치고 그동안 대사를 치르는 데 심혈을 아끼지 않으신 산내 큰스님들을 찾아 인사를 하던 중 유나維那(사찰의 기율을 관장하는 소임)인 성본스님께 들렀을 때다. 차 한잔 마시고 있는데 느닷없이 밖에서 "방광이다. 백련암 쪽이다!"라는 고함

소리가 들렸다.

　순간 나도 모르게 문을 박차고 마당으로 내달아 백련암 쪽을 쳐다보았다. 아침 8시 전후쯤으로 기억된다. 구름 같기도 하고 안개 같기도 한 밝은 오렌지색 빛이 백련암 뒷산을 휘감고 있었다. 산등성이 위로 피어올랐다가 사라지고, 사라졌다가 다시 피어오르기를 20여 분간 반복하다가 빛이 서서히 엷어지며 사라졌다.

　어안이 벙벙했다. 본사 마당에서 볼 때 백련암이 동쪽이기 때문에 아침 해가 떠오르는 순간에 노을이 지는 것이라고 생각할 수도 있다. 그러나 수십 년간 보아온 아침노을보다 훨씬 밝았고, 확실히 노을과는 달리 오렌지 빛 기운이 아래위로 여러 차례 움직였던 것이다.

　성철스님의 방광을 목격한 사람은 해인사 스님들만이 아니다. 당시 국립공원 소장으로 근무했던 분은 이런 말을 했다.

　"성철스님의 입적 직후 가야면에서 누가 해인사에 불났다고 신고를 해왔어요. 확인해 보니 불이 난 것이 아니라 해인사 쪽에서 밝은 오렌지 빛이 둥글게 비쳤다고 하더군요."

　가야면은 해인사에서 20리 떨어진 곳으로, 가야산의 전경을 가장 잘 볼 수 있는 곳이다. 지금은 돌아가신 명진스님도 당시 길상암(해인사 입구 암자)에 머물면서 방광을 여러 번 보았다고 했었다. 백련암 있는 쪽 산등성이 너머로 다비장의 불꽃이 치솟듯이 불기둥이 쏟아지는 모습이 장관이었다고 감격해하시는 말을 여러 번 들었다.

　절집에서 방광이란 흔히 부처님의 탱화나 석불 등에서 목격되는 신비스러운 일로 구전돼왔다. 성철스님도 생전에 여러 번 방광 이야기를 하셨다. 스님은 지금은 원로가 된 한 스님에 대해 얘기할 때면 언제나 빠뜨리지 않고 말씀하셨다.

"그 스님이 출가한 거, 방광 때문 아이가! 그 스님이 어느 절에 들렀다가 후불탱화 부처님이 갑자기 방광하시는 모습을 보고 발심해 통도사로 출가했다 안 카나."

그리고 방광의 의미에 대해 "지금도 부처님이 안 계신 곳이 없다는 거 아이겠나."라고 말씀하시곤 했다.

방광을 직접 보지 못하고 전해 듣는 사람들은 하나같이 허무맹랑한 소리라고 일축해버렸다. 심지어 일부 스님들은 상좌들이 지어낸 말이라며 오히려 불쾌해하기도 했다. 그런 사람들을 잡고 옳으니 그르니 해보았자 아무 소용없음을 안다.

방광이 한번만이 아니라 장례기간 동안 여기저기서 여러 번 일어난 일이라 "누구나 깨치면 무한한 능력이 있고, 영원한 생명을 가지게 된다."던 성철스님의 생전 가르침을 되새기게 한 이색 체험이라 긴 얘기 가운데 빠뜨리고 싶지 않았을 뿐이다.

돈오돈수 頓悟頓修

"야, 이 곰 새끼야."

"밥 도둑놈, 밥값 내놔라."

성철스님은 화가 나면 벼락같은 목소리로 '새끼'니 '놈'이니 하는 말을 예사로 했다. 물론 모두가 수행이 부족한 스님들을 일깨우는 사자후다. 그렇지만 출가 후 20년간 스님을 모신 상좌 생활은 하루도 마음 편할 날이 없었다.

가르침에 어긋난 일이나 마음에 차지 않는 일이 있으면, 어제 온 행자行者나 20년 된 스님이나 체면을 가리지 않고 질책하셨다. 스님 앞에서는 어느 누구도 예우를 기대할 수 없었다. 질책은 있어도 칭찬해주는 법은 없었다. 야단맞지 않으면 그것이 잘한 일이라 생각하며 살아야 했다. 스님은 그렇게 우리에게 바늘 세울 틈도 주지 않았다.

나는 스님이 입적하시기 직전, 20년 만에 처음이자 마지막으로 칭찬을 받았다. 1993년 9월 21일, 성철스님의 사상을 총정리 하는 〈성철스님 법어집〉(11권)과 〈선림고경총서〉(37권) 출판 작업이 10년 만에 마무리돼 서울의 출판문화회관에서 출판 기념법회를 열었다.

이어 10월 8~9일 이틀간 해인사에서 '선종사禪宗史에 있어서 돈오

● 〈성철스님 법어집〉 및 〈선림고경총서〉 완간기념 국제불교 학술대회가 해인사에서 열렸다.(1993. 10. 7.~9.)

돈수 사상의 위상과 의미'를 주제로 국제학술대회도 무사히 마쳤다.

돈오돈수頓悟頓修란 참선을 통한 깨달음을 강조하는 성철스님의 가르침을 말한다. 평생 나서기를 꺼리셨던 스님이 강연을 하겠다고 결심했을 정도로 애정을 둔 행사였다. 그러나 건강이 워낙 좋지 않아 스님은 결국은 참석하지 못하셨다. 행사를 마치고 스님께 그간의 사정을 보고했다. 난생처음 들어본 칭찬은 간단했다.

"수고 많았데이."

이 한마디에 나는 스님의 열반을 예감이나 하는 것처럼 온몸이 경직됨을 느꼈다. 매정한 호랑이 스님이 칭찬을 다 하시다니…….

그로부터 한 달이 안 되어 그렇게 무서운 스님이 떠났다. 스님을 떠나보낸 심경은 은산철벽銀山鐵壁을 마주한 느낌이었다. '성철스님 문하에서 깨달음을 얻으려고 출가했는데, 미처 깨달음을 얻기도 전에 스님이 떠나시고 말았다'고 생각하며 나 자신을 되돌아 보니 빙산덩어리 같은 아쉬움이 가슴에 가득 찼다.

성철스님 생전에 깨달음을 얻겠다는 급한 마음에 이렇게 물은 적이 있었다.

"화두를 공부하여 도를 깨우치기가 그렇게 어려운데, 지름길로 단번에 깨칠 길은 없습니까? 저에게 만이라도 가르쳐…"

역시나 어리석은 물음이었다.

"그런 거 가르쳐주는 거는 미친놈한테 칼 쥐어주는 꼴이지. 내가 우째 그래 하겠노. 답답해도 혼자 마음을 깨쳐야 하는 기라!"

당시 공부에 진전이 없는 우리를 보고 성철스님은 얼마나 답답해 하셨을까? 스님을 떠나보내고 나 스스로를 돌아보며 비로소 스님의 마음을 미루어 짐작해본다. 성철스님은 내가 처음 출가했을 때만 해도 깨달음에 대해 물으러 오는 스님들을 참 반갑게 맞이하며 자세히 일러주곤 하셨다. 그러나 세월이 흐르면서 "내 말 듣는 놈이 아무도 없어."라고 하며 가르침을 청하는 스님들을 잘 만나주지 않으셨다.

고희를 넘기면서부터는 부쩍 '눈 푸른 납자衲子'를 기다리신 듯했다. 납자란 수도승을 말하며, '눈 푸른 납자'란 서쪽에서 온 달마대사의 푸른 눈에서 나온 비유로 '탁월한 선승'이란 뜻이다. 그러나 눈 푸

● 성철 큰스님과 나제통문에서. 왼쪽부터 원타스님, 큰스님, 필자

른 납자는 오지 않았고, 성철스님은 깨달음의 큰 보따리를 아무에게도 전해주지 못하고 떠나신 셈이다.

> 見之不見 逢之不逢(견지불견봉지불봉)
> 古之今之 悔之恨之(고지금지회지한지)
> 보아도 보지 못하고 만나도 만나지 못하니,
> 옛날이나 지금이나 한탄스럽고 한탄스럽다.

양무제가 달마대사를 추모한 이 비문이 어찌 이리도 내 마음과 같을까? 나는 어쩌면 성철스님을 보아도 보지 못하고, 만나도 만나지 못한 것이 아닐까? 22년 전 해인사 백련암으로 성철스님에게 출가를 하면서, 내가 도를 이루지 않고서는 절대로 이 백련암 계단을 다시 내려가지 않으리라 다짐했는데…….

2

성철스님과
나, 원택

큰스님은 참선하는 이는 바쁘고 바쁜 때에도

화두가 한결같은 동정일여,

꿈속에서도 변함없는 몽중일여,

잠이 완전히 들어서도 화두가 밝은 숙면일여의 경지를 넘어서야

비로소 안과 밖이 투철해지고,

무심無心을 얻어 큰 깨달음을 이룬다고 가르치셨다.

죽음 앞에서도 한결같음[一如]을 느끼는 큰스님 앞에서

나는 그저 부끄럽고 숙연할 따름이었다

첫 만남

　　　　　대학을 졸업하고 고향인 대구에 머물던 1971년 3월 말쯤이었을 것이다. 하루는 절친한 친구가 찾아와서 내일 해인사 백련암에 다녀오자고 했다. 나는 고등학교 2학년 때 갑자기 불교를 공부하고 싶다는 마음이 들어 불교학생회에 가입한 이후 간간이 관련 서적을 보아오던 차였다. 하지만 그 친구는 전혀 불교에 관심이 없는 친구였다. 그래서 갑자기 웬 해인사냐고 물었고, 그 친구의 대답에서 처음으로 '성철스님'이란 이름을 듣게 되었다.

　"내 서울대 법대 동창이 스님이 돼 해인사 백련암에서 공부하고 있는데, 갑자기 그 친구가 보고 싶어졌거든. 혼자 가기는 좀 그렇고, 너는 불교에 관심이 많으니까 거기 계시는 성철스님이라는 큰스님을 한번 친견도 할 겸 해서 가자는 거야."

　당시 대구에서 해인사까지 가는 길은 비포장도로에다 폭도 좁아 세 시간 이상 걸렸다. 해인사 주차장에 도착해 오솔길보다 좁은 산길을 올라 백련암에 도착했다. 친구는 대학 동창 스님을 찾아 반갑게 얘기를 나누었지만, 나와는 초면인지라 나는 대화에 끼지도 못하고 쭈뼛거리고 있었다.

20~30분쯤 지나 그 친구 스님이 말했다.

"우리끼리만 이야기하고 있으면 나중에 어른 스님께 야단맞을 것이니, 큰스님께 인사를 드리고 내려와서 다시 얘기하자."

나는 '그래, 유명하다는 스님은 어떻게 생겼을까?' 하는 호기심으로 친구 스님을 따라갔다. 큰스님 방 앞에 도착했다. 친구 스님이 방문 앞에서 "접니다." 하고 기별을 드렸다.

"어, 들어오이라."

카랑카랑한 음성이었다. 방 안으로 들어가 큰스님을 쳐다보니 여늬 스님보다 더 밝은 형형한 눈빛으로 쏘아보시는 게 아닌가. 그 눈빛만으로도 주눅이 들어 얼굴을 떨구고 말았다. 잔뜩 긴장하고 있는데 한참을 그렇게 쏘아보시더니 한마디 툭 던지셨다.

"웬 놈들이고?"

말투도 그렇지만 눈빛이 결코 범상치 않아 분위기가 딱딱하게 굳었다. 친구 스님이 "제 친구들인데 오랜만에 저를 찾아왔심더."라고 말하자 그제야 분위기가 풀리기 시작했다. 여전히 나는 주눅 들어 있었지만 겨우 용기를 내 입을 열었다.

"큰스님, 오늘 처음 뵙게 되었습니다. 그 기념으로 저희에게 평생 지남指南이 될 좌우명 하나 말씀 해주시소."

큰스님께서 예의 그 형형한 눈빛으로 쏘아보시더니 당돌한 주문에 흥미를 느낀다는 듯 다시 한마디 내뱉었다.

"그래, 그라면 절돈 3,000원 내놔라."

그래서 나는 주머니를 뒤져 3,000원을 스님 앞에 내놓으며 "여기 있습니더."라고 호기 있게 말했다. 그러자 큰스님의 불호령이 떨어졌다.

"이놈아, 나는 그런 돈 필요 없다. 절돈 3,000원 내놓으란 말이다. 절돈 3,000원! 절돈!"

황당했다. "절돈이라니. 백련암에서는 돈을 따로 찍어내나? 백련암에서 현금으로 바꾸는 절돈이 따로 있는 모양이지." 순간적으로 별생각을 다하며 멍청히 있는데 친구 스님이 설명을 해주었다. 큰스님이 말씀하는 절돈은 법당에 가서 부처님께 절하는 것이라고. 절돈 3,000원은 삼천배를 하라는 뜻이라고 했다.

"비구는 250계, 비구니는 500계, 보통 신도는 48계율을 지켜야 되는 줄 압니다만……. 우리는 큰스님께 좌우명 한 말씀만 듣고자 하는데 절돈 3,000원까지 낼 거야 없지 않습니꺼?"

절돈 좀 깎아보려고 말씀드렸는데 큰 실수였다. 큰스님이 쏘아보시더니 다시 꾸짖었다.

"니는 불교에 대해 뭐 쫌 아나? 니는 공짜로 그저 묵자 하는 놈이구만. 안 된데이. 니는 절돈 만 원 내놔라."

절돈 3,000원을 좀 깎아보려 꼼수를 썼다가 절 폭탄을 맞았다. 일만 배를 한다는 것은 상상하기 힘든 일이다. 그러나 오기가 솟구쳤다.

"좋심더. 그러면 제가 만 번 절하고 오겠심더."

참 당돌한 약속을 해버렸다. 큰스님 방에서 물러 나와 친구 스님 방으로 내려왔다. 우선 절하는 방법을 배운 다음, 각오를 다지느라 객실에서 잠시 쉬고 있었다.

일만 배를 하는 방식은 '하루 세 끼 식사는 하되 24시간 이내에 일만 번 절을 해야 한다'는 것이었다. 오후 1시니까 다음날 오후 1시까지 일만 배를 해야 하는 것이다. 천태전으로 올랐다.

'독하게 마음먹으면 못 할 것도 없지' 하는 생각으로 시작했다. 저녁 공양 시간까지 부지런히 한다고 했는데 겨우 일천 배였다. 저녁을 먹고 나니 독한 마음은 온 데 간 데 없어졌다. 친구 스님에게 말했다.

"아이구, 생각보다 절하기 힘드네요. 네 시간 동안 절한 것이 겨우 일천 배니, 일만 배를 어떻게 하지요. 절 그만하고 내려 갈랍니다."

그 정도면 성의는 보였다고 생각했는데 친구 스님이 펄쩍 뛴다. 나야 절 안 하고 가면 그만이지만, 내가 약속을 안 지키면 자기가 쫓겨난다는 것이다. 그러니 절 다 하고 내려가야 한다며 한참을 나무라는 게 아닌가. 미안한 마음에 아무 말도 못하고 저녁 예불을 마치고 다시 천태전으로 올라갔다.

절집에선 저녁 9시가 취침 시간이다. 천태전으로 올라간 지 얼마 지나지 않아 취침 시간을 알리는 목탁 소리가 고요한 밤하늘을 가르고 지나갔다. 후회막급이었지만 이미 약속한 일이다. 수도 없이 일어났다 구부렸다 하며 절을 하는데, 나중에는 너무나 지쳐 밤이 얼마나 깊었는지조차 가늠할 수가 없었다.

육신의 고통이 이루 말할 수 없을 정도로 밀려왔다. 나중에는 절을 하던 중 서서 졸다가 몸이 기우뚱 균형을 잃는 바람에 소스라쳐 놀라 깨어나기도 했다. 바닥에 엎드리는 순간 깜빡 졸음에 빠져 죽은 듯이 엎어져 있기도 했다.

새벽 3시면 스님들은 일어난다. 3시에 울려 퍼지는 목탁 소리가 그렇게 반가울 수 없었다. 전날 저녁 9시부터 그날 새벽 3시까지, 여섯 시간밖에 되지 않는데 그 시간이 왜 그렇게 길게 느껴졌는지. 영겁이 흘렀지 싶다. 그렇게 힘을 얻어 열심히 절을 했는데 누군가 세차게 엉

● 성철스님의 친필 '마삼근
(麻三斤)' 화두

덩이를 찼는지 아파 고개를 들어 보니 친구 스님이 서 있었다.

"아침 공양에 나오지 않길래 올라와 보니 이렇게 자고 있는 기라. 깨워도 깨지를 않아서 할 수 없이 엉덩이를 걷어찼지."

절을 하다가 나도 모르게 꼬꾸라져 잠이 깊이 들었던 모양이다. 죽을힘을 다해 아침을 먹고 또 천태전으로 올라가 절을 하는데 이제는 일어나지도 앉지도 못할 지경으로 온몸이 굳어버렸다. 그래서 점심때까지는 일어나지도 못하고 앉아서 허리만 구부렸다 폈다 했다. 점심시간이 돼 엉금엉금 기어 내려오다가 큰스님과 마주쳤다. 큰스님이 내 모습을 물끄러미 쳐다봤다.

"절돈 만 원 다 내놨나?"

얼떨결에 "예, 다 내놓은 것 같심더." 하고 얼버무리며 지나쳐 가려고 했다. 그러자 스님이 혀를 끌끌 차며 말했다.

"어제 1시에 올라갔으면 오늘도 1시에 내려와야지, 한 시간을 못 채우고 내려오는 거 보니 니놈도 시원찮다!"

전신이 욱신거리며 녹초가 된 몸을 이끌고 큰스님을 찾아뵈었다.

"어제 뭐라 했노. 좌우명 달라 했제. 너거들 낯짝 보니 좌우명 줘봤자 지킬 놈들이 아이다. 그러니 그만 가봐라!"

이게 무슨 청천벽력인가. 그렇게 힘든 절을 시켜놓고는 그만 가보라니 황당하다 못해 어이가 없었다. 그냥 물러설 수가 없었다.

"큰스님, 그래도 지키고 안 지키고는 다음 문제고요. 우리가 이렇게 힘들게 절돈을 내났는데 좌우명을 주셔야 하지 않겠습니꺼? 큰스님께서 중생의 절돈을 떼먹을 수는 없지 않습니꺼?"

"그놈 봐라! 절돈 내느라고 애는 썼으니 좌우명을 주기는 주지."

성철스님은 잠시 침묵하더니 이윽고 말씀하셨다.

"속이지 마라! 이 한마디 해주고 싶데이."

그 순간 나는 너무나 실망했다. 큰스님이 주시는 좌우명이라면 무슨 거창한, 정말 평생 실행하려고 해도 힘든 어떤 굉장한 말씀일 것이고, 금덩어리라 기대했었는데, 기껏 '속이지 마라'니. 너무나 중생에게 실망스러운 좌우명이었다. 흙덩이를 받아 든 심정으로 떨떠름한 표정을 짓고 못마땅히 앉아 있으니 큰스님이 다시 묻는다.

"와? 좌우명이 그래 무겁나? 무겁거든 내려놓고 가거라. 아까도 내가 너거들은 좌우명 못 지킬 놈들이라 안 했나."

내가 실망하는 마음과는 정반대의 말씀이었다. 하지만 큰스님께서 그렇게 말씀하시니 "너무 실망스럽습니다."란 말은 입 밖에 내지도 못하고 백련암을 뒤돌아보지도 않고 내려왔다.

"예, 그럼 속세에 가서 잘 지켜보겠습니더."

하산하는데 억지로 절한 몸이 제대로 움직이지 않았다. 걷다가 쉬다가 다시 바닥을 기다시피 하면서 백련암을 내려왔다. 그리고 친구에게 "괜히 백련암 오자고 해서 몸만 작살났다."며 투덜거렸다.

그로부터 석 달쯤 지났다. 문득 '속이지 마라' 하시던 큰스님의 말씀이 다시 머릿속에 떠올랐다.

'그렇다. 내가 지금까지 살면서 남을 속인 적은 없지만, 나 자신을 속이고 산 날은 얼마나 많은가. 그래 그때 내가 큰스님의 좌우명을 잘못 이해했구나!'

그때는 큰스님의 말씀을 '남을 속이지 마라'고 해석하여 그렇게 실망했었다. 그러나 '자기를 속이지 마라'라고 다시 해석하면 정말 평생 지키기 힘든 좌우명이 될지도 모른다는 생각이 머리를 쳤다. 그런 생각을 한 며칠 뒤 나는 내 스스로를 말끔히 화장하는 꿈을 꾸었다. 갑자기 큰스님을 다시 찾아뵙고 싶은 충동이 일어났다.

그해 7월, 이번에는 혼자서 백련암을 찾았다. 나중에 출가하고 보니 보통 문이 굳게 잠겨 있는 곳이 백련암인데, 그날따라 문이 활짝 열려 있었다. 마침 큰스님 혼자서 마당을 왔다 갔다 하시며 포행을 하고 계셨다. 반가운 마음에 큰스님께 다가가 인사를 올렸다.

"큰스님, 편안하셨습니꺼?"

"웬 놈이고?"

어쩔 수 없이 지난 3월의 절돈 만원 낸 일에 대해 설명을 드렸다.

"그랬나? 나는 모린다."

말문이 막혔다. 감정을 가지고 큰스님께 말씀드려 봤자 아예 이야기가 되지 않을 게 뻔했다. 용기를 내 단도직입적으로 말했다.

"큰스님, 불교에 대해 알고 싶어서 찾아뵈었습니더."

"불교? 불교에 대해 나는 아무것도 모른데이. 불교를 알고 싶으면 큰절에 내보다 더 잘 아는 사람이 있지. 해인사 강원의 강주스님이 불교를 내보다 더 잘 아니까, 거기 가서 물어봐라."

강원講院은 불교의 교리를 가르치는 대학교와 같은 곳이고, 큰절이란 해인사의 본찰을 말한다. 큰스님의 가르침을 받겠다고 찾아왔는데, 당신은 불교는 모르니 큰절로 강사스님을 찾아가라고 한다. 무서우면서도 엉뚱한 스님이었다.

그렇게 한참을 망설이며 산책하시는 스님의 뒤를 따르니 "니, 뭐 할일 없어 내 뒤만 따르노." 하시며 핀잔이시다. 성철스님은 평생 참선으로 일관해온 선승이 아닌가. 평소 참선에 관심이 있던 나는 다시 간청을 드렸다.

"큰스님, 불교에 대해 배우는 것은 그렇다 치고 저는 본디 참선 공부를 하고 싶어 했습니다. 큰스님께서 제가 참선할 수 있게 화두를 주셨으면 합니더."

순간, 큰스님 얼굴 표정이 확 변했다. 지금까지 무뚝뚝하던 모습은 어디론가 사라지고 호상虎相의 엄한 모습이 확 펴졌다.

"참선하고 싶다 했나? 오냐 그래, 그라문 내가 참선하도록 화두를 줄게. 나 따라 오이라. 진작 참선하고 싶다고 하지!"

성철스님은 말을 마치자 성큼성큼 방으로 들어갔다. 엉겁결에 따라 들어가 절을 세 번 했다. 신도들은 스님에게 절을 세 번 올리는 것이 절집의 인사법이다. 스님이 내린 화두는 '삼서근麻三斤'이었다. 예상치 않았던 자세한 설명에 당부까지 덧붙이셨다.

"어떤 것이 부처님입니까. 삼서근이니라.' 무슨 말인고 하니, 부처님을 물었는데 어째서 삼서근이라 했는고, 이것이 삼서근 화두다. 염불하듯이 입으로만 오물거리지 말고 '어째서 삼서근이라 했는가' 하는 의심을 가지고 놓지 말도록 해라."

뜻밖의 자상함에 어찌나 고맙고 감사한지, 연신 머리를 조아리며 "열심히 하겠습니다." 하고 다짐에 다짐을 더했다. 백련암을 내려오면서도 화두를 주신 큰스님에 대한 고마움이 마음속에 가득했다.

그런데 막상 화두를 드는 수행에 들어가려고 하니 쉬운 일이 아니었다. 흔히 화두를 붙잡고 참선하는 것을 '화두를 든다'라고 하는데, 들고 앉으면 끊임없이 잡념이 일어났다. 화두는 어디론가 사라지고, 이런저런 헛생각들만 쉼 없이 머릿속에 떠올랐다.

본래 화두란 선禪을 수행하는 스승과 제자 사이에 주고받는 문답 가운데 하나를 말한다. 흔히 스승이 제자에게 참선 공부거리로 던지는 '문제'가 화두다. 선불교 전통에선 1천여 년간 큰스님들이 던진 대표적 질문들을 모아 공안公案이라고 통칭한다. 공안이 곧 화두인 셈인데, 대표적인 것이 1,700가지다. '이 뭐꼬?'나 '무無'가 우리나라 선승들이 가장 많이 수행하는 화두들이다.

스승이 던진 화두를 들고 참선하다 그 물음의 답을 얻는 것이 곧 깨달음인데, 흔히 이러한 깨달음을 얻는 것을 '화두를 타파한다'라고 말한다. 그런데 문제는 팔만대장경을 다 뒤져도 그 안에 화두의 정답이 없다는 점이다. 오로지 의문에 또 의문을 가짐으로써 마침내 마음에서 그 뜻을 깨우치게 되고, 그 뜻을 분명히 깊이 깨치면 견성성불見性成佛(본성을 바로 보아 깨달음을 얻음)해 부처가 된다는 것이다.

성철스님이 준 삼서근 화두를 들고 낑낑거리며 세월을 보냈다. 아무런 진척도 느껴지지 않아 나중에는 왼손 엄지손톱과 오른손 엄지손톱 사이에 향을 끼워 태우는 고행까지 시도해보았다. 향이 타들어가 엄지에 불이 닿는 고통 속에서 정신이 번쩍 드는 그 순간이 있으리라는 기대 때문이었다. 하지만 엄지손톱이 노랗게 타들어가는 고통이 적지 않았음에도 불구하고 공부에는 별 도움이 되지 않았다.

그런 과정 속에서 조금씩 느낄 수 있었다. 화두 타파를 위해 선방에 앉아 수행하는 스님들의 정진이 함부로 미칠 수 있는 가벼운 세계가 아니라는 것을. 피상적 생각으로는 도저히 헤아리기 힘든 곳이란 것을.

'참선한답시고 괜히 큰스님한테 화두를 얻어 생고생하는 것 아닌가?' 하는 푸념이 절로 나왔지만, 그래도 화두가 달아나면 돌이켜보고, 다시 달아나면 또 돌이켜보기를 끊임없이 되풀이했다. 화두 공부만이 진리에 도달하는 지름길이라는 다짐에 내가 아는 불교 지식을 총동원해가며 매진했다. 그렇게 1971년이 저물어가고 있었다.

니 고만
중 되라

1972년 새해가 밝았다. 문득 백련암으로 성철스님을 찾아뵙고픈 마음이 생겼다. 지난 몇 개월 동안 힘을 내 참선한다고 했으나 별다른 진전이 없어 큰스님을 뵈면 뭔가 결단을 내릴 수 있을 것 같았다.

1월 2일 대구에서 해인사 행 시외버스를 탔다. 새해 다음날 아침이라 승객이 아무도 없었다. 운전기사와 안내양 그리고 나, 셋이서 출발했다. 냉난방 시설이 없었던 시절이라 차 안은 몹시 춥고 냉랭했다. 비포장도로로 인해 차는 덜컹거리는데다 몸을 웅크린 채 추위에 떠느라 나는 아무 생각도 없었다.

바로 그때였다. 나도 모르게 삼매三昧(마음의 혼란스러움이 사라진 경지)에 빠져들었던 모양이다. 언뜻 머리 주위를 무지갯빛이 휘감는 듯한 느낌을 받았다.

부지불식간에 겪은 신기한 체험에서 깨어나 보니, 버스는 높고 험하기로 유명한 고령의 금산재를 막 넘고 있었다. 정말 묘한 기분이었다. 부처님이나 예수님을 그린 그림에서 흔히 머리 뒤쪽으로 빛이 나오는 모습, 즉 광배光背를 볼 수 있는데, 내가 바로 그런 빛의 흐름을 느낀 것이다. 워낙 신기하고 순간적으로 지나간 일이라 '한번만 더 나타나면 확실히 볼 텐데……' 하는 아쉬움이 간절했다. 하지만 그때 이후로 지금까지 같은 경험을 하지 못했다.

어쨌든 그런 신비한 마음을 가슴 한편에 묻고 해인사에 도착했다. 큰스님께 새해 인사를 드릴 수 있게 해달라고 친구 스님에게 부탁을 해 허락을 받아냈다. 속으로 '성철스님을 뵙자마자 따귀를 한방 때려 보자'라는 결심을 다지며 방으로 들어섰다. 방문을 열자마자 주먹을 휘두르려고 큰스님의 얼굴을 쳐다보는 순간, 쩌렁쩌렁한 소리가 방 안을 가득 메웠다.

"뭐냐, 이놈아!"

벽력같은 고함에 그만 풀썩 주저앉고 말았다. 한참을 정신 차리지 못하고 어리벙벙히 앉아 있었다. 아주 멀리서 들려오는 듯한 큰스님의 부드러운 목소리가 귀에 들어왔다.

"이놈아, 그게 공부가 아이다. 공부가 아이란 말이다!"

내 속마음을 어떻게 알고 말씀하시는 것일까. 경황 중에 겨우 정신을 차려 그동안의 얘기를 주섬주섬 엮어나갔다. 손톱을 태우던 고통과 결심에도 불구하고 공부에 진전이 없었던 일에서부터, 추위에 떨며 금산재를 넘어오다 겪었던 나름의 신비 체험에 이르기까지. 큰스님은 계속 빙그레 웃으시며 쳐다보다가 한마디 던지셨다.

"나가 쉬어라. 그건 옳은 공부가 아이다. 헛경계가 나타난 거지. 여기서 하루 자고 가거라."

"예."

방에서 물러 나올 때까지도 약간 멍멍했다. 저녁 무렵 큰스님이 찾으신다는 전갈이 왔다. 큰스님이 곧장 물었다.

"니 중 안 될래? 고만 중 되라."

생각지도 않았던 일이다. 펄쩍 뛰는 속마음을 내비친 단호한 대답이 불쑥 튀어나왔다.

"제가 불교에 대해 알고 싶어 하고, 또 참선이 뭔지를 알고 싶은 것은 사실입니더. 그렇다고 출가할 생각은 정말 겨자씨만큼도 없습니더."

큰스님은 껄껄 웃으셨다. 푸근한 목소리가 이어졌다.

"그래, 이놈아, 나이 서른이 다 돼서 세상에서 뭐 할 거고. 부처님 제자가 돼 살아가는 것도 뜻이 있는 기라. 내가 괜히 너보고 중 되라고 하겠나. 나는 함부로 남보고 중 되라고 안 한데이. 세상살이가 좋은지, 백련암에서 참선 잘해 도 닦는 것이 좋은지 잘 생각해봐라."

대답을 않고 방에서 물러 나왔다. 저녁 예불을 마치고 객실에 앉아 있으니 기분이 이상해졌다. 이런저런 상념에 잠겼다. '지금 당장 내려가 버릴까' 하는 마음과 '남에게 함부로 중 되란 말을 잘 안 하신다던데, 나는 정말 출가할 팔잔가' 하는 마음이 오락가락했다. "나이 서른이 다 돼서 세상에서 뭐 할 거고"라는 대목이 자꾸만 마음에 걸렸다.

뒤숭숭한 밤을 보내고 아침 공양도 하는 둥 마는 둥 했다. 오락가락하는 내 마음을 아시는지 성철스님이 일찍부터 시자를 보내 찾았다. 스님은 뭔가 흐뭇해하는 표정으로 물었다.

"그래, 출가하기로 마음 묵었나?"

출가라는 것이 가벼운 일이 아니기에 결심이 서지 않는 한 확답을 해선 안 되었다.

"아무리 생각해도 출가할 마음이 나지 않습니더. 여기 올 때는 큰스님 한번 뵙고 간다고만 생각했지 출가할 생각으로 온 것은 아닙니더."

불같은 성미에 벼락같이 소리치던 성철스님답지 않게 끈기 있게 설득해보겠다는 자세를 보였다.

"아이다, 한번 잘 생각해 보거래이. 중노릇도 잘하면 해볼 만한 기라. 이놈아, 내가 아무나 보고 중 되라카는 줄 아나?"

뭔가 확신을 가진 말투였다. 형형한 눈을 부라리듯 하며 나를 바라보았다. 차마 그 자리에서 "그래도 안 됩니더."란 대답을 할 수가 없었다. 즉답을 피하기 위해 "그럼 나가서 한번 더 생각해 보겠습니더." 하고는 물러 나왔다. 스님의 목소리가 뒤통수를 때렸다.

"그래! 그래! 한번 더 자알 생각해 보거래이."

객실로 돌아와 곰곰이 생각에 잠겼다. 도道 높은 스님께서 중이 되라고 하실 때는 뭔가 뜻이 있을 터였다. 고령 금산재를 넘으며 신비 체험을 한 기억도 범상찮게 느껴졌다. 어느 순간부터 '큰스님을 따라 출가하면 도를 이룰 수 있을까?' 하는 생각이 솔솔 들기 시작했다.

마침내 '서른 살이 다 돼가는 놈이 세상에 살면 뭘 얼마나 하고, 또 얼마나 출세하겠는가' 하는 마음이 들었다. 다시 큰스님을 찾아갔다.

"큰스님, 스님의 가르침에 따라 저도 출가하기로 결심했습니다!"

큰스님은 빙긋이 웃고는 "그럼, 그래야지." 하며 연신 고개를 끄덕이셨다. 뭐가 그리 즐거운지 "그럼, 어서 서둘러라. 다시 대구에 갈 것 없지"라며 연신 재촉했다. 하지만 정작 나에게는 착잡한 마음이 여전히 남아 있었다. 그래서 정리하기 위해 대구에 다녀오겠다고 말미를 구했다. 스님은 아쉬우면서도 불안한 듯했다.

"그래, 그러면 너무 늦지 말고, 일주일 안에 돌아와야 된데이."

큰스님에게 다짐을 하고 대구로 돌아왔다. 하지만 막상 돌아와 보니 '내가 어디서 뭘 하고 왔지?' 하는 생각도 들고 당황이 되기 시작했다. 친구들을 찾아 출가에 대해 의논해보기로 마음먹었다. 나를 백련암에 처음 데려간 친구를 찾아갔다.

"나는 인제 출가할란다."

예상했던 대로 친구는 펄쩍 뛰었다.

"안 가면 그만이지. 큰스님이 널 잡으러 오겠냐. 가지 마라."

다시 마음이 흔들렸다. 그래서 그 친구와 그날 밤 늦게까지 얘기를 나누다 새벽 무렵 같이 잠이 들었다. 다음날 아침, 친구에게 "내가 안 보이면 백련암으로 출가한 줄 알아라." 하고는 집으로 돌아왔다.

며칠을 두문불출하다가 드디어 결심을 했다. 이왕 마음먹은 일이고 큰스님과 약속한 일이다. 이제는 부모님께 어떻게 말씀을 드리고 집을 나갈까 하는 것이 가장 큰 문제였다. 출가한다고 하면 분명히 반대하실 부모님이다. 일단은 거짓말을 하는 수밖에 없었다.

"저번에 백련암에 갔더니 큰스님께서 그곳에 와서 공부하면 성공할 것이라고 해서예. 한 1년 백련암에 가서 공부하고 오겠심더."

어머니는 "그래, 가서 공부 많이 하고 오너라." 하고 말씀하시는데, 아버지는 얼굴색이 달랐다. 공부하고 오기는 오는 것이냐며 묻는 아버지의 얼굴에는 의아한 기색이 역력했다. 거짓말을 한 탓에 집에서 나올 때는 책을 가득 넣은 가방 두 개를 짊어지고 나와야 했다. 출가하면 필요 없는 물건인데 어쩌다 보니 백련암까지 들고 왔다. 백련암 일주문 앞에 당도해서야 비로소 마음을 굳게 먹었다.

"도를 이룰 때까지는 이 계단을 다시는 내려가지 않을 것이다."

성철스님과 약속한 일주일 기한을 며칠 넘기고 백련암에 도착한 날, 먼저 큰스님에게 절을 올렸다.

"오긴 왔구만. 그래도 약속은 지킨 셈이 됐네."

큰스님은 뒤늦게 온 나를 반갑게 맞아주었다. 그러고는 곧바로 엄명이 떨어졌다.

"내일부터 일주일 동안 매일 삼천배 기도를 하거래이. 새벽 예불하고 나서 일천 배, 아침 공양하고 일천 배, 점심 공양하고 일천 배. 그렇게 매일 삼천배 기도를 일주일 동안 다 하고 나서 보자."

일만 배를 제대로 채우지도 못하고 기진맥진했던 게 엊그제 같은데, 일주일 동안 이만일천 배를 어떻게 하란 말인가. 속으로 '절에 들어와서 머리 깎으면 그만이지, 또 무슨 절을 그렇게 많이 하란 말인가' 하는 생각이 들었다. 그렇다고 출가에 대한 결심을 바꿀 수는 없었다. "예." 하고 물러 나와 원주스님(절의 살림살이를 책임진 스님)을 따라 객실로 갔다. 이만일천 배를 마쳐야 삭발을 하고, 스님이 되기 위한 예비 첫 단계인 '행자'가 된다고 한다.

1972년 1월 중순, 한겨울 산중엔 밤낮없이 칼바람이 불어댔다. 그중에서도 새벽 3시 기상 시간의 삭풍은 정말 견디기 힘들었다. 일어나자마자 차관에 물을 담아 영자당에 있는 다기(청정수를 담는 그릇)에 물을 올리고 절을 하는 것으로 하루 일과를 시작했다. 어찌나 추운지 절을 시작하고 얼마 지나지 않아 다기에 살얼음이 생기고, 절을 마칠 무렵이면 물이 꽁꽁 얼면서 부풀어 올라 터졌다.

그런 엄동설한에, 그것도 세속에선 한창 단잠에 빠져 있을 새벽 시간에 절을 하려니 여간 고역이 아니었다. 약속대로 매일 삼천배씩 하기를 사흘, 온몸의 근육이 아파 움직이기조차 힘들었다. 결리지 않는 곳이 없고 손과 발은 푸르뎅뎅해졌다. 저녁 무렵이 되자 온갖 상념이 머리를 어지럽혔다.

'백련암으로 출가했다간 평생 절만 하는 것 아닌가. 이렇게 힘든 절을 계속하다가는 사람 죽어나가게 생겼구먼. 차라리 세상에 나가 그 정성으로 열심히 살면 크게 출세할 수 있겠다.'

한편 "중 되라"고 할 때는 그렇게 자상하던 큰스님이 지금은 언제 보았냐는 식으로 눈길 한번 주지 않았다.

'에이, 내일 아침 도망가 버리자.'

그날밤 꿈속에 눈썹이 허연 노스님 7~8명이 나타나 한 사람씩 자신을 소개하는데 선종사史에 쟁쟁한 선사들이었다. 그리고 그들 모두 "도망가지 말고, 기도 끝내고 중노릇 잘해라." 하고 당부하는 것이 아닌가. 화들짝 놀라 잠을 깼다. '도망갈 생각을 하니까 별 이상한 꿈도 다 꾼다'며 잠시 앉았다가 다시 잠이 들었다. 평소처럼 일어나 새벽 기도를 끝내고 아침 공양도 마쳤다. '도망갈 때는 가더라도 밥 먹은 큰방 청소나 해주고 가야지' 하는 생각에서 물걸레를 들고 방바닥을 밀고 있었다. 그런데 갑자기 큰스님이 방문을 열고 들어오셨다.

"이놈아, 도망가야지. 와 아직 도망 안 가고 여기 있노."

정말이지 꼭 도망을 가겠다고 결심을 하고서 청소나 하고 떠난다고 걸레질을 하는데 큰스님께서 "이놈아, 도망갈 놈이 도망은 안 가고 뭐 하노?" 하고 호통치시는 서슬에 나는 그만 주저앉고 말았다. '여기는 무슨 감시장치라도 설치되어 있나? 내 마음을 어떻게 아시고 저렇게 호통을 치시는 것일까?' 하는 생각이 머리를 뒤흔들었다. 어쨌든 큰스님의 그 말씀은 나의 도망갈 기를 순식간에 꺾어버리는 것이었다.

"스님, 절하는 것이 너무 힘들어 정말로 도망가려고 짐을 싸두었습니더. 그런데 스님께서 이렇게 훤히 알고 계시니, 도망갈 생각을 접고 열심히 절하겠심더."

스님께서 꼭 도망가고야 말겠다는 내 속내를 어떻게 아셨는지 두고두고 묻지 못했다.

죄송한 마음에 고개를 숙이는데 큰스님이 빙긋이 웃으셨다.

"절하는 사람 다 힘들지. 힘 안 드는 사람이 어데 있겠노. 그래도 열심히 절해 기도를 마치거래이."

나는 다시 영자당으로 올라갔다.

다시 힘을 내서 섣달 새벽 삭풍을 견디며 마침내 일주일간 매일 삼천배 기도를 마치게 되었다.

행자 생활의 시작

"내일이 동지 보름이니, 이왕 삭발하는 김에 좋은 날 삭발하지요."

우여곡절 끝에 이만일천 배를 마치자 원주스님이 삭발 날짜를 잡았다. 백련암에서는 성철스님의 뜻에 따라 삭발과 관련된 모든 염불의식을 없앴다. 대야에 물을 떠놓고 원주스님이 직접 가위를 들고 긴 머리카락을 대강 자른 다음 바리캉으로 밀었다. 마지막엔 면도로 한 올의 머리카락까지 깨끗이 걷어냈다. 삭발이 끝난 뒤 원주스님이 머리카락을 싼 종이를 내밀었다.

"이 긴 머리카락은 속세와 절연하는 상징이니 행자가 태우든지 말든지 하이소."

혹자는 눈물이 솟는다고도 하는데, 나는 그저 담담했다.

"제 몸에서 떠났으면 그만이지요. 제가 또 어디에 버리겠습니꺼? 원주스님이 다른 행자들에게 하는 대로 하시지요."

머리를 감느라 맨머리를 만지니 기분이 영 이상했다. 딱딱하고 까슬까슬한 촉감이 느껴졌다. '나도 이제 스님이 되기는 되는 모양이다'라는 생각이 들었다. 삭발을 함으로써 얻은 '행자'라는 이름은 '출가를 결심하고 절에서 허드렛일을 하는 예비승'을 가리키는 말이다.

큰절로 내려가 법문을 하고 올라오던 성철스님이 내 모습을 보고는 빙그레 웃으시며 방으로 따라 들어오라고 손짓을 했다. 삼배를 하고 꿇어앉았다. 큰스님의 표정이 출가를 권하던 당시의 자상함으로 바뀌었다.

"니도 이제 중 됐네. 그런데 머리만 깎았다고 중 된 것 아니제. 거기에 맞게 살아야제. 중은 평생 정진하다가 논두렁 베고 죽을 각오를 해야 된다 아이가. 중노릇이 쉬운 거는 아이다, 알겠제."

방금 삭발하고 뭐가 뭔지도 모르는 상황에서 법문을 해주시니 무슨 말씀인지 제대로 귀에 들어오지 않았다. 그저 대답만 "예." 했을 뿐, 시종 '내가 진짜 중이 되기는 된 것인가' 하는 의아함이 마음속에서 떠나지 않았다.

"절한다꼬 수고 많았다. 며칠 쉬거라."

물러 나와 큰스님의 말씀을 원주스님께 전했다. 원주스님은 영 못마땅한 얼굴이었다. 뒷방을 하나 배정받아 며칠 동안 정말 아무 일도 하지 않고 지냈다. 밥 먹고 누우면 바로 잠이 들었다. 이만일천 배의 피로와 긴장이 한 올씩 몸에서 빠져나가는 느낌이었다. '스님들 생활이 이렇게 편하고 좋은 것이구나' 하며 온몸이 풀어져 있을 때 원주스님이 우물가로 불렀다.

"지금 절에 공양주(밥하는 사람)가 없으니 이제 행자가 공양주 소임을 맡아 주어야겠소."

행자로 받은 첫 소임은 부엌일이었다. 원주스님이 조리와 쌀 한 되를 내주면서 저녁 공양을 위해 쌀을 씻어보라고 했다. 나는 한순간 당황했다. 이런 일을 하려고 출가한 것이 아니지 않은가?

"원주스님, 지금까지 내 손으로 밥해 본 적이 한번도 없습니더. 밥 하려고 절에 들어온 것도 아니고, 밥할 사람이 없으면 식모를 한 사람 두면 되지 않습니꺼?"

이번에는 원주스님이 어리둥절해하는 표정을 지었다.

"큰스님께서 불교를 좀 아는 놈이 온 것 같다고 하시기에 잘 봐주려고 했더니만, 절 살림에 대해서는 영 깡통이구만. 큰스님께서 일절 부엌에 여자를 두지 말라고 하셨는데 어떻게 식모를 두겠소. 이렇게 똑똑한 행자가 다 있네."

원주스님은 이상한 놈이라며 영 못마땅한 표정을 지었다. 지금 생각해보면 확실히 이상한 행자였다. 그렇지만 당시는 정말 막막했다.

지금이야 전기밥솥에 쌀과 물만 넣으면 밥이 되지만 당시에는 조리로 쌀을 일어 돌을 가려내고, 무쇠솥에 장작불을 지펴 밥을 지어야 했다. 큰 바가지에 쌀을 붓고 물로 몇 번 헹궜다. 이어 조리질을 한다고 했는데 쌀이 어디로 도망가는지 빈 조리만 헛바퀴를 돌았다.

"니 지금 뭐 하노?"

성철스님의 목소리가 뒤에서 들려왔다. 저녁밥을 짓기 위해 할 줄 모르는 조리질을 하느라 샘가에서 끙끙거리고 있을 때였다. 반가운 마음에 불평 겸 하소연을 했다.

"원주스님이 갑자기 불러내더니만, 오늘 저녁부터 공양주 노릇을 하라고 해서 지금 조리질하고 있심더."

큰스님에 대한 예의는 갖추었지만 목소리엔 불만이 잔뜩 담겨 있었다. 큰스님은 새까만 행자의 그런 마음을 알고 있다는 듯 호탕하게 웃으시며 말씀하셨다.

"하하, 이놈아, 니도 묵고 노는 것이 중인 줄 알았제. 그게 아이고, 혼자 사는 게 중인 기라. 밥할 줄 모르고, 반찬 할 줄 모르고, 빨래할 줄도 모르면 우째 혼자 살겠노. 혼자 사는 법을 배우기 위해서라도 밥하고 반찬 하는 것은 지가 할 줄 알아야제. 그래서 공양주 시키는 것인데 알지도 못하고 불만만 해, 이 나쁜 놈아!"

웃음으로 시작된 말씀은 호통으로 끝났다. 출가하기만 하면 방 주고, 밥 주고, 옷 주고, 그래서 자기 시간만 가지는 편안한 것이 중 생활인 줄 알았는데……. 당시엔 후회스러운 마음이 들기도 했다. 20년 가까운 세월이 흐른 지금도 때때로 '아무것도 모르고 절에 들어왔기에 망정이지, 절 살림살이를 시시콜콜 알았다면 출가를 결심할 수 있었을까?' 하고 자문해보기도 한다.(뒷날 출가할 분들에겐 정말 죄송한 말이다.)

나는 정말 아무것도 모른 채 출가를 했다. 오로지 도를 얻겠다는 마음만 있었을 뿐이다. 더욱이 대구에서만 살아 산중의 생활방식이 전혀 몸에 맞지 않았다. 도끼질을 할 줄 아나, 낫질을 할 줄 아나, 지게를 질 줄을 아나, 모든 것이 서툴 뿐이었다.

그럭저럭 공양주 생활을 익혀가던 어느 날 원주스님이 키를 가지고 왔다. 키질을 해서 쌀에 섞인 지푸라기와 잡동사니를 바람에 털어내고 잔돌을 가려내는 것은 확실히 조리질보다 어려운 기술이었다. 원주스님의 솜씨는 대단했다. 키에다 쌀을 붓고 휙 쳐올리면 쌀이 1m쯤 높이 공중으로 올라가면서 순식간에 지푸라기 같은 가벼운 이물질들이 바람을 타고 다 달아나 버린다.

그러나 나는 10cm도 채 쳐올리지 못했다. 게다가 키질을 잘못하는 바람에 쌀이 밖으로 떨어져 키 안에 있는 쌀보다 마당에 쏟아진 쌀이 더 많았다. 그날도 키질을 엉성하게 하다가 또 쌀을 마당에 쏟았다. 큰스님이 어느새 나타나 쌀을 급히 주워 담고 있는 모습을 물끄러미 바라보고 계셨다.

"니도 어지간히 재주 없는 놈인갑다. 다른 행자들은 얼른얼른 배우는데, 니는 지금 보름이 지나도 우째 그 모양이고. 허 참……"

큰스님이 혀를 차며 방으로 들어가시는데 몸 둘 바를 몰랐다. 큰스님은 내가 모르는 사이에 나를 지켜보고 계셨는가 보았다. "저놈이 제대로 산중 생활에 적응이나 할는지……"

나에게 가장 힘든 일은 바로 큰스님 뵙기가 쉽지 않다는 점이었다. 백련암에 살게 되면 언제라도 큰스님을 만나 이것저것 궁금한 것을 수시로 여쭤볼 수 있을 것이라고 생각했었다. 그런데 행자에게는 그것이 용납되지 않았다.

어쩌다 마당에서 큰스님을 뵈면 간단히 몇 말씀 여쭤볼 수는 있다. 그러나 따로 큰스님을 뵈려면 우선 시자스님을 거쳐야 한다. 시자스님은 왜 스님을 뵈려 하느냐, 무엇을 여쭈려 하느냐, 무슨 급한 일이냐 등등 캐묻게 마련이다. 그때 딱히 '이것 때문'이라고 말할 수 있는 이유를 대기가 쉽지 않았다. '차라리 출가하지 않고 세속에 살다가 궁금한 것이 생기면 큰스님을 찾아와 요긴하게 문답을 주고받는 것이 더 낫지 않았을까' 하는 생각까지 들었다. 스님도 아니고 속인도 아닌 행자 생활은 그렇게 힘든 삶이었다.

행자 생활에서 가장 답답했던 점은 말 상대가 없다는 것이었다. 행자가 공경해야 할 스님들에게 먼저 이야기를 걸 수도 없고, 스님들

● 1970년대 백련암 전경. 앞에 보이는 콘크리트 건물은 생전 큰스님의 장서를 보관했던 장경각이다.

또한 행자라는 존재에 전혀 관심도 없다는 듯 아예 말을 걸어오지 않았다. 그렇지만 처음 절 생활을 하는 입장에선 모든 게 엄청 궁금할 수밖에 없었다.

그나마 내 입장에서 가장 얘기를 건네기 쉬운 상대는 나보다 몇 달 먼저 입산한 채공茶供(스님들이 먹을 반찬을 만드는 직책) 행자였다. 출가의 계기를 만들어준 친구 스님도 있었지만 그는 스님이고 나는 행자였다. 친구 스님 역시 나를 불러 위로도 해주고 모르는 것은 가르쳐줄 만도 한데 안면몰수하다시피 냉담했다.

　채공은 행자 중에서도 바쁜 소임이다. 반찬을 보통 서너 가지는 해야 하기 때문에 식사 준비 시간이 되면 칼질하랴, 불 때랴, 나물 볶으랴 매우 바삐 움직였다. 그렇지만 염치 불구하고 나는 끼니때마다 채공에게 쌓였던 질문을 퍼부어댔다. 하루는 채소를 다듬던 채공 행자가 부엌칼을 도마 위에 콱 꽂으며 나지막이 외쳤다.
　"한번만 더 물으면 가만두지 않을 거야."
　이후로 나는 채공 행자에게도 더 이상 묻지 못했다.

　성철스님의 환갑은 나를 무척 답답하게 만들었던 일로 기억된다. 나이 지긋한 여성 신도 한 분이 멀리서 찾아와 성철스님을 뵙고 간 날 저녁이었다. 원주스님이 테플론 섬유로 만든 옷 한 벌씩을 모든 스님에게 나누어주었다. 광목으로 만들어 여기저기 기운 옷을 받아 입고 살면서 '절에선 모두 이런 옷만 입고 사는가 보다' 하고 생각하고 있었는데, 양복감으로 된 새 옷을 나누어주니 어리둥절했다.
　그래서 원주스님에게 "왜 이런 새 옷을 주십니꺼?" 하고 물었다. 그런데 나를 더 어리둥절하게 만든 것은 원주스님의 대답이었다.
　"옷을 주기는 줬지만 앞으로 절대 입지 마시오."
　옷을 주면서 입지 말라니 도대체 무슨 말이냐며 다시 캐물으니 원주스님은 귀찮아하는 눈치면서도 설명을 해주었다.
　"그 행자 참 질기구만. 내일이 큰스님 환갑이라, 스님들 입으라고 신도님이 옷을 해가지고 와서 나누어준 것이오. 그렇지만 내일 그 새

옷을 입고 나가면 큰스님께서 절 밖으로 쫓아낼 터이니, 내가 입으라고 할 때까지 절대 입지 말란 말이오. 알겠소?"

원주스님은 몇 번이고 다짐을 받았다. 그래도 여전히 이해가 되지 않는 구석이 많았다.

'내일이 큰스님 환갑이라면 잔칫상을 준비해야 하지 않는가. 밤이 늦었으니 지금부터라도 서둘러야 할 텐데……. 그런데 여태 환갑잔치를 준비하는 낌새조차 없는 걸 보니 내일 신도들이 한상 잘 장만해 오는가 보다.'

다음날 아침상은 평소와 다르지 않았다. '점심 때 신도들이 잔칫상을 만들어 오려나' 하는 생각에 점심시간을 기다렸다. 하지만 점심도 저녁도 아무런 변화 없이 그렇게 성철스님의 환갑은 지나가 버렸다. 큰스님이라서 굉장한 환갑잔치가 벌어질 줄 알았는데 오히려 평일보다 더 조용하고, 또 뭔가 조용조용 긴장하며 지내는 모습이 잔치와는 거리가 멀었다. 성철스님의 생신은 음력 2월 19일이었다.

나중에야 알게 됐는데, 성철스님은 출가 이후 한번도 생일상을 받은 일이 없다는 것이다. 1950년대 말 큰스님이 대구 팔공산 성전암에 머물 당시 일화가 유명하다. 몇몇 신도가 큰스님 생일을 맞아 과일 등 먹을거리를 한 짐 지고 성전암을 찾았다가 쫓겨났다 한다.

성철스님은 누가 생일 얘기라도 하면 "중이 무신 생일이 있노."라며 꾸짖곤 하셨다. 생일이란 속세의 일, 출가한 승려에겐 이미 끊어진 인연이기에 아무 의미가 없다는 가르침이다. 스님들은 육신을 받아 어머니 뱃속에서 나온 날이 생일이 아니라 출가했으니 '마음을 깨치는 날'이 생일이라고 했다.

도끼에 발등
찍힌 날

　어설픈 행자 시절, 성철스님의 꾸중엔 은근한 사랑과 관심이 담겨 있었기에 누구보다 많은 꾸중을 들으면서도 그럭저럭 지낼 수 있었다. 내가 스님에게 가장 큰 꾸중을 들은 것은 행자가 되고 얼마 지나지 않아서였다.

　지금은 백련암에도 전기가 들어오고 기름보일러 시설이 갖춰져 살림에 큰 불편이 없지만 30년 전엔 전기도 보일러도 없었다. 때문에 땔감 장만은 산중 절간에서 가장 큰 일거리였다. 아침 공양을 마친 스님들이 톱과 낫, 도끼를 들고 산으로 올라가는 것이 일과의 시작이었다. 이른바 산사의 공동 작업인 울력이다. 하지만 나는 워낙 그런 일에 서툰데다 큰 나무가 쓰러지는 소리가 무서워 스님들이 나무하러 가는 데 따라가지 않았다. 그러니 자연히 절에는 성철스님과 나만 남게 되었다.

　나 혼자 좌선한답시고 앉아 있으면 어쩌다 한 번씩 큰스님이 문을 열어보곤 하셨다. 며칠간 아무런 말씀이 없기에 '나 혼자 이렇게 방을 지키고 앉아 있어도 되나 보다' 하고 안심하고 있었다. 그러던 어느 날이었다. 여느 때와 달리 문이 요란하게 열리더니 큰스님이 눈을 부릅뜨고 들어오셨다.

"니는 도대체 어떤 놈이고? 가만 보자보자 하니, 다른 대중들은 다 울력 가는데 어제 절에 들어온 놈이 방에 앉아 있어? 당장 일어나 산에 올라가! 대중 울력에 나가란 말이다! 이런 염치없는 놈이 어데 있노. 앞뒤가 꽉 막힌 놈이네."

말도 별로 없고, 간혹 꾸중을 하더라도 짧은 한마디로 끝내던 스님이 평소와 달리 긴 호통을 치셨다. 산중에 산다는 것은 공동생활을 의미하고, 울력이란 수행 공동체를 유지시켜가는 가장 기초적인 노동이다. 하물며 고된 일을 도맡아야 할 행자가 울력에 빠진다는 것은 참으로 당돌한 생각이었다. 나는 당장 그날부터 어설픈 나무꾼이 되어야 했다.

산에서 나무를 잘라 오면 다시 도끼로 패서 부엌 아궁이에 넣기 좋을 만하게 쪼개야 한다. 도끼질이 숙련된 스님들이 한 번 도끼를 휘두를 때마다 참나무 둥치가 쫙쫙 갈라지는 것은 옆에서 보기만 해도 신이 난다. 일이 서툰 나는 스님들이 쪼갠 나무를 주워다 쌓는 일을 주로 했다. 하루는 스님들이 도끼질하는 모습이 어찌나 신나게 보이던지 '나도 한번 해볼까' 하는 마음이 절로 생겼다. 팔뚝만 한 참나무 가지를 하나 세워놓고 도끼를 휘둘렀는데 그만 둥근 나무에 빗맞으면서 도끼가 내 발등으로 떨어졌다. 꿍 하는 소리와 함께 눈앞이 캄캄해졌다. 털썩 주저앉고 말았다. 믿는 도끼에 발등 찍힌다고 했는데, 나는 내 실력을 알기에 믿지도 않았고 또 조심스럽게 내리쳤는데……. 몇몇 스님이 내 발등을 들여다보며 하는 말이 아득하게 들렸다.

"천만다행이네. 도끼날이 무뎠는지, 행자 도끼질 솜씨가 형편없어서 그랬는지 찍기는 찍었는데 터지지는 않았네."

얼마 지난 뒤 정신을 차리고 양말을 벗어 보니 발등에 주먹 만한 혹이 시꺼멓게 솟아올라 있었고, 발이 욱신거려 일어나기조차 힘들었다. 새까만 행자가 업어달라고 할 수도 없고, 혼자 절뚝거리며 내려와 샘가에서 찬물에 발을 담그고 상처를 주물렀다.

'아무리 그래도 도끼에 발등이 찍혔는데, 아프냐고 물어보는 스님도 하나 없구먼. 참 절집 야속하다.'

섭섭한 마음을 억누르며 한참 주무르고 있으니 통증이 조금씩 가라앉았다. 그때 큰스님이 어느새 나타나 물었다.

"오늘은 또 무신 일이고?"

"아, 아무것도 아닙니다."

"뭐가 아무것도 아이고. 발등에 그 시커먼 혹은 와 생겼노?"

달리 둘러댈 말도 없어서 "도끼로 발등을 찍었심더." 하며 말꼬리를 흐리니 성철 큰스님이 혀를 차시며 한마디 던졌다.

"니는 참 희한한 놈이다."

짧은 핀잔, 그 속에서 큰스님의 걱정하는 정이 묵직하게 느껴졌다.

연등 없는
백련암

　　　　　공양주로서 밥 지으랴, 나무 울력 나가랴, 철철이 농사 일 하랴……. 짬짬이 예불하고 참선을 한다고 하지만 몸이 피곤하다 보니 공부가 쉽지 않았다. 아침 먹고 울력, 점심 먹고 울력, 저녁 예불을 마치고 비로소 좌복(좌선할 때 깔고 앉는 큰 방석) 위에 앉으면 몸이 천근만근이다.

　산사의 취침 시간은 저녁 9시, 기상 시간은 새벽 3시다. 처음 출가해서는 저녁 9시에 잘 수가 없었다. 속세에 살 때에는 거의 12시가 넘어서야 자곤 했으니 초저녁에 잠이 올 리가 없었다.

　이리저리 뒹굴다 보면 금방 잠든 것 같은데 새벽 3시 기상종이 울린다. 억지로 일어나 눈을 비비며 세수하러 나오면 벌써 큰스님 방에선 우렁찬 백팔배 예불 소리가 울려 퍼지고 있었다.

　"대자대비 민중생, 대희대사……."

　큰스님의 염불 소리에 덜 깬 잠이 화들짝 달아나곤 했다. 그렇게 아침 예불을 올리고 하루를 시작하니 낮에는 잠이 그렁그렁 고였고, 심할 때는 연신 하품만 하는 날도 많았다. 그렇다고 행자가 뒷방에서 낮잠을 잔다는 것은 생각할 수도 없는 일이었다.

"행자가 낮잠 자다 큰스님께 걸리면 당장 그날로 보따리를 싸야 한다."는 원주스님의 공갈 아닌 공갈이 있었기에 낮잠은 꿈도 못 꾸었다. 책상 앞이나 좌복 위에서 조는 것이 고작이었다.

그런 가운데 출가하고 처음으로 '부처님 오신 날'을 맞았다. 절에서는 가장 큰 잔칫날이다. 보통 연등 준비로 한창 분주할 텐데 백련암에서는 전혀 그런 모습을 볼 수 없었다. 너무나 궁금해 원주스님에게 묻지 않을 수 없었다.

"왜 백련암은 4월 초파일에 등 달 준비를 하지 않습니꺼?"
"등을 달지 않는 것이 큰스님 뜻이니까!"

도무지 이해가 되질 않았다. 그렇다고 또 꼬치꼬치 캐물을 수도 없었다. 사실 연등을 다는 것은 축원의 의미와 함께 시주의 의미가 적지 않다. 그런데 성철스님은 웬일인지 백련암에 연등을 달지 못하게 했다. 연등을 꼭 달겠다는 사람이 있으면 큰절에 가서 달라며 내려보내곤 했다. 연등을 달고자 하는 신도들의 불심은 이해하면서도 자신이 거처하는 암자에 연등을 즐비하게 달아놓는 것은 꺼린 탓이다. 그런 큰스님의 뜻에 따라 요즘도 백련암엔 연등을 달지 않는다.

부처님 오신 날 당일, 원주스님은 나와 채공 행자 두 사람을 불러 이렇게 말씀하셨다.

"오늘은 초파일이고, 그동안 두 행자가 고생도 많았으니 큰절에 가서 초파일 풍경이나 둘러보며 좀 쉬고 오시오."

큰절에 내려가니 줄줄이 수천 개의 등이 걸리고 참배하는 신도들이 북적거리고 있었다. 우리는 남의 집 일인 양 여기저기 몇 번 기웃거리다가 백련암으로 돌아왔다. 나는 백련암으로 오르는 오솔길로 접어들면서 뒤따라오는 채공 행자에게 또 이것저것 궁금한 것들을 쉴 새 없이 묻기 시작했다. 뒤돌아보고 걸으면서 한참 말을 걸고 있는데, 갑자기 채공 행자가 손가락질을 하며 소리쳤다.

"공양주 행자 앞에 뱀……."

고개를 돌리며 "어디?"라고 묻는 순간 내딛던 발밑이 뭉클하고 뭔가 밟혔다. 동시에 발등이 따끔했다. 깜짝 놀라 아이쿠 하면서 제자리에서 양 발을 서로 엇바꾸며 동동거렸다. 발을 감고 있던 서늘한 무엇이 풀리는 기분이었다.

뒤에서 그 광경을 바라보던 채공 행자가 쫓아와 방금 독사가 물고 갔으니 빨리 양말을 벗고 독을 빨아내야 한다며 독촉했다. 물린 발의 양말을 벗어 보니 뱀 이빨 자국이 세 군데나 선명하게 나 있었다. 채공 행자는 독사가 틀림없다면서 이빨 자국에 자기의 입을 갖다 대고 열심히 빨기 시작했다.

"세상에, 우째 나한테 이런 일이……."

도시를 떠나 산에 살게 되면서 내심 걱정이 많았었다. 뱀에 물리지 않을까, 큰 짐승이 나타나지 않을까, 옻나무가 많은데 옻이나 오르지 않을까 등등 모든 것이 걱정거리였다. 그런데 오솔길을 가면서 뒤를 돌아보고 물어보는 사이에 기어이 뱀에게 물리고 만 것이다.

허벅지 위를 허리띠로 묶고 산 아래 약국으로 내려갔다. 약사가 뱀에 물리는 순간 눈앞이 캄캄하더냐고 물었다. "그렇게 캄캄하고 아득한 느낌은 없었다."고 하자 "그러면 독사가 아니니 안심하라."고 했다. 크게 가슴을 쓸어내렸다. 나는 이빨 자국 난 곳에 소독약을 바른 후 다시 백련암으로 올라왔다.

그런데 정작 뱀에 물린 나는 괜찮은데 입으로 독을 빨아낸 채공 행자의 입 주위에 오톨도톨한 물집이 생겨나기 시작했다. 아무리 독사가 아니라 해도 독성분이 있었나 보다 싶어 여간 미안하지 않았다. 하지만 사흘 정도 지나니 물집은 사라졌다.

뱀에 물려서가 아니라 나는 큰절에 내려가는 것이 별로 즐겁지 않았다. 무엇보다 곤란한 것은 동자스님을 대하는 일이었다. 아무리 어린 동자스님이라도 나보다 먼저 절에 들어왔으니 선배 스님이다. 서른이 다 된 행자지만 허리 굽혀 동자스님들에게 절을 해야 했다.

"큰절에 가면 나이가 아무리 어려도 스님들이니 행자는 허리를 90도로 팍 꺾어 절을 해야 해요. 그렇지 않으면 큰절 스님들이 가만두지 않을 거요. 스님이 보이면 노인이건 어리건 무조건 절부터 하는 것을 잊지 마시오."

원주스님이 큰절에 내려 보내면서 항상 잊지 않는 당부 겸 공갈 겸 다짐이다. 아무리 그래도 말이 쉬워 90도로 절하기지, 막상 막내 동생이나 조카쯤 되는 어린 스님을 보면 도저히 허리가 굽혀지지 않았다. 엉거주춤하는 사이 어린 스님들이 지나가며 째려보는 품이 영 심상치 않았다. 한참을 다짐하고 진짜 허리를 90도로 꺾어 동자스님에게 겨우 절을 했는데 아무래도 어색했다.

육조단경
설법

하안거夏安居(여름철 칩거하며 수행하는 것) 때는 큰절 대적광전 큰법당에서 대중스님들이 운집하여 큰스님 법문을 듣지만, 겨울에는 날씨가 추워서 큰법당 대신 강원 교실로 쓰면서 불을 때는 궁현당이라는 큰방에서 큰스님 법문을 들었다. 그때 마침 탄허 큰스님께서 현토한 『덕이본 육조단경六祖壇經』을 교재로 하여 법문하셨다.

큰절에서 법문할 때에는 먼저 대중들이 함께 법문 청하는 의식을 한 후에 강원스님 두 분이 큰스님 앞에 나아가 삼배를 드린 뒤, 법문하는 높은 법상 위에 큰스님을 모셔 앉으시게 한 후 전체 대중이 삼배를 드린다. 그리고 잠시 입정入定이라 하여 1분 이내의 짧은 시간 동안 대중이 모여 묵연하게 마음을 가라앉히는 시간을 갖는다. 유나스님이 죽비를 세 번 울리는 것으로 입정에 들었다가 잠시 후 다시 죽비를 세 번 치는 것으로 입정 시간이 끝나고 곧이어 큰스님께서 법문을 시작하셨다.

높은 법상 위에 용맹한 사자처럼 앉아 도도히 설법하는 큰스님의 모습이 더욱 장엄하게 느껴질 정도로 분위기가 매우 엄숙했다. 그때 처음으로 나는 법상에서 도도히 설법하시는 큰스님의 모습을 보았고 법문도 들을 수 있었다.

　큰스님은 산중에 사셔서 그런지 고향인 경상도 산청 사투리를 쓰며 사자후를 토하셨다. 같은 경상도지만 대구 출신인 나도 제대로 못 알아듣는 심한 사투리로 법문을 하셨다. 그리고 얼마나 말씀이 빠른지 앞말보다 뒷말이 먼저 튀어나오려고 다투는 듯 말씀이 굴러갔다. 그러니 법문하는 말씀을 한마디도 놓치지 않으려면 귀를 쫑긋 세워 말을 타고 달리듯이 말씀을 따라가야만 했다.

　큰스님이 법문을 마치고 법상을 내려와 당신 자리에 서면 회향게라 하여 대중스님들이 법문에 감사하는 게송을 합송함으로써 그날 법문은 끝나게 된다. 큰스님은 법문을 끝내면 대웅전 동쪽편 방장실로 가 잠시 휴식을 취했다. 그냥 쉬는 시간이라기보다는 해인총림의 최고 지도자로서 중진 스님들의 문안을 받으며 절 살림살이에 대한 보고도 듣는 시간이다. 그럴 때면 나는 동자스님들과 마주치지 않으려고 멀리 돌아 방장실 쪽으로 올라가곤 했다.

　한 시간쯤 지나면 큰스님은 어김없이 백련암으로 올라 가셨다. 1972년 당시 이미 환갑의 나이셨는데도 성큼성큼 앞서가는 큰스님의 발걸음은 가볍기 그지없었다.

　내가 오히려 숨이 차 헉헉거리기 일쑤였다. 숨 가쁜 소리가 앞서가는 큰스님 귀에까지 들릴 무렵이면 어김없이 불호령이 떨어졌다.

　"이놈아, 젊은 놈이 빨리 안 따라오고 뭐 하노?"

　헉헉거리며 성철스님의 뒤를 따라 백련암에 올라오면서도 설법의 여운이 귓속을 떠나지 않았다. 큰스님의 법문은 여섯 번째 조상이란 뜻의 육조六祖, 즉 중국 선불교의 문을 연 달마대사를 첫 번째 조상

● 해인사 대적광전에서 설법하시는 성철스님. 칠십 노구에도 쩌렁쩌렁한 목소리로 대중을 일깨우셨다.(1980년대 중반)

으로 따졌을 때 그 법통을 이은 여섯 번째 스님인 혜능대사(638~713)의 가르침에 관한 것이었다.

흔히 '육조 혜능'이라 부르는데, 그가 남긴 가르침을 정리한 책이 『육조단경』이다. 경經이란 원래 부처님의 말씀이란 뜻인데, 부처님의 말씀이 아니면서 경이라 불리는 것은 『육조단경』뿐이다. 그만큼 혜능대사의 가르침이 탁월했기 때문일 것이다. 성철스님은 늘 선불교의 전통을 중흥시킨 혜능스님의 말씀을 자주 인용하셨다.

저녁 무렵 성철스님이 마당에서 산책하는 모습을 보고 달려갔다.

"큰스님, 오늘 하신 『육조단경』 법문 잘 들었습니다. 꼭 저를 위해 법문하신 듯해서 기분이 좋았습니다."

좋은 말씀에 대해 감사하는 마음으로 한마디 했는데, 큰스님이 갑자기 큰 눈을 더 크게 뜨며 한참을 쏘아보셨다. 아니나 다를까, 불호령이 떨어졌다.

"이놈아, 내가 어데 법문할 데가 없어서 니 같은 행자놈을 위해 법문했겠나? 자슥, 참 건방진 놈이네."

말이 떨어지기가 무섭게 어서 물러가라는 듯 손사래를 치셨다. 하지 않아도 될 말을 공연히 해 큰스님을 노엽게 했다 싶어 몹시 송구스러웠다. 그런데 저녁 예불을 마치고 나니 큰스님께서 찾으신다는 전갈이 왔다.

'또 얼마나 혼이 나려나?'

저녁 무렵에 있었던 일이 떠올라 덜컥 겁부터 났다. 방으로 찾아가 삼배를 하고 공손하게 앉았다.

"니 오늘 내 법문 듣고 어떻다 했제?"

영문도 모르고 따로 꾸며서 할 말도 없어서 "꼭 저를 위해 법문해 주신 것 같습니다." 하고 반복했다. 큰스님은 답답하다는 표정으로 목소리를 높였다.

"그놈 참 맹랑하네. 그렇게 생각한 무슨 이유가 있을 것 아이가? 그 이유를 말해보란 말이야! 이 맹추야."

더 움찔해져 우물쭈물하고 있으니 큰스님이 한마디 덧붙였다.

"나는 뭐 큰 '앎'이라도 있어서 그렇게 말하는 줄 알았더니 아무것도 아이네. 나가봐라!"

방을 나와 곰곰이 생각해 보았다. 큰스님은 행자가 뭔가 느낀 게 있어서 당신에게 물은 것으로 나름대로 기대와 짐작을 했던 것이다. 그런데 막상 불러 확인해 보니 대답이 싱거워 실망한 듯했다.

이러니 큰스님께 드리는 한마디 한마디가 조심스럽지 않을 수 없었다. 처음에는 이것저것 철없이 많이 여쭈었는데, 나중에는 이리저리 받히기만 하니 마음 놓고 질문할 수가 없었다.

보름마다 큰스님을 따라 큰절에 내려가 설법을 들었다. 큰스님은 겨우내 『육조단경』을 설법하셨다. 큰스님은 육조대사의 가르침을 매우 중시했는데, 큰스님의 돈오돈수 사상도 육조대사의 가르침에 그 뿌리를 두고 있음을 나중에서야 알게 되었다.

언젠가 『육조단경』에 대해 큰스님께 물었다. 육조가 천한 출신으로 공부도 제대로 하지 못했다는데, 어떻게 그렇게 훌륭한 설법을 남겼는지 늘 궁금했던 터였다.

"이런저런 책을 보면 혜능대사가 글자도 모르는 무식한 스님으로 묘사돼 있는데, 정말 무식했다는 것이 이해되질 않습니다."

● 백련암 옛날 모습. 석축을 쌓아 마당을 넓혔다고 한다.

지금도 큰스님의 가르침이 쟁쟁하다.

"육조 혜능대사가 무식했다는 것은 정설이데이. 무식했지만 마음을 깨치니 부처님 진리에 환해지고[宗通], 법문을 자유자재로 하는 언변을 얻었다[說通]고 안 카나. 참선 공부는 열심히 정진해 마음을 깨치느냐 못 깨치느냐 하는 것에 있지, 알고 모름에 있는 게 아이다. 설불리 아는 것이 오히려 참선 공부에는 큰 방해가 된다. 알았나?"

당시에는 그저 "예, 예." 하며 고개를 끄덕였지만, 그 뜻을 헤아리기는 힘들었다.

시줏돈과
팁

사찰의 부엌살림은 대개 공양주와 채공이 맡아 꾸려 간다. 밥은 한 가지지만 반찬은 여러 가지인지라 채공이 더 힘이 들게 마련이다. 그러나 대부분의 신도들은 공양주에게 인사를 차린다. 법당 부처님께 올리는 마지(밥)를 공양주가 불기佛器에 소담스럽게 담아 건네주기 때문이다.

공양주였던 나는 신도들이 "감사합니다."라고 인사할 때마다 채공 행자를 한 번 힐끗 쳐다보며 민망스러워했다. 그런데 한번은 어느 여자 신도가 돈을 쥐어주었다.

"공양주 행자님, 수고 많으십니다. 이거 얼마 안 되는데 연필이라도 사 쓰십시오."

난생처음 돈을 받았다. 얼떨결에 받았지만 곧 "저는 돈 같은 거 필요 없십더." 하며 되돌려 주었다. 주거니받거니 하다가 여신도는 부뚜막에 500원을 놓고는 이내 나가버렸다.

당시 대학생 하숙비가 2,000~3,000원 했으니, 500원을 지금 돈 가치로 환산하면 대략 5만 원쯤 될 것이다. 부뚜막에 놓인 500원을 바라보는 심정이 참으로 묘했다.

'얼마 전까지만 해도 내가 팁을 줬는데, 이제는 내가 팁을 받는 신세가 되었구나.'

돈을 보고 고맙다는 생각보다 왜 팁이라며 자조했는지 지금 생각하면 고소를 금치 못할 일이지만, 당시 심정은 정말 서글펐다. 절에서는 실제로 돈을 쓸 일도 없고, 어디에 써야 하는지도 몰라 원주스님을 찾아가 돈을 내밀었다.

"어떤 보살이 팁 500원 놓고 갔심더."

원주스님의 얼굴이 붉으락푸르락하며 험상궂어졌다. 뭐라고 야단치려다가 마는 듯했다. 나는 속으로 '절에 들어와 하도 실수를 많이 하니까 완전히 낙인이 찍혔나 보네' 하며 섭섭한 마음을 달랬다. 아니나 다를까, 얼마 뒤 성철스님이 호출한다는 전갈이 왔다. 또 야단을 맞나 보다 하며 숨을 크게 몰아쉬었다. 마음을 굳게 먹고 방문을 열고 들어가 큰스님 앞에 꿇어앉았다.

"이놈아, 팁이란 말이 뭐꼬?"

원주스님이 오만상을 찌푸리더니만 스님께 이른 모양이었다.

"세속에서 음식점 같은 데서 음식을 먹고 나면 감사하다는 뜻으로 종업원에게 주는 잔돈을 팁이라고 합니더."

말 그대로 낱말 풀이만 했다.

"인마, 그런 게 팁이라는 거 몰라서 묻는 줄 아나. 이 쌍놈아!"

큰스님의 등등한 노기에 아무 말 못하고 머리를 푹 숙이고 있었다.

"팁 받는 주제에 꼴 좋다. 이놈아, 그 돈은 팁이 아니라 시줏돈이다 시줏돈. 신도가 니한테 수고했다고 팁 준 것이 아니라, 스님이 도 닦는 데 쓰라고 시주한 돈이란 말이다. 그걸 팁이라고 똑똑한 체하니 저거 언제 속물이 빠질란고……, 허어 참."

큰스님은 어이가 없다는 듯 혀를 끌끌 찼다.

"절에 있으면 더러 신도들이 시주랍시고 너거들한테 돈을 주고 가는 모양인데, 그건 너거 개인 돈이 아니라 절에 들어온 시주물이데이. 그러니 원주에게 줘 공동으로 써야 하는 것인 기라. 그리고 시주물 받기를 독화살 피하듯 하라는 옛 스님의 간곡한 말씀이 있으니 앞으로 명심하고 살아야 한데이. 이놈, 오늘 팁 받아서 니 주머니에 넣었다면 당장 내쫓았을 긴데……."

큰스님의 긴 꾸중, 그 마지막 대목을 들으면서 '오늘은 진짜로 운 좋은 날'이라며 가슴을 쓸어 내렸다. 팁이라 생각하고 서러운 마음에 돈을 원주스님에게 갖다 주었기에 망정이지, 무심코 호주머니에 넣고 내 돈이라 생각했더라면 큰일 날 뻔했다. 내가 받은 첫 시줏돈은 그렇게 큰스님의 가르침과 함께 내 마음속에 자리잡고 있다. 큰스님은 스스로의 마음을 다지며 썼던 발원문에서도 시주물에 대한 경계심을 강조하셨다.

"시주물은 독화살인 듯 피하고, 부귀와 영화는 원수 보듯 경계하라."

내 이빨
물어줄래?

어느 날 중년의 스님 한 분이 백련암을 찾아왔다. 점심시간이 지났는데, 먼 길 오느라 끼니를 거른 스님께 밥상을 차려드리라는 원주스님의 명에 따라 내가 상을 봐드렸다. 10여 분쯤 지났을 무렵, 그 중년 스님이 마루로 뛰어나와 고함을 질렀다.

"이 절 공양주가 누구야? 당장 이리 와!"

나는 영문도 모르고 달려가 "제가 공양주입니다." 하며 공손히 반절을 했다. 스님은 손에 들고 있던 종이 뭉치를 내 발 쪽으로 내동댕이치면서 노발대발이다.

"내 이빨 물어내, 이놈아!"

종이 뭉치에 싸인 밥알이 마당에 흩어졌다. 밥에 든 돌을 씹은 것이다. 서러움이 뱃속 깊은 곳에서 응어리지며 솟아올랐다. 그동안 고달팠던 기억이 파노라마처럼 떠오르며 뜨거운 눈물이 주르륵 흘렀다.

'도시 놈이 절 생활에 익숙해지려고 무척이나 참고 부단히 애써왔는데, 고개 숙인 뺨에 씹은 밥알이 튀어오르다니……'

굵은 눈물을 떨구며 우두커니 서 있었다. 옆에서 지켜보던 한 스님이 다가와 내 어깨를 두드리며 "저 스님 성질이 워낙 급한 분이라 그렇다. 이해하라."며 위로해주었다. 복받치는 감정인지라 위로의 말에 설움이 더했다. 나를 성철스님과 처음 만나게 해주었던 친구 스님이 보다 못해 내 손을 끌고 방으로 들어갔다.

"옆에서 보니 참을 만큼 참고 왔는데 그런 추태를 보이노?"

위로 겸 질책이었다. 곰곰이 생각해 보니 그랬다. 행자로서 이미 자존심 같은 거 버린 지 오래지 않은가. 그렇게 마음을 삭이고 있는데 아까 그 스님이 다시 찾았다.

설움을 많이 삭인 터라 먼저 사과를 드렸다. 그랬더니 그 스님이 오히려 야단쳐서 미안하다며 사과를 했다. 스님은 이어 "니가 참선한다고 하니, 내가 상기병(기가 머리로 쏠려 생기는 두통) 막는 체조를 가르쳐 주지." 하며 선 체조를 가르쳐 주었다. 스님은 땀을 뻘뻘 흘리며 가르치는데, 나는 마음이 안정되지 않았으니 그저 스님을 따라 시늉만 할 뿐이었다.

당시 그 선 체조를 배워 익히지 못함을 나중에 크게 후회했다. 그때는 상기병이 무엇인지도 모르고 지냈지만 나중에 참선하던 중 바로 그 병 때문에 많은 고생을 했기 때문이다. 그날 저녁 예불이 끝나고 큰스님이 찾으신다고 원주스님이 일러 주었다.

"낮에 무슨 일이 있었다고?"

묵묵히 있으니 불호령이 떨어졌다.

"이놈아! 억울하면 산천이 떠나가게 실컷 한번 울어보지 그랬나? 무슨 일이 있었는지 한번 말해봐라."

불같은 재촉에 낮에 있었던 일을 간략하게 설명했다.

"그래, 이빨 물어줬나?"

큰스님의 엉뚱한 질문에 할 말이 없었다.

"그래, 이빨 물어줬냐고 묻는다 아이가. 와 대답을 안 하노?"

무슨 대답을 이끌어내려고 낚싯줄을 드리우는 것 같기도 하고, 또 뭔가 위로의 말을 해주실 것도 같아 용기를 냈다. 오늘의 심경을 솔직히 털어놓기로 하였다.

"이빨은 못 물어줬습니다. 그렇지만 백련암 와서 반 년 넘게 행자생활을 한 중에서 오늘 제일 마음이 서러웠습니다. 절 생활을 익히지 못해 주변 스님들을 불편하게 하고……. 여기서 절 생활을 그만하고 하산해야 되지 않겠나, 오후 내내 그 생각만 하고 있었습니다."

● 백련암 고심원에서 예불을 올리는 스님의 모습

분명 야단맞을 줄 알았는데, 큰스님은 한참 뚫어지게 바라보았다.

"그러면 내 이빨은 어떻게 물어줄래? 이놈아, 나도 니 밥 먹기가 얼마나 힘든지 아나? 니가 내 이빨 물어주려면, 도망치려고 할 것이 아니라 백련암에 살면서 내한테 그 빚을 갚아야제. 안 그러나! 니 생각은 우짠데?"

나는 그제야 비로소 알았다. 그동안 큰스님께서도 나의 돌이 든 공양을 더러 잡수셨다는 것을. 그 사실을 이제 뒤늦게 알고 나니 정말 쥐구멍에라도 들어가고 싶었다. 그렇게 생각하니 낮의 설움이나 회한 같은 것도 말끔히 씻겨져버렸다.

"공양주 열심히 하겠습니다."

이 대목에서 한마디 덧붙이고 싶다. 그때는 '내 고생만 고생이다' 싶은 생각에 주위를 둘러볼 여유가 없었다. 큰스님께서 떠나신 지 23년이 되어가는 이즈음이 되어 이 대목을 읽으니 마음이 더욱 아려온다. 그러니 행자가 바뀔 때마다 큰스님께 올리는 점심, 저녁 공양은 새로운 공양주 몫이니 익숙해질 때까지 죽밥이거나 설익은 밥이거나 돌이 든 밥이거나 큰스님께서도 우리와 같이 선택의 여지없이 행자가 바뀔 때마다 행자가 지은 선밥의 진지를 드셨구나 하는 생각이 밀려들면서 송구스럽고 죄송스러운 마음뿐이다. 밖에서는 종단의 큰어른 종정이시니 큰 대접 받으시고 좋은 옷, 좋은 음식만을 드셨겠거니 생각할 텐데 말이다.

법명 번복
소동

　　나보다 4~5개월 먼저 들어온 행자가 있었다. 마흔을 넘겨 오십이 가까운, 한참 늦게 출가한 분이다. 성철스님의 시찬(큰스님의 반찬을 만드는 역할)을 맡고 있던 그 스님이 법명을 받던 날이었다.

"뭐라꼬?"

　　갑자기 큰스님 방에서 고함 소리가 들렸고 여러 스님이 들락날락 불려 다녔다. 나는 무슨 영문인지도 모른 채 밖에서 마음만 졸이고 있었다. 불려 간 스님들도 얼굴이 벌겋게 상기되어 나오곤 했다. 시찬을 담당했던 행자는 여러 번 큰스님 방에 불려 들어갔다. 나는 그저 '저 시찬 행자한테 문제가 생겼나 보다'라는 짐작만 하고 있었다.

　　그런데 소동이 가라앉고 얼마 지나자 큰스님이 나를 찾았다. 잘못한 것도 없고 무슨 일인지도 몰랐지만 낮에 들었던 큰스님의 높은 목소리 때문에 덜컥 걱정이 앞섰다.

"이번에는 무슨 야단을 맞을런가?"

　　중얼거리며 조심스럽게 방문을 열었다. 큰스님의 음성은 여전히 격앙돼 있었다.

"니, 거 앉아봐라."

고개도 바로 못 들고 조용히 꿇어앉았다. 큰스님의 목소리가 조금 차분해졌다.

"꼭 중 돼야 도 닦는 거 아니데이. 니는 고마 중 되지 말고 행자 그대로 있어라. 알겠제."

나는 전혀 영문을 모른 채 대답했다.

"예, 큰스님 가르치시는 대로 따를 뿐이지 다른 생각은 없심더."

"그래그래, 니는 됐다. 그렇게 중 될 생각하지 말고 행자 생활이나 열심히 해라. 인제 나가봐라."

어리둥절한 채 물러 나왔다. 하지만 '오늘 무슨 일이 있었기에 갑자기 저런 말씀을 하실까' 하는 궁금증은 더해갔다. 마침 친구 스님이 나를 부르더니 자기 방으로 데려갔다.

소동의 발단은 시찬 행자에게 내린 법명이었다. 스님이 되는 것을 흔히 '계戒를 받는다'고 한다. 계에는 두 가지가 있다. 행자 신분을 벗어나는 단계에서 받는 것을 '사미계沙彌戒'라고 하며, 이후 소정의 교육 과정을 이수하고 정식 승려가 되면서 받는 것은 '비구계比丘戒'라고 한다. 보통 사미계를 받기 전 스승에게 법명을 받는데, 성철스님이 시찬 행자에게 '원조圓照'라는 법명을 지어주었다. 그런데 일부 스님들이 여기에 강력하게 이의를 제기한 것이다. 수년 전 대학을 졸업한 서너 명이 출가해 큰스님에게 법명을 받았는데, 그때 제일 나이도 많고 또 맏형 노릇을 하던 행자에게 '원조'란 법명을 주었기 때문이다. 원조스님은 몇 년간 백련암에서 살다가 공부를 더 하겠다며 환속했는데, 그가 바로 국제적인 불교학자로 유명한 뉴욕주립대학의 박성배 교수다. 어쨌든 박성배 교수와 함께 계를 받았던 스님들이 한참 후배뻘 되는 행자에게 같은 법명을 주니 마음이 적잖이 상해 큰스님께 후에 온 행자에게 원圓자 원조의 불명을 줄 수 없다며 다른 법명을 지어주기를 간청한 것이다.

큰스님이 노발대발한 것은 당연하다. 시찬 행자가 나이가 많고 미더워서 원조라는 법명이 아까워 주려 하셨던 모양이다. 법명을 내리는 것은 스승의 고유 권한인데 상좌들이 비토를 하니 몹시 기분이 나빴던 듯하다. 하지만 일리가 있는 얘기인지라 큰스님이 마음을 바꿔 시찬 행자에게 '원조' 대신 '삼밀三密'이란 법명을 지어주었다. 삼밀스님은 1년 후 백련암을 떠나서 강화 전등사에 머물다가 정릉에 삼정사三精寺를 창건하고 수행하다가 몇 년 전 입적했다.

어쨌든 큰스님은 법명을 바꿔주고서도 성이 풀리지 않자 아직 행자인 나를 불러 "니는 법명을 주지 않을 테니 행자로 살아라. 아예 중 될 생각하지 말거래이." 하고 다짐을 놓은 것이다.

친구 스님에게서 설명을 다 듣고 나니 갑자기 눈앞이 캄캄해졌다. 나도 몇 달만 지나면 큰스님에게 법명을 받고, 사미계도 받아 행자 딱지를 떼리라 기대하고 있었는데……. 그렇다고 큰스님 앞에서 감히 내색할 수도 없었다. '행자로 들어와서 법명을 받아 스님이 되는 것도 쉬운 일이 아닌가 보구나' 하며 체념할 뿐이었다.

생산의 기쁨, 노동의 보람

　　　　　　백련암은 '시주물은 독화살인 듯 피하라'는 성철스님의 가르침에 따라 가능한 한 자급자족하는 살림을 지향했다. 그러다 보니 울력이 많아 힘도 들었지만, 한 철을 지내면서 도시에선 느끼기 힘든 생산의 기쁨을 직접 맛보는 재미도 적지 않았다.

　지금도 눈에 선한 것은 감자 수확이다. 감자는 초봄에 씨눈을 심어 7월이면 수확을 한다. 4월 초 어느 저녁 원주스님이 감자 씨눈을 따야 한다며 두 가마니쯤 되는 감자를 방바닥에 풀어놓았다.

　스님들이 작은 칼을 들고 감자를 조각내고 있었다. 원주스님은 감자 씨눈 따는 법을 가르쳐주지도 않고, 또 물으면 옆에 스님들 하는 것 보면 모르냐며 핀잔만 주었기 때문에 그냥 대충 눈짐작으로 감자를 1~2cm 간격으로 납작하게 베어갔다. 작업을 하면서 떠들고 웃다 보니 성철스님 처소까지 소리가 울렸나 보다. 큰스님께서 방문을 열고 들어오셨다.

　"너거 뭐 하는데 그리 시끄럽노. 아, 벌써 감자 심을 때 됐나. 감자 씨눈 따고 있구만."

　큰스님은 금방 노여움을 거두고 작업 중인 제자들의 모습을 쭉 둘러보셨다. 아니나 다를까, 내가 작업해놓은 곳에 눈을 멈추시더니 크게 한마디 하셨다.

"야, 인마! 니, 감자씨 따는 거 한번 들어봐라."

납작하게 저며놓은 감자를 집어 올려 큰스님 앞에 내보였다.

"니 한 거하고 남 한 거하고 비교해봐라."

내 눈에는 뭐가 다른지 분간이 되지 않아 머뭇거리고 있었다.

"원명아, 저 바보 대구 놈한테 감자 씨눈 따는 거 좀 가르쳐줘라. 그놈, 딱하기는 참."

그러고는 큰스님은 혀를 끌끌 차며 나갔다. 나중에 알고 보니 감자 표면에 움푹 들어간 곳이 있는데, 그곳에 씨눈이 붙어 있었던 것이다. 원래 그 씨눈을 중심으로 하여 아래위로 대략 삼각형 모양으로 살을 두껍게 잘라내는 것이 씨눈 따는 법인데, 나는 씨눈을 무시하고 저며놓았으니 오히려 씨눈을 작살 낸 꼴이었다.

그 일이 있고 난 뒤 며칠 지나 백련암 앞 텃밭에 감자 씨눈을 심었다. 골을 내고 30cm 간격으로 씨눈을 뿌린 뒤 그 위에 흙을 붕긋하게 덮어주는 것으로 울력이 끝났다. 봄볕이 한창이라 산중에 진달래가 만발해 온 산이 말 그대로 울긋불긋하던 무렵이었다.

마냥 피곤하던 울력이 노동의 기쁨과 보람으로 바뀐 것은 7월 초 감자 수확 때였다. 묻혀 있는 감자에 상처가 나지 않게 고랑 깊이 호미를 넣어 긁어냈다. 그러면 흙더미 사이로 미끈하고 허연 감자가 쑥쑥, 주렁주렁 올라온다. 큰 놈은 주먹만 했고 작은 놈은 메추리알같이 작았다. 감자 씨눈 딸 때는 야단맞았지만 영근 감자를 캐 올리니 신바람이 났다.

큰스님이 나를 놀라게 한 것은 감자 추수 직후였다. 김장용 배추와 무를 심기 위해 텃밭을 삽으로 갈아엎는 작업이 한창이었다. 서투른 삽질에 정신이 없는데 큰스님이 내려와 지켜보고 있었다. 나는 무심코 옆의 스님에게 "수군포(삽) 좀 주이소."라고 말했다. 이 말을 들은 큰스님이 물었다.

"이놈아, 니 수군포라는 말이 왜 생겼는지 아나?"

"대구서는 삽을 그냥 수군포라고 합니더."

큰스님이 답답하다는 듯 다시 물었다.

"글쎄! 왜 그 말이 생겼는지 아냔 말이다."

대구 사투리려니 생각하고 있던 터에 할 말이 없어 멍하니 눈만 굴리고 있는데 큰스님이 빙그레 웃었다.

"인마! 영어로 삽을 스쿠프(scoop)라 하지 않나. 그거를 혀 짧은 일본놈들이 수구포, 수구포 하니까 경상도 사람들이 뭣도 모르고 수군포, 수군포 한 거 아이가."

수군포의 어원이 영어임을 그때 처음으로 알았다.

'큰스님은 영어까지 아시는가?'

나는 그때까지 큰스님을 몰라도 너무 몰랐던 것이다.

법명 '원택'

　　　　　　김장 준비를 위해 뿌린 무, 배추의 새싹이 막 땅에서 고개를 내미는 한여름이었다. 성철스님이 찾는다는 전갈을 받고 큰스님 방으로 갔다. 별다른 사고나 실수도 없었기에 무슨 영문인가 하며 긴장한 채 자리에 앉았다.

"전에 내가 니보고 법명 받지 말고 평생 행자로 살아라 했제?"

큰스님이 지그시 보는 눈길이 무척 자애로웠다. 그래도 여기서 대답을 잘못하면 무슨 일이 또 터질지 모른다는 생각에 조심조심 "예." 하고 대답했다. 큰스님은 아무 말 없이 한참 뜸을 들이셨다.

"그때는 내가 화가 나서 그랬제. 내가 달리 생각하기로 했다. 삼밀이는 나이도 많고 그동안 내 시봉을 잘하길래 원조라는 불명을 줄라 했는데, 그 일당들이 한사코 반대해서 못 줬지. 이름이 문제가, 사는 것이 문제지! 그런데 오늘 내 니한테 불명을 주기로 했다. 조금 있으면 사미계를 받을 텐데, 그러면 니 불명은 이걸로 하거래이."

성철스님은 준비해두었던 흰 종이를 한 장 내밀었다. 한자로 '원택圓澤'이라는 두 글자. 지금까지 내가 지녀온 법명을 처음 본 순간이었다.

평생 행자로 살라는 큰스님의 말을 들었을 때 '언젠가 불명을 주실 테니 그때까지 잠자코 있어야지'라며 섭섭함을 달랬는데, 갑자기 법명을 주시니 그렇게 고맙고 반가울 수가 없었다. 큰스님의 당부가 잔잔히 이어졌다.

"법명 받았다고 중 다 된 거 아이다. 불명을 받았으니 중 이름 부끄럽지 않게 살아야제."

즐거운 마음으로 물러 나오는데, 2년 전 나에게 백련암에 놀러 가자고 꼬셨던 친구 얼굴이 떠올랐다. 그 친구는 나를 보고 "너는 큰 연못 같다. 남의 말을 그렇게 다 잘 들어주니 큰 연못 아이가?"라고 말하곤 했었다. 친구가 말한 '큰 연못'이 바로 내가 받은 법명 '원택'의 뜻이 아닌가. "그 친구가 평소 내 중 이름까지 지어두었나."라고 혼잣말을 중얼거리며 방으로 돌아왔다.

법명은 사미계를 받기 위한 절차의 하나다. 큰스님에게서 법명을 받고 며칠 지나 큰절에 내려가 계를 받았다. 당시 강원에서 강사로 있던, 후에 동국대학교 총장을 역임한 지관스님을 계사戒師로 하여 사미계를 받고 예비승이 되었다.

은사는 성철스님이고, 계사는 지관스님인 것이다. 비로소 가사와 장삼을 받았다. 행자 시절엔 떨어진 옷을 입어야 했지만 사미계를 받자마자 바지, 저고리를 새 옷으로 한 벌 얻어 입었다. 새 옷을 입고 관례에 따라 산중 어른 스님들에게 인사를 다녀야 했다.

친구 스님의 안내로 선원禪院(참선공간) 유나인 지효스님께 갔다. 성철스님의 사제師弟(같은 스승을 둔 후배 스님) 되는, 후에 범어사 조실이 되신 큰스님이다. 삼배를 올리고 스님 앞에 꿇어앉았다.

"그래, 너거 스님이 별난 스님인데 니 불명은 또 어떻게 주던고?"

이렇게 성철스님께서 상좌들에게 법명 하나 지어주는 것조차 스님들에겐 관심거리였던 것이다.

"예, 스님께서 원택이라고 지어 주셨습니더."

갑자기 지효스님이 얼굴색을 바꾸었다.

"뭐라, 니 법명이 원택이라고? 니가 원택이라! 너거 스님 법문할 때 곧잘 원택이를 들먹거렸는데, 니가 원택이라……." 하시며 고개를 갸우뚱하셨다. 원택이라는 법명에 무슨 사연이 있음이 분명했다. 백련암으로 올라오면서 궁금해 친구 스님에게 물었다.

"원택이라고 불명 받았는데 왜 그렇게 이상하게 생각하십니꺼?"

친구 스님은 "나도 몰라요."라며 심드렁하게 대답했다. 무슨 곡절이 있기는 있는 모양인데 속시원하게 말해주지 않으니 알 길이 없었다. 그렇다고 언감생심 큰스님한테 물어볼 수도 없지 않은가.

1972년 여름에 원택圓澤이란 법명을 받고서 7~8년쯤 지나 백일법문 녹음테이프를 정리하는데 영겁불망永劫不忘에 대해서 큰스님께서 법문하시는 대목을 만났다. 전생과 후생으로 생을 바꾸어도, 죽어서 다시 태어나도 절대로 전생의 일을 잊어버리지 않은 몇 분 큰스님들에 관한 법문이었다. 그 내용을 여기에 옮겨본다.

당나라 안록산의 난리(755~763) 때 이증李澄이라는 사람이 있었는데, 이원은 그의 아들이었다. 이증은 서울인 장안長安을 지키라는 왕명을 받고 안록산과 싸우다 순국했다. 뒤에 국란이 평정되고 환도한 후 나라에서 그 아들인 이원에게 벼슬을 주려 했으나 그는 도를 닦겠다고 하며 거절하고는 자기의 큰 집을 절로 만들고 혜림사惠林寺라 이름했다.

『고승전高僧傳』이나 『신승전神僧傳』에는 '원관圓觀'으로 기록되어 있고, 다른 곳에서는 더러 '원택圓澤'이라고 기록되기도 했다.

한번은 원택스님과 이원 두 사람이 사천성 아미산峨眉山의 천축사 구경을 갔다. 구경하는 도중에 어느 지방의 길가에서 한 여인을 보고 원택스님이 "내가 저 여자의 아들이 될 것입니다. 태어난 지 사흘 후에 찾아오면 당신을 보고 웃을 테니 그러면 내가 확실한 줄 아시오. 그리고 열두 해가 지난 뒤 천축사天竺寺로 찾아오시오."라고 말하는 것이었다. 아미산으로 가다가 이렇게 말하고 그는 길가에 앉아 죽어 버렸다. 원택스님의 이야기가 너무 이상해서 이원이 스님의 말대로 수소문해서 여인의 집을 찾아가 보니 사흘 전에 아이를 낳았다는 것이었다. 이원이 아이를 보자 그 아이는 이원을 보고 웃는 것이었다. 이원이 이로써 그 아이가 원택스님의 환생인 줄 확실히 알고 혼자 집으로 돌아오니, 집안 사람들이 하는 말이 원택스님께서 가시면서 이번에 가면 안 온다고 말씀하시고, 어느 곳의 누구 집에 태어날 것이라고 모두 말씀하셨다고 하는 것이었다. 그리고 12년이 지난 뒤 팔월 추석날 이원은 전당錢塘 천축사로 찾아갔다. 갈홍천葛洪川이라는 개울이 있는 곳에 이르자 달이 환히 밝은데 저쪽을 보니 웬 조그만 아이가 소를 타고 노래를 하며 오고 있었다. 그리고는 가까이 다가오더니 "이 선생님은 참으로 신용 있는 사람이오. 그러나 가까이는 오지 마시오."라고 말하는 것이었다. 약속을 어기지 않고 찾아왔으니 신용 있는 사람이라고 하면서도, 세속 욕심이 꽉 차 마음이 탁하니 가까이 오면 안 된다는 것이었다. 이원이 바로 쳐다보지도 못하고 멈칫멈칫하며 서 있는데 아이는 저만큼 떨어져 소를 타고 돌아가면서 노래를 하는 것이었다.

> 三生石上舊情魂　賞月吟風莫要論
> 慙愧情人遠相訪　此身雖異性長存
> 삼생돌 위 옛 주인이여
> 달구경 풍월함은 말하지 마라.
> 부끄럽다 정든 사람이 먼 곳에서 찾아오니
> 이 몸은 비록 다르나 자성은 항상 같다.

이렇게 노래를 부르며 가는 것을 보고 이원은 그제서야 그 스님이 도를 통한 큰스님인 줄 알고, 더 가까이하여 법문을 듣고 공부하지 못한 것을 후회하며 돌아가서 열심히 수행했다.

앞에서 원택스님이 말한 삼생석三生石 위의 옛주인이란 바로 천태지의天台智顗 대사의 스승인 혜사스님을 가리킨 것이다. 곧 혜사스님이 돌아가셨다가 나중에 당나라에서 태어나 원택(원관)이라는 스님으로 숨어 살았던 것이다. 그에게는 대자유가 있었던 것이다.

이것이 『당서唐書』에 나오는 '이원방원관(원택)李源訪圓觀'의 기록이다.

이렇듯 성철스님이 법상에서 영겁불망의 법문을 하실 때나 이원이 원택(원관)스님을 찾아간 법문을 자주 들었으니 지효스님이 "니가 원택이라고 불명 받았어?" 하고 신기해했던 것이 아닌가 생각한다. 내 전생과는 무슨 관련이 있겠는가? 나도 영겁불망에 이르러서야 내가 누구인지 알 것이니 말이다.

공양주에서
시찬으로

　큰절에 이어 어지간한 암자까지 다니며 계를 받았다고 인사를 하고 백련암으로 돌아와 마지막으로 성철스님께 인사했다. "오냐." 하며 절을 받는 큰스님의 얼굴이 활짝 펴 있었다.
　"탈도 많고 흠도 많더니만……. 그래도 장삼 입고 이제 중 됐네. 내 시키는 대로 중노릇 잘하거래이."
　큰스님의 격려에 온종일 돌아다니며 쌓인 피로가 한꺼번에 풀리는 듯했다. '나도 이제 스님이 됐구나' 하는 기쁨에 공양주 노릇도 신바람이 날 지경이었다. 계를 받고 일주일가량 지난 어느 날 원주스님이 불렀다.
　"큰스님께서 공양주 소임은 끝내고 시찬 소임을 맡기라 하셨으니 이리 따라오소."
　원주스님이 나를 석실로 데려 갔다. 지금은 없어졌지만, 당시 석실은 10여 평 남짓한 돌로 만든 반지하 공간으로 큰스님의 반찬을 만드는 주방으로 쓰이고 있었다.
　별도의 공간까지 마련한 것은 무염식을 하는 성철스님의 반찬을 따로 만들어야 했기 때문이다. '공양주만 마치면 좀 편히 살겠지'라고 생각했는데, 공양주보다 훨씬 까다로운 시찬 소임이 떨어진 것이다. 석실로 가는 발걸음이 떨어지질 않았다.

그날 저녁 예불 후에 원주스님이 사중 스님들을 소집했다.

"행자가 계도 받고 스님이 되어 공양주 소임도 끝나고 이제 큰스님 시찬 소임으로 가게 되었으니, 다른 스님들에게 알릴 겸 잠깐 다과회를 갖습니다."

간단한 과일과 과자가 나왔다. 성철스님에게 계를 받은 스님들 중 맏이인 맏사형師兄(같은 스승에게 배운 스님 중 선배)부터 한마디씩 했다. 맏사형 천제스님은 1950년대 초 성철스님이 천제굴闡提窟이란 토굴에서 참선하던 중 거둔 제자라 이름을 '천제'라 지었다.

"내가 수십 년 동안 절 생활을 해왔는데, 이번처럼 밥 못하는 행자는 처음 봤네. 우째 그리 고두밥만 해대는지, 안 그래도 위가 좋지 않아 푹 퍼진 밥을 먹어야 하는데 선밥만 들어오니 영 힘들어서……."

천제스님에 이어 다른 사형들 역시 처음부터 끝까지 잘난 공양주 덕에 어지간히 배를 곯았다는 얘기들뿐이었다. 내심 '엉터리 공양주의 공양을 잘 참아주었구나' 하는 감사의 마음이 일었다.

성철스님의 밥상은 아주 간단했다. 무염식이니 간 맞추려고 어렵게 고생할 필요가 없었다. 드시는 반찬이라곤 쑥갓 대여섯 줄기, 2~3mm 두께로 썬 당근 다섯 조각, 검은콩 자반 한 숟가락 반이 전부다. 그리고 감자와 당근을 채 썰어 끓이는 국과 어린아이 밥공기만 한 그릇에 담은 밥이 큰스님 한 끼 공양이다. 아침 공양은 밥 대신 흰죽 반 그릇으로 대신했다.

반찬이 간단하긴 하지만 워낙 서툰 솜씨라 그나마 손에 익기까지

● 제자 스님들이 성철 큰스님께서 열반에 드신 후 퇴설당 앞에서 한자리에 모였다. 가운데가 맏상좌인 천제스님이다.

는 한 달 이상의 시간이 필요했다. 흰죽 쑤는 것만 해도 그렇다. 아침에 죽을 끓이기 위해 저녁에 너덧 숟가락 양의 쌀을 씻는다. 밤새 쌀을 불렸다가 아침 조리할 때 물을 따라낸다. 냄비에 참기름 한 숟가락을 두르고 쌀을 넣어 볶는다. 참기름이 쌀에 다 흡수됐다 싶으면 물을 부어 죽을 쑤면 된다.

처음엔 그것도 쉽지 않았다. 쌀은 죽이 되게 퍼졌는데, 쌀에 다 흡수되었다 싶던 참기름이 다시 다 묻어나와 방울방울 검게 떠 냄비 속을 제 세상인 양 돌아다니곤 했다. 그런 죽을 밥상에 올려 큰스님께 갖다 드리려니 마치 소가 도살장 가는 기분이었다.

아무래도 안 되겠다 싶어 원주스님한테 죽 끓이는 방법을 물어 연습을 했다. 비결은 참기름에 쌀이 노릇노릇할 때까지 잘 볶는 것이다. 보름쯤 지나자 참기름이 뜨지 않고 하얀 국물만 도는 죽을 끓일 수 있게 되었다. 당근이나 감자를 2mm 두께로 써는 연습을 하다가 손가락을 벤 것도 한두 번이 아니었다.

서툰 솜씨로 차린 엉터리 밥상을 받고서도 큰스님은 아무 말씀 없이 깨끗이 그릇을 비우셨다.

엉터리 솜씨에도 불구하고 큰스님이 아무 말씀을 안 하시니 '그럭저럭 자리를 잡아가나 보다' 하고 스스로 생각하던 무렵이었다.

그날도 잘 차리지 못한 밥상을 방으로 들고 갔다. 큰스님이 밥상을 앞에 두고 한참 바라보시더니 답답하다는 듯 한마디 하셨다.

"인마! 니 솜씨 없는 거는 내가 이미 다 알고 있제. 그건 그렇고 내가 니 때문에 배 터져 죽겠다. 이놈아! 이제 좀 잘할 때도 안 됐나. 우째 그리 사람이 성의가 없노. 이놈아!"

나 스스로도 시찬 노릇을 잘한다고 생각해본 적은 없지만 빨리 칼질에 익숙해지기 위해 나름대로 손가락도 베고 손톱도 날리면서 최선을 다했다. 그런데 기어이 사단이 나고 만 것이다. 아무 말도 못하고 얼굴만 붉힌 채 물러 나왔다.

"니 때문에 배 터져 죽겠다"라고 말씀하신 이유는 엉터리 칼솜씨로 처음은 2mm 두께로 시작되는데 끝은 5mm 가까이 두껍게 썰리니 감자와 당근의 양이 그만큼 늘어난 것이다. 평생 굶어 죽지 않을 정도만 먹는다는 소식을 실천해온 큰스님이니 그 정도의 차이에도 속이 부담스러울 수밖에 없었던 것이다. 콩자반 만들기도 그랬다. 큰 검은 콩이 아닌 작은 검은 콩은 서묵태라 하는데 한 숟갈 반을 삶아서 참기름 넣어서 만들어야 하는데 아무리 정성스럽게 해도 콩껍질이 홀랑홀랑 벗겨져서 모양이 말이 아니다. 그래도 어쩔 수 없이 그냥 올려드려야 했으니 큰스님 앞에서 마음 불편하기가 어떠했겠는가?

결국 정성과 함께 시간이 필요한 일이었다. 한 달쯤 지나니 아침 흰죽도 제법 끓여지고 콩자반도 껍질이 벗겨지지 않은 제대로 된 콩자반을 만들 수 있게 되었다. 또한 옆에 있는 사람과 이야기하면서도 감자와 당근을 3mm 두께로 일정하게 썰 수 있는 실력이 쌓였다. 솜씨가 잡혀가니 큰스님 공양상 들고 가는 발걸음도 가벼워졌다.

"이제는 좀 살 것 같다. 니놈 때문에 내 배 터져 죽는 줄 알았다."

칭찬을 거의 하지 않는 큰스님의 말을 귓전으로 들으며 비로소 안도의 한숨을 내쉬었다. 그런데 시찬의 임무는 반찬 마련에만 그치는 것이 아니다. 방 청소도 해야 하고 목욕날이면 등도 밀어드려야 했다.

큰스님 방에 가재도구라곤 앉은책상 하나, 의자 하나, 요와 이불 그리고 좌복 하나가 전부였다. 방 청소는 힘들 것이 없었다. 그러나 방 청소를 마치고 나면 꼭 다시 불려가곤 했다.

"이놈아, 니 맘대로 여기저기 놔두고 가면 청소 끝이가?"

나는 분명히 큰스님이 놓아둔 그 자리에 그대로 다시 놓고 나왔다고 생각했는데 큰스님은 늘 야단을 치셨다. 꾸중을 듣고 돌아서면서도 이해가 되지 않았다.

"분명히 큰스님이 놓아둔 그 자리에 놓았는데……."

정말 내 눈대중으론 풀리지 않는 수수께끼였다. 큰스님 말씀에 따르면 좌복이 그 자리에 있기는 한데 뒤집어져 있고, 요도 거꾸로 개어놓았고, 책상 위에 있는 향로도 방향이 틀리다는 등 죄목이 많았다. 가정집 이불이나 요는 앞뒤가 다르니 금방 구분이 되지만 절집의 경우 요나 이불, 좌복까지 모두 안팎 없이 먹물이니 전후좌우를 분별하기가 쉽지 않다.

그러나 큰스님은 매사에 엄격해 물건들이 그 자리에서 몇 cm만 물러나 있어도 용서가 없었다. 간단해 보이는 청소도 여간 신경 쓰이는 일이 아니었다. 매사를 그렇게 빈틈없이 지내니 우리 같은 초보자들이야 하루 내내 긴장 속에서 살아야만 했다.

목욕도 그랬다. 지금은 마을마다 길이 나고 기름보일러다, 심야 전기다 해서 편하게 물을 쓰고 하루에도 몇 번씩 샤워하면서 사는 절집이 됐다. 그러나 30여 년 전 산사에선 장작불로 물을 데워야만 목욕을 할 수 있었다. 목욕탕도 따로 없어 조그만 방 같은 곳에 한 사람 겨우 들어갈 만한 사각형 탕을 만들어놓고 뜨거운 물을 채워서 목욕을 했다. 그리고 때때로 더운 물을 부어가며 온도를 맞추었다.

보름에 한 번 꼴로 날을 잡아 큰스님부터 차례대로 목욕을 했는데, 스님 대여섯 명에 불과하지만 번갈아 목욕을 다 마치다 보면 꼬박 하루가 걸렸다.

큰스님의 장난기

목욕하는 날, 가장 먼저 목욕을 하는 큰스님의 목욕물을 준비하는 것도 시찬인 나의 일이었다. 그런데 시찬을 막 시작한 나를 곤혹스럽게 만든 것은 안경이었다. 뜨거운 물을 부어 온도를 맞춘 목욕탕에 들어가니 안경에 김이 잔뜩 서려 어디가 어딘지 분간할 수가 없었다. 큰스님은 벌써 몸을 불리셨는지 목욕탕으로 들어서는 나를 보자마자 등을 밀라고 하셨다. 앞뒤 보이지 않는 가운데 더듬더듬 등을 찾는데 등이 아니라 머리였던 모양이다.

"이 자슥이, 등도 모리나!"

아버지 등 한번 밀어본 경험이 없는 솜씨니 잔뜩 힘을 줘 밀면 "아이구, 이놈아. 따갑다. 좀 살살 밀어라." 하는 호통을 듣고, 살살 닦으면 "이놈아. 그래 가지고는 때가 웃겠다. 좀 세게 해봐라."라는 호통을 들어야 했다. 큰스님은 비누질을 거의 하지 않는다. 세수할 때도 비누질은 잘하지 않았다. 그러니 목욕 시간이 길 것도 없는데, 시찬 입장에선 한바탕 전쟁을 치르는 것이다. 그렇게 서투른 수발을 받는 것도 힘든지 세 번째 목욕하던 날 큰스님이 손사래를 쳤다.

"이놈아, 니하고는 싸움 더 못하겠다. 대구놈 원명 불러라!"

단 세 번 만에 큰스님의 등 밀어드리는 소임은 끝이 났다. 그래도 목욕하고 난 큰스님의 빨랫감을 챙기는 것은 여전히 내 몫이었다. 큰스님은 목욕하고 기분이 좋은 날엔 배를 내놓고 당신의 건강을 자랑하는 천진한 모습을 보이기도 했다.

"나이 많은 어떤 스님은 뱃가죽이 쪼글쪼글한데 내 배 좀 봐라. 주름 하나 없이 탱글탱글하제? 이놈아, 니도 배 한번 내놔 봐라. 니가 탱글한지, 내가 탱글한지 한번 보자."

정말 배를 내놓아야 할지 말아야 할지 몰라 멀뚱거리고 있었다.

"뭐 하고 서 있노. 빨리 배 내봐라!"

마지못해 배를 드러내니 큰스님은 번갈아보시며 독촉했다.

"니 어떻게 생각하노. 누가 더 배가 탱글탱글한지. 얘기해봐라."

뭐라고 답하기도 그렇고 해서 망설이다가 그냥 둘러댔다.

"큰스님 배가 더 탱글탱글한 것 같심더."

"그 자슥, 거짓말도 잘하네. 아무리 그래도 젊은 놈 배만 하겠나."

정작 말씀은 그렇게 하시면서도 큰스님은 자신의 배에 주름살이 없는 것을 자랑스러워하셨다. 실제로 큰스님은 환갑의 연세에도 소식에 비하면 무척 건강하신 셈이었다.

언젠가 큰스님을 따라 큰절에 갔다 백련암으로 돌아오는 길이었다. 오르막인데도 큰스님의 발걸음이 어찌나 빠른지 헉헉대며 뒤를 따라야 했다. 그런데 큰스님의 발걸음이 점점 더 빨라지는 것 아닌가. 허둥지둥 따라가느라 정신이 없는데, 앞서 가던 큰스님이 걸음을 늦추었다. 겨우 따라붙자 큰스님이 불쑥 뒤돌아보며 웃었다.

"니, 내 못 따라오겠제?"

● 백련암 염화실에서 편안하게 쉬고 계신 성철스님

큰스님이 일부러 걸음을 빨리해 평소 산길에서 걸음이 둔한 나를 골려주려고 한 것이었다. 그리고 은근히 산길에서의 당신의 빠른 걸음을 자랑하고 싶어하는 마음도 있으신 듯했다.

장난스런 모습도 있지만 큰스님의 본모습은 역시 무서운 호령 소리에 있다. 하루는 밥상을 물리는데 조그만 가위가 상 위에 놓여 있었다. 아무런 설명도 없으니 용도를 짐작하기 힘들었다. 그때 마침 이런 생각이 떠올랐다.

'내 콧수염이 콧구멍 밖으로 볼썽사납게 나왔는데, 이 가위로 내 콧수염을 자르면 되겠다.'

그러고는 무심코 마루에서 거울을 보며 콧수염을 자르고 있는데, 큰스님이 방을 나서다가 그 모습을 봤다.

"니 지금 뭐 하노, 이놈!"

큰스님이 성큼성큼 다가오더니 느닷없이 뺨을 한 대 갈겼다. 뭐라 변명할 사이도 없이 뺨을 한 대 맞고 어쩔 줄 몰라 하는데 큰스님의 호령이 이어졌다.

"이놈 봐라. 내가 가위를 삶아서 소독해서 가져오라고 내놓았는데, 아무 소식이 없더니 지 콧수염이나 깎고 있어! 이 나쁜 놈! 원주야, 이놈 당장 쫓아버려라!"

콧수염을 깎으면서도 어쩐지 이것이 아니다 싶었다. 그러더니 기어이 탈이 나고 말았다. 대중스님들도 뻔한 그것 하나 눈치채지 못해 저 야단을 맞는가 하는 안쓰러운 얼굴로 쳐다보는데 참으로 난감하고 미안했다. 그래도 어쩔 것인가?

나는 얼른 석실로 내려와 말씀대로 작은 가위를 푹 삶았다. 그러고는 큰스님에게 갖다 드려야만 하는데 걸음이 떨어지지 않아 원주스님께 대신 좀 갖다 드려 달라고 부탁을 했다. 하지만 원주스님은 시찬스님이 갖다 드리지 왜 내가 갖다 드리냐며 단호히 거절했다. 그때 원주스님이 참 야속하게 느껴졌다.

'진작 큰스님 콧수염 깎는 가위니 삶아드리면 된다고 연통만 주었던들 오늘 이런 일은 없었을 텐데……'

용기를 내 큰스님 방으로 갔다. 그 순간에는 무슨 생각이 들었는지 작은 가위만 달랑 손에 쥐고 가지 않고 접시에 담아서 가지고 갔다. 방문을 열면서 또 무슨 벼락이 떨어지려나 조마조마하며 작은 가위를 담은 접시를 올리니 스님께서 가위를 집어 들며 말씀하셨다.

"니, 맨손에 이 가위를 쥐고 오면 니놈 손을 내가 뿌라 버릴라 캤드만 그 액운은 면했네!"

몸에 밴
근검절약

하루는 키가 자그마한 스님이 큰스님을 뵙는다며 백련암으로 올라왔다.

여늬 스님과 다르게 큰스님과 이런저런 얘기를 나누는데 꽤 귀한 손님인 듯 간간히 웃음소리도 들려나왔다.

"와 손님이 왔는데 차 한 잔도 대접 안 하노?"

서둘러 찻상을 준비하고 방으로 들어가 큰스님과 오신 스님에게 차를 올리는데 그만 큰스님 앞에 물 몇 방울이 떨어졌다.

"야아, 빨리 떨어진 물 닦아라."

나는 급한 마음에 앞뒤 생각없이 두루마리 휴지를 손등으로 몇 번이나 휘휘 감아 뜯은 다음 바닥의 물방울을 닦았다. 순간 큰스님이 버럭 고함을 쳤다.

"니는 니 애비가 만석꾼이제?"

처음 뵙는 귀한 손님 앞에서 나는 몸 둘 바를 몰라 했지만 오신 스님은 큰스님과 달리 천진스레 미소를 지어 보이셨다.

그러고도 한참을 재미있게 담소를 나누신 후 귀한 스님을 배웅하고 오신 큰스님이 말씀하셨다.

● 성철스님과 혜암스님

"아까 그 스님 누군지 아나?"

"아닙미더. 오늘 처음 뵙심더."

"그래? 천제굴에서도 나랑 같이 지냈는데 해인사에서는 보기 드문 정진수좌 스님이지. 제방에서 선지식을 탐방하며 정진하는데 수좌들의 귀감이야. 혜암스님이라고 하제!"

그 후 혜암스님께서는 해인사 원당암에 주석하시면서 총림의 수좌, 부방장을 역임하시며 총림에 큰 기여를 하셨다. 큰스님 열반 후에 해인총림의 방장이 되셨고, 1994년 원로의장, 1999년 4월에 조계종

제10대 종정이 되셨다. 또한 108평 규모의 재가불자선원을 원당암에 개원하여 국내외 사부대중에게 참선을 지도하면서 세계 불자들의 참선수행에 지대한 공헌을 하셨다.

"니는 니 애비가 만석꾼이제?" 하는 꾸지람은 그 후에도 큰스님으로부터 수없이 들었다.

큰스님의 공양이 끝나서 상을 물리려 방으로 들어가면 크리넥스 화장지도 네 조각, 여섯 조각으로 찢어 떨어진 물방울을 닦곤 하셨다. 이쑤시개도 한 번 쓰고 버리지 않고 깎고 또 깎아서 쓰셨다.

스님은 늘 새벽 3시에 백팔배를 올렸는데 사각 성냥 통으로 향불을 지피셨다. 사각 성냥 통의 성냥 알이 다 떨어지면 성냥 통을 새것을 쓰는 것이 아니라, 성냥 알만 됫박으로 사오라고 해서 그 성냥 통이 뺀질뺀질하게 닳아서 불이 붙지 않을 때까지 쓰셨다.

시찬 시절 수시로 큰스님 방을 드나들곤 했는데, 어느 날 물을 갖다 드리려고 방문을 열어 보니 큰스님이 평소 안 쓰는 안경을 끼고 뭔가 열심히 들여다보고 계셨다. 낡은 양말을 들고 바느질을 하고 계신 중이었다. 얼른 물그릇을 놓고 다가갔다.

"스님! 뭐 이런 걸 하고 계십니꺼. 저희들이 기워드리겠심더."

"이놈아! 너거 솜씨가 솜씨라고. 내가 너거들보다는 훨씬 낫제. 쓸데없는 말 하지 말고 얼른 나가!"

성철스님은 고희를 넘기고서도 옷가지나 내복을 손수 기워 입곤 하셨다. 스스로의 체력이 닿는 한 기본적인 수도승의 의무를 놓지 않으려 하셨던 것이다. 그렇게 근검절약하며 살아온 큰스님이니 낭비하는 일은 참고 보지 못했다.

수박사건

어느 해 하안거 백중을 맞아 아비라 기도를 하는데 회장 대혜심 보살이 원주인 나를 찾아왔다.

"원주스님, 요새 이렇게 덥고 하니 대중들 기도하는데 신심이 나게 수박공양을 한번 합시다."

나는 얼른 가야장에 내려가서 큼지막한 놈으로 50여 덩이의 수박을 사서 일꾼과 함께 져 올렸다. 하룻저녁 산골짜기 시원한 물에 수박을 띄워두었다가 다음날 오후 2시를 전후해서 대중공양을 하게 되었다. 무더위 속에서 땀을 뻘뻘 흘리며 기도를 하다가 달고도 시원한 수박을 먹게 되었으니 대중은 얼마나 좋아했겠는가?

그 시원한 수박을 먹고 기도에 들어간 지 30분도 채 되지 않았는데, 성철스님께서 고래고래 고함을 치시며 "기도하는 사람 전부 다 마당에 모이라."고 호통을 치셨다.

모두들 무슨 영문인지도 모른 채 기도를 멈추고 마당에 모였는데, 그렇게 노여워하시는 큰스님의 모습은 처음인지라 어쩔 줄 몰라했다.

사연인즉 이랬다. 신도들이 수박을 나누어 먹는 것까지는 좋았다. 그런데 먹은 뒤 쓰레기통에 버린 수박 껍질이 문제였다. 모두들 수박을 먹기는 했는데 너 나 할 것 없이 많이 먹어야 3분의 2 정도, 심지어 반도 안 먹고 수박 속살이 벌건 채로 버렸던 것이다.

성철스님의 노여움은 대단했다.

"돈은 너거 돈으로 수박을 사 왔는지 모르지만 먹기는 농부들 정성을 생각하고 먹어야 하지 않겠나? 그럴려면 수박 껍질이 하얗게 나오도록 먹어야 될 것인데 이렇게 반도 안 먹고 버렸으니 기도하지 말고 싹 다 가든지, 아니면 쓰레기통에 처박아놓은 수박을 다시 꺼내 먹든지 둘 중에 하나를 빨리 선택해라."

신도 회장이 엉금엉금 기다시피 나가 큰스님에게 빌고 또 빌었다.

"제가 불민해서 그랬으니 한번만 용서해주십시오."

신도들은 쓰레기통에 버린 수박을 다시 집어 들고 무조건 먹어야만 했다. 참 이상한 것은 다음날 배탈난 사람이 아무도 없었다는 것이다. 그날 이후 나에게도 수박을 먹을 때는 껍질에 붉은 살이 없을 때까지 먹는 버릇이 평생 생겼다.

한번은 노인 내외분이 계시는 서울의 신도집에 들르게 되었다. 마침 여름철이라 보살님께서 시원한 수박을 몇 조각 내오셨다. 붉은 살 없이 하얗게 먹었더니, 지켜보던 거사님이 "스님이 수박을 참 맛있게 드시네. 여보, 여기 수박 더 가져오이소." 하며 소리쳤다. 나는 또 별 생각없이 수박을 또 그렇게 먹었다. 그러자 "여보, 수박 다 가져오소. 스님이 수박을 얼마나 먹고 싶으면 껍질까지 다 자시네." 하면서 보살님을 재촉하는 것이었다. 그제서야 나는 사태를 알아차렸다. 거사님은 내가 산골에 살면서 수박을 잘 못 먹었기 때문이라고 생각하고 보살님께 수박 가져오기를 재촉했던 것이다.

꽃, 나무
그리고 사람

성철스님이 옛날에는 꽃에 별로 관심을 갖지 않았다는데, 환갑이 지나서는 마당의 꽃과 나무에 관심을 갖기 시작하셨다.

흰 모란을 좋아하고 말년에는 장미도 좋아하셨다. 지금도 큰스님을 모시던 시절을 생각하면 우리가 꽃을 잘 가꿀 줄 몰라 좋은 꽃 선물을 제대로 하지 못했다는 생각에 부끄러움이 앞선다.

지금과 달리 아담한 암자였던 30년 전 백련암. 큰스님의 책을 보관하던 장경각 앞에는 붉은색 모란이 심어져 있었고, 원통전 앞쪽 화단에는 겹작약이 소담스럽게 자랐다.

큰스님이 어느 날 흰 모란을 어디선가 보고는 몇 그루 얻어다 심으셨다. 모란이 피기를 기다리던 어느 날, 작약이 막 새순을 틔우기 시작할 무렵이었다.

"작약 순이 올라올 때가 됐으니까 화단에 들어가 순이 잘 올라오도록 호미로 굳어진 흙 좀 잘 갈아라."

큰스님의 명에 따라 화단에 들어갔다. 하지만 화단을 매고 나와 보면 오히려 흙 속에서 막 움트기 시작한 싹을 짓밟아놓는 경우가 적지 않았다. 새순을 알아보지 못하고 그냥 흙만 뒤적이고 나오다 보니 밟

● 백련암에 큰스님을 친견하러 온 청년불자들과 염화실 앞 화단을 바라보는 성철스님

힌 싹이 한둘이 아니었다. 그러면 큰스님의 노기가 온 산을 흔든다.

"이놈들이 귀한 생명을 그래 다 밟아 문질러버렸네. 그런 것 하나도 옳게 못하나?"

스무 살도 안 된 어린 행자가 한 명 들어왔다. 어린 만큼 귀여움을 받았지만, 그만큼 일도 서툴러 공동 기합의 빌미를 많이 제공했다.

하루는 큰스님이 나오셔서 꽃나무를 옮기자며 그 행자를 앞세웠다. 또 무슨 일이 터지려나 하는 불안한 마음을 달래며 삽을 들고 뒤따라갔다. 행자가 괭이로 땅을 파니 큰스님이 일차로 경고했다.

"이놈아, 땅 파면서 그 밑에 뭐가 있는지 살펴보며 조심해라."

앳된 행자는 듣는 둥 마는 둥 열심히 땅만 팠다. 이윽고 괭이 끝에 무엇이 걸렸다. 삽으로 흙을 들어내니 까만색의 무엇이 나왔다.

만약 큰스님이 "화장실로 가는 전깃줄을 묻은 것이니 피해서 파라."고 말해주셨으면 아무 일도 없었을 텐데, 큰스님은 행자에게 엉뚱한 말씀을 하셨다.

"그 시커먼 것이 뭐꼬? 삽으로 한번 꽉 찍어봐라!"

행자가 큰스님의 미끼에 걸렸다. "이게 무엇인지 사형들께 물어보고 하겠습니다."라고 하면 될 일을, 그냥 큰스님 말씀대로 전깃줄을 삽으로 꽉 찍었다. 큰스님은 그렇게 하라고 하면 안 할 줄 알고 미끼를 던진 것인데, 눈치 없는 행자가 함정에 빠져버린 셈이다.

"이놈아, 니 눈에는 전깃줄로 안 보이고 뭐로 보이드나."

큰스님이 호통을 치니 앳된 행자는 그저 어안이 벙벙하여 울상을 지을 뿐이었다. 봄이 오면 화단 앞에선 이렇게 꽃을 보기 위한 한바탕 소동이 끊이지 않았다.

큰스님은 흰꽃 등나무도 무척 좋아하셨다. 해인사 큰절 퇴설당에 흰꽃 등나무를 심어 여름이 오기 전에는 흰꽃을 보고, 여름엔 그 그늘 아래에서 쉬기를 좋아하셨다.

고향이 대나무 산지라서 그런지 대나무도 무척이나 좋아하셨다. 그중에서도 검은색 대나무인 오죽을 좋아하셔서 한번은 오죽을 얻어다 심었는데, 끝내 살리지 못한 일도 있었다. 비슷한 시기에 큰스님의 명에 따라 심은 은행나무 몇 그루는 지금도 남아 큰스님이 떠난 백련암을 지키고 있다.

큰스님의
천진불들

　　　　　성철스님은 아이들을 무척 좋아하셨다. 여신도들이 가끔 꼬마들을 데리고 오면 꼭 아이들을 불러 과일이나 과자를 주곤 하셨다. 아이들의 천진함을 마냥 좋아했다.

"숨김없이 지 생각나는 대로 반응하는 것이 어린애 아니냐. 그게 얼마나 좋냐."

그런데 큰스님은 아이들을 보면 꼭 장난을 건다. 과자를 맛있게 먹고 있는 아이의 볼을 꼬집거나 머리에 꿀밤을 먹이곤 했다. 당연히 아이들은 아앙 하고 울어버린다. 그러면 큰스님은 다시 우는 아이를 달래느라 안간힘을 쓴다. 당시만 해도 귀하던 사탕이나 과자를 쥐어주기도 하고, 조금 큰 아이에겐 동전을 주면서 구슬린다. 그렇게 어렵게 달래놓고는 아이가 다시 잘 놀면 한참 보다가 다시 꼬집어 울린다. 아이가 조금 크거나 장난기가 많은 경우에는 제법 큰스님과 장난을 주고받기도 한다. 초등학교 고학년쯤 되는 꼬마들은 큰스님에게 덤비기도 했다. 큰스님이 머리를 쥐어박으면 저도 큰스님 머리를 쥐어박으려고 팔짝팔짝 뛰었다. 큰스님이 엉덩이를 차면 저도 엉덩이를 차려고 씩씩거리며 달려든다. 이런 꼬마 친구를 만나면 큰스님은 신바람이 나는 듯했다.

"야, 그놈 대단하다! 야, 인마. 빨리 와 차야지. 이리 와 이리."

그러다가 어떤 때는 큰스님이 꼬마의 발길질에 당황할 때도 있었다. 그렇지만 큰스님은 무슨 스파링 파트너나 만난 듯 장난을 치곤 했다. 그렇게 한바탕 장난이 끝나면 큰스님은 꼬마 친구와 이런저런 얘기를 나누었다.

그런데 문제는 삼천배다. 어린이들도 예외 없이 삼천배를 해야 한다. 대개 꼬마 친구들은 큰스님과의 장난으로 상견례를 한 뒤 어머니의 손에 이끌려 법당에 올라가 삼천배를 하게 된다. 초등학교 고학년 정도의 아이들은 대부분 절을 곧잘 했다.

성철스님의 꼬마 친구 중 한 명이 삼천배를 한 적이 있다. 큰스님이 격려도 했고, 어머니가 워낙 신심이 두터운지라 꼬마 친구는 이를 악물며 어머니를 따라 삼천배를 마쳤다. 사실 그 아이는 삼천배를 할 줄은 꿈에도 모르고 따라온 것이다. 큰스님과 한판 전쟁을 치르고 삼천배를 했으니 얼마나 힘이 들었겠는가. 절을 마치고 큰스님께 하직 인사를 하러 온 꼬마 친구는 당돌하게 한마디 했다.

"큰스님, 이제 다시는 백련암에 안 올 겁니더."

"와 그라노?"

"내가 앞으로 백련암에 다시 오면 개새끼라예."

"와 그라는데?"

"삼천배 절이 너무 힘들었어예. 백련암에는 다시 안 올 겁니더."

"그래그래. 니가 개새끼인지 아닌지는 두고 보자."

또 산내 비구니 암자에서 자라나는 예쁜 꼬마 친구들도 있었다.

● 언제나 짓궂은 장난으로 아이들의 친구가 되어 주시던 성철스님. 가야산 호랑이라고 불리던 성철스님도 아이들은 무척 좋아하셨다.

다섯 살에서 일고여덟 살까지 10여 명 정도 되었는데 이 꼬마아가씨들은 늘 오는 것이 아니라 명절에나 올라왔다. 명절이니 꼬까옷 입고 와서 세배도 드리고, 세뱃돈도 두둑이 타고 큰스님에게 노래도 부르며 재롱을 떨었다.

이런 꼬마아가씨들이 백련암에 놀러 왔다. 그중에 한 아이가 입을 양손으로 감싸고선 큰스님 귓속에다 대고 산 정상에서 외치듯이 "야호"가 아니라 "아악!" 하고 있는 대로 고함을 내질렀다. 꼬마들이 돌아간 후에 큰스님은 그 꼬마들이 얼마나 소리를 쳤는지 아무 소리도 안 들리고 멍멍하고 귀울림이 생긴 것 같다고 하셨다. 그런데 그 증상이 며칠이 지나도 가라앉지 않았다. 할 수 없이 스님은 부산으로 병원 진찰을 다녀오기도 했다.

그래도 큰스님은 아이들은 숨김없이 자기들 감정을 있는 대로 표현함을 무척 좋아하시어 '아이들은 천진불'이라 하셨다.

그런데 반년이 지나 다시는 안 온다던 그 꼬마 친구가 다시 백련암을 찾아왔다. 물론 어머니의 손에 끌려왔지만 나름의 독한 다짐을 했던 꼬마인지라 시무룩하니 고개를 들지 못했다. 하지만 큰스님이야 얼마나 더 반가웠겠는가.

"니, 그때 안 온다던 그 놈 아이가? 그러면 니 개새끼 아이가."

그 친구도 이제는 중년의 치과의사다.

가족과의
환속 전쟁

하루는 큰스님이 마당을 거닐다가 나에게 말을 걸었다.
"이놈아, 니 여기 온 지 몇 개월 됐노?"
"대략 6개월은 된 것 같심더."
큰스님은 고개를 끄덕이면서 말했다.
"니도 너거 집에서 어지간히 귀찮아했던 놈인가 보제."
무슨 말인지 몰라 어리둥절해하자, 큰스님이 설명해주셨다.
"아니, 아들이 출가했으면 니 애비, 에미가 아들이 죽었는가 살았는가 찾아나서야제! 지금까지도 찾아나선 흔적이 없으니 니도 어지간히 부모 속내를 끓이다가 온 놈 아이가."
"아임니더. 지는 백련암에 간다고 얘기 다 하고 왔심더."
기죽기 싫어 대꾸를 했는데 큰스님은 딴소리다.
"니 애비, 에미가 중 된 줄 알면 기절초풍하겠제?"
그때까지만 해도 잘 몰랐는데, 큰스님의 말씀대로 행자 시절 통과의례처럼 겪어야 하는 일이 가족과의 만남이다. 출가자라면 반드시 거쳐야 하는, 그러나 피하고 싶은 홍역과도 같은 일이다.
가야산 깊은 암자에 있으면 세상 누구도 못 찾아올 것 같지만 그래도 어떻게든 수소문해서 용케들 찾아온다. 귀한 아들이 삭발하여 행자가 된 모습을 보고 많은 어머니들은 졸도한다. 가족, 특히 어머니의 낙담은 이만저만이 아닌 것이다.

가족이 찾아오면 행자들은 대부분 산으로 줄행랑 놓아 위기를 모면한다. 어머니 손에 붙잡히면 벗어나기가 쉽지 않은 탓이다. 어머니들은 일단 내 아들 찾아내라며 버틴다. 그러나 대부분 산속으로 도망간 행자보다 찾아온 가족들이 먼저 항복하게 마련이다. 자기들 때문에 밥 쫄쫄 굶고 산속을 헤맬 행자를 생각하면 그 또한 좋은 일은 아니라 큰 걱정이기 때문이다. 그럴 경우 암자를 떠나는 어머니의 당부도 대부분 비슷하다.

"오늘은 이만 돌아갑니다. 무사히 있는 줄 알았으니 그것만으로도 다행으로 생각합니다. 스님들이 잘 좀 돌봐주십시오."

큰스님이 "출가한 지 얼마나 됐노?"라고 물어 온 지 얼마 지나지 않아 어머니가 백련암으로 날 보러 왔다. 삭발한 나를 보고는 아니나 다를까, 그만 졸도해버렸다. 한참 후 깨어나자마자 "이놈아, 니가 이럴 수 있느냐."며 대성통곡을 했다. '큰스님에게 들키면 어쩌나' 하고 속만 태우고 있는데 언제 나타났는지 벼락같은 호령이 뒤에서 들렸다.

"아들 데려갈 힘 있으면 업어 가면 되지, 뭐 그렇게 울고 있어!"

큰스님이 어머니를 뚫어지게 바라봤다. 큰스님의 기세에 눌렸는지 어머니가 울음을 그쳤다.

"아임니더. 하도 억울해서 그럽니더. 출세나 하기를 바랐는데 뜬금없이 중이 되어버렸으니 이렇게 원통할 데가 어디 있능교?"

● 백련암 앞마당에서의 성철스님. 샘터사 정채봉 선생이 인터뷰 때 촬영한 사진이다.

말을 마친 어머니가 다시 통곡을 시작했다. 그러자 곧바로 큰스님의 꾸중이 이어졌다.

"부처님 제자가 되면 구족九族이 극락왕생한다는데 아들 출세가 뭐 그리 대순가. 아들이 귀한 것이 아니라 아들 출세가 더 욕심이구먼. 그런 욕심 버리고 아들 중노릇이나 잘하라고 불전에 기도나 열심히 해야지, 여기서 방성대곡이나 하면 되겠어!"

큰스님의 호통을 듣던 어머니가 울음을 그쳤다.

아들을 환속시키려던 마음을 접은 듯 절집 생활을 묻고 절간을 둘러보더니 땅거미가 내리려 하자 발걸음을 돌렸다.

친구들 사이에 출가 사실이 알려지면서 환속을 독촉하기 위해 찾아오는 친구들도 있었지만 그런 생각 없이 오는 경우도 있었다.

산중 암자를 찾아온 친구들과 환속으로 승강이를 벌이거나 지난 얘기를 하다 보면 시간이 늦어져 절에서 재워줘야 하는 일이 잦았다. 친구들이 들락거리는 것을 보고도 한동안 성철스님은 아무 말씀도 하지 않으셨다. 그러다 어느 날 명이 떨어졌다.

"앞으로 니 찾아오는 놈들은 누구라도 삼천배 시키고 재워라. 삼천배 안 하면 무조건 쫓아버려야지 재우면 안 된다이."

그런 주의를 받고 한참 지나도록 친구들의 발길이 뜸하더니 두어 달 지난 어느 가을날 친구 둘이 나타났다. 해거름에 도착했으니 자고 가야 할 형편이었다. 그런데 막상 멀리서 찾아온 친구들에게 자고 가려면 삼천배를 해야 한다고 말할 용기가 나지 않았다.

이 친구들은 이미 내 얘기를 들어서인지 환속 얘기는 꺼내지도 않았다. 큰스님이 도인이니까 동양철학에도 도가 통했을 것이니 사주나 한번 보려고 왔다는 것이다. 순간 무어라 할 말을 잃었다. 나는 불교와 동양철학이 다르다고 거듭 설명했다.

"큰스님은 지금까지 동양철학에 대해서는 한마디도 입에 올리지 않았을 뿐 아니라, 설법할 때도 사주 같은 것은 부처님의 가르침이 아니라고 하시는데 어떻게 그런 부탁을 해?"

나중엔 아예 통사정을 했다. 삼천배 얘기는 꺼내지도 못했는데 저녁 9시 취침 종소리가 울려 퍼졌다. 그때 방문이 와장창 부서지는 소리를 내며 확 열렸다. 어느새 성철스님이 나타나 화등잔 같은 눈을 부라리며 고함을 쳤다.

"이놈아, 다음에 누가 와도 삼천배 시키지 않으면 못 잔다고 내가 안캤나. 근데 절은 안 시키고, 9시 지난 지가 언젠데 아직 이야기만 하고 있나, 이 나쁜 놈아! 삼천배 안 하려면 이놈들 다 쫓아버려!"

나만 혼비백산한 것이 아니다. 친구들도 기절초풍해 보따리를 챙겼다. 나는 친구들을 백련암에서 재우지 않고 쫓아내겠다며 큰스님께 싹싹 빌었다. 부랴부랴 손전등을 찾아들고 캄캄한 오솔길로 친구들의 등을 밀었다. 떠밀려 쫓겨나는 친구들의 불만은 당연했다.

"야! 너거 스님 대단하네. 우리는 중생 아이가. 스님이 중생에게 대자대비로 대해야지, 그것도 초면에 이게 무슨 난리고. 또 하룻밤 절에 재워주는 것이 뭐 그리 대단하다고 이 깜깜한 밤중에 쫓아내노. 너거 스님 진짜 괴짜네."

친구들에게 미안했다. 그들의 말처럼 초면에 다짜고짜 면박을 주고, 삼천배 안 한다고 한밤중에 캄캄한 산길로 쫓아냈으니 오죽 황당했겠는가. 아무것도 모르고 큰스님께 사주 보러 왔다가 큰 봉변을 당한 셈이다.

친구들을 달래고 달래서 절 아래 마을 여관에 방을 잡아주고 다시 백련암으로 올라오니 밤 12시가 넘었다.

잠을 자는 둥 마는 둥 하고 일어나 아침 공양을 준비해 큰스님 방으로 들어갔다. 공양상을 받으시면서 큰스님이 넌지시 묻는다.

"어제 그놈들 우째 됐노?"

속으로는 '이왕 여기까지 왔는데 그냥 하루 묵고 가게 하실 것이지, 한밤중에 야박하게 쫓아낼 것까지야 있었습니까' 하는 마음이 꿀떡 같았지만 그렇게 말씀드릴 수는 없었다.

"어젯밤에 여관으로 쫓아 보냈심더."

큰스님이 내 얼굴을 힐끗 보며 빙긋 웃으신다.

"이놈아! 삼천배 안 한다고 온 놈들을 한밤중에 쫓아버렸으니, 이제 그 소문나면 니 찾으러 아무 놈도 안 올 끼다. 두고 봐라."

아주 확신하는 말투였다. 역시 큰스님의 예언은 맞았다. 그 이후로는 친구들의 발걸음이 뚝 끊어지고 말았다.

절집에서 또 하나 이별 문화가 있다. 같이 살던 행자나 스님이 아무 말 없이 밤새 떠나가는 것을 말한다. '오는 사람 말리지 않고, 가는 사람 붙잡지 않는다'는 것이 절집의 철칙이다. 쉬운 말로 '오는 사람 반가워하지 않고 가는 사람 서운해하지 않는다'는 뜻이다. 더 짧게 말해 '오면 오고, 가면 가는가' 하는 태도다. 참 인정머리 없는 곳인지도 모른다. 그러니 절집에서는 아무도 모르게 혼자 야밤에 떠나는 것이 서로에게 폐를 끼치지 않는 이별 문화로 자리 잡은 것이다.

이런 문화에 익숙해지기까지 쉽지만은 않았다. 처음 몇 번 그런 일을 당했을 땐 다리에 힘이 빠지고 며칠 동안 사람이 괜히 멍청해지는 느낌이었다. 그러나 세월이 지나면서 겪을 만큼 겪으니 어느덧 절집의 이별 문화에 익숙해져버린 나 자신을 발견하고는 스스로도 무척 놀랐다.

혼쭐난
배추밭 울력

환속 소동이 마무리되고 친구들의 발걸음도 끊어질 무렵 김장철이 다가왔다. 김장거리로 심었던 배추, 무는 말 그대로 청정채소다.

해우소에 채워놓았던 풀을 썩혀 만든 두엄으로 거름을 썼으며, 풀벌레도 약 대신 손으로 잡아내곤 했다. 스님들이 먹는 음식은 득도를 위한 밑거름이기에 이같이 각별한 정성을 기울였다.

가을이 깊어 단풍이 드는가 싶더니 이내 낙엽이 되어 떨어지기 시작할 무렵, 울력을 알리는 목탁이 울렸다. 원감(채소밭을 관리하는 직책)을 맡고 있는 스님의 작업 지시가 이어졌다. 날씨가 추워지고 낙엽이 떨어지니, 배추가 얼지 않고 낙엽이 배추 속으로 들어가지 않게 짚으로 배추 끝을 꼭꼭 묶어주어야 한다는 것이다.

일제히 골을 따라 배추 끝을 묶어나가기 시작했다. 나도 한 골을 맡아 허리를 구부리고 일을 하니 힘이 들고 허리가 아파왔지만 열심히 묶어나갔다. 얼마를 하다가 허리도 쉴 겸 몸을 쭉 펴고 주위를 둘러보니 분위기가 이상했다. 울력이라면 내가 항상 꼴찌인데, 오늘은 내가 일등이 아닌가. 다른 대중스님들은 나보다 한참 뒤처져 있었다.

뭔가 좀 이상하긴 했지만 작업 반장격인 원감스님이 별말을 하지 않기에 그대로 계속 해나갔다. 어느 정도 시간이 흘렀고, 여느 때처럼 성철스님이 둘러보러 내려오셨다. 아니나 다를까, 내 곁으로 오시더니 고함을 치셨다.

"원택이, 이놈아!"

무슨 영문인 줄도 모르고 있는데 큰스님이 성큼성큼 다가와선 느닷없이 밀쳐버리셨다. 엉겁결에 넘어져 엉덩방아를 찧고 말았다.

"이놈아! 일을 모르면 묻든가, 아니면 남 하는 것을 눈여겨보든가 해야지, 맨날 이 모양이제!"

도대체 왜 내가 야단을 맞는지 이유를 알 수가 없었다. 큰스님은 내 귀를 잡아당기며 다른 사형들이 일하는 골로 끌고 갔다.

"니 해논 거 하고, 이거 하고 한번 비교해봐라. 뭐가 틀리는지. 세상에 이런 멍청이가 어디 있노? 우리 절에 앞으로 도인 났다 하면 이 멍청이 원택이가 될 끼다. 우째 이리 일을 모리노!"

그때까지도 뭐가 잘못됐는지 몰랐으니 나도 참 눈썰미가 없긴 없었다. 한참을 혼나고 나서야 원감스님이 다가와 자세히 설명을 해주었다. 내가 원감스님의 앞서의 말을 잘못 알아들었던 것이다.

그냥 하얀 배추 속살의 잎끝만 묶어주는 것이 아니었다. 누렇게 변해 땅바닥에 처져 있는 배추 잎인 전잎을 손으로 일으켜 세워 하얀 배추 속살을 감싸 묶어주어야 했다. 그래야 속이 얼지 않고 알이 차면서 낙엽이 배추 속으로 들어가지 않는다. 그것도 모르고 땅에 처진 전잎은 그대로 두고 멀쩡히 서 있는 흰배추 속살 잎만 묶었으니 남들보다 엄청 빠를 수밖에 없었다.

지금까지 한 일은 모두 헛일이 돼 다시 시작해야만 했다. 앞이 막막한데 큰스님이 마당으로 올라가면서 한마디 쐐기를 박았다.

"저 멍청이가 지 일 다 마칠 때까지 아무도 도와주지 말아라!"

남들은 일이 거의 다 끝났는데 이제 새로 시작하려니 허리가 더 뻐근해오는 것 같았다. 큰스님의 명이 있었으니 다른 스님들은 도와줄 엄두도 못 내고 엉거주춤 서서 구경만 하고 있었다. 원감스님이 다가오더니 얼굴이 벌겋게 달아올라 있는 나의 어깨를 툭 쳤다.

"그래도 오늘 원택스님은 큰스님한테서 큰 수기受記(약속이나 예언)를 받았으니 얼마나 좋아. 앞으로 백련암에 도인이 나온다면 그거는 원택이라고 큰스님이 말씀하셨잖아. 나도 꾸중이라도 그런 소리 한번 들어봤으면 좋겠다."

위로하는 건지, 무안을 주는 건지 원감스님이 능청을 떨었다. 허리는 부러질 듯 아팠지만 그래도 듣기 싫지는 않았다. 지금 생각해도 절 일들을 너무 할 줄 몰라서 큰스님께 면박만 당하니, '참 내가 우째해야 될꼬!' 하는 낙담이 가슴을 파고 들었다.

빈틈없는 하루의 시작

　　성철스님은 새벽 2시경에 일어나시고 3시에는 꼭 백팔배 예불을 올렸다. 새벽에 눈을 부비고 일어나면 벌써 큰스님 방에선 예불 소리가 들린다. 그런데 예불이 끝나고 아침 공양 때까지 방에서 무얼 하시는지는 알 수 없었다. 그냥 좌선하시는 것인지, 책을 보시는지, 아니면 그냥 누워 쉬시는지 방에 들어가 보지 않고는 알 길이 없었다.

　그러다 시찬 소임을 맡아 큰스님 방을 들락거리다 보니 자연스럽게 큰스님이 새벽 시간을 어떻게 활용하는지 조금씩 알게 되었다. 처음 큰스님의 새벽 방 모습을 보게 된 것은 어느 날 새벽에 있었던 소동 덕분이었다.

　지금처럼 수세식 해우소나 세면 시설이 건물 내에 없었기 때문에 시찬은 항상 큰스님 방 안 양동이에 물을 채워놓아야 했다. 그러면 큰스님은 그 물로 세수하고 뒷문을 열어 마당에 버리곤 하셨다.

　하루는 큰스님이 문 밖으로 소리를 지르셨다.

　"양동이에 물이 와 없노!"

　전날 밤 깜빡한 것이다. 헐레벌떡 물을 떠다 양동이에 붓고, 흘린

물을 닦으려고 걸레를 들고 다시 방으로 들어갔다. 그런데 큰스님이 옷을 벗고 계셨다. 옷이라야 저고리 하나다. 큰스님은 속옷을 입지 않으셨다. 상체에 열이 많아 속옷을 걸치면 답답해서 못 견딘다고 하셨다. 반면 허리 아래 다리 쪽은 추위를 많이 타 겨울에는 핫바지를 입고 내복을 두 겹이나 걸친 다음 다시 개실로 짠 털버선을 신어도 발이 시리다고 하셨다.

깜짝 놀란 나는 '뭘 하시려고……'라는 생각에 물끄러미 바라봤다. 큰스님은 내 마음속을 꿰뚫어 본 듯 말씀하셨다.

"내가 지금부터 뭘 하는지 한번 볼래?"

수건을 물에 담가 적셨다가 다시 꼭 짰다. 그리고 그 물수건으로 전신을 마찰하기 시작했다. 마찰하다 물기가 말랐다 싶으면 다시 담갔다가 짜서 문질렀다. 손과 팔에서 시작하여 목과 어깨, 가슴, 등, 다리 순으로 빡빡 밀었다.

한번 세운 원칙은 끝까지 지키는 큰스님은 나중에 알고 보니 1년 365일 하루도 빠짐없이 냉수마찰을 했던 것이다. 그 이후로 큰스님 방에 물을 떠다 놓는 일에 한결 정성을 쏟지 않을 수 없었다.

그로부터 얼마 지난 어느 날 새벽, 여쭐 말씀이 있어 큰스님 방에 들어갔는데 큰스님이 땀을 뻘뻘 흘리며 운동을 하고 계셨다. 숨까지 가빠오는 상당히 고난도의 요가 비슷한 체조였다. 한참 운동하시는데 뭐라고 여쭈기가 어색해 바로 물러 나왔다. 그리고 얼마 지나 아침 공양상을 들고 들어갔다.

"니, 새벽에 내가 하는 것이 뭔지 아나?"

내가 궁금해 할 줄 알고 묻는 것이다.

"무슨 요가하시는 것 같았심더."

"인마, 요가하고 새벽에 내가 한 체조하고는 다르다. 요가 하는 것이 아니라 그동안 전래돼온 맨손운동을 내가 정리했제. 그리고 하루도 안 빠지고 매일 한다 아이가."

어느 날 새벽에 큰스님 방으로 들어갔는데 그때 마침 물구나무를 하고 한참 계신 듯했다. 나는 속으로 '체조라고는 젬병이라 물구나무 서기는 엄두도 못 내는데 고희를 바라보는 큰스님은 물구나무를 하시다니 몸이 그렇게 유연하신가?' 생각하며 참으로 놀라고 신기했다.

큰스님은 우리에게 그 체조를 가르쳐주려 하지 않았다. 배우기가 어려울 것 같아 차일피일 미루었는데, 결국 배우지 못해 지금도 아쉬움이 많이 남는다. 이처럼 큰스님의 새벽일과는 한가하지 않았다. 새벽 3시면 어김없이 백팔배 예불을 올리고, 선 체조를 하고, 냉수마찰을 하는 데 족히 한 시간은 넘게 걸렸다. 큰스님은 그렇게 빈틈없이 하루를 시작했다.

그러나 우리에게 냉수마찰이나 선 체조를 하라고 하지는 않으셨다. 새벽부터 저녁까지 일과를 쫓아가기에도 바빴던 당시엔 그런 일을 시키지 않는다는 사실을 매우 다행스럽게 생각했다. 하지만 큰스님이 가신 지금, '참으로 어리석게 살았구나' 하는 마음과 "큰스님께서 하시는 선 체조를 저에게도 좀 가르쳐 주십시오."라고 하지 못한 아쉬움이 무겁게 남아 있다.

행자 실력 테스트

출가해 스님이 되는 일에 어떤 일정한 코스가 있는 것은 아니다. 잘 모르기는 하지만 기독교 성직자나 가톨릭 신부의 경우 신학대학이나 대학원 같은 교육 기관을 졸업하고 다시 일정한 과정을 이수하는 등의 절차가 있다. 많은 사람들이 기독교의 성직자 과정에 비춰 불교도 동국대학교를 졸업하거나 승가대학을 졸업해야 스님이 되는 줄로 알고 있다.

그러나 절집의 현실은 그렇지 않다. 내가 출가할 때만 해도 학벌도 나이도 과거도 묻지 않았다. 그저 절에만 들어오면 머리 깎고 먹물옷을 입혀주었다. 행자라는 수습 과정을 1년 정도 거치면 스님으로 대접해주었다. 그리고 스님이 되고 나서야 강원이나 동국대학교, 승가대학에 입학해 공부를 할 수 있다. 정규 교육 과정을 꼭 지켜야 하는 것이 아니기에 어떤 스님들은 곧바로 선원을 찾아 참선 수행에 들어가기도 한다.

내가 백련암으로 출가할 즈음 "성철스님은 대학 출신만 상좌로 삼는다"는 말이 퍼져 있었다. 친구 스님이 백련암으로 출가할 때 한국대학생불교연합회 출신 너댓 명이 한꺼번에 큰스님의 지도로 출가해 그런 소문이 난 모양이다.

행자 생활과 시찬 소임을 거치는 동안, 그리고 그 이후에도 많은 행자가 백련암을 오고 갔다. 당시 큰스님은 새로 절에 들어온 행자가 대학 졸업생이라고 하면 꼭 전공을 물었다. 그러곤 한번은 넌지시 그 행자의 실력을 테스트했다.

불문과를 졸업했다고 하면 어디서 불어책을 가져와선 아무 쪽이나 펼쳐 보이면서 해석해보라고 하셨다. 또 독문과라고 하면 헤세인지 괴테인지의 글을 가져와 번역해보라고 하기도 했다. 일종의 즉석

> I do not know what I may appear to the world; but to myself I seem to have been only like a boy playing on the seashore, and diverting myself in now and then finding a smoother pebble or a prettier shell than ordinary, whilst the great ocean of truth lay all undiscovered before me.　　Sir Isaac Newton
>
> 내가 세상에 어떻게 보인지 모르나; 그러나 나에게는 내가 바닷가에서 놀 때 때때로 미끄러운 조약돌이나 보다 아름다운 조개껍질을 찾으며 스스로 즐기는 오직 한 소년 같이 생각된다, 하되 모든 진리의 바다는 그 전혀 발견되지 않은 채 나의 앞에 놓여 있다.　　아이삭 뉴톤 경

● 성철스님은 뉴턴의 영문 원서에서 감흥을 얻으신 구절을 적고 직접 번역까지 해놓으셨다. 출가 이전부터 플라톤에서 칸트에 이르기까지 동서양의 고전을 두루 섭렵하시고 메모를 남겨 놓으셨다.

시험이다. 만약 당황해서 해석을 못 하고 떠듬거리면 영락없이 핀잔이 돌아왔다.

"야 이놈아, 니가 우찌 대학을 졸업했노?"

얼떨결에 당한 행자는 얼굴이 벌겋게 달아오르며 무안하기 이를 데 없다. 큰스님은 언제 그렇게 많은 분야를 두루 공부했는지, 전공마다 나름대로 행자를 당황케 할 만한 질문을 잘도 던졌다. 제대로 대답하면 당연한 것이고, 못 하면 예의 핀잔이다. 나도 큰스님의 테스트를 그냥 지나칠 수는 없었다. 어느 날 큰스님이 불쑥 물어왔다.

"니 정치외교과 나왔다 했제?"

내가 연세대 정치외교학과를 졸업했음을 알고 계시기에 "예, 그렇습니더." 하고 대답했다.

"비스마르크가 평생 한 번 왜, 언제 울었는지 말해봐라."

앞이 캄캄했다. 비스마르크가 독일 통일을 이룬 프러시아의 철혈재상이라고만 배웠지, 언제 울었는지 웃었는지는 역사책에 전혀 없었던 대목이다. 그래서 솔직하게 대답했다.

"왜, 언제 울었는지 그것까지는 알 수 없는 일 아닙니꺼?"

역시 핀잔이 돌아왔다. 그리고 자세한 설명이 따랐다.

"니도 별 수 없네. 내가 가르쳐 주지. 프러시아가 독일을 통일한다꼬 그렇게 국민들을 쥐어짜고 했는데, 나중에 독일 통일을 이루고 그 통일에 앞장 섰던 총리 대신 비스마르크가 권력을 내놓고 고향으로 낙향하게 됐거든. 그때 비스마르크는 고향가는 길에 국민들이 몰려나와 '비스마르크 만세'라고 외치는 광경을 목격하게 된다 말이야. 그때까지 비스마르크는 자기가 국민을 그렇게 힘들게 했으니 응당 국민이 자기를 거세게 비난하고 미워할 줄 알았는데, 막상 낙향하는 자기를 그렇게 환송해 주니 아무리 철심장인 비스마르크도 그만 감동하여 일생일대에 처음 눈물을 흘렸다고 안 카나."

큰스님은 비스마르크의 성격, 설정한 목표를 향한 철혈 같은 매진과 그 가운데 담겨진 나라 사랑의 마음을 좋아했던 듯하다. 핀잔과 혀를 차는 소리로 설명은 마무리됐다.

"그런 것도 모르는 놈이 뭘 정치외교학 공부했다고, 쯧쯧."

큰스님은 제자들에게 참선을 강조하느라 책을 읽지 말라고 하셨지만 스스로는 누구보다 책을 아끼고 즐겨 읽었다. 제대로 된 건물 하나 없던 백련암에 '장경각'이란 서고를 별도로 만든 것도 큰스님의 책 사랑 때문이다.

가야산 호랑이
큰스님

성철스님이 성격이 급하고 격하다는 사실은 스님들 사이에선 널리 알려져 있다. 예컨대 큰스님이 찾는다 하면 밥숟가락을 입에 넣었더라도 그 밥을 다시 뱉어놓고 얼른 달려가야지, 입안에 밥 들었다고 다 씹어 넘기고 가면 벌써 늦는다.

언젠가 송광사 불일암에 머물던 법정스님을 찾아가 성철스님의 저서 『본지풍광』과 『선문정로』의 윤문과 출판을 부탁하며 며칠 같이 머물던 때였다.

글 잘 쓰기로 유명한 법정스님은 이렇게 말씀하곤 했다.

"해인사 방장 성철스님과 송광사 방장 구산스님 두 분의 성격이 너무나 대조적이거든. 내가 언제 한번 이 두 분 큰스님의 비교론을 써봐야겠어."

법정스님은 성철스님이 방장으로 있던 해인사의 큰절에서 살다가 당시엔 송광사에 머물던 터라 두 총림의 지도자상을 잘 비교할 수 있는 위치였다. 법정스님이 이런 얘기를 들려준 적이 있다.

"구산스님은 아침마다 빗자루를 들고 나오셔서 대중에 앞서서 먼저 청소하는 모범을 보이시는 분이지. 그런데 성철스님에게서는 그런 모습을 전혀 볼 수가 없어. 구산스님은 제자들을 지도하실 때도 자상하게 감싸주는 편인데, 성철스님은 아주 성한 살에 상처를 내 소금을 뿌리는 격이거든."

처음에 출가해서 나도 큰스님의 성격을 맞추지 못해 애를 먹었다. 큰스님이 그렇게 널리 알려진 도인이라면 텔레비전에 나오는 산신령처럼 굵은 저음에 부드럽고 좋은 말만 골라서 천천히 말씀하시리라 상상했었다. 그러니 얼마나 실제 큰스님의 모습과 반대인가.

물론 평소에는 감정 표현이 없는 편이지만 일단 화가 났다 하면 고함을 지르며 박한 말만 골라 퍼부었다. 그래서 급할 때는 삼십육계가 최상이다. 왜냐하면 아무리 큰 야단이라도 그때뿐이기 때문이다. 그 고비만 넘기면 또 언제 그런 일이 있었냐는 듯이 아무렇지도 않다. 그러니 그나마 큰스님을 모시고 살 수 있었던 것 같다.

내가 백련암에 들어와 큰스님의 성정을 생생히 목격한 일은 '누운 향나무' 사건이다. 누운 향나무는 가야산 중턱에 있는 토종 향나무인데, 큰스님이 좋아해 몇 그루 캐다가 백련암 앞 화단에 심어놓았다. 백련암 일로 시멘트 포대를 화단 가에 쌓아두게 된 날이었다.

큰스님이 마당에서 산책을 하다가 누운 향나무 가지 하나가 시멘트 포대에 눌려 있는 것을 보고는 마침 지나가던 한 스님에게 말했다.

"향나무 가지가 저렇게 눌려 있는데, 니 보기 좋나?"

시멘트 포대를 치우라는 명령이다. 그런데 마침 지게에 짐을 지고 가던 그 스님은 "예." 하고 대답하고는 지게의 짐을 내리느라 큰스님의 명령을 깜빡 잊었다.

큰스님은 그야말로 가야산 호랑이란 별칭에 걸맞을 정도로 산중을 뒤흔드는 고함을 지르셨다.

"어른 말이 얼마나 말 같잖으면, 향나무 가지 좀 편하게 해주라는데 뭣이 바빠서 말도 안 듣노. 아까 그놈 당장 불러와!"

그 기세에 눌려 아무도 가까이 가지 못하고 벌벌 떨고 있었다. 그러자 큰스님은 향나무 가지를 누르고 있는 시멘트 포대를 갈기갈기 찢었다. 원주스님이 달려가 백배 사죄하고서야 포대를 겨우 치울 수 있었다.

성철스님은 그런 자신의 성격을 누구보다 잘 알고 있었다. 내가 출가하던 그해, 큰스님이 환갑이 되셨는데 40~50대에는 성격이 더 불같았다고 한다. 백련암에 자리를 잡은 것이 1967년인데, 그 무렵엔 잘못한 일이 있으면 신발을 벗어서 스님들의 등짝을 내리쳤다고 한다.

물론 60대 큰스님이 그럴 수는 없었지만 결기는 여전히 느껴지던 무렵이었다. 큰스님이 화를 내셨다가 풀어진 어느 날 한마디 던지셨다.

"내가 옛날에 비하면 지금은 자비보살이 다 됐제!"

삼천배를
하면

　　　　　성철스님의 가장 자상한 모습은 삼천배를 마친 일반 신도의 인사를 받을 때에 볼 수 있다. 삼천배를 마친 신도에게는 "애썼다" "수고 많았다"는 등의 격려를 아끼지 않을 뿐 아니라 직접 쓴 법명과 화두, 그리고 직접 그린 원상圓相까지 주신다.

　화두는 신도의 성격과 불심에 맞춰주었는데, 대개 삼서근을 많이 주셨다. 말년에는 아예 삼서근의 내용을 간단히 풀어 쓴 인쇄물을 준비해뒀다 주기도 하셨다.

　원상, 즉 동그라미는 깨달음의 세계를 상징하는 그림으로 처음도 끝도 없는 영원함과 완전한 깨달음을 상징하기에, 집으로 돌아간 신도가 벽에 붙여놓고 수시로 바라보며 마음을 가다듬을 수 있게 한다는 취지다. 큰스님은 원상을 주면서 "집에 가서도 참선 잘하고, 백팔배를 매일 빠지지 않고 꼭 하거래이."라는 당부도 잊지 않았다. 스님께서는 삼천배를 한 신도들에게 부처님께 절을 많이 하는 것이 큰 공덕이라 말씀하시고, 우리나라에서는 집에 불상을 잘 모시지 않으니 기도 할 수 있는 조용한 방에 원상을 모시고 300배, 500배, 1000배, 3000배 등 신심 따라 매일 절을 하라고 당부하셨다.

반대로 삼천배를 다 못한 사람에겐 매몰찼다. 큰스님 앞에 서지도 못하게 했다. 혹시 앞에 나타나면 불호령이 떨어진다.

"죽어 썩어질 몸뚱아리에 그리 애착이 많아가지고, 니가 무슨 삼천배를 할끼고?"

삼천배를 못하고 큰스님의 꾸중을 듣고 절을 내려가는 신도들의 반응은 대개 두 가지로 나뉜다. 많은 경우 여러 불가피한 사정으로 삼천배를 하지 못해 애석한데, 구박까지 받으니 서럽다는 반응이다. 다시는 백련암 쪽은 쳐다보지도 않겠다고 반감을 표시하는 사람도 있었다. 반면 집에 가서 절하는 연습을 열심히 하고 다시 찾아와 삼천배를 기어이 마치는 경우도 적지 않았다.

큰스님이 백련암 스님들에게 인자한 모습을 보이는 때는 저녁 무렵 안마를 받을 때다. 가끔 큰스님의 팔다리를 주물러 드릴 때면 무섭던 모습은 어딜 가고 자상한 노인의 모습만 남아 있었다.

이런 때면 이것저것 물어보기도 하고, 큰스님이 알고 계신 지난 얘기들을 허물없이 해주시곤 했다. 그중 지금도 생생하게 기억될 정도로 큰스님이 자주 힘주어 강조한 이야기는 의리에 관한 것이었다. 그 줄거리는 이러했다.

일제강점기 시절, 그때는 세상이 쉴 새 없이 격변하던 때였다. 양반집에 종살이를 하던 사람이 있었는데, 어찌어찌 독학해 고시에 합격을 했다. 나중엔 충청도 지사 자리에까지 오르게 됐다. 그런데 그 지사는 자신의 출세를 남들에게 앞세우거나 자랑하지 않았다. 오히려 명절이 되면 늘 옛날 양반 어른을 찾아가 인사를 올렸다. 종살이

하던 비천한 옛날을 잊고, 지금은 몰락했지만 자신을 거두어준 주인 양반에 대한 감사의 마음을 잊지 않았다는 것이다.

큰스님이 이 이야기 말미에 항상 놓치지 않는 말씀이 한마디 있다.

"보통 사람이면 그래 했겠나. 몰락해가는 양반, 찾아보나마나 마찬가지겠지만 종살이하다가 충청도 지사가 된 그 사람은 그렇게 안 했다 아이가. 사람은 그렇게 의리가 있어야 하는 기라."

큰스님이 평생 살아오시면서 어떤 의리 없는 사람을 얼마나 많이 봐 오셨는지는 모르지만, 팔다리를 주무르느라 정신이 없는 우리에게 사람은 의리가 있어야 한다는 것을 거듭 강조하시곤 했다. 그리고는 우리를 한번 죽 둘러보며 다시 한마디 하신다.

"너거 놈들한테 의리를 강조하는 내가 글렀제! 안 그러나?"

큰스님이 기분이 좋은 때라 우리도 말대답을 빠뜨리지 않았다.

"안 그렇심더. 큰스님 말씀대로 의리 있도록 노력하겠심더."

우리는 양 옆에 일렬로 앉아 안마를 해드리고 있으니 머리를 조아리며 한목소리로 다짐한다. 그러면 큰스님은 기분 나쁘지 않다는 표정으로 이야기를 마무리하신다.

"이놈들아, 내가 어디 받을 데가 없어 너거들한테 의리를 받을라 카나? 내가 아니고 너거들 앞으로 살면서 서로서로 의리를 지키고 화합하고 힘써 정진하라는 말이지. 곰 새끼들인 너거들한테 내가 무슨 의리 타령을 하는지 모르겠다."

무관심한
절 살림

성철스님은 평생 수행에만 전념했을 뿐 다른 일엔 거의 신경을 쓰지 않았다고 할 수 있다. 당연히 외부와의 접촉도 별로 없었으며, 해인사라는 큰절의 살림살이에도 관여하는 일이 거의 없었다. 말하자면 철저하게 선승으로 일관한 삶이었다. 그러니 당연히 큰절 살림에 대해 구체적으로 알지 못했다.

성철스님이 큰절 살림에 참견하는 경우는 어쩌다 큰절에 사는 스님이 올라와 잘못된 일에 대해 보고했을 때다. 그러면 득달같이 주지스님을 불러 올려 호통을 치시곤 했다. 성철스님에게 직접 절집 살림 얘기를 할 정도면 대부분 산내에서 무게 있는 중진 스님들이다. 그런 스님들의 경우 특정 사안을 얘기한다기보다 이런저런 얘기를 하며 차를 마시다 돌아간다. 무슨 못마땅한 소리를 들었을 경우 성철스님은 손님이 시야에서 채 사라지기도 전에 호통을 치신다.

"주지 올라오라고 해. 유나도 오라카고."

대개 절집의 살림을 책임지는 주지를 주로 부르지만, 참선 공간인 선방을 책임지는 유나도 자주 불렀다. 어떤 경우에는 특정 스님을 지목해 부르기도 했다. 그럴 때마다 영문을 모르는 우리는 우왕좌왕하기 일쑤였고, 방장스님이 부르신다는 소리에 놀란 스님들은 뭐 때문에 그러는지 좀 얘기해달라며 안절부절못한다.

산길을 숨차게 올라온 스님들이 모이면 성철스님은 자신이 들은 얘기를 그대로 반복하곤 했다.

"누가 내한테 왔다 갔는데, 요새 해인사 사정이 이렇다면서……."

그대로 노기를 뿜어내면 주지나 유나스님이나 모두 성철스님의 급한 성격을 잘 아니까 일단 잘못했다고 빌고 본다.

"저희가 미처 모르고 그랬습니다. 앞으로는 잘 살필 테니 이번 일은 너그러이 살펴주십시오."

성철스님은 한참 노여워 하시다가 한번 으름장을 놓는다.

"앞으로 또 그런 일이 있으면 가만있지 않을 기라. 자, 이제 어서들 돌아가 소임을 잘 보도록 해."

그러면 스님들은 휴우 하며 한숨을 내쉬고 놀란 가슴을 쓸어내리며 방에서 물러 나왔다.

문제는 큰스님이 있는 그대로 얘기하는 바람에 해인사 살림살이를 일러바친 스님이 곤욕을 치러야만 했던 점이다. 예컨대, 큰스님이 "선방 입승이 그러던데……."라고 하면, 당연히 주지스님은 방장스님 방에서 물러 나오자마자 선방 입승을 찾게 마련이다. 그러니 당연히 산중에는 "방장스님께는 아무 말씀도 못 드린다."라는 말이 떠돌았다. 나도 뭐라고 말했다가 핀잔만 받을까 봐 한동안 아무 얘기도 못하고 지냈다. 그런데 그런 사정이 성철스님 귀에까지 들어갔다. 하루는 방 청소를 하고 있는데 큰스님이 넌지시 물었다.

"아래께 주지 불러 야단쳤더니, 주지가 큰절에 가서 아무개하고 크게 붙었다면서?"

잠시 망설이다가 용기를 내 솔직히 말했다.

"큰스님께서 얘기한 스님 이름을 거명하시니까 주지스님은 고자질했다고 생각해 가만있지 않는 것임미더. 말씀하실 때 말한 스님의 이름은 빼고, '내가 들으니 이런 말이 들리는데 주지는 어떻게 생각하노' 정도로만 하시는 게 좋을 것 같습니다."

솔직한 말이지만 큰스님 귀에는 거슬렸던가 보다.

"이놈아, 이것저것 숨길 거 뭐 있노. 누가 이런 말을 하는데, 그렇거든 주지는 살펴서 잘하라는 얘긴데 싸우기는 왜 싸워."

그런데 다음날 아침 큰스님의 마음이 달라졌다.

"그래, 가만 생각해보니 니 말이 맞네. 그러면 이제 누가 내한테 말해도 이름을 안 밝히고 주지한테 이야기하지."

그렇지만 누구도 올라와서 큰스님께 사중의 이런저런 얘기를 하려 하지 않았다. 그러다가 또 성질 급한 어떤 스님이 큰스님께 올라와서 큰절 일을 이러쿵저러쿵 고자질하게 되었다. 그러면 또 영락없이 주지스님이 불려 올라온다. 옆에서 듣고 있자면 큰스님 말씀이 아슬아슬하다. 곧 실명이 튀어나올 것만 같다. 간신히 위기를 넘기고 실명 없이 얘기를 끝내신다. 그러나 야단맞은 주지스님이 큰절로 내려가면서 곰곰이 생각해보면 '아하! 오늘은 누가 올라와서 큰스님께 일러바쳤구나' 하고 짐작하게 마련이다.

성철스님 모시기

　　성철스님을 모시면서 그 급한 성격을 이해하고 익숙해지는 데는 오랜 시간이 필요했다. 행자, 시찬 시절만이 아니라, 나중에 원주의 소임을 맡아 10년이란 세월을 같은 암자에서 살면서 큰스님 모시기의 노하우를 익혀나갔다.

　행자와 시찬 시절, 성철스님의 질문에 곧이곧대로 대답했다가 사형들이 혼나는 것을 여러 차례 보면서부터 내가 개발한 것은 "모릅니더."라는 대답이다.

　처음엔 나름대로 사형들의 입장을 고려해 조금씩 둘러대곤 했다. 그런데 큰스님이 자꾸만 캐물으면 어느 순간 조금씩 둘러대던 말이 거짓말이 된다. 그 거짓말이 다시 문젯거리가 된다. 순간적으로 이리저리 둘러대다 보니 나 스스로 그때 무슨 말을 했는지 잘 기억하지 못하는 경우가 많다. 그런데 큰스님은 그 둘러대는 말을 다 기억하셨다.

　"이놈아, 며칠 전에 한 말인데 오늘 또 해!"

　그럴 때마다 아차 하며 다시 둘러대야 한다. 큰스님에게 둘러대려면 내가 더 똑똑하게 굴어야 하는데 그것이 잘 되질 않았다. 그렇게 꾸중을 들어가며 터득한 비법이 "모르겠심더."다. 몇 번을 거푸 모르겠다고 말씀드리니 성철스님이 답답한 듯 화를 냈다.

"야, 인마! 와 요새 와서 모르는 기 그리 많아졌노?"

그럼에도 불구하고 큰스님이 모르시고 지나가는 편이 낫다는 판단에서 "모르겠십더."를 연발하니 큰스님도 어쩌지 못했다.

성철스님을 모시며 배운 또 다른 노하우는 큰스님의 급한 성격에 맞춰 일을 처리하는 것이다. 큰스님은 무슨 계획을 거창하게 세워 장황하게 보고하면 듣는 둥 마는 둥 하신다. 그러고는 다음날 아침 다시 불러서 "내가 생각하기에는 이렇고 저렇고 하니 해서는 안 되겠다. 없던 일로 해라."라고 말씀하신다.

그러니 무슨 일을 성사시키려면 큰스님의 말씀이 떨어지자마자 서둘러 추진해야 한다. 야구에 비유하자면 성철스님이라는 투수가 던지는 공을 홈런이나 3루타로 멋지게 때리려 하면 안 된다. 그러다간 삼진 아웃되기 십상이다. 일단 단타 위주로 조금씩 큰스님의 마음을 얻어야 하는 것이었다.

일단 1루에 나가는 것이 중요하다. 무슨 일이 있으면 미리 저녁에 장황하게 보고하는 것이 아니라 아침에 들어가서 "이런 일이 있는데 이렇게 하면 어떻겠습니꺼?"라고 그 자리에서 바로 여쭈고 대답을 얻으면 바로 시행해야 한다.

전날 밤 미리 설명하면 다음날 "하지 마라."라는 대답을 듣기 십상이고, 이런저런 계획을 자세히 보고하면 "세상 넓은 줄 모르고 깨춤 추지 말라."라는 훈계를 듣기 십상이다.

당시엔 큰스님이 왜 그렇게 반대만 하시는지 잘 이해가 되지 않았다. 그런데 절집 생활에 연륜이 쌓이면서 큰스님의 마음을 어느 정도 이해할 수 있었다. 그동안의 경험에 비춰보면 스님들이 무엇을 한다고 벌이기는 벌이는데 그 뒷마무리가 부실한 경우가 많았다. 그러니 매사를 준비하고 준비해 차근차근 해나가야지, 계획만 잔뜩 세워놓고 허풍으로 끝나서는 안 된다는 것이 큰스님의 생각인 것이다. 따라서 큰스님의 허락을 얻으려면 꼭 필요한 범위 내에서 내실 있게 준비해 보고해야만 했다.

언젠가 법정스님이 이런 말을 했다.

"성철스님은 저렇게 성격이 급하고 격하신데, 원택이는 성격이 느리고 느긋하네. 가만 보면 성철스님과 원택은 찰떡궁합 같네."

당시에는 "아이구, 찰떡궁합이 아니라 악연입니다. 내가 전생에 무슨 잘못을 저질렀기에 이렇게 무서운 스님을 만났는지 모르겠심더." 하며 파안대소하고 지나쳤지만, 법정스님의 평가가 지금도 가슴에 와 닿아 웃음이 난다.

나의 수행기

평생 참선에 전념해온 성철스님이 참선 수행과 관련해 강조하는 확고한 원칙이 몇 가지 있다. 그중 하나가 글을 읽지 말라는 것이다. 지금도 귓속에 쟁쟁한 큰스님의 가르침이다.

"내가 전에도 말했던 것처럼 육조 혜능대사는 본래 무식꾼이었지만 자성을 깨쳐서 부처를 이룬 뒤에는 무진법문을 자유자재로 하게 됐다는 거라. 니는 대학도 졸업했다 하니 누가 니 보고 무식하다 하겠노? 그러니 앞으로 절대로 책 보지 말고 내가 준 삼서근 화두를 열심히 하거래이. 참선 잘해서 마음 깨치는 것이 근본이지, 다른 것은 아무 소용이 없데이."

앞서 말했던 것처럼 큰스님이 늘 인용했던 혜능대사는 중국의 선불교를 크게 일으킨 당나라 스님이다. 가난한 집안에 태어나 제대로 교육을 받지 못했는데도 금강경 한 구절을 얻어 듣고 깨달음을 얻어 불교 선사상의 정수를 이해하고 실천하셨다고 한다. 큰스님이 주장하는 돈오돈수론을 설파한 역사적 모범을 이룬 것이다.

책을 보는 것이 오히려 참선 수행에 방해가 된다는 뜻이다. 처음에는 다행이라고 생각했다. 큰스님이 소중하게 보관하고 있는 불교 서적이 무려 7~8천 권이나 장경각에 소장돼 있는데, 그 책을 다 읽으라고 할까 봐 내심 걱정하고 있었기 때문이다.

책 보지 말라는 말을 들으니 장경각에서 해방된 듯 마음이 가벼웠다. 그런데 하지 말라고 하면 더 하고픈 것이 사람의 마음 아닌가. 어느 날 마당을 지나는데 헌 신문지 조각이 이리저리 펄럭이며 나뒹굴고 있었다. 무심코 주워들었다.

"이것이 글자인가?"

오랜만에 보는 활자는 몹시 반가웠다. 나도 모르게 마당에 서서 주운 헌 신문을 읽고 있었다. 언제 나타났는지 큰스님이 다가왔다.

"이놈아! 내가 책 보지 말라고 했으면 안 봐야지, 그새 그걸 못 참아 헌 신문 쪼가리 들고 눈 빠지게 보고 있어. 이 나쁜 놈아!"

큰스님이 고래고래 호통을 치셨다. 아무 변명도 할 수 없었다. 그저 얼굴만 벌겋게 달아오를 뿐이었다. 하필이면 그 짧은 순간에 나타나서 현장을 들켰으니 옴짝달싹할 수가 없었다.

"이제 다시는 글을 보지 않겠심더."

백배 사죄하고 다짐 또 다짐했다. 그러고 나니 얼마간은 멀리 있는 책만 봐도 몸서리가 쳐졌다. 그런데 그렇게 책을 멀리한다고 참선 공부가 잘되느냐 하면 그것도 아니었다.

"부처님을 물었는데, 어째서 삼서근이라 했는고?"

삼서근이란 화두를 붙잡고 아무리 집중을 하려고 해도 헛생각만 들었다. 지난 세월의 내 행적이 주마등처럼 떠올랐다 사라지곤 했다. 오로지 화두의 의심만 떠올라야 하는데, 머릿속에 화두는 없고 망상만 가득하니 정말 말 그대로 답답하고 환장할 노릇이었다.

밥을 짓는 공양주와 큰스님 찬상을 차리는 시찬 노릇을 하면서 그렇게 열심히 화두에 전념하려고 해도 되질 않았다. 잡념을 멈추려 해도 멈춰지지 않았다. 차라리 아무 생각 없이 바쁘기만 하면 일에 빠져 잡념은 없었다. 몸은 피곤했지만 마음은 오히려 편했다.

그렇게 화두를 들기만 하면 황톳길 내달리는 망아지처럼 헛된 생각이 뿌옇게 일어나니 도저히 참고 견딜 수가 없었다. 하루는 성철스님을 찾아뵙고 마음속 갈등을 털어놓았다. 큰스님이 한참 동안 빤히 내 얼굴만 쳐다보다가 낮은 목소리로 타일렀다.

"그 자석, 헛생각하고 앉았으면서 지는 디기 공부하는 줄 아는 가배. 그게 다 일념一念이 안 된다는 말이니, 더욱 열심히 해야제!"

큰스님 방에서 물러나오면서도 잡념은 떠나지 않았다. 당시로서 내가 내린 결론은 '내가 전생에 죄를 많이 지어 업장業障이 두터운가 보다'라는 것이었다. 그래도 답답해 가까운 한 스님에게도 물어보았다.

"나는 참선하려고 앉았다 하면 생각지도 않았던 헛생각들이 죽 끓듯이 일어나는데, 스님은 어떻습니꺼?"

나보다 두 해 먼저 출가했지만 나이로는 여섯 살이나 아래인 스님이다. 대답에 망설임이 없었다. 지금은 떠나고 안 계신 원명스님이다.

"나는 앉아 있으면 편안하고 아무런 망상도 떠오르지 않는데, 스님은 어째서 그렇게 헛생각이 많다고 하는 거요? 잘 이해가 안 되네."

나는 속으로 중얼거렸다.

"6년을 더 산 세상살이가 나를 이렇게 힘들게 하는가?"

우리나라 선불교 전통에서 화두를 정해 수행하는 것을 간화선看話

禪이라 하고, 흔히 '화두를 든다' 또는 한자어로 '참구參究(참선하며 연구함)한다'라고 한다. 큰스님이 입버릇처럼 물었던 "화두는 잘되나?"라는 질문은 곧 참선 수행의 진전이 있느냐는 뜻이다.

처음엔 좌복 위에서 다리를 포개고 오랜 시간 앉아 있는 것 자체가 몹시 힘들었지만 조금씩 익숙해져갔다. 그렇다고 화두가 머릿속에 들어오는 것은 아니었다. 망상만 한 편의 영화처럼 계속 반복해 돌아갔다. 그런데 어느 날 그렇게 돌아가던 영화 필름이 뚝 끊어지는 것이 아닌가.

"어, 영화가 안 돌아가네!"

살 것 같은 기분이었다. 금방 깨칠 것 같은 기대감이 확 들었다. 얼마나 좋은지 곧장 성철스님 방으로 달려갔다.

"큰스님, 이제 영화가 돌아가지 않십더."

큰스님이 어처구니없다는 듯 내 얼굴을 쳐다봤다.

"이놈아! 지금 무슨 말 하고 있노?"

자초지종을 설명했다. 지금까지 지나온 삶이 마치 영화처럼 꼬리를 물고 돌아가서 화두를 생각할 여지가 없었는데 이제 그런 증상이 없어졌다고 말이다. 얘기가 끝나자 성철스님이 다시 물었다.

"그래, 화두는 잘되나?"

그 물음을 받고 다시 생각해봤다. 영화가 돌아가는 것은 멈췄는데 그렇다고 그 자리에 화두가 들어앉은 것은 아니었다.

"화두는 여전히 들리지 않습니더. 영화만 끊어졌을 뿐입니더."

"그러면 그렇지. 니가 뭐 공부하는 게 있겠노? 영화 안 돌아간다고 공부가 되는 것은 아이다. 화두가 들어서게 더 열심히 해야지."

● 해인사 백련암에서 시자스님들과 함께 포행하시는 큰스님. 왼쪽부터 원융, 원영 스님, 성철스님, 필자

그런데 참 희한한 일이었다. 낮에는 머릿속에서 영화가 사라졌는데 꿈속에서 그 영화가 다시 돌아가기 시작한 것이다. 꿈이란 꾸고 싶다고 꾸고, 꾸고 싶지 않다고 안 꾸는 것이 아니지 않은가. 평소에 꿈이 별로 없는 편인데, 갑자기 꿈속에서 낮의 영화가 돌아가기 시작하니 그것도 참으로 답답한 노릇이었다.

"내가 전생에 지은 죄가 많긴 많은가 보다."

나 스스로 자책하는 한숨이 절로 나왔다. 그리고 또 얼마나 지났을까. 꿈속에서 돌아가던 영화도 어느 날 문득 멈추었다. 왜 멈추었는지 그 이유는 알 수 없지만, 출가 후 무려 2년이란 긴 세월 동안 나는 머릿속의 영화 한 편과 힘겨운 씨름을 벌인 꼴이었다.

"절집에 들어와 3년 안에 꿈속에서 자신의 머리 깎은 모습을 볼 수 있다면 빨리 보는 셈이다."

그 얘기를 들을 때만 해도 그냥 그런 소리려니 하고 귓전으로 흘리고 말았다. 그런데 삭발한 지 몇 달 지나지 않아 머리를 빡빡 깎고 승복을 입은 내 모습을 꿈속에서 생생히 본 것이다. 잠을 깨고는 그 사형의 말이 떠올랐다.

"아무래도 나는 중 될 인연이 있기는 있는 모양이다."

나도 모르게 흐뭇한 마음으로 중얼거렸다. 그런데 어째서 화두는, 참선 정진은 이렇게 익히기가 힘든가. 꿈속에서도 영화가 끊어졌으면 일상에서도 화두가 머릿속을 꽉 채워야 할 텐데 그게 그렇게 되지 않았다. 뾰족한 수가 없었다.

급한 마음에 큰스님께 좋은 방법이 없겠냐는 하소연을 하기도 했다. 수시로 공부의 성과를 점검하려는 듯 "화두는 잘되나?"라고 물으시던 큰스님이 보기에도 딱했었나 보다.

"너무 억지로 공부하려 들면 상기병이 생겨. 그래 되면 정말 공부를 못 하게 되니까 차근차근 해라."

성격 급한 큰스님이 매사에 느린 나에게 오히려 차근차근 공부하라고 당부하시는 것이 아닌가. 그때는 상기병이 무엇인지도 몰라, 큰스님의 말에 별로 주의를 기울이지 않았다. 오직 화두 공부가 잘 안되는 것만 억울할 뿐이었다.

이렇게 시자를 살면서 "화두 잘되나?"라는 질문을 자주 받게 되니 자연히 신경이 곤두섰다. 화두를 한 번이라도 더 들어보려고 애쓰지 않을 수가 없게 됐다. 그런데 문제는 그러면 그럴수록 머리가 슬슬 아파오기 시작한다는 것이었다. 처음에는 별로 대수롭지 않게 생각하고 지냈다. 그런데 시간이 지나면서 좌복 위에 앉아 참선하려고 화두를 들기만 하면 머리가 아파오는 것이 아닌가. 처음에는 '몸이 약해서 그런가' 아니면 '기가 허해서 그런가' 하며 의아해했다.

그러나 도저히 나아질 낌새가 보이지 않았다. 나중엔 머리가 깨지는 듯한 아픔이 느껴졌다. 참기 힘들어 성철스님에게 물었다.

"머리가 아파 참선을 하기 힘듭니다."

"우째 아픈데?"

"걸어 다니면 좀 낫는데, 좌복 위에 앉아서 화두를 들려고만 하면 화두는 어디 가버리고 머리가 터질 듯이 아픕니다."

"내가 그렇게 조심하라 안 했나? 상기병이 왔구먼. 그건 약도 없어. 화두를 놓고 쉬어야지, 안 그러면 점점 더 병이 깊어지지. 그래도 화두를 완전히 놓지 말고 좌복 위에 앉아 숨을 발바닥 중심까지 끌어다 쉬는 기분으로 정진하면 차차 상기병이 나을 끼다."

성철스님의 자상한 설명은 이어졌다.

"부처님께서 가르친 것이 있다 아이가. 거문고 줄을 너무 탱탱하지도 않게 너무 느슨하지도 않게 잘 고르어야 좋은 소리가 나듯이 공부도 그렇게 해야 하는 것이다. 화두 공부도 억지로 우격다짐으로 머릿속에 넣겠다고 해서 되는 것이 아이다. 지금부터라도 쉬어가면서 천천히 해봐라."

참선이라는 수행을 하다 보면 여러 가지 고비를 넘어야 한다. 내가 걸린 상기병은 그야말로 초기 단계다. 넘어야 할 고비가 한둘이 아닌데 상기병은 점점 깊어만 갔다.

참선의 첫 단계에서 지난 시절의 기억들이 영화 필름처럼 머릿속을 스치고 지나가 집중이 되지 않을 때만 해도 영화 필름만 돌아가지 않으면 살 것 같다며 답답해하는 정도에 불과했다. 선가에선 이 단계의 병명을 '산란심散亂心'이라고 한다. 마음이 한곳으로 모이지 못하고 나도 모르게 이리저리 부서지고 흩어진다는 의미다.

겨우 산란심을 잡았나 했더니 상기병에 걸린 것이다. 그냥 심리적인 불안감이나 불안정을 떠나, 한층 더 직접적이고 육체적인 고통에 시달리게 된 셈이다. 화두를 들려고 하면 머리가 아프니 이러지도 저러지도 못했다.

성철스님은 내가 조금씩 나아졌다고 대답은 하면서도 계속 괴로워하는 모습을 보고는 답답한 마음에서 자주 성화를 냈다.

"내가 가르쳐준 대로 하면 다른 중들은 잘도 났던데. 니는 우째 하길래 그리 더디노, 인마!"

상기병도 어느 정도 잡았을 무렵, 다음 단계에 나타난 장애물은 몽롱한 상태인 혼침과 잠든 상태인 수마였다.

마음도 잡고 두통도 가라앉았으면 당연히 "부처님을 물었는데 어째서 삼서근이라 했는고."라는 화두가 잘 잡혀야 했다. 그런데 화두는 어디론가 가버리고 졸음이 쏟아지기 시작한 것이다. 좌복 위에 앉아 화두를 생각하려고 마음을 모으고 있으면, 정신이 몽롱해지면서 자신도 모르게 잠에 빠져드는 증상이다. 참선하는 스님이면 누구나 정도의 차이는 있더라도 한번쯤은 빠지는 증상이다. 성철스님은 늘 혼침과 수마를 경계하라고 하셨다.

"참선 정진 잘못하면 수마에 빠져. 평생 거기서 빠져나오지 못하고 망치고 마는 수좌首座(수도승)들도 많아."

큰스님의 경고에도 불구하고 혼침과 수마는 소리 없이 찾아왔다. 참선한다고 좌복 위에만 앉으면 무조건 조는 것이다. 점심 먹고 나서만 조는 것이 아니라 새벽, 아침, 오후, 저녁 상관없이 좌복 위에만 앉으면 자동으로 조는 것이다. 언젠가 성철스님이 수수께끼를 냈다.

"이 세상에서 가장 무거운 것이 무엇이냐고 사람들에게 물었더니, 저마다 대답이 각각이라. 누구는 쇳덩이다, 누구는 바윗덩이다, 또 어떤 사람은 사람의 정이다 하는 거라. 니는 이 세상에서 뭐가 제일 무겁다고 생각하노?"

그렇게 아리송한 질문은 대답을 알 수도 없거니와 대답해봤자 맞을 리도 없다. 그래서 늘상 해오던 대로 "모르겠심더." 하고 일찌감치 항복했다.

"이 세상에서 제일 무거운 것은 눈꺼풀이다. 잠이 올 때는 천하장사도 그 눈꺼풀 하나 들 수가 없는 기라. 알겠제!"

수마에 시달려본 스님이면 누구나 공감할 것이다. 그냥 졸음이 오는 정도가 아니라, 좌복에만 앉으면 졸음에 빠지는 경험을 몇 달간 계속하다 보면 정말 마魔가 끼었다는 느낌이 들 정도다. 오죽했으면 '잠[睡]'에다 '마魔'자까지 붙여가며 경계하고자 했겠는가.

수마를 이겨내고 나면 어지간한 장애의 단계는 넘었다고 할 수 있다. 그렇다고 앉기만 하면 화두가 뚜렷해지는 것은 아니다. 본격적인 정진을 위한 기본이 갖춰졌다는 의미에 불과하다.

일단 수마의 경계를 지나고 나면 만사가 편안해진다. 화두 없이 가만히 앉아 있기만 해도 마음이 그렇게 편할 수가 없다. 문제는 화두를 들지 않고, 그냥 그렇게 아무 생각 없이 편안히 앉아 있기만을 좋아하게 되는 것이다. 불교에선 이런 마음 상태를 '무기無記' 또는 '무기공無記空'이라고 한다. 많은 사람들은 이런 상태를 마치 깨달음의 경지인 양 잘못 알기 쉽다. 깨달음을 얻었다며 큰스님을 찾아오는 스님 중에는 그런 분들이 적지 않았다.

이런 경우 깨달음을 얻었다고 주장하는 스님에겐 성철스님과 독대할 수 있는 기회가 주어진다. 깨달음의 세계는 두 사람만이 주고받을 수 있는 것이기 때문이다.

고함소리가 밖에까지 들리는 경우도 있고, 오랜 침묵이 흐를 때도 있다. 독대가 끝나고 깨달았다는 스님이 돌아가고 나면 성철스님은 크게 두 가지 반응을 보이신다. 먼저, 기분이 좋은 경우다.

"내 말 잘 듣고 갔다. 내가 뭐라 했나 하면, '니가 지금 깨쳤다, 알았다는 것은 바른 것이 아니다. 그러니 니가 나를 믿는다면 내 가르친 대로 고치고 더 열심히 정진해라'라고 타일렀지. 그러니까 그놈이 '지금껏 제 공부가 다 된 줄로 잘못 알았는데, 앞으로 큰스님 가르침에 따라 더 열심히 공부해보겠습니다' 카더라."

성철스님이 노기등등한 경우는 가르침이 통하지 않은 날이다.

"그놈이 공부 다 했다 하길래, '뭐가 다 했노? 니, 지금 내하고 이야기하면서도 화두가 잘되나?' 하고 물어봤다. 그런데 그놈이 '스님, 화두 드는 거 그것이 무슨 문젭니까? 저는요 좌복 위에 가만히 앉아 있으면 번뇌망상이 하나도 일어나지 않고 저 청천하늘처럼 맑아서 마음이 편하기 이를 데 없는데 내가 왜 화두를 듭니까? 화두를 들었다 하면 오히려 망상이 생기는데요. 화두 없이 가만히 앉아 있는 것이 얼마나 좋은데……'라는 거라. 그래서 내가 '그거는 무기에 빠진 거지, 진짜 참선 공부가 아니데이. 그러니 가만히 앉아 있어서 좋은 거 다 내버리고, 그 자리에 화두가 들어서도록 다시 공부해라' 하고 타일렀지. 그런데 이 자슥이 말을 못 알아듣고 '아닙니다. 스님이 틀렸습니더. 내 마음이 맑은데 무슨 공부를 다시 하랍니꺼? 나는 이것으로 깨쳤으니 공부 다 마쳤심더'라고 버티는데, 아무리 말해도 안 듣대. 그래서 탕탕 쳐서 다시는 내 앞에 못 오게 했제!"

두 경우 모두 사실은 무기에서 비롯된 무기병이다. 참선 수행하는 스님들이 여러 장애물을 넘어 마지막으로 부닥치는 장애다.

처음엔 산란심으로 화두도 못 챙기고, 다음엔 상기병이 생겨 화두를 들지 못하고, 그 다음엔 잠이 쏟아지는 수마로 화두를 챙기지 못한다. 그렇게 고생하며 정진해 이 어려움들을 다 이기고 나면 마지막으로 나타나는 것이 무기병이다. 큰스님도 이 마지막 단계의 장애를 특히 경계했다.

"무기병에 떨어지면 헤어나기 힘들데이. 너그도 조심해야 된다. 화두는 들리지 않지만 마음이 전과 비교하여 그렇게 편할 수가 없고, 그래서 자기는 깨쳤다는 착각에 빠지거든. 착각하고 나면 거기서 벗어나기가 정말 어렵지."

성철스님이 나이가 드시면서 더 이상 독대 관행은 불가능해졌다.

큰스님이 무기병을 지적하면 큰스님이 틀렸다면서 육탄으로 달려드는 스님들이 있었기 때문이다. 그래서 나중에는 열중 소임을 맡은 중진 스님들이 입회하게 됐다.

지금도 기억에 남는 것은 해인사 산내 비구니 암자 약수암에서 수행하던 한 비구니 스님이다.

"내가 깨쳤으니 큰스님 뵙고 인가印可(깨쳤음을 증명하는 것)를 받으려고 합니다."

그래서 내가 먼저 물었다.

"그러면 성철스님께서 '스님의 경계가 어떻다 하드냐'고 물으시면 뭐라 대답할까요?"

"내가 가만히 앉아 선정에 들면 시방세계가 내 몸에서 나는 향내로 가득하다고 일러주이소."

나는 성철스님께 비구니 스님이 찾아온 사연을 그대로 보고했다. 큰스님은 오히려 나를 뚫어지게 쏘아보다가 호통을 치셨다.

"지 몸에서 나는 향기가 우주 전체에 가득하다 하는데, 지 옆에 있는 사람은 와 냄새를 못 맡는고? 이 자석이, 니놈도 똑같다."

혼비백산해서 물러 나와 비구니 스님에게 말했다.

"그럼 스님 옆에 있는 대중스님들도 그 향기를 맡습니까?"

"아니, 내가 깨쳤는데 내만 맡아야지요!"

그때 그 비구니를 돌려보내는 데 꽤 애를 먹었던 기억이 난다.

쉽지 않은
원주 노릇

　　　　　　성철스님이 사시던 백련암 살림살이를 총괄하는 원주의 자리를 맡게 된 것은 출가하고 대여섯 해가 지나서였다. 참으로 실패의 연속이었던 행자 시절을 마치고, 성철스님의 무염식을 책임지던 시찬 소임까지 마무리 짓는 데 두세 해가 걸렸다.

　행자, 시찬의 의무를 마치고서는 몇 년 간 화두를 들고 참선하는 데 정진했었다. 그러다가 상기병이 걸려 고생하면서 무진 애를 먹던 무렵 성철스님이 불렀다.

　"니, 절에 들어온 지도 한 대여섯 해는 됐제. 그런께 아무리 곰 새끼 같은 니도 인제는 절 살림살이가 어떤 줄 대강은 눈치챘겠제. 상기병도 치료할 겸 해서 인제부터는 좌복에 앉아 있지만 말고 원주 소임 맡아가지고 다니면서 화두해라. 그라믄 한결 머리도 맑아지고 참선 공부도 쉬워질 끼라."

　성철스님이 상기병으로 고생하는 내 모습을 보면서 여러모로 고려한 끝에 내린 명인 듯했다. 미리 준비해두신 듯 세심한 당부의 말씀을 덧붙였다.

　"육조스님께서도 좌복 위에 앉아 조는 수좌가 있으면 행선行禪(걸어

다니며 참선함)하라고 일부러 방에서 쫓아내 버렸다 아이가. 또 육조스님도 동선動禪을 강조하셨고 하니, 니도 앞으로는 움직이면서 화두 공부 해봐라."

육조스님, 즉 혜능스님도 걸어 다니면서 참선하는 행선과 돌아다니면서 참선하는 동선을 강조했듯이, 성철스님도 나에게 좌선 대신 걷고 돌아다니는 수행을 권한 것이다.

걷고 돌아다니는 일이 가장 많은 소임이 바로 원주다. 큰절의 주지와 같은 역할인데, 작은 절이나 암자는 대개 주지 대신 원주라고 부른다. 보통은 주지스님이 있고 원주의 소임을 맡은 스님이 따로 있어 실질적인 살림살이를 맡기도 한다. 그러니 생각보다 원주의 역할과 책임은 적지 않다.

절집에선 철저히 계절의 흐름에 맞춰 한 해를 설계하고 살아간다. 엄동설한이 지나고 응달의 잔설이 녹을 무렵, 진달래가 피기 시작하면 밭을 갈고 봄채소를 심을 준비를 한다. 다음으로 감자 눈을 따 감자씨 뿌릴 준비를 해야 하고, 7월 말이면 감자를 캐고 밭갈이를 한 다음 배추씨, 무우씨, 갓씨를 뿌린다. 가을이 깊어지면 김장을 담고, 정월이 되면 메주를 쑤어 장을 담고 고추장을 만든다.

이 모든 살림살이의 책임자가 원주스님, 바로 나의 소임이 됐다. 행자 시절부터 실수 연발이었던 나에게는 벅찰 수밖에 없었다. 그런데도 성철스님은 나에게 암자 살림을 맡겼다. 선뜻 이해가 되지 않았지만 맡겨진 책임이니 또 실패를 하더라도 최선을 다할 수밖에 없는 것이 아니겠는가.

겨울이 지나고 원주로서 첫 봄을 맞았다. 다른 스님들과 암자에서

● 젊은 시절의 필자

일을 도와주는 평신도 일꾼을 데리고 밭을 갈러 나갔다. 쑥갓, 당근, 시금치 등을 심었다. 여전히 서툴렀지만 예전처럼 엉뚱한 실수는 하지 않았기에 신참 스님들에게 제법 일도 가르치며 밭일을 할 수 있었다.

원주스님에게 중요한 일 중의 하나는 암자 바깥으로 장을 보러 다니는 것이다. 암자 텃밭에서 농사짓는 것이라고 해야 겨우 김치 담글 정도에 불과하니 나머지 채소는 모두 백련암에서 20리 정도 떨어져 있는 가야장에 가서 구해 와야 한다.

나 같은 스님 입장에서는 장 보러 다니는 것도 쉬운 일만은 아니었다. 주부들처럼 이것저것 집어보고, 맛도 보면서 장을 보는 것도 아닌데다 길게 흥정을 하는 것도 어색했다.

장에 나가는 길도 간단치 않았다. 닷새에 한 번씩 열리는 장날에 맞춰 산속 오솔길과 돌길을 따라 30분 가량 걸어가야 시외버스 정류장이 나왔다. 버스로 장터에 도착해 물건을 사고는 다시 그것들을 전부 메고 산을 올라야 하니 예삿일이 아니었다. 그럼에도 불구하고 스님들의 수행을 돕는다는 일념으로 열심히 들락거렸다.

원주 소임을 맡을 당시 백련암에는 스님들이 대여섯 명 정도 같이 살고 있었다. 그러나 찾아오는 신도들의 찬거리까지 장만하려면 여기저기 열심히 들러야 한다. 스님이 몇 명 되지 않아 누굴 데리고 갈 수도 없어 물정도 잘 모르면서 혼자서 돌아다녀야 했다. 그러니 제대로 물건을 살 리가 없었다. 물론 들르는 곳은 주로 채소 가게이고, 채소 가게라야 시골 아주머니나 할머니들이 길바닥에 줄지어 앉아 채소를 늘어놓고 한 줌씩 파는 정도에 불과했다. 그래서 어느 채소가 싱싱한지 둘러보고 대충 마음 짚이는 곳에 가서 물건을 사곤 했다.

그런데 첫눈에 분명히 가장 좋고 싱싱한 채소를 샀다 싶어 기분이 좋아서 쾌재를 부르며 일어섰는데 다음 모퉁이를 지나다 보면 내가 산 물건보다 더 좋은 것을 값까지 싸게 부를 때가 있다. 그럴 때면 너무 속이 상해서 그 자리에 털썩 주저앉고 싶을 정도였다.

'좀 더 둘러 볼걸' 하며 속으로 후회하지만, 장보기에 별로 익숙지 않은지라 그 버릇은 쉽게 고쳐지지 않았다. 그러다가 나중에는 빨리 물건을 살 것이 아니라 둘러보고 남들이 산 뒤에 더 좋은 것을 사야 겠다는 생각이 들어 시간을 죽이고 있었다. 그런데 그러다 보니 언제 사갔는지 웬만큼 좋은 물건은 남들이 먼저 다 사 가고 파장에 남은 것만 사 오는 꼴이 되고 말았다.

나중에야 비로소 깨달았다. 시장이 서고 처음 한두 시간은 물건이 잘 팔리지 않는다는 것을 말이다. 그러다가 두 시간쯤 지나면 여기저기서 흥정이 시작되고 물건이 본격적으로 팔리기 시작한다.

그러나 백련암까지 올라와야 하는 나는 느긋하게 맴돌이를 할 수가 없었다. 그러니 다른 사람들보다 먼저 물건이 좋다 싶은 곳에서 흥정을 시작해야 했다.

그런데 내가 쭈그리고 앉아 채소를 만지작거리고 있으면 다른 아주머니들이 몰려들곤 했다. 물건을 구경하던 사람들이 스님인 나를 보고 '무슨 좋은 물건인가' 하며 관심을 보이기 시작하고, 그러다 보면 흥정을 하게 된다.

그런 시선들에도 어지간히 익숙해질 무렵, 장을 보고 나오다가 국일암 성원스님과 마주쳤다. 국일암은 백련암으로 올라가는 도중에 있는 비구니 암자다. 나이가 많은 성원스님은 국일암 살림을 맡아 장을 보러 나오곤 했다.

"스님, 오늘 장 잘 봤소?"

가까이 살기에 평소 안면이 있는 노비구니 스님이라 무심코 "예, 잘 봤심더" 하고 대답했다. 그런데 성원스님이 "어디 걸망 한번 봅시다." 하며 쓱 다가온다. 이리저리 보더니 묻는다.

"이거 전부 얼마 주고 샀소?"

곧이곧대로 쓴 돈을 추산해 말했다.

"아이구! 스님요, 내 그럴 줄 알았다. 그 물건 사는 데 그렇게 값을 많이 주면 우짜겠노?"

성원스님이 혀를 끌끌 찼다. 그러면서 "내가 시장 보는 것 한번 구경하고 다음부터는 장을 잘 보소." 하면서 나를 다시 시장으로 데려갔다. 가지를 한 무더기 살 경우, 흥정하면서 서너 개 더 놓고 또 돈을 주면서 두 개 더 얹는다. 다시 걸망에 챙겨 넣으면서 세 개를 더 넣는 식이었다. 그러니 내가 장 본 돈의 반만 쓰면서도 물건을 더 많이 사가는 것이다.

"장은 이렇게 보는 거라요. 스님 알겠소?"

그저 "예, 예." 하고 대답하고는 얼굴을 붉히며 돌아왔다. 그 이후로는 장날에 성원스님을 만나 "오늘 장 잘 봤소."라는 질문을 받으면 걸망을 열어 보이면서 자신 있게 말했다. 그러면서도 혹시 하는 마음에 실제로 내가 지불한 돈의 절반 정도로 샀다고 거짓말을 했다. 그제야 "스님도 이제 장 볼 줄 아네."라는 칭찬을 들을 수 있었다. 그나마 쑥스러워 나중에는 장터 거리에서 성원스님을 보면 아예 멀리 돌아서 줄행랑을 놓곤 했다.

그렇게 나름대로 열심히 5일장을 찾아다니며 스님들을 위해 부지런히 사서 날랐는데, 성철스님은 반응이 없었다. 나중에 알고 보니 열심히 장에 다니는 것을 아주 못마땅하게 생각하고 계셨던 것이다.

독초소동

그날도 장에 갔다가 지고 메고 들고 온 짐을 풀어놓고 땀을 훔치고 있었다. 그동안 별말이 없던 성철스님이 다가왔다.

"원주 시켜놓았디만 장똘뱅이 다 됐네!"

한다고 열심히 하고 있는데, 이 무슨 말씀인가. 어리둥절해 있는데 성철스님의 말씀이 이어졌다.

"밭에 있는 거 먹으면 됐지, 뭐 한다고 장날마다 장 보러 다니노? 전번 원주는 장도 안 보고 잘살더니만, 니는 장날마다 다니노? 참선이나 잘하라고 원주시켰디만 참선은 안 하고 영 장똘뱅이 다됐네?"

안쓰러워 그러는지, 정말 나를 장똘뱅이 취급하시는지 잘 분간이 되질 않았다. 그렇게 질책 아닌 질책을 듣고 며칠이 지났다. 경남 울주군에 있는 비구니 절인 석남사 스님들이 하안거를 앞두고 큰스님께 문안을 드리러 왔다. 비구니 스님들이 큰스님께 인사 드리고는, 큰 대나무 소쿠리를 달라기에 대여섯 개를 주었다. 비구니 스님들은 모두 뒷산으로 올라갔다.

그리고 한두 시간이 지났을 무렵, 스님들이 소쿠리 가득 풀잎을 뜯어 와선 샘가에서 씻고 있었다. 바로 그때 성철스님이 나오셨다.

● 암자 주변에서 포행중인 성철스님

"지금 너거들 뭐 하고 있노?"

나이가 들어 보이는 한 비구니 스님이 대답했다.

"아이고 큰스님, 이때쯤 뒷산에 올라가면 좋은 산나물이 꽉 차 있습디더. 우리가 지금 산나물로 반찬하려고 씻고 있십더."

성철스님이 나를 은근히 노려보며 한마디 했다.

"그래, 우리 원주는 산에 있는 이런 좋은 산나물은 뜯어 먹을 줄 모르고 장날마다 장에 가 사 와야 직성이 풀리는 기라. 내가 장똘뱅이짓 고만해라 해도 소용이 없어!"

말을 마치자마자 휙 돌아서 방으로 들어가 버리셨다. 비로소 뭐가 잘못됐는지 알 수 있었다.

비구니 스님들은 산나물로 끼니를 잘 해결하고 떠났다. 아니나 다를까, 저녁예불이 끝나자 시자가 와서 큰스님이 나를 찾으신다고 했다. 죽었구나 싶은 생각에 풀이 죽은 채 성철스님의 방으로 들어가 먼저 절을 올렸다.

"니 오늘 그 비구니 스님들 산에 올라가 산나물 뜯어 오는 거 봤제? 그동안 니가 우째 하는가 두고 봤는데, 이제 더 못 보겠다. 다시는 장에 가지 말고 산나물 뜯어 먹어라이. 한 번 더 장에 가면 당장 쫓아버리뿐다."

다음날부터 당장 소쿠리를 들고 뒷산으로 올라갔다. 그런데 도대체 어떤 풀이 먹는 것인지 알 수가 없었다. 산에는 독초가 많다는데, 함부로 뜯어 갈 수도 없고 난감했다. 대강 뜯으며 산을 오르내리던 중이었다. 애기 손가락만 한 굵기로 키가 30~50cm 정도 되는 덤불숲을 이루고 있는 풀이 있어 한 가지 꺾었다. 마침 동네 아주머니가 올라오기에 물었다.

"이거 묵을 수 있능교?"

"아이고 스님, 그거 고사리 아임니꺼? 스님은 고사리가 어째 생겼는지도 모르면서 산나물 뜯으러 다니능교?"

그 정도로 몰랐다. 동네 아낙한테까지 핀잔을 들어가며 조금씩 배워갔다. 초여름이 되니 햇순이 돋아나기 시작했다. 장에 나가지 않고 백련암 주변 산을 몇 달 간 헤매며 산나물을 꺾어다 먹었는데 아무래도 반찬 나물이 모자랐다. 당시 백련암 경내엔 원추리(망우초)가 많아 햇순을 삶아 원추리나물을 해먹기도 했다.

하루는 뒷산 위쪽 대신 일주문 밖 아래쪽으로 내려가 나물을 소쿠리 가득 뜯어 와 샘가에서 열심히 씻고 있었다. 어느 새 성철스님이 나오셔서 어깨너머로 나물 씻는 모습을 유심히 살펴보고 계셨다. 그 가운데서 유난히 색깔도 곱고 잎도 두툼한 풀잎을 하나 집어 드시고는 나에게 물었다.

"니, 이거 무슨 풀잎인지 아나?"

뭔지 모르지만 솔직하게 대답했다.

"빛깔도 곱고 잎이 두툼한 것이 보기에 좋아 꺾어 왔심더."

성철스님이 고함이 터져 나왔다.

"이 자슥이 대중 다 죽이겠네! 이 잎은 사람이 먹으면 죽는다는 초우 아이가. 독초다 독초, 이놈아! 니는 그것도 모르고 꺾어 왔나!"

초우 풀은 독초로서 드라마에서 왕비들이 마시고 죽는 탕약을 만드는데 그 뿌리가 쓰인다는 것이다.

한참 꾸중을 하시더니. 큰스님이 한마디 내뱉으셨다.

"니는 아무래도 안 되겠다. 이러다간 대중 다 죽이겠네. 내일부터는 장 봐 묵어라."

남산 제일봉
매화산에 올라

성철스님은 가끔씩 상좌를 데리고 가야산 정상인 상봉에 오르길 좋아하셨다. 슬슬 햇살이 따가워지기 시작하던 초여름 어느 날 나에게도 등산에 동행하라는 명이 떨어졌다.

"오늘은 남산 제일봉에 갔다 오자."

산악인들에겐 매화산으로 더 잘 알려져 있는 산이다. 운동화를 갈아 신고 모자를 들고 나오니 성철스님은 이미 선글라스를 끼고 저만치 앞장서 걷고 계셨다. 백련암의 젊은 스님 몇 명이 따라나섰다. 큰스님이 남산 제일봉을 오르고자 나선 것은 해인사의 최고어른으로 팔만대장경에 대한 사랑 때문이다.

가야산 여러 봉우리 중에서도 남산 제일봉은 해인사와 인연이 깊다. 매년 음력 5월 5일 단오가 되면 해인사 선방 스님들은 몇 십 개의 작은 소금단지를 하나씩 지고 남산 제일봉에 올라 산 정상에 단지를 묻고 내려온다. 그 오래된 관행은 대장경을 지키자는 뜻에서 시작됐다.

『삼국사기』에 따르면 해인사는 애장왕 3년에 창건됐다. 무려 1,200여 년 전 신라시대 이래 해인사는 수많은 곡절을 겪어 왔다. 해인사가 대가람으로서의 제모습을 갖춘 것은 조선 성종 15년이다. 대규모 중창불사를 회향하는 법회가 그해 9월에 열렸고, 그때 비로소 팔만대장경판전板殿(대장경을 보관하는 서고)이 법보전과 수다라전으로 두 동의 형태를 갖추게 되었다.

그러나 그 후 해인사는 일곱 차례의 화재로 거의 폐사될 위기에 처했다. 그 위기 속의 해인사를 오늘에 되살린 사람이 19세기 초 경상감사를 지낸 김노경이란 인물이다.

내가 막 행자를 졸업한 1973년 지관스님이 해인사 주지로 있을 때다. 대웅전에 비가 새 기와를 들어내고 지붕 개보수공사를 했는데 대들보에서 상량문이 발견됐다. 놀랍게도 추사 김정희가 36세 때 쓴 것이었다. 추사는 바로 김노경의 아들이다.

● 매화봉에 올라 바위에서 잠시 휴식을 취하는 성철 큰스님과 필자

화재가 잦은 해인사에 거의 200년 가까이 큰 불이 없었다는 얘기다. 김노경이 중창하던 무렵 풍수에 따라 처방을 했기 때문이다. 해인사에 전설처럼 전해 내려오는 얘기에 따르면, 법당을 중건할 당시 화재가 잦아 스님들이 법당 방향을 정남향에서 서쪽으로 약간 틀었다고 한다. 풍수에 따르면 해인사 법당이 남산 제일봉을 바라보고 있어 화기를 이기지 못해 불이 자주 난다는 것이다.

또 법당 축대와 해인사 곳곳에 돌 홈을 파 단옷날 거기에 소금물을 붓고 남산 제일봉에 소금단지를 묻으면 화마를 막을 수 있다고 했다. 그래서 매년 단오가 되면 선방 스님들이 그 책무를 맡아 소금 단지를 지고 남산 제일봉에 올라가 묻고 오는 것이다.

평소 그런 전설같은 얘기를 들으며 궁금해 하던 터에 큰스님이 남산 제일봉을 가보자고 하니 발걸음이 가벼웠다. 막상 걸어가 보니 거리가 꽤 멀었다. 백련암을 내려가 신부락을 지나 남산 제일봉을 오르는데 족히 5~6km는 됨직한 거리였다.

젊은 상좌는 헉헉거리는데 큰스님은 잘도 걸었다. 삿갓 쓰고 지팡이 짚고 성큼성큼 앞으로 걸으며 이런저런 얘기를 해주셨다. 주로 큰스님이 평생 전국의 선방을 돌아다니며 정진한 얘기들이 많았다. 처음 가야산에서 시작, 부산의 금정산을 거쳐 북한의 금강산, 다시 남쪽으로 내려와 희양산, 조계산, 지리산, 팔공산 등을 다녔다고 한다.

마침내 남산 제일봉에 오르자 동서남북으로 시야가 탁 트이며 속이 시원해지는 느낌이었다. 갑자기 큰스님이 두 손을 입에 대고는 "야-호!" 하고 우렁차게 소리 질렀다.

"야- 호."

"야- 호."

메아리가 끝없이 이어졌다. 큰스님은 주변바위에 자리를 잡고 앉으며 말씀하셨다.

"소금단지 한번 찾아 보거라."

우리는 여기저기 흩어져서 땅을 휘적거리기 시작했다. 얼마 지나지 않아 여기저기서 소금단지를 찾아낼 수 있었다 "잘 묻혀 있습니다."라는 보고를 받은 큰스님은 큰절을 내려다보시며 가야산, 해인사, 그리고 대장경 사랑을 풀어 놓으셨다.

"다른 산들은 곧 싫증이 나는데 가야산은 싫증이 안 난단 말이야. 싫증이 나지 않으니 떠날 일이 없지. 그리고 지난 500년 동안 나라가 어지럽고 난리가 나고 온갖 풍상이 몰아쳤는데……, 이제 우리가 할 일은 뭐겠나? 임진왜란이나 6·25전쟁까지 잘 견뎌내고 오늘날 저렇게 잘 모셔져 있는 팔만대장경판을 후대에 잘 전해 주는 거 아니겠나? 여기 묻힌 소금단지도 그렇지만 대중스님들이 항상 화재에 대한 경각심을 가지고 살아야제. 그게 중요한 것 아니겠나? 이제 내가 왔다 가면 다음에는 주지보고 한번 왔다가라 해야 되겠제."

가난한
마장마을

　　성철스님의 나들이는 주로 가야산을 오르내리는 것이었는데, 어느 날엔가 특별한 행차를 한 적이 있다. 행선지는 백련암에서 바로 마주 보이는 마장이라는 이름의 작은 마을이다. 마을 이름은 해인사만큼이나 오래된 유래를 지니고 있다.

　가야산 자락의 구전에 따르면 1,200여 년 전 신라 애장왕이 해인사를 창건할 당시 수시로 가야산을 찾았다고 한다. 해인사 큰절에서 가까운 암자인 원당암이 있는 자리에 아예 터를 잡고 그곳에서 정사를 보며 해인사 창건을 독려했다. 마장馬場이란 당시 말을 키우고 먹이던 곳이라고 전해 온다.

　"저 동네 사람들은 우째 사는고 내 한번 가봐야겠다."

　성철스님이 어느 날 갑자기 바깥나들이 준비를 지시했다. 나는 다른 일로 가지 못하고 다른 스님 몇 분이 큰스님을 따라 나섰다. 백련암에서 마장까지는 7~8km나 되는 거리다. 백련암에서 신부락까지 2km 남짓한 거리는 내리막이지만, 거기서부터 마장까지 4~5km는 서서히 굽어도는 오르막길을 올라야 하기 때문에 그렇게 쉽게 다녀올 수 있는 길은 아니다.

큰스님은 점심공양 후 출발해 저녁 해거름이 다 되어 돌아오셨다. 절에 도착하자마자 목이 타는지 샘물을 한 바가지 떠서 꿀꺽꿀꺽 마셨다. 그러곤 "어 시원하다."며 다른 별말 없이 방에 들어가 쉬셨다. 저녁예불을 마치고 나서 큰스님은 제자들이 머무르고 있는 좌선실로 나오셨다.

"내 오늘 마장 갔다 온 얘기를 할 테니 잘 들어 보거래이."

무슨 말씀인가 싶어 다들 귀를 모았다.

"맨날 건너다 보면서 저곳은 어찌 사는고 참 궁금했제, 오늘 가 보니 지지리도 못살대. 사람 사는 것이 이런 것인가 싶고, 애들도 올망졸망하고…… 참 딱하데. 도와줄 수가 있을낀데……."

좀처럼 그런 말을 잘 안 하시던 큰스님이 그날은 몹시 가슴 아파 하셨다. 결국 다음날 만상좌인 천제스님이 큰스님께 불려갔다.

"아무리 생각해도 안 되겠다. 누구 시주할 사람 없는가 찾아봐라. 개개인에게 돈을 줄 수는 없을끼고 마을공동으로 재산을 불릴 수 있도록 송아지 몇 마리쯤 보시하면 안 되겠나?"

시주물을 피하고 세속과 떨어져 살고자 하는 성철스님으로서는 매우 이례적인 결정이다. 천제스님은 평소 큰스님을 존경하는 몇몇 신도들을 방문하기 위해 부산으로 갔다. 그 결과 천일여객이란 버스회사를 운영하던 분께 부탁해서 송아지 열 마리를 마장에 기증할 수 있었다.

큰스님은 그 후 보시한 그 거사를 볼 때마다 "보시처럼 좋은 인연과 공덕을 맺는 것이 어디 있겠노? 아주 훌륭한 불공을 했어."라며 고마워했다.

뿐만 아니라 큰스님의 마음을 읽은 우리는 명절이 되면 내복을 마장에 갖다 주었다. 승복이야 나눠 입을 수 없지만 내복이야 승속이 따로 없는 까닭에 우리에게 필요한 최소한의 것만 남기고 성한 내복을 모두 갖다 주었다. 깨끗하게 빨아 매년 한두번씩 갖다 주면 동네 사람들이 여간 고마워하지 않았다. 1970년대 초반의 얘기다.

그렇게 열심히 옷을 나눠 입기를 몇 년, 어느 해엔가 옷을 가져갔더니 마을대표가 다소 어색한 표정으로 말했다.

"스님, 그동안 고마웠심더. 이제 우리 마을도 살기가 좀 나아져 헌 내복을 얻어 입지 않아도 살게 됐심더. 이제 고만 수고하이소."

좀 살게 되었다는 얘기에 한편으론 기쁘고, 또 다른 한편으론 헌 옷가지를 퇴짜맞았다는 생각에 무안한 마음도 들었다. 하지만 빨고 다려서 가져 온 것을 그냥 들고 갈 수는 없었다.

"앞으로는 그러지 않을 테니 이것까지만은 받아 주이소."

다음 해부터는 신도들이 스님들 입으라고 가져오는 내복이 있으면 상표도 뜯지 않고 새것으로만 차곡차곡 따로 쌓아두었다. 그리고 명절이 되면 마장에 갖다 주었다. 그것도 불과 몇 년을 계속하지 못했다.

"스님, 큰스님께 가서 말씀 올려주십시오. 우리 마을도 이제 좀 살게 되어서 백련암에서 신경 쓰지 않아도 된다고 말입니더. 정말 그동

● 마장가는 길 길목에서 잠시 휴식을 취하고 있는 성철스님. 스님은 형편이 어려운 마장마을을 걱정한 나머지 이례적으로 시주할 사람을 찾아 마장마을이 자립할 수 있도록 배려하셨다.

안 백련암 큰스님과 스님들에게 감사했습니다."

새 내복도 이제 마다하니 우리로서는 더 이상 어쩔 수가 없었다. 고냉지 채소와 안개꽃 재배붐이 일면서 마장의 살림이 급속히 풀려갔던 것이다. 그런 사정을 큰스님께 보고했다.

"그래. 이제 잘 살면 됐제."

시루떡
소동

　겨울 동안 큰일은 간장, 된장을 만드는 일이다. 김장을 마치고 나서 콩을 삶아 메주를 만들어 양지바른 곳에 매달아 두었다. 쿰쿰한 곰팡이 냄새가 진동하면서 발효가 한참 되고 나면 음력 정월 말날[午日]에 메주를 깨끗이 씻는다. 그리고 소금물을 만들어 부어서 간장과 된장을 만든다. 메주와 섞인 소금물이 곧 간장이고, 메주건더기는 된장이다.

　그것도 처음엔 쉽지 않았다. 메주를 씻고 소금물을 붓는 날은 온 대중이 나서서 울력을 해야 했다. 소금물 농도가 진하면 된장이 짜서 맛이 없게 되고, 소금물 농도가 연하면 된장이 제대로 되질 않아 소금을 뿌려야 한다. 나중에는 비중계를 써서 소금물의 농도를 맞추었다. 그렇게 궁하면 요령이 생기는가 보다.

　절 살림살이에 약간의 자부심이 생길 무렵, 하루는 큰맘 먹고 스님들을 위해 시루떡을 한번 만들어보자는 생각이 들었다. 그래서 마을의 떡 잘 만드는 아주머니에게 떡 만드는 방법을 자세히 물었다. 가르쳐 준 순서대로 떡시루에 쌀가루를 한 5cm 두께로 한 켜 놓고 그 위에 호두를 고물로 깔고, 또 쌀가루 한 켜 놓고 이번에는 잣을 고

물로 깔고, 또 쌀가루 한 켜 놓고 건포도를 고물로 깔고……. 이런 식으로 다섯 겹으로 쌓아서 시루떡을 찌게 되었다.

백철 솥에 물을 붓고 접시를 띄워 놓고 떡시루를 솥에 얹고는 김이 새지 않도록 솥과 떡시루 사이를 쌀가루로 반죽해 바르고 불을 지폈다. 15분 지나니 떡시루 위로 김이 피어오르기 시작하였다.

'야, 이제 떡이 되는 모양이구나!'

잔뜩 자부심과 기대감이 부풀어 올랐다. 쾌재를 부르며 불을 열심히 지폈다. 김이 더욱 무럭무럭 피어올라 부엌 가득 서릴 정도로 불을 땠다. 한시간쯤 지나 이제 떡이 익었겠구나 싶어 떡시루 뚜껑을 열고 헤집어 보니 이게 웬일인가. 떡의 원료인 하얀 쌀가루가 익지도 않고 그대로 있는 것이었다.

'그렇게 불을 때고 김이 그렇게 솟아났는데 왜 그럴까' 하면서도 이런 의외의 상황에 놀라 더욱 열심히 불을 지폈다. 그렇게 얼마쯤 지나니 속에서 딸깍거리던 접시 소리가 더 이상 들리지 않았다.

본래 떡을 찔 때 솥 속에 물이 얼마나 남았는지 밖에서 알지 못하므로 작은 접시를 하나 넣어둔다. 물이 끓으면 그 힘으로 접시가 들썩들썩거려 바깥으로 딸깍딸깍 소리가 들리기 때문이다. 따라서 그 소리가 멎으면 솥 안에 물이 없다는 뜻이다.

접시 소리가 들리지 않아 얼른 아궁이 속의 불을 끄집어내고 시루본을 뜯어내고 떡시루를 내려놓고 한참동안 솥을 식힌 다음 다시 물을 붓고 처음과 같이 시루본을 바르고 다시 불을 때기 시작했다. 그러기를 또 두 시간. 쌀가루는 여전히 하얀 생가루 그대로였다. 그때는 벌써 시루본을 세 번이나 다시 붙인 뒤였다. 도대체 알 수 없는 일이라 생각하며 골똘히 상념에 잠겨 있는데 느닷없이 성철스님의 목소리가 들려왔다.

"야, 이놈아! 지금 뭐 하고 있는 거고? 아침부터 김이 온 마당에 자욱하고, 지금이 오후 몇신데 아직까지 불을 때고 있노 말이다. 니가 떡을 찐다고? 니놈이 언제 떡을 해보았다고 이 난리냐. 내 백련암에서 원주란 놈이 떡 한다고 법석 떠는 거는 처음 봤다. 원주 때려치우고 당장 나가거라. 이런 고얀놈이 어딨어? 당장 나가, 이놈아!"

정말 무안하고 당황스러워 어찌해야 좋을지 몰랐다. 나 역시 부엌 아궁이 앞에 앉아 하루종일 불만 때고 앉아 있었으니 백번, 천번 야단맞아도 싸기는 싸다는 생각을 했다. 그렇지만 아무래도 이상해 그 떡 잘하는 아주머니에게 다시 전화를 걸었다.

제대로만 하면 떡을 찌는 데 걸리는 시간은 30분 정도, 길어봤자 한 시간 이상 걸리지 않는단다. 그런데 나는 거의 하루 종일 불을 땠는데, 떡쌀은 익지 않고 성철스님에게 된 꾸중만 들은 꼴이다. 은근히 화도 나고 무슨 잘못인가 싶었다.

애꿎은 떡 잘하는 아주머니에게 항의 전화를 걸었다. 먼저 자초지종 설명을 하는데, 아주머니가 자꾸만 "그럴 리가 없는데예."라며 믿기지 않아 했다. 그러다 아주머니가 한참 무엇을 생각하더니 "스님 그럼 물반을 내렸습니꺼."라고 물었다. 금시초문이다.

"보살님이 일러주신 순서에는 물반 내린다는 말이 없었는데, 그게 무슨 말입니꺼."

아주머니의 답답한 마음이 전화를 통해서도 느껴질 정도였다.

"아이, 그럼 물반도 내리지 않고 여지껏 불만 땠다는 말씀입니꺼?

쌀가루에 물반 안 내리고는 불을 백년을 때도 떡이 안 됩니더."

그 즈음에서 나도 화가 났다.

"아니, 그렇게 중요한 것이라면 왜 진작 말씀하시지 않았습니꺼."

시골의 불심 깊은 아주머니, 스님의 역정에 대번 기어 들어가는 목소리다.

"스님, 죄송합니더. 떡을 만들라 카믄 너무 뻔하게 다 아는 거라서 지가 그만 그걸 말씀 드리는 걸 잊어뿌렸심더."

알고 보니 첫단추부터 잘못 끼워졌다. 떡을 만들려면 쌀가루를 빻을 때 방앗간 주인에게 얘기를 해주어야 한다. 그래야 방앗간 주인이 쌀가루에 알맞게 물을 뿌려준다. 그것이 바로 물반 내린다는 것이다. 그래야 떡쌀이 익는다.

그런데 스님이 찾아와 아무 말도 없이 쌀을 빻아 달라고 하니, 방앗간 주인은 생식하려는 쌀가루인 줄 알고 물반을 내리지 않고 빻아 준 것이다.

사태의 진상을 파악한 아주머니는 연신 "죄송합니데이."를 연발했다. 부랴부랴 응급대책을 물었다. 지금이라도 쌀가루 위에 골고루 물을 뿌리라는 것이다. 물을 부으면서 물방울을 손으로 흩어 골고루 뿌려야 하는데 그나마 익숙지 않은데다 물을 너무 많이 뿌려버렸다.

다시 불을 때니 금방 김이 오르고 그렇게 익지 않던 새하얀 쌀가루가 금세 익었다. 그런데 이건 또 웬일인가. 켜켜이 쌓아 둔 쌀가루가 코처럼 질퍽한 떡이 되어 엉켜 있었다.

'큰스님이 떡 하는 줄 아는데, 나중에 떡 어떻게 됐냐고 물으면 뭐라고 답하나.'

우선 걱정부터 앞섰다. 성철스님은 자신이 시킨 일에 대해 꼭 세 번을 묻곤 하셨다. 처음에는 "내가 시킨 거 니 잘했나?"라고 묻는다. 대개 처음에는 "예, 시키신 대로 잘했습니다." 하고 씩씩하게 대답한다.

성철스님은 좀 지나서 다시 불러 묻는다.

"내가 시킨 거 니 정말 잘했나?"

두번째 똑같은 질문을 받으면 뭔가 부족한 부분이 있나 없나 하고 긴가민가 되돌아보게 된다. 그러면 "예, 시키신 대로 잘하기는 했습니다만……." 정도로 끝을 약간 얼버무리게 된다. 그러다가 또 성철스님이 불러 묻는다.

"니 참말로 내 시킨 거 잘했나?"

거푸 세번째 똑같은 질문을 받으면, 내가 정말 큰스님 뜻대로 잘한 건지 못한 건지 스스로 판단이 흐려지고 만다. 그러니 자연히 "시키신 대로 하기는 했습니다만……." 하고 영 자신 없는 말투가 되어 버리곤 한다.

그렇게 마지막에 가서 서툴게 긴가민가하게 되면 영락없이 불호령이 떨어진다. 어른이 시키는 일에 그렇게 자신이 없어서 어떻게 하느냐는 것이다. 그러면 야단맞기가 겁나 이리저리 둘러대며 횡설수설하게 마련이다. 그러면 더욱 더 불같은 호령이 떨어진다. 첫째도, 둘째도, 셋째도 한결같이 확실히 대답해야 한다. 그렇게 큰스님 모시기는 긴장의 연속이었다.

그런데 큰스님이 시키신 일은 아니지만 이런 엉터리 떡을 만들었다고 어떻게 내놓을 수 있겠는가. 그렇다고 아까운 양식을 버렸다가는 정말 절에서 쫓겨난다. 결론은 하나다. 혼자서 다 먹는 것이다. 다섯 되나 되는, 그것도 질편하게 코처럼 흘러내리는 떡을 혼자서 열흘 넘게 먹어치워야 했으니 고생깨나 했다.

그런 곤욕을 치른 이후에는 떡 찌는 법을 확실히 배워 스님들에게 떡을 해줄 수 있었다. 뿐만 아니라 내친김에 약밥 만드는 법도 배워 가을에 거둔 밤과 대추, 호두를 듬뿍 넣어 별식을 내놓기도 했다. 이후에도 음식 만들기를 익히는 과정에서 크고 작은 실수는 있었지만 시루떡 사건 같은 곤욕은 치르지 않고 살림을 꾸려갈 수 있었다.

그렇지만 고추장 만들기와 같은 고난도의 기술이 요구되는 음식은 끝내 배우지 못했다.

큰스님의
똥물 처방

　　　　　산중에 살면서 가장 큰 문제는 땔감과 난방이다. 지금은 기름보일러를 사용하지만 1970년대만 해도 전부 구들방이라 나무를 사용했다. 나무하는 일 역시 원주인 내 소관이었다.

　한 해 동안 쓸 땔감을 겨울이 끝나는 이른 봄부터 준비해둬야 한다. 겨울이 가고 입춘이 지나 3월이 되면 '물구리'라는 나무를 구하러 다닌다. 물구리란 큰 나무가 아닌 갓난아이 팔뚝 굵기만 한 나뭇가지를 절집에서 일컫는 말인데, 보통 잡나무로 50단 정도를 쌓아두어야 봄부터 가을까지 쓸 수 있다.

　3월부터 서두르는 것은 4월이 돼 나무에 물이 오르기 전에 땔감 장만을 끝내야 하기 때문이다. 물이 오르고 나면 꺾어두더라도 나무가 쉽게 썩어버리거나 잘 타지 않는다. 그래서 3월이면 모든 스님이 물구리를 구하러 나서는데, 당시 백련암 주변 가까운 산에선 이미 물구리 구하기가 힘들어져 꽤 깊은 산속까지 들어가야 했다.

　물구리 과정에서 가장 신경 쓰이는 일은 군청 산림과 단속반이다. 다른 연료가 없는데도 관청에선 불법이라며 물구리를 단속했다. 원주가 되고 얼마 지나지 않은 그날도 열심히 물구리를 구하고 있는데,

절에 남아 있던 시자스님이 헐레벌떡 뛰어 올라오며 고함을 질렀다.

"산림과에서 단속하러 왔으니까 얼른 모두 피하세요."

잔뜩 나무를 묶어놓은 현장이야 어쩔 수 없지만 일단 몸부터 숨겨 모면해야 한다. 지게, 톱, 낫 등 도구만 대충 챙겨서 깊은 산으로 도망갈 수밖에 없다.

한참 숨어 있다가 산림과 직원들이 산을 내려갔다는 얘기를 듣고 다시 나와 물구리를 한 짐씩 지고 산을 내려오던 길이었다. 지게 지고 험한 산을 내려오는 것은 쉬운 일이 아니다. 높은 곳에서 낮은 곳으로 내려올 때는 몸을 돌려 지겟발이 허공으로 가게 해야 한다고 누누이 주의를 받았는데 또 깜빡했다.

급한 마음에 그냥 높은 곳에서 낮은 쪽을 정면으로 쳐다보면서 내려오다 보니 뒤로 튀어나온 지겟발이 바위에 걸린 것이다. 그 바람에 몸이 가파른 산길 아래로 밀렸고, 짐 실린 지게와 함께 붕 떠버리고 말았다. 퍽 하는 소리와 함께 나는 의식을 잃었다.

지게는 지게대로, 물구리짐은 물구리짐대로, 안경은 안경대로 어디로 날아가 버리고 나는 산골짜기에 거꾸로 박혔다. 다행히 깊은 산속이라 낙엽이 두껍게 쌓여 있어 큰 사고는 면할 수 있었다. 10m 넘게 날아 떨어진 듯 한데 어디를 다쳤는지 꼼짝달싹할 수가 없었다. 스님들이 쫓아와 주무르고 법석을 피운 뒤에야 겨우 숨을 돌리고 일어나 앉았다.

'또 큰스님께 무슨 꾸중을 들을까?'

온몸이 삐걱대며 와르르 무너지는 듯한 순간에도 성철스님의 얼굴이 먼저 떠올랐다. 아프다는 소리도 못 하고 이를 악물고 겨우 방까지 걸어와서는 며칠을 꼼짝 못하고 드러누웠다. 후유증이 없었기에 하마터면 병신이 될 뻔 했는데 천만다행이었다. 아무런 말도 없이 얼굴이 보이지 않으니 당연히 성철스님이 시자스님에게 물었다.

"요새 와 원주가 안 보이노? 어데 갔나, 아이면 또 사고 쳤나?"

예전에 내가 그랬듯 당시 시자스님도 이실직고할 수밖에 없었다.

"산에서 나뭇짐 지고 내려오다가 공중제비로 나가떨어졌다 합니다."

방문이 벌컥 열리더니 성철스님 얼굴이 시야에 들어왔다.

"굼벵이도 꿈틀거리는 재주는 있다카더니, 니놈도 그 순간에 어찌 지게 벗을 생각은 했노? 니가 지게를 벗었으니 살아났제, 지게하고 같이 굴렀더라면 지금 백련암 초상 치른다고 시끄러울 뻔 했데이!"

잘 일어나지도 못하는 나의 몰골을 보며 안됐다는 듯이 느슨한 꾸중을 하던 성철스님이 돌아서면서 처방전을 내놓았다.

"어혈(멍) 든 데는 똥물이 최고라 했으니 똥물이나 얻어 먹어라."

옛날엔 재래식 화장실 똥통에 대나무통을 박아두고 그 대나무 속으로 스며든 맑은 물을 귀중한 약으로 썼다고 한다. 뼈 다친 데나 타박상에는 최고의 명약으로 통했다. 바로 그 똥통에서 나온 물(?)을 마시라는 말씀이다. 정신이 번쩍 들어 일어났다.

"인제 다 나았심더."

백련암의 텔레비전

1970년대 말, 성철스님을 따르는 신도들의 모임을 이끌던 회장단이 텔레비전을 한 대 사들고 와 성철스님 방에 놓자고 했다. 성철스님은 당연히 반대였다.

"나는 신문도 안 보고 라디오도 안 듣는 사람인데, 테레비는 무신 놈의 테레비고?"

신도들이 억지로 "신문물이니 이용하셔야 한다"고 설득드렸다.

"텔레비전 방송은 안 보시더라도 불교와 관련된 비디오테이프를 구해 드릴 테니 그것이라도 보시면 되지 않겠습니까?"

그렇게 해서 백련암에 텔레비전이 들어왔다.

그 텔레비전 때문에 일어난 에피소드가 있다. 텔레비전이 들어오고 나서 얼마 뒤 성철스님의 심부름으로 나는 서울을 다녀오게 되었다. 심부름을 마치고 동대문야구장 앞을 지나는데 마침 모교인 경북고가 출전하는 야구 경기 입장권을 팔고 있었다. 당시 경북고는 야구를 잘해 서울에 있는 동창들은 모교가 출전하는 게임이 있으면 우르르 야구장으로 몰려가곤 했다. 그때는 프로팀이 없는 시절이니 고교 야구가 최고 인기여서 야구도 보고 동창도 볼 겸 입장권을 샀다.

예전엔 동창들과 주로 1루나 3루 쪽에서 응원을 많이 했다. 동창들이 있으려나 하는 생각에 1루 쪽으로 갔다. 동창들이 보이지는 않았지만 얼마만에 보는 야구인가. 출가한 뒤 처음 서울에 온 거라 감개도 무량했다. 야구 경기에 몰두했다가 경기가 끝나고 밖으로 나오는데 몇몇 동창의 얼굴이 보였다. 가까이 다가가 인사를 하니 "중도 야구 구경 다 오냐."며 놀려대면서도 반가워했다.

그렇게 친구들과 옛 이야기를 나누며 즐거운 시간을 보내고는 백련암으로 돌아왔다. 걸망을 풀고 다른 스님들과 인사를 나누는데 얼굴색들이 이상했다. 어떤 스님은 히죽히죽 웃는 것 같기도 하고, 어떤 스님은 구름 낀 하늘처럼 어두운 얼굴이었다. 전에 느껴보지 못한 묘한 얼굴들이었다. 그때 한 사제가 다가와 할 말이 있다며 조용히 말을 건네왔다.

"그래, 무슨 말인지 해보시오."

"오늘 큰스님 뵈오면 크게 경칠 일이 생겼으니 단단히 각오하고 큰스님 방에 들어가야 합니더."

"왜, 또 무슨 일이 있었다고?"

사제를 다그치니 사건의 경위가 이랬다. 내가 서울로 심부름을 떠난 뒤 성철스님이 사제 스님 몇 사람을 불러 늘 하듯이 안마를 하게 했다. 그러면서 "너거들 심심할 테니 내 안 보는 텔레비전이나 봐라."라고 하신 것이다. 성철스님은 실제로 텔레비전 방송을 보지 않으셨다. 대신 상좌들이 안마를 하거나 할 경우엔 심심할 테니 텔레비전을 보게 허용했다. 마침 텔레비전을 켜니 동대문야구장에서 고등학생들이 야구하는 모습이 비춰졌다. 성철스님이 물었다.

"저기 뭐꼬? 뭐 하는 기고?"

성철스님은 야구를 한번도 본 적이 없었다. 상좌들이 저건 야구라고 하는 운동 경기인데, 요즘은 고등학생들끼리 하는 경기가 인기 좋다며 한창 설명을 하던 중이었다.

그때 카메라가 1루석 뒤쪽에 앉아 있는 밀짚모자에 멈추었다. 점점 클로즈업, 밀짚모자 주인공의 얼굴이 커지는가 했는데 그게 바로 심부름 간 내 얼굴이었던 것이다. 클로즈업 된 내 얼굴을 본 성철스님이 큰 눈을 더 크게 뜨시며 물었다.

"저놈이 와 저기 가 있노? 심부름 시켰는데, 심부름이나 잘하고 저기 가 있는지 모르겠네. 그놈 참, 일 끝났으면 빨리 내려와야지 썰데없이 저기 와 가 있노?"

안마를 하던 스님들이 당황하기도 하고 신기하기도 해 키득거리기 시작했다. 어느 순간 누군가 참다 못해 웃음을 터뜨리자 모두 한참을 웃었다는 것이다. 스님들이 왜 그런 묘한 표정을 짓는지 이해가 됐다. 동시에 덜컥 걱정이 앞섰다.

'우째 하필이면 그때 카메라에 잡혀가지고 이런 망신을 당하나?'

속으로 억울한 마음에 울화도 치밀었지만 이미 엎질러진 물이다. 내심 마음의 각오를 단단히 하고 성철스님의 방으로 들어갔다. 일단 절을 하고 시키신 심부름에 대해서 먼저 보고를 했다. 보고를 하면서도 언제 불호령이 떨어지나 하는 마음에 조마조마했다. 그런데 성철스님은 끝내 야구 이야기는 입 밖에 내지 않으셨다. 이미 지난 일에 대해선 거의 언급하지 않는 스님의 성정을 다시 한 번 확인했다. 무사히 큰스님의 방문을 나서면서 얼마나 기분이 좋았는지 모른다.

병중일여 病中一如

성철스님은 매우 건강한 체질이었지만 팔순을 전후해서는 기력이 쇠해가는 것이 눈에 보였다. 특히 겨울 백련암의 추위는 노스님에겐 힘들었다. 그래서 겨울 한 철 동안 따뜻하게 지낼 수 있는 임시 거처를 부산에 마련했다.

말년 어느 해 겨울, 부산에 머물던 성철스님이 감기에 걸렸다. 나이가 많아서인지 감기는 금방 급성 폐렴으로 번졌다. 급히 동아대 대학병원에 입원을 했지만 건강은 급속도로 악화됐다.

당시 나는 해인사의 대소사를 챙기는 총무국장직을 맡고 있어 주말에만 부산에 내려가 큰스님을 뵈었다.

하루는 주말도 아닌데 큰스님께서 급히 찾으신다는 전갈이 왔다. 혹시나 하는 불안한 마음에 부산 병원으로 달려갔다. 핼쑥한 얼굴의 성철스님은 나를 그저 물끄러미 바라볼 뿐 아무 말씀도 하지 않았다. 잠시 후 건성으로 해인사 형편을 몇 마디 물으시다가 무심히 나에게 한마디 뚝 던지셨다.

"똑같다."

느닷없이 무슨 말씀인가. 무엇이 똑같다는 말씀인가? 나는 못 알아들고 말 없이 눈망울만 굴리고 있었다.

"이놈아! 똑같다 말이다."

무엇이 똑같다고 말씀하시는지 전혀 알아들을 수 없었다. 할 수 없이 용기를 내 물을 수밖에 없었다.

"무엇이 똑같다고 말씀하시는 것입니까?"

성철스님이 한참을 나를 노려보시다가 입을 열으셨다.

"옛날 젊었을 때나, 10년 장좌불와 때나, 지금이나 다 똑같다는 말이다. 니 벽창호는 언제 면할라카노? 그 말도 얼른 못 알아듣나? 쌍놈 아이가!"

목소리에 짐짓 노기가 묻어난다. 그제야 대강의 의미를 알아들었다. '똑같다'는 불교식으로 하면 '일여一如'라는 말이다. '일여'의 단계엔 여러 가지가 있다.

하루 중 바쁘고 바쁠 때에도 화두가 머릿속을 떠나지 않는 경지를 동정일여動靜一如라고 한다. 깨어 있을 때는 물론, 꿈속에서도 화두가 밝고 밝아 항시 한결같은 경지는 몽중일여夢中一如, 잠이 아주 깊이 들어서도 화두가 밝으면 숙면일여熟眠一如라 한다.

성철스님은 평소 선방에서 수행하던 스님들에게 그런 '일여'의 경지를 역설해왔다.

"그런 숙면일여, 즉 오매일여寤寐一如의 경지를 넘어서야 비로소 안과 밖이 투철해지고[內外明徹], 무심無心을 얻어 큰 깨달음[大覺]을 이룬다."

성철스님이 해인사 스님들을 모아놓고 가르치던 법문이 떠올랐다. 성철스님이 와병 중에 똑같다고 한 말은 병이 위중해 때때로 죽음의 경계를 드나드는 지경에 이르렀을 때에도 큰스님은 내면의 세계를 들

● 참선하는 이는 바쁘고 바쁜 때에도 화두가 한결같은 동정일여, 꿈속에서도 변함없는 몽중일여, 잠이 완전히 들어서도 화두가 밝은 숙면일여의 경지를 넘어서야 한다고 가르치셨다. 실제로 성철스님께서는 임종 직전 병상에서도 화두가 한결같다고 하셨다.

여다보고 계셨다는 얘기다. 바로 병중일여病中一如. 목숨이 오락가락하는 상태에서도 평상시와 조금도 다름없이 깨달음의 마음이 한결같다는 뜻이다. 성철스님은 병중에서도 한결같음을 새삼 체험하시고, 그 마음의 경지를 내게 전해주고 싶었던 것으로 짐작된다. 죽음 앞에서도 한결같음을 느낀다는 큰스님 앞에서 나는 부끄럽고 숙연할 따름이었다.

그런 와중에서 나는 챙겨야 할 일이 있었다. 큰스님의 사후를 대비해야 한다는 의무감이다. 죄송스럽지만 이제는 더 이상 미룰 수 없는 일이라 생각되어 용기를 냈다.

"큰스님! 오늘 이렇게 저를 불러서 똑같다고 말씀하시니 제가 무어라 말씀드릴 수 없이 부끄럽습니다. 큰스님께서 언제 세연이 다하실지 짐작할 수 없는 일이니 오늘 몇 말씀 올릴까 합니다. 큰스님의 법法은 누구에게서 받았으며 또 누구에게 전했다 할 수 있겠습니까? 후일에 혼란을 막기 위해서라도 한 말씀 해주셨으면 합니다. 그리고 큰스님께서 언제 어디서 깨치셨으며 오도송은 무엇인지 일러주셨으면 합니다."

정말 평소에는 큰스님 앞에서 감히 드릴 수 없는 말이다. 성철스님은 한참 나를 쳐다보셨다. 그리고 종이와 만년필을 가져오라고 했다.

"앞에 한 질문은 나중에 이야기하고……."

'법의 승계', 즉 큰스님의 적통嫡統 문제는 미루자는 말씀이다. 그러면서 종이에 출가시出家詩와 깨달음의 노래인 오도송悟道頌을 적어주셨다. 오도송은 출가 후 4년쯤 지나 대구 동화사 금당선원에서 읊으셨다고 하셨다.

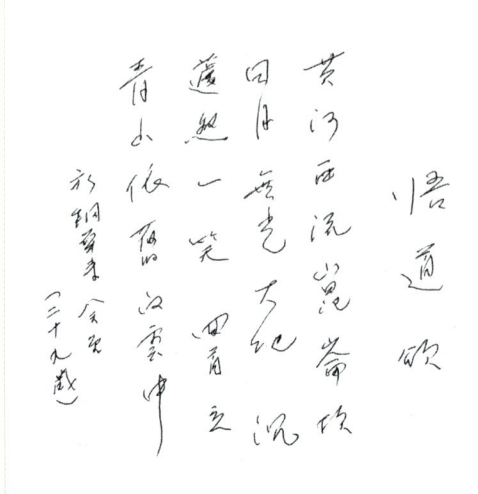

● 성철스님의 친필 오도송
(내용설명은 본문 232쪽 참조)

  동아대병원 병실에서 위의 오도송을 써 주시고 난 후 큰스님께서 말씀하셨다.

  "장경각에 붓글씨로 써 둔 것이 있으니 찾아봐라."

  그러나 돌아와서 장경각 속을 찾아보았으나 찾지 못하고 말았다. 대신 큰스님께서 열반에 드신 후 12편의 게송이 적혀 있는 20cm× 35cm 크기의 한지를 발견하였는데 오도송과 같은 내용의 글이 실려 있었다. 그런데 거기에는 '청산의구백운중靑山依舊白雲中'이 '청산의구삽천벽靑山依舊揷天碧'으로 차이가 있음을 발견하게 되었다.

  "청산은 예대로 흰구름 속에 섰네"와 "청산은 예대로 푸른 하늘에 꽂혀 있네"의 게송에서 "…푸른 하늘에 꽂혀 있네" 하는 편이 '깨달음 순간의 격정을 더 잘 표현하신 듯하다'는 의견이 우세하였다.

  그러나 지금은 큰스님께 여쭈어 볼 수도 없으니 먼저 발표된 대로 "흰구름 속에 섰네"의 표현을 따르기로 하였다.

3

영원한 대자유인, 성철스님

하늘 넘친 큰일들은 붉은 화롯불에 한 점의 눈송이요
바다를 덮는 큰 기틀이라도 밝은 햇볕에 한 방울 이슬일세
그 누가 잠깐의 꿈속 세상에 꿈을 꾸며 살다가 죽어가랴
만고의 진리를 향해 초연히 나 홀로 걸어가노라.

― 성철스님의 〈출가시〉

큰스님은
부잣집 맏아들

　　　　　　성철스님이 태어난 생가 터에 생가를 복원하고 앞에 다시 겁외사劫外寺라는 이름으로 절을 창건한 것이 지난 봄이다. 많은 사람들이 관심을 갖고 찾아와 주어서 정말 고마운 일이다.

　그런데 오시는 분들 중에서 주지스님을 찾기도 하는데 가보면 가끔 항의하는 분들이 있어 당혹스럽다. 항의의 내용인즉 성철스님의 생가를 복원한다면서 왜 이렇게 큰 기와집으로 번들번들하게 지어 놓았느냐는 책망이다.

　보통 사람들이 생각하는 성철스님 생가란 토담으로 둘러싸인 자그마한 초가집 정도인 모양이다. 막상 생가라고 찾아왔는데 번듯한 기와집 세 채가 자리 잡고 있으니 실제 생가와는 무관한 복원 아니냐고 항의할 만도 하다.

　사실 성철스님은 가난한 집안 출신이 아니라 지리산 자락 인근에 선 제법 큰 부잣집 맏아들로 태어나셨다. 아버지가 집안 살림을 잘 키워 사방 1km 이내에서 남의 땅을 밟지 않고도 지낼 정도였다고 한다. 앞으로 경호강을 바라보며 대나무숲을 옆에 끼고 있는 생가 일대에서 온갖 수확이 많았다고 한다. 따라서 당연히 성철스님이 태어난 집은 초가집이 아니라 기와집이었다.

그런 설명을 해주면 많은 사람들은 "그럼 큰스님은 가난한 집 아들이 아니라 부잣집 아들이었나 보네. 그런 부잣집 아들이 왜 출가했지?"라며 고개를 갸웃거린다.

얼마 전까지만 해도 출가승들의 상당수가 가난한 살림에 먹을 것이 없어 절집에 몸을 의탁한 경우가 꽤 많았고, 큰스님 출가 당시엔 그런 경우가 압도적으로 많았기에 그런 의문을 가질 만도 하다.

성철스님이 들려준 어린 시절 얘기로 미뤄봐도 큰스님 집안은 넉넉했던 것으로 보인다. 큰스님은 기분이 아주 좋을 때, 특히 제자들의 안마를 받을 때 어린 시절 얘기를 곧잘 해주셨다.

"내가 옛날 우리 동네 얘기 하나 해줄게. 우리 동네에 어린 아가 하나 있었는데 고집이 센지라 하고 싶은 거는 꼭 해야 하는 거라. 그런데 지가 뭐 할라카면 돈이 필요하거든. 그래 돈이 필요할 때마다 저저 집 대문 앞에서 저저 아부지 이름을 불러대는 거라. '아무개야, 아무개야', 아부지 이름을 막 부르는 거라. 온 동네 창피하니까 그 어머니가 돈을 주거든. 그러면 그 돈 받아가지고는 얼른 어데로 가버리지. 아무리 야단쳐도 소용없어. 어데 갔다가 다시 돈이 필요하면 또 저저 집 대문 앞에서 아부지 이름을 불러……."

제자인 우리도 재미있게 들었지만, 얘기하는 성철스님도 얼굴에 홍조를 띠며 즐거운 표정이었다. 우리는 그저 '큰스님 살던 동네에 그런 괴짜 아이가 하나 있었구나' 하는 정도로만 생각했었다.

그런데 한참 세월이 지난 어느 날 지족암에 계시던 일타스님(1929~1999년, 전 원로의원 및 은해사 조실)을 찾아뵙게 됐다. 일타스님이 이런저런 얘기를 하다가 "너거 큰스님 어릴 때 얘기 하나 해주까?" 하며 말씀하시는데, 성철스님에게 들었던 그 악동 얘기가 아닌가. 그 악동이 바로 성철스님 자신이었던 것이다.

성철스님은 1920년 아홉 살에 고향인 경남 산청군 단성면에 있는 단성초등학교에 입학했다. 당시에는 제 나이에 학교 가는 아이들이

● 생전의 해인사 큰스님들. 왼쪽부터 일타스님, 법전스님, 성철스님, 혜암스님이다.

거의 없어서 대부분의 동급생들은 스무 살 전후였다고 한다. 양반 자제들은 학교에 잘 보내지 않았고, 주로 마름살이나 종살이 하는 사람들을 어렵사리 자제 대신으로 학교에 보냈다고 한다.

큰스님이 자주 들려준 얘기에 따르면, 당시 경호강을 건너 학교에 다녀야 했는데 집안의 마름(지주를 대리하여 소작권을 관리하는 사람)인 금우가 큰스님을 등에 업고 건네다주었다고 한다. 물론 큰스님도 초등학교에 입학하기 전 이미 동네 서당에 다니면서 어릴 때 한문을 깨우쳤다.

큰스님의 어린 시절 얘기를 많이 알고 있던 일타스님에 따르면 성철스님은 어려서부터 책을 좋아했다고 한다.

"너거 큰스님이 어릴 때 온 동네 시끄럽게 한 적이 가끔 있었는데, 책 때문에 그런 적이 많았던 거라. 한문을 일찍 깨쳐 어려서 소설 『삼국지』를 한문으로 읽었는데, 하루는 적벽대전 장면이 어찌나 재미있는지 학교에서 돌아오다가 그냥 나무 그늘에 주저앉아 버렸지. 집에 올 생각도 않고 책에 빠져 있는데 해가 저물었어. 집안 식구들이 아이를 찾는다고 온 동네 뒤지고 다니며 야단법석을 피웠대."

성철스님의 공식 학력은 소학교 졸업이 전부다. 그러나 평생 독학을 거듭하며 많은 책을 읽었으니 그 지식의 깊이와 넓이를 가늠하기 힘들 정도의 대학자의 풍모를 갖추었다.

성철스님은 어려서 한문에 통하고 소학교에서는 일본어를 배웠다. 학문에 관한 기초가 잘 다져진 셈이었다. 게다가 책 읽기를 좋아해 동서고금의 이름난 책들을 혼자서 열심히 읽었다고 한다.

"젊어서는 다독주의였어. 관심이 많아 이런저런 책들을 보기는 많이 봤는데, 처음 볼 때는 뭔가 있나 하다가 곧 싫증을 내곤 했지. 그래서 어디 크게 마음을 못 붙였어. 그러다가 불교의 『증도가證道歌』(선불교의 깨달음을 운문 형식으로 노래한 책)를 얻어 봤는데, 캄캄한 밤중에 횃불을 만난 것 같고 밤중에 해가 뜨는 것 같더라구. 내 갈 길이 환히 비치는 것 같더란 말이야. 그래서 출가하기 전에 나는 『증도가』를 감명 깊게 많이 외웠지."

성철스님의 지적 편력은 큰스님 본인이 출가하기 전인 1932년 12월에 직접 써놓은 〈서적기書籍記〉에 잘 나타난다.

큰스님이 붓으로 쓴 책 목록 가운데 눈에 띄는 책들을 보면, 『철학사전』, 『논리학통론』, 『동서사조강화』, 『순수이성비판』, 『실천이성비판』, 『민약론』, 『자기암시법』, 『신구약성서』, 『사적유물론』, 『철학체계』, 『역사철학』, 『유물론』, 『자본론』 등이 포함돼 있다. 자신이 읽은 약 70여 권의 책 이름을 적어놓은 것이다.

지리산 산자락에서 초등학교밖에 나오지 않은 소년이 읽었으리라고는 짐작하기 어려운 책들이다. 성철스님은 이렇듯 동양의 사서삼경 등 고전은 물론이고 서양 철학서들까지 모두 구해 읽으려 했다.

도쿄 유학생들이 방학 때 고향에 돌아오면 책 구경하러 일부러 찾아갔다고 한다. 성철스님이 보지 못한 책이 있으면 쌀가마를 지고 가 책과 바꿔왔다고 한다. 큰스님의 그런 편력에 대해서는 간간이 들어왔는데, 큰스님 입적 이후 유품을 정리하다 〈서적기〉를 발견하고는 지난 말씀이 모두 사실이었음을 확인했다.

도선사 선원장이셨던 도우스님이나 입적하신 일타스님에 따르면, 한때 성철스님은 일본 도쿄로 건너가 여러 유학생, 학자들과 만나고 도서관을 뒤지며 책을 읽다가 고향으로 돌아왔다고 한다. 이렇게 진리를 찾고자 하는 성철스님의 끝없는 열정에도 불구하고 세속 학문에서는 길을 찾을 수가 없었다고 한다.

"유학자 집안이라 누가 불교에 관심이나 뒀나. 그런데 출가 전 어려서부터 몸이 안 좋아 약탕관을 메고 대원사란 절에 자주 요양하러 갔었는데, 그곳에 다닐 때는 아무 생각이 없다가 스무 살이나 되니까 불교에 관심이 가더라구."

당시만 해도 결혼한 승려인 대처승이 대부분이라 절 마당 빨랫줄에는 아기 기저귀나 여자 속옷이 걸려 있기도 했다. 그런 모습을 보면서 성철스님은 "이게 무슨 절 살림이고."라는 불쾌감이 적지 않았다고 한다. 성철스님이 불교에 본격적인 관심을 갖게 된 계기는 앞에서 언급한 『증도가』와 중국 송나라 때의 대혜스님이 지은 『서장書狀』을 보고 난 후라고 한다. 『서장』은 대혜스님이 사대부 등에게 참선하는 이유와 방법 등을 편지 형식으로 설명한 글을 모은 책이다. 지금도 승가대학 또는 강원의 교재로 쓰이고 있다.

성철스님은 『증도가』와 『서장』을 보고 지금까지 세속의 학문을 통해 접했던 진리와는 전혀 다른 정신 세계가 존재함을 뼈저리게 느꼈다고 한다. 성철스님은 이후 『불교』라는 잡지를 보면서 화두를 선택했다. 바로 '무자화두無字話頭', 선종 발달사에서 가장 유명한 화두다.

'무無'라는 화두의 유래는 이렇다. 중국 당나라 시절 어떤 스님이 조주스님(778~897)에게 물었다.

"개에게는 불성이 있습니까, 없습니까?"

중국 선불교 전통에 큰 획을 그은 조주스님이 대답했다.

"없다[無]."

정확히 말하자면 '구자무불성狗子無佛性(개에게는 불성이 없다)'이라는 화두다. 이 말이 왜 화두가 되는가. 부처님의 가르침에 따르면, '위로는 과거의 여러 부처님으로부터, 아래로는 저 미물에 이르기까지 일체 중생에게 모두 불성이 있다'고 한다. 그런데 조주스님은 개에게 불성이 없다고 했다. 모순이 아닐 수 없다. 바로 그 모순에 대한 의문, 의심이 참선의 출발이다. 성철스님은 이에 대해 "개에게도 불성이 있느냐고 물었는데 어째서 없다고 했는고? 이를 의심하고 의심해가는 것이 무자화두의 참구고, 참선 정진"이라고 설명했다.

동정일여, 몽중일여, 숙면일여

성철스님이 불교의 길로 들어서는 인연을 맺은 지리산 대원사를 얘기할 때면 빼놓지 않는 대목이 있다.

성철스님이 대원사로 들어갈 당시엔 출가한 상태가 아니었다. 성철스님은 혼자 불교 서적을 보면서 '개에게는 불성이 없다'는 화두를 들고 집에서 참선 정진에 들어갔다. 정진을 거듭하는 가운데 큰스님은 차츰 새로운 길을 찾았다는 자신감을 얻었다고 한다. 그런데 집에서 참선 정진하니까 아무래도 집중이 잘 되지 않았다고 한다. 그래서 출가도 안 한 상태에서 그냥 대원사로 살러 들어갔다. 그렇게 막무가내로 들어갔으니 누가 환대를 해주겠는가. 대원사와 관련해 들은 첫 번째 얘기는 당시의 나쁜 기억이다.

"젊었을 때 사상적으로 이리저리 헤매다가 불경을 보니까 불교가 아주 마음에 들더라 이 말이야. 그래서 참선 좀 하려고 대원사를 찾아갔지. 그때 대원사 탑전이 참 좋았어. 그래 거기 들어가 봤거든. 참선하기에 좋아 보이기에 안에 들어가 좀 있었지. 그런데 주지가 그걸 보고 펄쩍 뛰어. 본시 탑전이란 게 스님들만 있는 데지, 속인은 들어가지 못한다고 말이야. 그래서 한판 했지. 너거들은 살림 다 살고, 떡

장사도 다 하고 그러고도 중이냐? 내가 불교 참선 공부 한다는데 웬 말이 많냐. 그래 가지고 된다, 안 된다 하는 판인데 얼마 안 가 주지가 갈렸어. 젊은 중이 주지대리인가를 맡았는데 그 사람하고는 그래도 말이 통했거든. 그래서 그 탑전에서 한겨울 보냈지!"

당시 대처승의 세속적인 삶, 특히 신도들에게 떡을 만들어 파는 상행위 등에 성철스님은 몹시 화가 났었다고 한다. 격한 성격의 성철스님이 그렇게 노발대발 한판 해대는데 속인이나 마찬가지였던 대원사 스님들이 이길 수가 없었을 것이다.

성철스님은 이후 대원사 탑전에서 용맹정진을 시작했다. 용맹정진이란 하루 24시간 자지 않고 허리를 방바닥에 대지 않은 채 끼니때를 제외하곤 꼿꼿이 좌복에 앉아 참선 공부하는 것을 말한다. 누구의 가르침도 없이 사람들이 가고 오는 것도 모른 채, 밤낮으로 열심히 정진만 했다고 한다. 성철스님에게 자주 들은 두 번째 기억은 정진 당시의 심경이다.

"그때만 해도 지리산에 호랑이가 나타나 사람을 해친다는 소문이 자자했거든. 그래서 나도 호랑이밥이 될까 겁나서 밤에는 나가지도 못하고 문을 꼭꼭 걸어 잠그고 정진했지. 하루는 갑자기 '내가 뭐 땜에 이리 겁을 먹는고' 하는 생각이 들었제. 가만히 생각해 보니 언제 나타날지 모르는 호랑이를 겁내 떨고 있는 내 꼴이 우습단 말이야. 호랑이에 잡혀 먹힐 때는 먹히더라도 겁내지 말아야겠다 싶어 그 뒤부터는 방문을 활짝 열어놓고 잤지. 그래 하루, 이틀, 사흘이 지나도 아무 일이 없었거든. 그다음부터는 호랑이를 안 무서워하게 된 거라. 그래서 낮이나 밤이나 마음대로 쏘다녔제."

성철스님은 그런 분이었다. 한번 결심하면 번복하거나 도중에 멈추는 일 없이 그대로 실행한다. 그런 태산 같은 의지로 용맹정진을 거듭했으니 보통 사람보다 먼저 깨달음의 경지에 다다를 수 있었던 것이다. 일타스님이 늘상 재미있게 들려주는 성철스님 자랑이 바로 그 깨달음에 대한 확신이다.

"성철스님은 대원사 탑전 얘기만 나오면 신나 하셨지. 입에 침을 튀기면서 설명하시는데, 얘기를 하다 입에 넣었던 밥숟가락을 확 빼면서 말씀하는 거야. '그게 42일 만이었어. 내가 42일 만에 동정일여가 됐거든. 동정일여가 되니까 정말 참선 부지런히 하면 도인 되겠다 싶데.' 늘상 얘기하면서도 그 대목에선 늘 흐뭇해하셨지."

성철스님이 말하는 동정일여란 앞서 이야기했듯이 '화두라는 의심덩어리가 오나가나, 앉으나 서나, 말할 때나 묵언할 때나, 조용하거나 시끄럽거나 상관없이 머릿속에 여여한 마음의 경지'를 일컫는 말이다. 참선하는 선승으로서 빠지기 쉬운 여러 단계의 심리적 장애, 즉 산란심, 혼침, 수마, 무기공을 뛰어넘은 경지를 말한다. 마음속에 화두가 빈틈없이 찬 동정일여의 상태, 이만한 마음의 경지를 어떻게 그렇게 짧은 기간의 수행으로 이룰 수 있는가 하는 것은 쉽게 설명되지 않는다. 이것은 그저 성철스님의 남다른 결심과 정진력을 확인할 수 있는 대목이라 생각된다.

성철스님은 참선 정진하는 데 수행자가 가야 할 목표를 이 시대에 사는 우리에게 분명하게 제시해주셨다.

우리가 화두 공부를 할 때 일상생활 속에서 마음이 하나도 흐트러짐 없이 물속에 달이 비치듯이 늘 성성하게 화두가 들리는 경지를 동정일여라 하셨다. 또한 이 동정일여의 경지를 체득하여 화두 공부를 더욱 열심히 지어가면 마침내 꿈속에서도 세속 수겁의 업장인 꿈은 없어지고 그 대신 생시나 다름없이 꿈속에서도 낮과 똑같이 화두가 들리는 경지에 이르게 되는데, 이런 경지를 몽중일여夢中一如라 하셨다. 그러면 이것으로 참선 공부, 화두 공부가 끝이냐 하면, 여기서도 한 걸음 더 나아가 우리가 잠이 깊이 들어 누가 업어가도 모를 지경에 이르렀을 때에도 화두가 성성하게 들리는 경지가 나타나는데 이 경지를 숙면일여熟眠一如 또는 오매일여寤寐一如라 하셨다.

이 세 관문을 뚫어서야만 화두를 깨칠 수 있고 비로소 만근의 짐을 내려놓는 완성된 공부인이 되기가 멀지 않다고 성철스님은 평생을 역설하셨던 것이다. 앞에서 거듭 언급했듯이 보통 사람들은 화두 공부를 한다, 참선 정진한다 하고 좌복 위에 앉아 있지만, 어쩌면 평생 산란심 하나 다스리지 못하고, 혼침이나 수마에서 벗어나지 못하고, 성철스님이 그렇게 경책하신 무기공에서 벗어나지 못할지도 모른다. 그러니 도에 이르는 이 세 가지 관문인 동정일여, 몽중일여, 숙면일여를 통과한다는 것이 얼마나 어려운 일인가를 어렴풋이 짐작할 수 있을 것이다.

옛날 도인 스님들은 "도를 이루는 데는 쉽기로 말하면 세수하다가 코 만지기보다 쉽고, 어렵기로 말하면 한강에 바늘 빠뜨리고 그것을 찾는 것만큼 어렵다."고 말했다. 이제 돌이켜 보니, 산란심에 휘둘리고 상기병에 머물고, 혼침과 수마나 무기병에 머무는 한, 아무리 정진하여도 한강에 빠뜨린 바늘을 찾는 것과 같이 도를 이룬다는 것은 어렵고 어려운 일일 것이다.

해인사로의 출가

성철스님은 42일 만에 동정일여의 경지에 올랐다지만, 막상 대원사는 '이 고집 센 속인'이 여간 골칫거리가 아닐 수 없었다. 속인이 혼자서 탑전 선방에 버티고 앉아 있으니 여러 가지로 불편했던 것이다.

고민하던 대원사 스님들이 큰절인 해인사로 공문을 보냈다. 이상한 청년 한 명이 수행한다며 탑전을 차지하고 있는데 어떻게 처리했으면 좋겠냐는 문의였다.

그러자 해인사에서 효당曉堂 최범술 스님이 대원사로 찾아왔다. 정황을 파악하기 위해 찾아온 스님이 출가 이전 속인 신분인 성철스님을 보고는 해인사행을 권했다.

"해인사가 절도 크고 좋은 곳이니 같이 갑시다. 지금 해인사에는 용성스님(1864~1940년, 민족대표 33인 중 한 분)과 만공스님(1871~1946년, 근대 선불교의 대선지식) 같은 훌륭한 분들이 계시는데, 그분들이 꼭 청년을 데려오라고 했소."

성철스님은 처음에 이 제안을 거부했다.

"여기 대원사도 조용하고 참선하기 좋은데, 뭐하러 일부러 해인사로 찾아가겠습니까?"

하는 수 없이 범술스님은 "지금 당장은 아니더라도, 잘 생각해보고 꼭 한번 해인사로 오시오."라는 말을 남기고 떠났다. 얼마 뒤 성철스님은 마음을 바꿨다. 성철스님은 해인사로 찾아간 경위에 대해 이렇게 말씀하셨다.

"얼마 있다가 해인사 같은 큰 절도 괜찮겠다 싶은 마음이 들더란 말이야. 그래서 대원사를 떠나 해인사로 갔지. 그런데 나보고 오라 캤

● 해인총림 해인사 전경

던 최범술 스님이 없어. 이고경 스님이 주지를 하고 있더군. 찾아가서 단도직입적으로 말했지. 최범술 스님이 찾아오라고 해서 왔는데 없어서 당신을 찾아왔다. 나는 중은 싫어하는데 부처님을 좋아해 참선 공부 좀 하려고 그런다고 말이지. 별로 듣기 좋은 얘기를 한 거는 아닌데, 어째 이리저리 말을 해보니까 통하는 거라."

이고경 스님도 당대의 유명한 스님으로서 성철스님의 그릇을 알아본 듯하다. 성철스님의 말은 계속되었다.

"고경스님이 생면부지 초면인데, 일단 자기 방에서 같이 자고 다시 얘기하자는 거야. 그래서 이런저런 얘기를 하다가 주지 방에서 하룻밤을 잤지. 다음날 내가 다시 나는 공부하러 온 것이니 공부할 방을 달라고 했더니 고경스님이 원주스님을 불러 선방에 머물게 하라고 하더라구. 그런데 원주가 안 된다는 거야. 속인을 선방에서 자게 한 일이 없다는 거야."

원래 속인은 선방을 드나들 수 없다. 하물며 선승들과 함께 나란히 앉아 참선한다는 것은 있을 수도 없는 일이다.

그럼에도 불구하고 주지 고경스님은 이 청년은 다른 사람과 다르니까 시키는 대로 선방에 들게 하라며 원주를 야단쳤다고 한다. 성철스님이 출가 얘기를 들려줄 때 은근히 힘을 주어 말하는 대목이다.

"고경스님이 주지가 받으라면 받지, 무슨 말이 많냐며 꾸짖으니, 원주스님이 '에이, 모르겠다'며 나를 선방으로 데려가더군. 가보니까 퇴설당堆雪堂(해인사의 옛 선방으로 지금은 방장실)이더구먼. 속인으로 선방에 들어가 참선한 거는 내가 처음이고 마지막일 거야."

당시 해인사에서 함께한 사람으로 성철스님이 자주 언급한 인물은 김법린 스님이다. 후에 동국대 총장과 문교부장관까지 역임했던 법린 스님이 당시 해인사에서 강주로서 학인들을 가르치고 있었다고 한다. 그는 책을 좋아하던 성철스님에게 불교 서적을 많이 빌려주었다.

"김법린이란 스님이 나를 볼 때마다 책을 내놓았지. 다 봤다고 하면 자꾸 책을 바꿔주더군. 그러면서 우리 둘이 같이 교敎, 즉 불교학을 했으면 좋겠다고 구슬리는 거야. 참선하지 말고 불교학을 공부하자는 거지. 그래서 '우리 집이 부자는 아니지만 책 살 돈은 있소' 하며 거절하고는 책을 빌려 보지 않았지."

성철스님은 참선 수행이 득도의 길임을 확신하고 있었던 것이다. 김법린 스님은 속인이면서도 상당한 불교적 지식과 확신을 지닌 성철스님에게 많은 흥미를 느꼈던 것 같다. 성철스님의 기억에 따르면 그는 성철스님에게 많은 것을 묻곤 했다고 한다.

"김법린, 그 스님 나한테 뭐 대개 많이 물어보데. 한번은 해인사에 오기 전에 불교를 어디서 배웠냐고 묻길래 '배우기는 누구한테 배워요. 내 혼자 터득했지예'라고 말했지. 그랬디만 놀랍다는 표정으로 '내가 지금 얼마나 교학을 공부했는데, 당신은 교학을 배운 바가 없다면서 어떻게 그렇게 다 아느냐?'고 묻더군. 그러면서 자기하고 같이 일본 가서 불교학을 연구해 보자고 했지."

출가송 出家頌

彌天大業紅爐雪(미천대업홍로설)이요
跨海雄基赫日露(과해웅기혁일로)라
誰人甘死片時夢(수인감사편시몽)가
超然獨步萬古眞(초연독보만고진)이로다.
하늘 넘친 큰 일들은 붉은 화롯불에 한 점의 눈송이요
바다를 덮는 큰 기틀이라도 밝은 햇볕에 한 방울 이슬일세.
그 누가 잠깐의 꿈속 세상에 꿈을 꾸며 살다가 죽어가랴
만고의 진리를 향해 초연히 나 홀로 걸어가노라.

성철스님이 출가하면서 심경을 노래한 출가시 전문이다. 득도의 길로 나서는 장부의 호연한 기품이 느껴진다.

성철스님은 대원사 대처승들의 일제 침탈 이후의 세속적 삶을 보고 출가하지 않겠다고 결심했었다. 그런데 해인사로 옮기고 얼마 지나지 않은 1936년 3월 출가를 했다. 큰스님은 당시의 정황과 심경에 대해 이렇게 말했다.

"해인사 선방에 참선 정진한다고 앉아 있으니까 여러 스님이 날 찾

아오대. 노장들한테 내 궁금한 거를 막 물어봤제. 그런데 노장들이 뭘 하나도 모른다 아이가. 실망하고 있던 차에 동산스님이라는 스님이 찾아온 기라. 지금 생각해보만 건방졌제 내가. 맨날 그랬던 것처럼 그 스님에게도 단도직입적으로 물어봤제."

동산스님은 한국 불교사에 길이 남을 큰스님으로, 일제강점기에 의학을 전공한 엘리트다. 3·1독립선언에 서명한 민족지도자 33인에 포함된 용성스님의 가르침을 받고 출가했다. 1950년대 정화불교 개혁 과정에서 종정으로 현대불교의 기틀을 잡은 고승인데, 당시엔 백련암에 머물고 있었다. 출가도 않은 청년이 이런 큰스님에게 당돌하게 물었다고 한다.

"나는 이리저리 공부했는데, 스님 생각은 어떻소?"

동산스님은 초면에 이런 질문을 해대는 당돌함이 마음에 들었던 듯하다. 처음엔 이상한 놈이라는 표정이었는데, 조금 지나서는 빙긋이 웃었다고 한다. 성철스님은 당시를 이렇게 회상했다.

"뭐 때문인지는 몰라도 동산스님이 혼자 웃다가 대답은 안 해주고 백련암에 놀러 오라고 하고는 그냥 가더만. 그래서 내가 백련암으로 찾아갔지. 어지간히 반가워하대. 그러더만 나보고 '중 되라'고 막 권해 쌌는 기라."

마치 성철스님이 나에게 중 되라고 권했던 것처럼 동산스님이 청년 시절 성철스님에게 출가를 권했던 것이다. 그러나 성철스님은 절집 살림에 이미 실망해 있던 사람이 아닌가.

"그래 나는 중 안 될라고 원력願力 세운 사람이라 캤지. 진짜로 중 될 마음은 통 없었던 기라. 그런데 내 이름, 불명을 지었다며 주는데

● 출가 당시의 성철스님

보니, 성철性徹이더라고. 지금 내 이름 아이가. 나는 아무 말 안 했는데, 언제 날 받았다고 계를 준다고 오라는 기라."

젊어서부터 고집이 대단했던 성철스님, 더욱이 출가 않기로 결심한 사람이 그 마음을 굽힌 계기는 영 심심하다. 별 이유나 계기도 없다.

"그런데 참 이상도 하지. 중은 정말 안 될라 캤는데, 그 노장을 가만히 보니까 싫지가 않더란 말이야. 그래 어째 하다 보이 영 이상하게 돼버렸어. 억지같지 않은 억지로 계를 받은 거야. 동산스님의 상좌가 된 거라."

이렇게 성철스님은 출가했다. 동산스님과의 출가 인연은 우연처럼 시작됐다. 성철스님은 원래 동산스님의 둘째 상좌다. 그런데 광복 직후 맏상좌가 환속하는 바람에 성철스님이 맏상좌가 됐다.

동산스님을 따라 부산 범어사 금어선원에서 하안거 한 철을 난 성철스님은 범어사 산내 암자인 내원암으로 가서 할아버지 격인 용성스님을 시봉했다. 용성스님이 동산스님의 스승이니까, 용성-동산-성철로 이어지는 선불교의 맥이 이루어진 순간이다.

당시 용성스님은 3·1운동으로 구속되었다가 풀려나 범어사 내원암에 머물고 계셨다. 용성스님은 다른 스님들을 모두 선생이라고 불렀는데, 손자뻘인 성철스님만은 꼭 "성철수좌!" "성철스님!"이라 불렀다고 한다. 성철스님이 그 까닭을 물었다.

"스님이라고 부를 만한 중이 있어야지. 그런데 너를 대하니 스님이라고 부를 만하다는 생각이 들어. 앞으로 참선 정진 열심히 해라."

용성스님은 성철스님을 그토록 미더워했다. 그래서 서울 대각사로 옮겨갈 때에도 성철스님에게 같이 가자고 했다. 그러나 성철스님은 "예." 하고 대답만 하고는 부산역에서 도망쳐버렸다. 노스님의 말을 듣지 않은 이유가 성철스님답다.

"노스님 따라갔다가는 평생 시자 노릇만 할 것 같은 기라."

성철스님의
오도송 悟道頌

1939년 성철스님은 경북 은해사 운부암에서 하안거를 마치고, 곧바로 금강산 마하연으로 걸망을 지고 떠났다. 금강산 마하연은 당시 가장 유명했던 수행처로 많은 수행납자들이 그곳에서 정진하길 희망했다. 그만큼 선방의 규모도 컸다. 선방 스님들 사이에 우스갯소리로, 마하연 선방이 얼마나 넓은지 끝에 앉아 참선하는 스님은 안거 한 철 90일을 나고도 다른 쪽 끝에 있던 스님의 얼굴을 모른다고 했을 정도다.

안거가 끝나 만행에 들어가는 선승들은 길 가다가 마주치면 "지난 철 어디서 났습니까?" 하고 서로 묻는다. 그런데 마하연 말석을 차지했던 스님들은 서로 얼굴을 몰라 "마하연에서 한 철 났다."고 서로 확인해야 할 정도라는 것이다. 물론 그 말 속에는 마하연 선방의 스님들이 서로를 몰라볼 정도로 열심히 수행에만 몰두했다는 의미도 들어 있을 것이다. 당시에는 북마하연 남운부암이 수행의 명당지로 꼽혔다고 한다. 평생 도반으로 모든 의논의 대상이 되셨던 자운스님을 마하연에서 처음 만났다고 한다.

어쨌든 성철스님은 마하연에서 적지 않은 일화를 남겼다. 그중 한

가지가 편지 얘기다.

성철스님은 소학교 입학 전에 서당에 다녔고, 장성해서도 한학을 했기에 한문으로 글을 쓰고 읽는 데 아무 불편함이 없었다. 조선시대 이후 오랫동안 승려들이 천민 취급 당해온 상황에서 보통 스님들 중 한문을 마음대로 읽고 쓰는 사람이 드물던 시절이었다. 그러니 성철스님은 매우 귀한 존재였다.

당시 대부분 편지는 읽기 힘든 초서草書로 썼다고 한다. 편지를 써 보내는 사람도 어차피 한문을 모르니 동네 훈장에게 "아무개에게 이런저런 내용의 편지를 써 달라"고 부탁하게 마련이고, 훈장은 또 어차피 편지를 받는 쪽에서도 누군가 대독해주리라 믿고 자기의 글솜씨를 한껏 발휘하여 초서를 갈긴다. 그런 문화 속에서 선방 스님들이라고 예외가 아니다. 성철스님에 대한 소문이 날 수밖에 없었다.

"철수좌가 공부를 많이 해서 초서를 읽고 쓸 수 있다더라."

이렇게 소문이 나자 적지 않은 절집 식구들이 모두 편지를 들고 시도 때도 없이 성철스님을 찾아와 "읽어 달라" "써 달라"고 부탁했다. 성철스님도 처음에는 그러려니 하고 대독, 대필을 해주었다. 그러다가 나중에는 하루 종일 답장을 써도 모자랄 지경이 되고 말았다. 수행에 차질이 생길 정도였기에 선방 스님들끼리 모여 회의하는 모임에서 입장을 밝히지 않을 수 없었다.

"오늘부터는 스님들 편지 보지도 않고 써주지도 않을 거니까, 모두 그래 알고 계시이소."

야단이 났다. 여기저기서 원망의 소리가 높았다.

"글 좀 안다고 스님들을 무시하는 것 아니냐? 무슨 급한 일이나 큰 일이 있을지도 모르는데 그걸 좀 가르쳐준다고 해서 뭣이 탈이 난다고 그러는가?"

그렇다고 굽힐 성철스님이 아니다.

"그라믄, 내가 공부할 때 스님들은 뭐 했소? 내 공부하는 데 돈 한 푼 보태줬소, 쌀 한 바가지 보태줬소? 다시는 편지 안 보고 안 쓸 테니게 그래 알고 아무 말 마이소."

많은 스님들이 그런 태도에 섭섭해 성철스님을 멀리할 정도였지만, 성철스님은 전혀 개의치 않고 수행에만 전념했다.

성철스님에게 더 큰 어려움은 추위와 폭설이었다. 겨울에는 어찌나 눈이 많이 오는지 눈 속에 굴을 파고 생활하는 게 이만저만 힘들고 불편하지 않았다고 한다. 따뜻한 남쪽에서만 자라고 살아온 성철스님은 그런 추위에 전혀 익숙하지 않았다. 금강산에서 다음 해 1940년 하안거를 나고 동안거는 동화사 금당선원으로 옮겨 한 철을 나게 되었다.

성철스님의 후배 격인 일타스님이 들려준 얘기다.

이듬해인 1940년 동안거를 날 무렵이다. 성철스님이 금당에서 수행하던 중 동화사 요사채에 불이 났다. 진화에 나선 스님들이 소리를 지르며 뛰어다니느라 정신이 없었다.

혼자 정진하던 성철스님도 화재 사실을 알게 됐다. 소동에도 움직이지 않던 성철스님이 불길이 다 잡혔을 즈음 부삽과 부집게를 들고 나타났다. 그러고는 타다 남은 숯불을 담아 가지고 가 풍로에 부어놓고 약탕을 올려 약을 달였다고 한다.

이 모습을 본 다른 스님들은 "불이 났는데, 어찌 저런 무심한 짓을……"이라며 웅성거렸다. 분위기가 심상찮아지자 주지스님은 수좌가 앞뒤 없이 한 일이라며 나서서 상황을 무마시켰다.

성철스님도 당시를 회고할 때면 "나도 그때 내가 와 그런 짓을 했는지 모르겠데이."라며 웃곤 했다고 한다. 그런 무심한 행동은 당시 성철스님이 깨달음의 세계에 몰두해 있었기 때문인 듯하다. 성철스님은 이 금당선원에서 억겁의 어둠에 싸인 동굴에 촛불을 밝히듯, 일시에 어둠을 몰아내고 무심을 증득하여 오도송을 읊었다.

黃河西流崑崙頂하니 日月無光大地沈이라
遽然一笑回首立하니 靑山依舊白雲中이로다.
황하수 곤륜산 정상으로 거꾸로 흐르니
해와 달은 빛을 잃고 땅은 꺼지는도다.
문득 한 번 웃고 머리를 돌려 서니
청산은 예대로 흰 구름 속에 섰네.

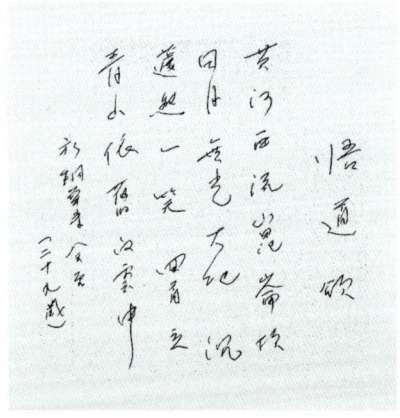

● 백련암에서의 성철스님(1982년)

성철스님은 자신의 오도 인연에 대해 한번도 말씀하신 적이 없다. 지금 같으면 용기를 내어 물었을 텐데, 성철스님을 모시던 당시엔 무섭고 어려워 감히 말을 꺼내지 못했다.

큰스님께서 "향곡스님이 내 오도송을 보고서 참 잘된 오도송이라고 칭찬을 했지. 그리고는 덩실덩실 춤을 추었지." 하시며 더러 도반을 추억하시던 모습이 떠오른다.

성철스님의 깨달음과 관련된 법어를 소개한다.

"나는 법상法床(설법하는 자리)에서 '마음을 깨쳐 성불, 부처를 이루어야 한다'고 말해왔습니다. 비유하자면 '마음을 깨친다'는 것은 꿈을 깨는 것과 같습니다. 누구든지 꿈을 꾸고 있을 때는 모든 활동이 자유자재한 것 같고 아무 거리낌 없는 것 같지만 그것이 꿈인 줄 모릅니다. 그러다가 꿈을 턱 깨고 나면 '아하! 내가 참으로 그동안 꿈속에서 헤맸구나' 하고 알 수 있게 됩니다. 이와 마찬가지입니다. 중생들은 세상을 살면서 꿈속에서 사는 줄을 모릅니다. 꿈속에서 깨어난 사람이 아니면 꿈을 꾸는 것인 줄 모르는 것과 같이 마음을 깨친다는 것도 실지로 마음의 눈을 떠서 깨치기 전에는 이해하기가 참으로 어렵습니다."

"성불하기 전에는 꿈을 바로 깬 사람이 아니고 동시에 자유로운 사람이 아닙니다. 중생의 자유라고 하는 것은 꿈속에서의 자유이고, 깬 사람의 자유라고 하는 것은 꿈을 깬 뒤의 자유입니다. 그러니 꿈속에서의 자유와 꿈을 깬 뒤의 자유가 어떻게 같을 수가 있겠습니까? '마음을 깨친다'는 것은 무심을 증득하는 것입니다. 무심을 증득하면 거기에서 대지혜광명이 생기고 대자유가 생기는 것입니다. 그때서야 비로소 꿈을 깬 사람, 마음의 눈을 뜬 사람이 되어 대자유의 자재로운 활동을 하게 됩니다."

성철스님이 말하는 '꿈에서 깨어남'은 곧 성불, 깨달음이다. 이 같은 깨달음의 강조는 부처나 조사祖師(종파를 연 큰스님)를 부정하는 단계에까지 이른다.

"이렇게 되면 부처도 필요 없고 조사도 필요 없게 됩니다. 부처다, 조사다 하는 것은 다 중생의 꿈을 깨우기 위한 약입니다. 그러니 꿈에서 완전히 깨어나 견성성불하여 참다운 해탈을 성취하면 부처도 필요 없고 조사도 필요 없는 참다운 대자유자재가 됩니다."

성철스님은 자유와 평등이란 서구적 개념 역시 불교에 끌어들였다.

"서양 사람들은 인간은 자유이며 평등이라고 합니다. 그러나 인간의 참다운 자유와 평등은 마음을 확실히 깨쳐야만 누릴 수 있는 것입니다. 이 대자유와 평등을 성취하려면 '내 마음이 본래 부처[卽心是佛]'라는 것을 확실히 믿어야 합니다. 자기 마음 이외에 불법이 없고 자기 마음 이외에 부처가 따로 없다는 것을 철두철미하게 믿고, 오직 화두를 배워서 열심히 정진해 올바르게 깨치면 대자유자재한 부사의해탈경계不思議解脫境界(말로 표현할 수 없는 깨달음의 경지)를 성취할 수 있습니다."

오도悟道 후 첫 만행

　　　　　　1940년대 초 어느 봄 성철스님이 전남 순천 송광사 삼일암으로 하안거를 지내러 갔다.

　당시 그 절엔 출가한 지 얼마 안 된 일타스님이 살고 있었다. 성철스님의 후배 격인 일타스님은 경남 양산 통도사로 출가했다가 은사 고경스님이 입적하자 송광사로 옮겨 왔다. 일타스님이 생전에 성철스님을 처음 만난 당시를 회고하며 들려준 말씀이다.

　"하안거에 들어가기 얼마 전인 어느 날 저녁 스님들이 공양을 마치고 나오는데, 누군가 소리를 치는 것이야. '철수좌 왔다, 철수좌 왔다'고 하는데 꽤나 소란스럽더구먼. 그래 철수좌가 도대체 누구냐고 물었더니 어떤 스님이 말하기를 '말도 마! 팔만대장경을 거꾸로 외우는 굉장한 스님이야'라고 하더군. 그 소리를 들으니 호기심이 생겨 나도 철수좌가 들어서는 것을 보려고 따라갔지."

　성철스님은 먼저 나이가 많은 영월스님과 효봉스님 앞에 가서 절을 하고는 책상다리를 하고 철퍼덕 앉았다고 한다. 예나 지금이나 어른 스님께 인사를 드리고 나면 무릎을 꿇고 앉는 것이 보통이다. 그런데 당시 갓 서른을 넘긴 성철스님이 노승 앞에서 당당히 책상다리를 하고 앉으니 여러 사람을 당황케 했음이 분명하다. 영월스님이 조용히 한마디 했다.

"생식하시는 분은 여기서 대중들과 함께 살 수가 없습니다."

하안거를 나게 해달라고 청을 하러 온 사람에게 퇴짜를 놓은 셈인데, 성철스님은 그저 무심한 듯 당당하게 대답했다.

"잘 알겠심더. 그냥 며칠 쉬어 갈랍니더."

일타스님에겐 그 모습이 매우 인상 깊었고, 한마디 얘기도 나눠보기 전에 '저 스님은 뭔가 특이한 사람이구나'라는 생각이 들었다고 한다. 부리부리한 눈빛이나 훤칠한 키가 다른 스님들을 압도하는 분위기였다고 한다.

일타스님은 성철스님이 생식한다는 소리를 듣고는 상추를 뜯어다 씻어서 자꾸 가져다 드렸다. 무뚝뚝한 성철스님도 그런 호의가 고마웠던지 일타스님에게 이런저런 말들을 많이 해주었다고 한다.

"그때 성철스님한테 들은 말씀 가운데 지금까지 기억에 남는 것은 '중노릇은 사람 노릇이 아니다. 중노릇하고 사람 노릇하고는 다르다. 사람 노릇 하려면 옳은 중노릇은 못 한다' 지금 생각하면 그 말씀이 내 평생 중노릇하는 데 가장 중심을 잡아준 말씀이 아닌가 싶어."

며칠 머무는 사이 친해진 일타스님이 성철스님과 함께 삼일암 앞을 지나가고 있었다. 일타스님은 삼일암에 있는 달마대사 탱화가 갑자기 생각났다. 달마대사의 부리부리한 눈이 어쩐지 성철스님의 눈빛과 비슷한 느낌이 들어 물었다.

"다른 사람들이 스님 보고 괴각乖角(괴짜)이라고 하데요."

성철스님이 물어보는 일타스님의 마음을 어찌 알았는지 되물었다.

"달마스님 눈 봤나?"

"봤습니다."

"눈이 커야 많이 보고, 눈이 커야 탁 하니 바로 가지. 눈이 작아가지고는 옳게 못 본다."

일타스님에겐 그렇게 남의 마음을 읽어내는 듯한 성철스님의 엉뚱한 풍자도 인상 깊었던 듯하다. 며칠 지나 성철스님이 하안거를 나기 위해 다른 곳으로 떠나게 됐다. 일타스님은 은근히 따라갔으면 싶은 생각이 들었다. 그렇지만 직접적으로 그 말은 하지 못하고 "혼자서 가십니까?" 하고 물었다. 성철스님의 대답도 걸작이다.

"중이 가는 길은 혼자 가는 길이다."

불교 경전에도 나와 있듯 구도자의 길은 무소의 뿔처럼 혼자서 가는 외로운 길이라는 말이다. 그 말 역시 일타스님의 머릿속에 평생 맴돌았던 말씀이라고 한다.

선방에서 지내지는 못했지만 당시 송광사 방문은 성철스님에게 중요한 의미가 있다. 성철스님은 그때 송광사 박물관에 보관돼 있던 보조국사의 장삼을 봤다. 나중에 성철스님이 한국불교의 기틀을 잡은 '봉암사 결사'를 시작하고, 당시까지 제멋대로였던 승복을 정비하는 기준이 된 것이 바로 그 보조국사 장삼이다.

당시 결사를 주도한 성철스님은 봉암사 스님들에게 보조국사의 장삼을 지어 입게 했다. 그렇게 해서 조계종 스님들이 요즘 입고 있는 전통성 있는 장삼이 탄생했다.

만공 큰스님과의 인연

성철스님이 송광사에서 한 철 나고 한국 근대불교의 큰 봉우리인 만공스님을 만난 곳은 충남 수덕사의 산내 암자인 정혜사였다. 성철스님은 만공스님에게 단도직입적인 질문을 많이 던졌다 한다.

"큰스님은 견성성불하셨습니까?"

"내가 견성했지. 대구 팔공산에서 첫 번째로 견성하고 또 세 번째로 여기 정혜사에서 확실히 견성했지."

만공스님의 스승인 경허스님(1849~1913)은 근대 선불교의 전통을 확립한 큰스님으로, 성철스님은 경허스님에 대해서도 많이 물었다고 한다.

"만공스님께서는 경허스님을 얼마나 존경하셨습니까?"

"이 사람아, 먼 길을 가다가 아무 먹을 것도 없으면 내가 우리 스님한테 잡아 먹혀야 하지 않겠나?"

성철스님은 당시 문답을 기억하면서 "만공스님은 그런 스님이셨어."라고 말씀하시곤 했다. 성철스님이 만공스님에게 들었다면서 자주 인용하던 법어가 있다.

"만공스님이 처음 정혜사에 와서 살 때는 집도 없고 먹을 것도 없었지. 움막도 얄궂게 해놓고 형편없었다 카더구만. 신심 있는 대중들이 모여서 탁발托鉢해서 살았어. 봄이 되면 보리 동냥을 한단 말이야. 그 보리를 절구에 넣고 쿵쿵 찧어서 밥을 해먹거든. 그것도 모자라 시꺼먼 보리누룽지를 서로 먹으려고 장난을 하지. 그래도 그렇게 배고프게 살 때는 한 철 지나고 나면 '나도 깨달았다. 내 말 한마디 들어보라'며 깨달음을 토로하는 사람이 나온다 말이야. 그런데 그 뒤에 신도가 생기고 절도 좋은 집을 짓고, 양식도 꽁보리밥 신세를 면하고 좀 넉넉해지니까 공부 제대로 했다는 사람이 하나도 안 나와."

물질이 풍요하니 참수행을 하는 스님들이 사라져간다는 데 대한 아쉬움이다. 성철스님이 그 같은 말을 자주 인용하신 것은, 만공스님의 시대를 지나 성철스님의 시대에도 그 같은 경향이 적지 않았음을 우려하는 뜻일 것이다.

성철스님이 정혜사에서 맺은 또 다른 인연은 청담스님(1902~1971)과의 만남이다. 청담스님은 성철스님보다 열 살이 많았지만, 고향이 산청군 옆인 진주라, 살아 생전 평생의 도반道伴(구도행의 동반자)으로 가깝게 지냈다. 성철스님 생전에 "정화 불사하러 떠나기 전까지 청담스님처럼 열심히 정진하는 수좌는 내 못 봤데이."라고 자주 말씀하셨다.

다음은 『회색고무신』에서 밝힌 묘엄스님의 증언이다.

"청담스님이 수덕사에서 처음 성철스님을 만날 때 얘기를 가끔 들려주셨지요. 만공스님, 용운스님 하고 앉아서 이야기를 하고 있는데, 밖에서 누가 오는 기척이 나더랍니다. 잠시 후 용운스님이 문구멍으로 내다보시더니, '아! 저 괴각쟁이, 괴각쟁이 온다'라고 하더랍니다."

그 당시 이미 성철스님은 괄괄한 성격으로 유명했던 것이다. 청담스님은 속으로 '괴각쟁이라고 하는 것을 보니 인간이 되려는 사람인가 보다'라는 생각이 들었다고 한다.

만공스님에게 인사를 드리고 물러나오는 길에 성철스님과 얘기를 나눠본 청담스님은 "괴각쟁이끼리 뜻이 딱 맞는다는 생각이 들었다. 첫 만남에서부터 의기가 투합해 10년 전부터 아는 사이처럼 느껴졌다."고 하셨다.

성철스님이 만공스님을 모시고 정혜사에서 동안거를 나시게 되었다. 한 철 나시면서 '괴각쟁이'로 소문이 나 계시듯이 대중들과의 생활이 원활하지는 못하였던 것으로 수덕사에 전해져 내려오고 있는 듯하다. 다음 해 만공 큰스님께서 성철스님의 성정을 나름대로 이해하시고 간월암으로 가서 1942년 하안거 동안거 두 철을 나도록 큰 배려를 해주셨는데 그때 성철스님은 31세였다.

나는 평소 성철스님이 주석하셨던 사찰을 한번 찾아본다 하면서 다른 곳은 발걸음이 거의 닿았는데 간월암은 해인사에서 멀리 떨어진 곳이어서 그랬는지 그동안 걸음이 닿지 못하고 있었다. 그러나 '성철스님 수행도량 순례참배단'이 결성되어 2012년에야 간월암을 참배하게 되었다. 간월암에서 바라보는 주위는 끝을 알 수 없는 바다로 사방이 탁 트여 있었다.

지금은 간척이 되어 썰물 때는 100m를 걸어 들어 올 수 있지만 성철스님이 계셨던 70여 년 전만 해도 주위가 망망대해로 둘러싸인 한 잎 조각배 같은 섬이었음을 쉽게 상상할 수 있다. 성철스님은 정혜사

● 밀물과 썰물 때 섬과 육지로 변화되는 곳에 위치한 간월암

에 계실 때도 생식을 하셨는데 마침 만난 청담스님께서 솔잎도 꺾어 오시고 콩도 더러 빻아주셔서 그 덕으로 생식생활이 편하셨다고 말씀하신 기억이 난다.

그러면 망망대해의 외딴 섬에서 성철스님께서는 어떻게 생식을 계속 하실 수 있었을까 하는 의문이 문득 밀려 왔다. 간월암 주지스님이 순례단을 위해 많은 설명을 해주시는 가운데 여름에 태풍이 심하게 불 때는, 법당 앞마당에 200년 된 사철나무와 팽나무 위로 파도가 들이치며 넘어갈 때도 있어 법당 지키기가 이만저만 어렵지 않다는 것이었다. 그렇게 물벼락치는 간월암에서 1년, 두 철을 사신 성철스님의 모습을 상상하기가 쉽지 않았다.

그래서 나 나름대로 성철스님의 생식은 당신 혼자서 마련할 수 있는 음식이 아니라 만공스님의 배려로 정혜사에서 마련하여 간월암으로 보내지 않으면 성철스님 혼자 해결할 일이 아니었다는 결론에 도달하였다.

예산군 덕산면의 수덕사 정혜사에서 출발하여 10km 남짓 걸어 홍성군 갈산면에 이르고, 다시 6km를 걸어 서부면을 지나 8km 못 되게 걸어 궁리포구에 이른다.

6~7km쯤 배를 타든지 뻘밭을 걷든지 하여 간월도에 이르면 30km쯤 거리가 된다고 한다. 어느 시자인지 모르나 아침 일찍 출발하여 30km 거리의 길을 걷거나 배를 타거나 다시 뻘밭을 걸어 간월도에 도착하였으니 하루해가 모자랐을지 모를 일이다. 한 달에 한번 쯤 생식재료를 운반하였다 해도 두 철 사시는 동안 열 번 이상은 정혜사에서 간월도의 성철스님에게 생식거리를 날라야 했을 것이다. 그 일이 한 달에 한번이 아니라 두 번이었다면 최소 두 사람이 그런 수고를 하였을 것이니 마음으로 애쓰신 만공스님의 노심초사에 감동이 가슴 끝까지 파도쳐 오는 듯했다. 동시에 간월암을 진작 찾아 왔어야 했구나 하는 뉘우침과 아쉬움이 크게 밀려 왔다.

대웅전 안에 무학대사와 만공스님의 영정이 모셔져 있어 정성껏 절을 올렸다. 당시 만공스님께서 후배를 아끼시는 마음이 얼마나 후덕하시고 자상하셨을지를 가슴 깊이 느낄 수 있는 간월암 순례참배의 감격은 컸다.

제방선원 탐방

 성철스님은 1943년 청담스님이 머물던 법주사 복천암에서 하안거를 났다. 성철스님은 당시의 이런 일화를 들려주셨다.
 "한 철 열심히 살려고 소임을 짜고 있었제. 옆에서 그런 모양을 한참 지켜보던 조실祖室(절집의 정신적 지주가 되는 노스님)스님이 한마디 하겠다는 것이라. 그래 한 말씀 하시라 했더니 '이번 철에 모인 대중 면면을 보아하니, 아무래도 공양주는 이 노장이 맡아야겠소이다. 그러니 공양주 소임은 빼고 다른 소임들을 의논해주시지요'라고 말하는 거라."
 공양주 소임은 힘들기 때문에 행자가 없으면 가장 신참 스님이 맡는 것이 일반적인데, 절의 가장 큰 어른인 조실스님이 공양주를 자임하고 나선 것이다. 이번에 하안거를 위해 모인 대중들이 공부에 힘쓰는 스님들이라 공양주 맡기기가 쉽지 않다는 판단에서다.
 당연히 그 자리에 모인 스님들끼리 아무리 그래도 어떻게 남의 절에 살러 와 어른에게 공양주를 맡기겠냐는 주장이 만만찮았다. 성철스님이 나섰다.
 "조실스님이 모처럼 신심이 나셔서 공양주 소임을 맡으시겠다니, 그렇게 원을 들어드립시다. 그래야 조실스님 밥을 얻어먹는 우리도 더 열심히 정진할 것 아인교. 그래도 미안하니 내가 먼저 공양주를 얼마간 하고, 다음에 조실스님이 공양주 해주이소."

성철스님이 생식을 하면서도 공양주를 자청하고 나서니 다른 스님들의 의견도 모아졌다. 성철스님은 늘 "복천암 한 철을 조실스님이 해준 공양을 얻어먹고 잘 살았제."라고 기억하곤 했다.

조실스님은 그렇게 유명한 분도 아니었고, 성철스님도 이름을 잘 기억하지 못했다. 하지만 당시는 그렇게 참선하는 후배 스님들에게 선뜻 밥해주겠다고 나서는 노승이 곳곳에 숨어 있던 시절이었다.

성철과 청담, 두 스님은 한국불교의 내일을 두고 서로 머리를 맞대고 장시간 토론을 벌이곤 했다. 묘엄스님에 따르면, 대승사에 같이 머물던 시절 두 스님은 "지금 같은 말법末法 시대에 부처님 당시처럼 살아갈 수 있는 길을 찾아보자, 짚신 신고 무명옷 입고 최대한 검소한 생활을 하자, 그렇게 함으로써 말 없는 가운데 수행의 경지를 풍길 수 있는 중이 되자는 등의 얘기를 하면서 밤을 지새기도 했다."고 한다. 묘엄스님의 회고담이다.

"그런 논의 과정에서 두 스님은 역할을 나누셨나 봅니다. 성철스님은 종단 일에 직접 참여하진 않았지만 '참다운 중은 그래야 마땅하다'라는 어떤 정신적인 모범을 보여주신 스님이지요. 반면 청담스님은 직접 불교계의 정화 불사 일선에 뛰어들어 온갖 굳은일을 마다하지 않으며 혼신을 다하는 길을 택했습니다. 그런 큰스님들의 열정을 옆에서 지켜본 시절은 참으로 행복했습니다."

성철스님과 청담스님의 의기투합을 잘 말해주는 사례를 묘엄스님은 기억하고 있다. 두 큰스님이 함께 경북 문경 대승사에서 수행할 당시 직접 보았던 일이다.

당시 대승사 선원 앞에 큰 은행나무가 한 그루 버티고 서 있었다. 선방에 앉아 수행하던 성철, 청담 두 스님은 그 나무가 마음에 들지 않았다. 선방에 앉아 있으면 시야를 가로막아 가슴이 답답했던 탓이다. 두 스님이 은행나무를 베어버리자는 데 뜻을 같이했다.

절 한가운데 크게 자리잡은 나무를 베려면 당연히 주지에게 허락을 받아야 한다. 그런데 두 스님은 아무 의논이나 예고 없이 어디선가 톱 두 개를 준비했다. 어느 날 다른 스님들이 모두 점심 공양하러 간 사이에 두 스님은 슬그머니 은행나무로 다가가 톱질을 시작했다.

대략 30분쯤 지나 집채가 무너지는 듯한 커다란 소리를 내며 은행나무가 넘어갔다. 점심 공양하다 말고 스님들이 놀라 밖으로 뛰어나왔다. 그런데 그 굵고 우람한 은행나무가 마당에 넘어져 있는 것이 아닌가. 그 옆에는 성철, 청담 두 스님이 땀을 뻘뻘 흘리며 서 있었다. 근엄한 수행과 괄괄한 선풍으로 우뚝 선 두 스님이 한 일이니 다른 스님들은 뭐라고 얘기도 못 하고 흩어졌다.

성철, 청담 두 스님은 아무 일도 없었다는 듯 선방으로 돌아가 좌복 위에 앉았다. 한참 시간이 지난 뒤, 밖에서 거친 발자국 소리가 들려왔다. 주지스님이다.

"나 이거 참, 차마 말할 수는 없지만……, 으음, 끙……."

주지스님이 참선 중인 두 스님에게 뭐라고 소리는 못 지르고 혼잣말을 하면서 마당을 맴돌고 있었다. 묘엄스님은 지금 말하면서도 우스운가 보다.

● 대승사 대승선원

"두 분 중에 아무나 나가 주지스님께 '주지스님, 미안하오. 선방에 앉아 있으니 은행나무가 앞을 가로막아 답답해서 베어버렸으니 수좌들을 위해 이해를 하소'라고 한마디 하면 될 거 아닙니까? 그런데 두 스님이 모두 미동도 않고 앉아 있는 거예요. 그러니 주지스님은 화가 더 치밀지요. 하지만 어쩌지도 못하고 그날 오후 내내 계속 마당만 뱅뱅 돌았지요. 그 모습이 지금도 눈에 선해요."

그렇게 두 스님이 호기롭게 수행하던 중 광복 소식이 들려왔다. 산중 스님들 사이에 새로운 시대에 맞는 불교 수행 방안에 대한 논의가 분분했다. 해방이 된 당시 해인사에서도 효봉스님을 중심으로 총림을 운영하자는 논의가 있었다. 성철, 청담 두 스님도 그 논의에 참가했다. 그러다가 성철스님은 공부에 전념하겠다는 생각에서 불교 개혁과 사찰 운영과 같은 세속적인 문제들을 모두 청담스님에게 맡기고 양산 통도사 말사인 내원암으로 들어갔다.

묘엄스님

　　　　1945년 해방이 되던 해에 성철스님은 경북 문경의 대승사에서 수행 중이었다. 당시 성철스님과 함께 수행하던 분은 수덕사의 말사인 정혜사에서 만난 청담스님이었다. 그리고 그 청담스님의 딸은 경기도 수원 봉녕사의 승가대학 학장을 역임한 묘엄스님이다.
　묘엄스님은 문경 대승사로 아버지 청담스님을 찾아갔다가 도반인 성철스님의 권유로 출가했다. 성철스님 입적 후 자료를 모으는 과정에서 수원 봉녕사로 묘엄스님을 찾아가 출가의 인연에 대해 들었다. 묘엄스님은 성철스님에 대해 이렇게 회고했다.

　묘엄스님이 열서너 살 때였다고 한다. 어머니가 출가한 아버지에게 다녀오라며 편지를 주었다. 그리고 중학교 진학시험 준비를 위해 한 1년 간 산에 가서 공부하고 오라고 말했다. 어린 소녀는 진주에 사는 친척과 함께 대승사로 찾아갔다. 청담스님에게 어머니의 편지를 전했다.
　"무슨 내용이 적혀 있는지도 전혀 모르고 그 편지를 청담스님께 드렸지요. 청담스님이 그 편지를 보고는 아무 말이 없더라구요. 나중에 알고 보니 편지에는 어떻게든 이 아이를 중으로 만들어 달라는 어머니의 간곡한 부탁이 적혀 있었던 거예요. 조금 있다 성철스님이 나타났습니다."

성철스님은 도반의 어린 딸을 앞에 앉히고 말했다.

"너거 아부지하고 나하고는 물을 부어도 안 새는 사이다. 그러니 니도 나를 믿거라."

생전 처음 보는 사람이 자신을 믿으라는 말부터 하니 피식 웃음이 나왔다고 한다. 그래도 스님에게 못 믿겠다는 얘기는 못하고 "살아보면서, 겪어봐 가면서 천천히 믿겠습니다."라고 대답했다. 그러자 성철스님이 되물었다.

"와 바로 못 믿는다 말이고?"

"처음 보는 사람을 어떻게 믿습니까? 아버지도 못 믿는데……."

당돌한 말에 성철스님이 껄껄 웃었다. 그러곤 어린 소녀에게 불교에 대한 관심을 불어넣기 위해 이런저런 얘기를 들려주기 시작했다.

"그때는 그냥 옛날얘기 듣는 기분으로 들었습니다. 그런데 지금 가만히 기억을 더듬어 보니, 주로 인생무상에 대해 제가 알아들을 수 있게끔 쉽게 풀어 얘기를 해주신 것 같아요. 예컨대 출가의 의미를 설명하기 위해 먼저 부처님 얘기를 해주는 겁니다. 부처님도 왕자의 신분으로 태어나서 한때는 호사스런 생활을 했지만, 그런 화려함을 전부 다 버리고 영원한 즐거움을 위해 출가했다는 얘기를 들었지요. 그러고는 그 얘기를 현실로 끌어들이는 거예요. 스님들도 세속에 있으면 국회의원도 하고 장관도 하고 사장도 하고 그러겠지만 그런 것 다 버리고 출가하는 이유는 부처님이 출가하신 이유와 같다는 것이지요."

● 성철스님으로부터 유일하게
사미니계를 받은 묘엄스님

　어린 묘엄스님이 듣기에 처음에는 참 이상했다고 한다. 아무리 생각해 봐도 국회의원이니, 사장이니 하는 자리가 스님들보다 훨씬 높고 좋은 것 같은데, 그런 좋은 기회를 다 버리고 별 볼 일 없는 중이 된 사람이 높은 지위를 별 것 아니라고 하니 이해가 될 리 없는 것이 당연했다. 그렇게 불교의 기본 철학을 옛이야기처럼 며칠 듣고 난 어느 날 성철스님이 묘엄스님에게 내기를 걸어 왔다.
　"니하고 나하고 말로 주고받기 시합하자. 내가 이기면 니가 중이 되고, 니가 이기면 중 안 되는 걸로 하자."
　순간 지난 며칠간 들었던 얘기들이 묘엄스님의 머릿속을 휙 스치고 지나갔다. 동서고금을 오가는 장황한 얘기를 해준 성철스님을 지식이나 말솜씨로 따라갈 수 없다는 판단이 먼저 섰다. 그러면서 성철스님의 얘기가 귀에 쏙쏙 들어와 공감되는 부분이 많았다는 느낌이

들었다. 그래서 성철스님에게 거꾸로 대안을 제시했다.

"스님이 아시는 것, 다 나한테 가르쳐 주시면 중이 되겠습니다."

성철스님은 망설임없이 대답했다.

"오냐, 그기 좋다카면 그래 하자. 내 다 가르쳐 주꾸마!"

묘엄스님은 그로부터 약 보름 정도 대승사에 머물면서 성철스님으로부터 많은 이야기를 들었다. 그리고 그해 5월 단옷날 인근 윤필암에서 머리를 깎고 사미니계를 성철스님에게서 받았다.

묘엄스님은 2011년 열반할 때까지 성철스님이 자신을 가르치기 위해 만들었던 한국사 도표와 사미니계첩 등을 고이 간직하고 있었다. 그 도표를 보면 성철스님이 묘엄스님과의 약속에 따라 한국사뿐 아니라 세계사와 각종 문화 상식까지 일일이 교재를 만들어 가며 자상하게 가르쳤음을 알 수 있다. 도표를 보면 고조선부터 조선시대까지 나라 이름과 초대 임금, 도읍지, 유명한 장군과 신하, 이 밖에 사학자들 사이에 쟁점이 되고 있는 사항들까지 소상하게 적어 놓았다.

아무런 참고서도 없는 절간에서 성철스님은 순전히 자신의 기억에 의존해 묘엄스님에게 방대한 한국사 도표를 그려 준 것이다. 도표는 주요 사건이나 중요한 개념을 시간대별로 정리한 형식으로, 해방 직후인 1945년 말쯤 만들어진 것으로 추정된다. 한 예로 다음은 근대사인 일제강점에 대해 정리한 '40년 간 노예 생활'이란 항목이다.

'제1차 세계대전 파리 강화회의—미 대통령 윌슨 씨의 민족자결론—기미년 3월 1일 독립만세—손병희 외 33인—상해임시정부수립—대통령 이승만 박사—국무총리 안창호—광주학생사건—지나사변—

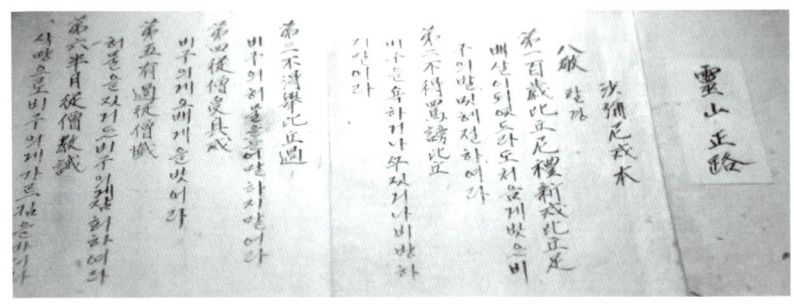

● 묘엄스님에게 주신 성철스님의 친필 사미니계본

대동아전쟁—일본의 무조건 항복—조선의 완전해방—임시정부주석은 김구 선생'

또한 성철스님은 직접 사미니계를 주시기까지 했다.

"윤필암에 법상을 차려 놓고 성철스님이 와 사미니계를 주셨지요. 성철스님은 '내가 평생 동안 절대로 계를 설하지 않기로 했는데, 청담스님 딸이니까 특별히 계를 설한다. 이번이 처음이자 마지막이다'라고 말씀하셨습니다. 성철스님에게 직접 계를 받은 사람은 지금까지 저 하나뿐입니다. 성철스님이 하신 약속을 평생 지키신 것입니다."

성철스님은 큰 종이에 '묘엄'이라는 법명을 써 건네주었다. 성철스님은 여러 가지 자상한 부탁도 아끼지 않았다.

"옛날 조사스님들은 뭐든지 다 잘하셨제. 모두들 삼장三藏(경·율·논의 세 가지 불교학 분야)에 능통했지. 공부 열심히 해야제. 그라고 옷은 다 떨어진 거 입더라도 마음은 절대로 떨어지면 안 된데이."

성철스님이 묘엄스님에게 이런 정성을 기울인 것은 청담스님과의 깊은 인연 때문이다. 그만큼 성철스님은 청담스님과 신의가 두터웠다.

봉암사의 혁신

　　　　　　성철스님은 1947년 한국불교의 정초를 잡기 위한 결사의 장소를 물색하다 청담스님과 함께 경북 문경 봉암사로 결정했다. 당시 봉암사는 초라한 절이었지만 거대한 바위산인 희양산 자락 양지 바른 명당에 자리 잡고 있었다. 봉암사는 1982년 특별 종립선원으로 지정되어 수좌스님들이 수행하는 곳이다. 일반인은 부처님 오신 날 같은 아주 특별한 경우를 제외하곤 들어갈 수가 없다.

　처음 결사를 시작한 초기 멤버는 성철스님 외에 우봉, 보문, 자운스님까지 모두 네 명에 불과했다. 청담스님은 해인사에서 가야총림의 틀을 잡느라고 바빠 '결사'의 약속까지 해놓고 합류하지 못했다.

　바로 이어 이 나라의 불교계를 이끌어갈 스님들이 속속 희양산 자락으로 찾아왔다. 향곡, 월산, 종수스님에 이어 당시엔 젊은 축에 들었던 도우, 보경, 혜암, 법전, 성수스님 등이 모여들어 대략 20명 내외가 3년을 같이 살았다. 성철스님은 당시를 떠올리며 말했다.

　"우리가 산에 들어가 첫 대중공사에서 뭘 했냐 하면, 법당 정리부터 먼저 하자고 결정했제. 세상에 법당 정리를 하다니 그기 무신 소리인고 하면, 그때까지 가만히 보면 간판은 불교라 붙여놓고는 진짜

불교가 아이다 말이야. 도교의 칠성단도 있고, 토속신앙의 산신각도 있고 온갖 잡신이 소복이 법당에 들어앉아 있는 거라. 아무리 그래도 법당에 잡신들이 들어앉을 수는 없는 기라. 그러니 법당부터 먼저 정리하자고 결심했제. 그래 부처님과 부처님 제자 외에는 전부 다 정리했제. 칠성탱화, 산신탱화, 신장탱화 할 것 없이 전부 싹싹 밀어내 버리고 부처님과 부처님 제자만 모셨제."

당시만 해도 토속신앙과 불교가 한데 엉켜 구분이 잘 안 될 정도였다. 법당의 풍경 역시 그랬는데, 봉암사 결사에서 비로소 요즘 우리나라 조계종 사찰에서 볼 수 있는 형식의 법당이 차려진 셈이다.

다음은 불공이었다. 불공이란 원래 불심을 가진 개인 스스로가 성심껏 기도하고 염불하는 것이지, 중간에서 스님들이 목탁 치며 축원해주는 것이 아니다. 성철스님은 말씀하셨다.

"꼭 부처님께 정성 드리고 싶은 신심 있는 사람이 있으면 지가 알아 물자를 갖다 놓고 절하라 그 말이라. 우리 같은 중이 중간에서 삯꾼 노릇은 안 한다 말이제. 그래 하기로 마음먹고 신도들에게도 알아서 절하라고 시켜놓으니, 불공 드려 달라는 사람이 그만 싹 다 떨어져버리는 거라."

당시 절에는 칠성기도라 하여 소원을 비는 불공이 많았는데, 봉암사에선 스님들이 목탁을 치면서 축원해주지 않으니까 아무도 찾아오지 않게 된 것이다. 같은 맥락에서 영가천도靈駕薦度(죽은 이의 넋을 인도하는 제례)도 문제가 됐다.

"부처님 말씀에 누가 죽어 사십구재를 지내게 되면 경전을 읽어주라고 했지, 북 두드리고 바라춤 추라는 말은 없거든. 그런데 우리가 봉암사에 들어가니 마침 사십구재를 지내는 사람이 있는 거라. 그래서 우리가 '경은 읽어주겠지만 그 이외에는 해줄 수 없소' 하니, 그 사람이 '그러면 안 할랍니다' 하면서 '그런데 재도 안 하면 스님들은 뭘 먹고 어떻게 살지요?'라고 하는 거라. 그래서 우리는 '산에 가면 솔잎 꽉 찼고 개울에 물 졸졸 흘러내리고 하니, 우리 사는 것 걱정하지 마이소' 하고 돌려보냈제."

간단히 말해 당시까지 스님들이 먹고사는 방편이었던 모든 행위를 금지한 것이다. 대신 부처님이 가르친 호구지책, 즉 탁발을 해서 최소한의 식량을 구하기로 했다. 이어 가사, 장삼, 바리때(밥그릇) 등도 모두 바로잡을 대상들이었다.

"부처님 법에 바리때는 와철瓦鐵이니, 쇠로 하든지 질그릇으로 해야 되는 거라. 나무로 된 바루는 안 되지. 가사, 장삼도 비단으로 못하게 가르쳤는데, 당시에 보면 전부 비단으로 해 입었어. 색깔도 괴색壞色을 써야 되는데 전부 벌겋게 해가지고……. 전부 부처님 가르침이 아닌 기라. 그래서 비단으로 된 가사, 장삼 그리고 나무 바리때까지 싹 다 모아서 탕탕 부수고 칼로 싹싹 잘라 마당에 내놓고는 내 손으로 싹 다 불질러 뿌렀제."

봉암사 결사는 이처럼 '부처님 법대로만 살아보자'는 성철스님과 도반들의 뜨거운 구도열로 출발했다.

한편 당신의 상좌인 성철수좌가 몇몇 뜻 맞는 도반과 함께 봉암사 결사를 했다는 소문을 들은 동산 큰스님께서는 "내가 지한테 준 은행나무로 된 바리때는 참 귀한 것인데, 그것이 실없이 지 싫으면 나한테 다시 돌려주면 될 것이지, 어른이 준 것을 깨어버려!" 하시면서

● 봉암사 전경

노발대발하셨다고 한다. 성철스님도 당신의 스승이 은행나무 바리때를 깨어버린 것에 화가 나셨다는 말씀을 전해 들었다.

"그때는 그릇도 변변히 없던 때라 나무 바리때를 깨버리지 말고 부엌 그릇으로 썼으면 얼마나 좋을 것인가 하는 말도 많았제. 다 일리 있는 말이지만 그렇게 저렇게 형편대로 가버리면 아무 일도 못 하제. 큰스님께는 미안한 일이지만 개혁을 위해서는 어쩔 수 없었제!"

이처럼 '부처님의 가르침에 따라' 모든 것을 새로 시행해야 했다. 성철스님은 당시를 이렇게 회상했다.

"제일 먼저 비단으로 붉게 만든 가사들을 모두 벗어서 불 싸질러 버리고 나서, 우리가 직접 불교의 가르침에 맞는 괴색 옷을 만들었

● 봉암사 태고선원 전경

제. 괴색은 청靑, 황黃, 적赤의 3종의 색깔을 섞어 만든 색이라. 바리때도 나무로 만든 거를 전부 깨부수고 나니까 뭐 대신할 게 없어서 처음에는 양재기에 밥을 담아 여럿이 같이 묵었제. 나중에는 옹기점에 가서 질그릇 바루를 맞춰서 썼지."

스님들이 평소에 입는 장삼도 마찬가지다. 성철스님이 송광사 삼일암에서 본 적이 있는 보조국사의 장삼을 기억해냈다. 양공良工(바느질하는 소임)이었던 자운스님으로 하여금 송광사에 다녀오게 하여 그 모양대로 만들었다. 지금 조계종 스님들이 입는 장삼이 바로 그것이다. 송광사 박물관에 모셔져 있던 보조국사의 장삼은 6·25전쟁 때 불타 재가 되었다. 이 밖에 육환장六環杖(고리가 여섯 개 달린 지팡이)도 만들고 삿갓도 쓰기 시작했다.

식생활도 바뀌었다. 속인과 다름없던 세 끼 식사를 불교의 가르침에 따라 바꾸었다. 아침에는 꼭 죽을 먹고, 점심은 사시巳時(오전 9~11시)에 맞춰서 먹었다. 저녁 끼니는 약석藥石이라고 해 아주 조금 먹었다. 원래 인도의 율장律藏에서는 '오후 불식不食'이라 해 아무것도 먹지 않도록 규정하고 있다.

그러나 중국불교에서는 참선하는 데 너무 기운이 없어도 안 되므로 바리때 펴지 말고 약藥 삼아 조금만 먹도록 허용하고 있다. 성철스님 일행은 현실에 맞춰 중국의 규율을 택한 셈이다.

자운스님이 계율을 열심히 공부해 부처님의 가르침에 맞는 여러 방안을 제안했다. 사실상 사라진 전통인 포살布薩도 되살렸다. 포살은 사찰 내에 사는 모든 스님이 보름에 한 번씩 모여 앉아 자신의 잘못을 스스로 고백하고 비판받고 참회하는 제도다. 지금도 총림에선 포살을 하는데, 근세에 와서 봉암사에서 비롯된 것이나 마찬가지인 부처님 법이다. 성철스님은 말했다.

"그래 해서 전부 새로 바꾼 기라. 말하자면 일종의 혁명인 셈이지. 그런 중에 제일 어려운 것이 무엇이냐 하면, 뭐든지 우리가 우리 손으로 전부 절 살림을 해야 한다는 거였지."

'하루 일하지 않으면 하루 먹지 않는다[一日不作 一日不食]'는 원칙에 따른 것이다. 지금은 신도들이나 행자, 또는 절에서 일하는 사무원이나 잡역부들이 많은 일을 하며 스님들의 수행을 도와준다. 그러나 당시 봉암사에선 결사한 스님들끼리 모두 짊어져야 했다. 원칙대로 하자니 쉬운 것이 하나도 없었다.

스님들의 일상사를 대충 정리하고 나서 착수한 일은 신도들과의 관계 정립이다. 조선왕조 500년간 천민 취급을 받아온 승려들은 당시까지만 해도 반말의 대상이었다. 일제강점기가 끝난 시점임에도 불구하고 보통 사람들은 누구나 스님들을 "야!" 하고 불렀다. 성철스님은 말했다.

"스님이야 뭐 전부 종이나 마찬가지야. 그러니 '야' '자' 하고 하대하는 거지. 나도 그런 소리 많이 들었제. 그런데 그게 부처님 가르침에 안 맞는 거라. 그래서 우리도 부처님의 법을 세우기 위해 보살계菩薩戒를 하기로 했지."

보살계란 재가불자, 즉 신도들이 지켜야 하는 계율을 말한다. 율장 연구를 맡았던 자운스님이 보살계를 정리하고 가르쳤다.

"스님은 부처님 법을 전하는 당신(신도)네 스승이고, 신도는 스님한테서 법을 배우는 제자야. 법이 거꾸로 되어도 분수가 있지 스승이 제자 보고 절하는 법이 어디 있어? 조선 500년 동안 불교가 망하다 보니 그렇게 되었는데, 그것은 부처님 법이 아니야! 부처님 법에 신도는 언제나 스님네한테 절 세 번 하게 되어 있어. 그러니 부처님 법대로 스님들에게 절 세 번 하려면 여기 다니고, 부처님 법대로 하기 싫으면 오지 말아!"

신도들을 모아놓고 성철스님이 호령을 하자, 모두들 그 가르침에 따라 일어나서 세 번씩 절을 했다. 신도가 스님들 보고 절 세 번 한 것은 근세 이후, 적어도 조선왕조 이후로는 봉암사에서 비로소, 처음 시행되었다. 그러나 봉암사에서 젊은 스님들이 나이 많은 신도들에게 삼배를 받는다고 제방에서 비난이 많았다.

엄격한 봉암사 수행

　　　　봉암사 결사가 얼마나 엄격하고 힘들었는지는 당시 같이 살았던 스님들로부터 거듭 확인된다. 도우스님은 1943년 법주사 부속 암자인 복천암에서 성철스님을 처음 만나 봉암사 결사에 동참했던 분이다. 도우스님은 말했다.

　"해인사에서 총림을 만든다고 고군분투하던 청담스님이 해인사에서 1948년 봄에 봉암사로 합류했지요. 성철스님과 청담스님은 마음을 합쳐 불교의 기틀을 잡는 일에 추진력을 더했지요. 현 조계종의 기틀이 그때 다 잡혔다고 해도 과언이 아닙니다. '부처님 가르침대로'를 고집하는 성철스님은 참으로 무서웠어요."

　성철스님은 봉암사에서도 계속 생식을 했다. 쌀 두 홉을 물에 담가두었다가 일절 간도 안 하고 찬도 없이 씹어 먹었다. 그리고 이불을 펴거나 목침을 베고 잠을 청하는 일도 전혀 없었다.

　"세속 사람들은 성철스님이 언제 어디서 장좌불와를 몇 년을 했다, 안 했다 하며 서로 손가락을 꼽아보기도 하지요. 하지만 그건 의미가 없어요. 누가 '나 장좌불와 한다'고 공표하고 합니까? 당시 성철스님은 말 그대로 장좌불와 했다고 봐야 합니다."

● 백련암에서 법전스님과 함께 한 성철스님. 법전스님은 해인총림 방장과 조계종 원로회의 의장, 조계종 11대, 12대 종정을 역임하셨다.

그렇게 원칙을 따르고 용맹정진하는 성철스님이다 보니, 다른 도반들에게도 그만큼 엄격하지 않을 수 없었다. 법전스님의 말이다.

"마음속 저 밑바닥에 있는 티끌 만한 자존심까지 확 뒤집어버리는 거예요. 저녁에 앉아서 정진하고 있으면 성철스님이 들어와 몇 마디 묻곤 했습니다. 제대로 답을 못 하면 성철스님은 벽력같은 소리를 지르며 멱살을 잡고는 방망이로 사정없이 두들겨 팼습니다. 나도 혹독하게 몇 번 맞았지요. 그게 다 분심憤心을 일으켜서 더욱 정진하라는 다그침이었지요."

당시 20대 초반의 청년이었던 법전스님은 전남 장성의 고찰 백양사에서 하안거를 마치고 가야산 해인사로 가려던 중이었다. 만행 중 봉암사에 들렀다. 법전스님은 이렇게 회고했다.

"거기서 스님들이 생활하는 모습을 보니, 그때까지는 전혀 보지 못한 방식이었어요. 첫눈에 보기에 장삼부터 달랐지요. 거기 스님들끼리 '보조국사 장삼'이라고 불렀는데, 색깔이나 천과 모양이 모두 이전 것들과 달랐어요."

봉암사 스님들은 보조국사의 장삼을 본떠 만든 괴색 장삼을 '보조국사 장삼'이라 불렀다. 법전스님은 봉암사 스님들의 열렬한 구도열에 감복하여 봉암사 결사의 취지에 공감하기 시작했다.

"봉암사 스님들이 생활하는 모습을 보니, 어찌나 바르던지……. 나도 그렇게 살고 싶어 같이 간 도반에게 여기서 같이 사는 것이 어떻겠느냐고 물었지요. 그 스님은 규칙이 까다로워서 못 살겠다고 해서 예정대로 해인사로 가겠다는 그 스님과 헤어지기로 했지요."

지객知客(손님맞이) 소임을 맡고 있던 스님에게 여기서 머물고 싶다고 하자 성철스님을 뵈어야 한다고 했다. 일종의 면접이다.

당시 성철스님은 주지실 옆 작은 방을 사용하고 있었다. 성철스님이 일도 많고 규칙도 까다로운데 그래도 같이 살겠느냐고 물었다. 법전스님은 다른 스님들처럼 열심히 살고 싶다고 다짐했다.

"봉암사 생활은 그 전에는 전혀 해보지 않은, 판이하게 다른 생활이었지요. 상식적으로는 이해가 안 되는 일이 많았어요. 성철스님은 지나가다가 다른 스님이 앉아서 조는 모습을 보면 버럭 고함을 지르기도 하고, 자꾸만 졸면 아예 몽둥이로 내려치기도 했어요. 일은 일대로 하니 얼마나 피곤했겠어요. 그래도 도저히 딴 생각을 할 수 없었지요. 화두일념話頭一念을 하지 않으면 배길 수가 없었어요."

밭 매고, 나무하고, 탁발하고, 지친 몸으로 밤을 지새워가며 참선 공부했던 그 시절. 법전스님은 그때를 그리워했다.

"그래도 그때는 그렇게 힘들게 살 사람이 있었어요. 만약 요새 그렇게 살라고 한다면 아무도 하지 않을 겁니다. 모두 '걸음아, 날 살려라' 하고 도망치겠지요."

성철스님과 도반들이 '부처님의 가르침에 따라 산다'라는 취지에 맞춰 개혁불교의 틀을 갖추어가던 봉암사 결사. 그 정신을 오늘까지 생생하게 전해주는 문서가 있다.

성철스님이 직접 붓을 들어 쓴 일종의 행동 지침, 즉 '공주규약供住規約'이다. 성철스님은 같은 내용을 써 붙이면서 간혹 '공주강칙供住綱則'이라 쓰기도 했다. 모두 같은 의미로, 스님들이 공동생활에서 지켜야 할 규칙이란 뜻이다.

한 가지라도 지키지 않을 경우 성철스님이 사정없이, 상대를 가리지 않고 몽둥이를 휘두르곤 했다던 규칙의 주요 내용은 다음과 같다. 앞의 두 항목은 총칙이다.

[공·주·규·약]

1. 삼엄한 부처님 계율과 숭고한 조사의 유훈을 부지런히 닦고 힘써 실행하여 깨달음의 경지에 원만하고 빠르게 이를 것을 기약한다.

2. 어떠한 사상과 제도를 막론하고 부처님과 조사의 가르침 이외의 사견은 절대 배척한다.

부처님의 가르침에 따른 수행과 득도에 매진하며, 부처님의 가르침 이외의 모든 사견을 배척한다는 다짐이다.

셋째 항목부터는 구체적인 행동 강령이다.

> 3. 생활에 필요한 물품의 공급은 자급자족의 원칙에 따른다.
> 4. 물 긷고, 나무하고, 밭에 씨 뿌리며, 탁발하는 등 어떠한 어려운 일도 사양하지 않는다.
> 5. 소작인(절 소유 농토를 개간하는 농민)이 내는 사용료와 신도들의 특별 보시에 의한 생활은 단연히 청산한다.
> 6. 부처님께 공양은 12시를 지나지 않으며 아침은 죽으로 한다.
> 7. 앉는 차례는 비구계 받은 순서로 한다.
> 8. 방 안에서는 늘 면벽좌선面壁坐禪(벽을 마주보고 앉아 참선)하고 잡담을 절대 금지한다.

모두 18개 항에 이르는 조항은 모두 한국불교의 현재 모습을 결정지은 원칙들이다. 54년 전 스님들의 삶은 세속의 모습과 큰 차이가 없었다. 때문에 일대 혁신의 규약이 아닐 수 없었다. "부처님 가르침대로"라는 성철스님의 한마디가 현실에 적용되는 과정은 그 자체로 세속화된 왜색불교를 혁파하는 파천황破天荒의 변혁인 셈이다.

봉암사 결사에 참여했던 성철스님이 강조한 개혁의 초점은 세 가지다. 첫째로 가장 중요한 원칙은 불교 바로 세우기로서 토속신앙과 도교신앙이 뒤죽박죽돼 조선조 500여 년을 내려왔던 불교의 제자리찾기였다. 법당의 각종 잡신상을 모두 없애고 부처님과 그 제자의 상像

만 남긴 것이 그 대표적인 조치다.

둘째는 스님들의 일상생활의 개혁이다. 가사와 바리때를 바꾸고, 새로운 모습으로 탁발·동냥하여 검소한 무소유의 삶을 실천하며 자주적으로 절 살림을 꾸려가자는 것이다.

그리고 마지막 셋째는 선불교를 바른 부처님의 가르침으로 삼자는 것이다. 즉, 선불교의 전통을 확립한 것이다. 성철스님은 항상 선불교 전통에 따른 '참선'을 강조했으며, 마지막 열반의 순간에도 "참선 잘하그래이."라는 말을 남길 정도로 선불교의 전통을 강조해왔다.

이 같이 엄격한 규율에 따른 수행은 오늘날까지 한국불교를 이끌어온 큰스님들이 무더기로 탄생한 결과를 낳았다.

흔히 봉암사 결사에 참여했던 스님들 중에서 '4종정, 6총무원장'이 나왔다고 말한다. 종정은 조계종의 최고 정신적 지도자, 총무원장은 불교 행정의 수반, 원로의장은 불교계의 상원의장 격이다. 다시 말해 불교계의 가장 중요한 지도자들의 자리인 셈이다.

종정을 지낸 분은 성철스님을 비롯해 도반이었던 청담스님, 그리고 혜암스님, 법전스님이시다. 총무원장을 지낸 분은 청담, 자운, 월산, 성수, 법전, 지관스님까지 모두 여섯 분이다.

호사다마好事多魔라고 했던가? 득도의 열정으로 눈빛이 반짝이던 스님들이 불교계의 면모를 일신하는 수행에 매진했던 봉암사 결사는 오래지 않아 중단되고 만다. 결사에 동참했던 도우스님의 말이다.

"청담스님까지 합류해 일이 어느 정도 잡혀가고 있는데, 왠지 심상치 않은 일들이 그 깊은 산골짜기에서 가끔 일어났어요. 빨치산들이 마을로 내려와서 식량을 약탈해 간다는 소문이 있었는데, 얼마 뒤에는 절에까지 찾아왔습니다."

한국불교사에 한 획을 긋는 봉암사 결사는 6·25전쟁을 앞둔 불안한 상황에서 중단될 수밖에 없었다. 전쟁 발발 직전 빨치산들은 백두대간을 타고 남북을 오가며 게릴라전을 벌였는데, 경북 문경 봉암사는 빨치산들이 오가는 깊은 산중 길목에 있었던 것이다. 봉암사 결사에 동참했던 도우스님은 당시를 떠올리며 말했다.

"어느 날 빨치산들이 봉암사에 들이닥쳐 깎아놓은 곶감을 몽땅 가져간 적이 있었죠. 그런데 무슨 일인지 원주를 맡고 있던 보경스님을 인민재판에 부쳐 처형해야 한다며 잡아가려고 했어요. 그때 경험도 많고, 나이도 있었던 청담스님이 나서서 간신히 빨치산을 설득해 겨우 총살을 면할 수 있었지요."

식량도 식량이지만 인명이 해를 입을 위기에 직면하면서 수행 분위기가 급속도로 흐트러졌다. 스님들이 뿔뿔이 흩어지면서 성철스님은 1949년 추석이 지나 먼저 경남 월내의 묘관음사로 옮겼다. 그리고 다시 경남 고성의 문수암으로 옮겨 수행하던 중 6·25전쟁이 터졌다. 성철스님은 다음 해 경남 통영 안정사 빈터에 자리를 잡았다. 당시 함께 수행했던 법전스님은 말했다.

"성철스님이 안정사 토굴에 있다는 얘기를 듣고 달려가 도우스님하고 둘이서 모셨습니다. 당시 성철스님은 안정사 주지에게 양해를 얻어 별도의 토굴에 초가를 이은 세 칸짜리 집을 지었습니다. 그리고 이름을 천제굴闡提窟이라고 붙였죠."

천제굴이란 '부처가 될 수 없는 이의 집'이란 뜻이다. 득도해 부처가 되기 위한 수행을 하는 스님으로서는 매우 역설적인 이름이 아닐 수 없다. 법전스님의 회고다.

"성철스님은 비록 봉암사를 떠날 수밖에 없었지만, 그 결사의 정신만은 한 치의 빈틈없이 간직하고 계셨어요. 봉암사에서 결의한 그 규칙을 철저히 준수하는 수행을 계속 했습니다. 곧 도우스님도 있다가 가버리고 결국 나 혼자 남아 모시게 되었지요. 나는 매일 새벽 3시에 일어나 예불 모시고, 공양해 올리고, 약 달여드리고, 과일즙 내드리고, 산에 가 나무하고, 밭매고, 어디 심부름 갔다 오고, 노장님 빨래도 해드리는 등 모든 일을 혼자서 다 했어요. 요새 젊은 스님 다섯이 해도 나 하나 역할 못 할 거예요. 천제굴 시절에도 청담스님이 가끔 오시고 자운스님도 오셨습니다. 운허스님은 청담스님하고 같이 오셨는데 아마도 운허스님은 천제굴에서 처음 성철스님을 뵈었을 겁니다. 그리고 서옹스님, 향곡스님 등이 다녀가셨습니다. 서옹스님은 그때 남해 망월암이라는 토굴에서 정진하시면서 더러 다녀가셨지요. 그리고 어느 땐가 혜암스님도 와서 함께 성철스님을 모신 기억이 납니다."

천제굴 시절 얘기를 하자면 반드시 언급해야 할 스님이 한 사람 있다. 바로 현재 부산 해월정사에 머물고 있는 천제스님이다. 성철스님의 첫 번째 상좌, 곧 성철스님 제자 중 가장 맏상좌인 분이다.

천제스님이 처음 토굴을 찾아간 것은 6·25전쟁 중 병을 얻어 숨진 아버지의 천도재를 올리기 위해서였다. 성철스님은 당시 악신惡神도 천도시킨다는 도인道人으로 알려졌고 스님은 이렇게 기억했다.

"천도재를 마친 후 성철스님이 들려준 자상한 위로의 말씀은 저의 생을 송두리째 바꾸어놓고 말았습니다. 육신의 부친을 떠나 보내고 마음의 부친을 만나는 순간이었지요. 인생의 무상함과 불교에서 보는 죽음의 의미를 쉬운 말로 설명해주셨는데, 그 순간 새로운 삶이 시작되었습니다."

성철스님은 재齋를 지낼 때도 봉암사 결사의 정신, 곧 부처님의 가르침에 따라 신도들 스스로가 불공을 올리게 했다. 잘사는 사람이나 못사는 사람이나 차별 없이, 찾아오는 신도들은 모두 부엌에서 직접 밥을 지어 불전에 공양을 올려야 했다.

또 불공은 자신이 직접 해야지 스님들께 부탁해서는 공덕이 되지 않는다며 삼천배를 하게 했다. 그런 성철스님의 모습과 가르침은 아직도 천제스님의 머릿속에 생생하다고 한다.

"성철스님은 봉암사 결사가 6·25전쟁으로 중도에 그친 일을 못내 아쉬워하셨습니다. 늘 봉암사의 정신을 강조했지요. 비록 몇 사람 안 되는 스님들이 같이 사는 천제굴이었지만 공주규약을 꼭 지켰습니다. 스님은 범어를 손수 우리말로 음역하고 불교의 예식을 정비해갔습니다. 봉암사에서 하던 대로 총림의 원칙을 그대로 지켜야 한다며 능엄주와 예불대참회문도 빼놓지 않고 하셨습니다. 한국불교 중흥을 위한 집념은 전쟁 중에도 전혀 흔들리지 않았습니다."

성전암 10년
동구불출 洞口不出

성철스님의 수행 중 가장 치열하면서도 오랫동안 계속된 정진은 단연 대구 파계사 부속 암자인 성전암에서의 동구불출 洞口不出(일주문 밖을 나가지 않는 생활) 10년일 것이다. 성철스님은 당시 격동하던 불교계의 흐름을 외면하고, 성전암 인근에 철조망을 쳐 스스로를 외부와 단절시켰다. 길고 긴 정진에 몰입한 것이다. 당시 큰스님을 모시는 고생을 감내한 분 역시 법전, 천제闡提 두 스님이다. 천제스님은 이렇게 회고했다.

"1954년에 불교정화운동이 막 시작되었을 무렵, 한국불교를 누구보다 많이 걱정하던 청담스님이 성철스님에게 정화운동을 같이 하자고 권했지요. 그렇지만 성철스님은 '그 일은 청담스님에게 맡긴다'며 정중히 사양했습니다. 불교 행정에 관한 일은 청담스님에게 맡기고, 성철스님 본인은 수행에 전념하겠다는 뜻이었어요."

성철스님의 개혁은 오히려 더 근본적이고 철저했다. 성철스님은 "절 재산을 모두 사회에 내주고 승려는 걸식하며 수행하는 데만 힘써야 한다." "정화란 안으로부터 정진력을 키워 내실을 기하면서 이루어져야지, 자기편을 늘려 사찰을 뺏는 싸움을 벌이는 식이 되면

'묵은 도둑 쫓아내고 새 도둑 만드는 꼴'이 된다."는 입장이었다. 그런 생각에 따라 한층 더 철저한 수행과 정진의 전범을 직접 실천해 보이고자 한 것이다.

이런 자세에도 불구하고 성철스님의 법명이 널리 알려지자 조계종에서는 1955년 일방적으로 성철스님을 해인사 주지에 임명했다. 이 무렵 성철스님은 천제굴에서 나와 해인사로 가지 않고 파계사 부속 성전암으로 들어갔다. 성전암으로 옮길 당시의 사정을 가장 잘 아는 사람은 법전스님이다.

"천제굴에서 성전암으로 옮길 때는 내가 다 준비했지요. 그때 성전암에 집이 있기는 했는데, 다 헐고 썩어서 들어갈 수가 없었어요. 그래서 집을 새로 지은 후에 성철스님을 모셔 왔지요. 그곳에서 10년이나 일주문 밖을 나가지 않으면서 수행자의 참모습을 확립했어요."

집을 다 지어 성철스님을 성전암으로 모시고 법전스님은 문경 쪽으로 떠나 수행에 전념했다. 그때 법전스님 대신 성철스님을 곁에서 모신 사람이 천제스님이다.

"성철스님은 수행자의 본모습에 충실하기 위해 먼저 암자 주변에 가시 울타리와 철조망을 둘렀고, 세속의 각종 요청을 일절 거절했습니다. 해인사를 둘러싸고 비구(독신), 대처(결혼한 승려) 스님들이 싸우면서 서로 성철스님을 주지로 모시려고 했는데, 큰스님은 '아직은 시절인연이 아니다'라며 완곡히 거절했습니다. 나중에 조계종에서 일방적으로 해인사 주지에 임명하기도 했는데, 간곡한 사직원을 당시 종정스님에게 보냈습니다."

설, 추석, 결제, 해제를 전후하여 기도 정진 날짜를 정하고 그 이외에는 신도들은 물론 스님들의 출입 또한 일절 금했다. 성전암의 문을 여는 날에도 일반 신도들의 경우 서울이나 부산 등 먼 곳에서 찾아오는 사람만 만나줬다. 가까운 대구에서 오는 사람이나 큰절에 적을 둔 사람들은 출입을 허락하지 않았다. 천제스님은 성철스님 생신날 신도들과 있었던 이야기를 하나 들려주었다.

"뵙기 힘든 큰스님인데, 생신을 맞아 신도들이 조심스럽게 음식상을 차렸습니다. 그런데 성철스님이 두말없이 음식을 상째로 던져버리시는 거예요. 출가한 수행자는 육신의 생일이 의미가 없다는 것이죠. 그렇게 스님은 평생 생신상을 받지 않았습니다."

신도들을 그렇게 구박하니 그렇지 않아도 어려운 절 살림이 더 어려울 수밖에 없었다. 그렇지만 그렇게 인근 지역에 사는 신도를 멀리 한 것이 성전암이 큰절과 마찰 없이 살 수 있는 현실적 방편이었음을 나중에 깨닫게 되었다고 한다.

성철스님은 성전암에 은거하면서 불교의 교리를 현대인들이 이해할 수 있도록 하는 일에 많은 시간을 할애했다. 범어 원전을 보며 한문 경전과 비교, 연구하기도 했다. 그 과정에서 불교학 교수들보다도 앞선 경전관經典觀을 보이기도 했고, 불교의 이해를 돕기 위해 물리학, 열역학, 수학 분야까지 파고들었다.

최초의
사자후 獅子吼

성철스님이 대구 팔공산 파계사 성전암에서 10년간의 동구불출을 마친 것이 1965년이다. 그해 여름 스님은 경북 문경의 김용사로 옮겨서 하안거를 했다. 그리고 같은 해 겨울 동안거 기간에 대중을 향해 최초로 사자후를 토했다.

김용사 큰방에 운집한 비구, 비구니, 남녀 신도들, 한국대학생불교연합회 회원 등 100여 명이 넘는 대중들은 이때 처음으로 큰스님의 법문을 듣게 된다. 『반야심경』으로 시작하여 『육조단경』, 『금강경』, 『신심명』, 『증도가』, 중도법문中道法門으로 이어져, 20여 일간 설법했다.

성철스님의 이 첫 대중법회를 '운달산법회雲達山法會'라고 한다. 20일간의 법문은 마지막 일주일간의 용맹정진으로 이어졌다. 이 세상에 성철스님의 존재를 본격적으로 알린 출발점이다. 당시에도 역시 천제스님이 성철스님의 곁에 있었다.

"당시 모인 분들이 성철스님의 설법에 모두들 혀를 내둘렀어요. 불교 이론이 정연한 것은 물론이고 당시로선 거의 알려지지 않았던 과학적인 얘기까지 하니 모두들 그런 해박한 설법은 처음이라며 놀랐지요. 다들 불교란 고리타분한 2,000여 년 전 얘기를 반복하는 것이

● 김용사 하안거 해제 기념사진(1966. 7. 14.)

라고 생각하는데, 그런 고정관념을 확 뒤집어놓았던 것입니다."

'부처님의 가르침대로'라는 엄격한 수행, 이에 어긋나는 일을 참지 못하는 괄괄한 선승의 기백으로 널리 알려져 있던 성철스님이 적절한 인용으로 해박한 법문을 쏟아내니 스님들 사이뿐 아니라 일반 재가 불자와 불교학자들 사이에도 화제가 됐다. 천제스님이 기억하는 물리학 이론의 응용 사례가 몇 가지 있다.

"불교의 핵심 사상인 '색즉시공 공즉시색色卽是空 空卽是色'을 설명하면서 아인슈타인의 상대성이론을 이용하는 겁니다. 물질적 현실 존재인 색色이 곧 공空하고, 반대로 공空의 원리에 의해 색色이 존재한다는 것을 상대적인 개념으로 본다는 것입니다. 또 『금강경』에 나오는 아상我相, 인상人相, 수자상壽者相, 중생상衆生相의 사상설四相說을 주관, 객관, 시간, 공간의 개념으로 설명했습니다. 당시로선 모두 신선하고 충격적인 설법이었습니다."

성철스님은 이 밖에도 최면술의 이치로 육도윤회를 설명하고, '연기법문緣起法門'에선 시간의 절대성을 부인하는 우주과학의 원리까지 인용했다. 성철스님은 누구에게나 법문을 들을 기회는 주었지만, 무슨 이유에서인지 녹음은 하지 못하게 했다.

그래도 주변 사람들이 "엄청난 설법인데, 반드시 기록으로 남기도록 하라."고 천제스님에게 권유해 성철스님 몰래 일부 녹음을 하기도 했다고 한다. 그러나 오랜 세월이 지나 테이프가 낡고 닳아 지금은 남아 있는 것이 없다. 다만 운달산법회의 충격만 전설처럼 입에서 입으로 전해질 뿐이다.

당시 성철스님의 법문에 가장 큰 매력을 느낀 사람들은 한국대학생불교연합회, 즉 대불련 소속 대학생들이었다. 대학생이 매우 귀했던 시절, 상당한 지식인이었던 그들은 성철스님의 논리정연한 법문에 빠져들었다. 운달산법회에 참여했던 대불련 학생 서너 명이 당시 인연으로 성철스님의 제자가 돼 출가하기도 했다.

대불련 구도부를 후원하던 덕산 이한상 거사는 이를 계기로 참으로 큰스님을 존경하고 따르게 되었다. 당시에 기업인으로, 또 〈불교신문〉의 전신인 〈대한불교〉 사장이었던 그는 후에 청담스님과 성철스님이 추진하던 승가대학 설립에 물심양면으로 심혈을 기울여주었다.

성철스님의 행보는 마치 길고 치밀한 계획표에 따른 듯한 느낌을 준다. 광복 직후 혼돈의 와중에서 왜색불교와 민간신앙으로 혼탁한 불교의 정체성을 되찾고자 한 것이 봉암사 결사의 취지다. 그 시도가 채 익기도 전에 6·25전쟁으로 중단할 수밖에 없게 되자 성전암에 들어가 10년간 칩거하면서 혼자 불교 관련 서적 독파를 통한 내적 성취를 이뤘다. 그리고 비로소 포교에 나선 셈이다.

성철스님은 운달산법회 후 해인사 자운스님의 권유로 해인사 백련암으로 옮겨 동안거를 나게 된다. 1966년 가을이었다.

해인총림
방장

　　　　　　1966년 자운스님의 초청으로 해인사 백련암에 자리 잡은 성철스님은 다음 해 여름 해인사가 총림이 되면서 방장에 취임하게 된다. 물론 자운스님이 해인사의 법통을 위해 성철스님을 모셔 오면서부터 예견된 일이지만, 통합종단 조계종 최초의 총림과 방장이란 예사롭지 않은 위상이었다.

　'총림'이란 원래 '선승들이 모여 수행하는 곳'이란 뜻이지만, 우리나라에선 종합 수행도량으로 갖춰야 할 세 가지 기관을 거느린 대찰大刹을 말한다. 세 가지란 참선하는 선방, 교리를 배우는 강원, 그리고 계율을 가르치는 율원을 가리키는 것으로, 그 총림의 최고 지도자를 '방장'이라고 부른다.

　해인사가 최초의 총림인 '해인총림'이 된 것은 1967년 7월 25일 해인사에서 열린 임시중앙종회에서 총림법을 통과시켰기 때문이다. 종회는 이어 성철스님을 방장으로 추대하는 결의까지 마쳤다.

　당시 성철스님은 백련암에서 하안거 중이었다. 성철스님이 해인사 큰절로 내려온 것은 안거가 끝난 다음날이었다.

　"앞으로 불사 잘하라는 '보국대'로 징발당했다."

성철스님의 첫마디는 '징발'이었다. '보국대'란 일제강점기에 강제로 전쟁에 동원된 노동자들을 일컫는 말로, 다시 말해 원치 않은 일인데 할 수 없이 나서지 않을 수 없는 처지가 되었다는 얘기일 것이다.

당시 성철스님의 생각은 방장으로 나서서 제대로 된 수행처를 만들어보자는 것이었다.

"총림 운영의 기본 방침은 계戒, 정定, 혜慧의 삼학三學을 바탕으로 해서 엄격한 계율과 일관된 이론, 그리고 철저한 참선 정진으로 견성성불見性成佛하는 것입니다."

성철스님은 그런 생각에서 수행 환경부터 정비해야겠다고 생각했다. 관람객들이 큰절 대웅전까지 밀려드는 상황에서는 제대로 수행하지 못한다는 판단에서였다. 장기적으로 해인사 경내로 관광객이 들어오는 것을 통제하고, 법당인 대적광전을 선방으로 고쳐 사용할 생각이었다고 한다. 가장 큰 중심 건물인 법당을 선방으로 사용하려 했다는 것은 다시 말해 세 가지 기관 중 선원을 가장 강조한다는 취지다. 교리나 계율보다 참선이 기본이라는 선승다운 판단이다.

오래전부터 해인사에 전해 내려오는 풍수 얘기가 있다.

풍수지리 차원에서 보면 가야산 주봉이 큰절에서 보이지 않고, 또 가야산 주맥이 큰절에 떨어지지 않고 개울 건너로 흘러버렸기 때문에 항상 주인이 객에게 밀리고 사는 것이 해인사의 운명이다. 그래서 일주문 앞쪽 옆에 영지影池(연못)를 파 가야산 주봉이 그 못에 비치게 하여 객의 기상을 조금이나마 꺾고자 했다는 이야기다.

이런 전설 같은 얘기가 성철스님에 의해 현실화되었다.

해인총림 방장 자리에 오른 성철스님이 선방에서 참선 수행하는 수좌首座들을 워낙 존중해주는 바람에 주지스님 등 절 살림을 꾸려가는 주인들이 전혀 기를 펴지 못하고 살았다.

일단 해인사 선방에 들어오면 어떤 수도승이든 모두 주인 노릇을 할 수 있었던 것은 전적으로 성철스님의 후원 덕분이라고 해도 과언이 아니다. 방장인 성철스님은 선방 수좌들과 주지스님 간에 의견이 안 맞으면 일단 선방 스님들을 지지하곤 했다.

대신 선방 수좌들에겐 엄격한 수행을 요구했다. 성철스님은 매년 두 번, 하안거와 동안거 중에는 꼭 일주일씩 용맹정진을 하게 했다.

처음에는 죽을병만 아니면 누구나 빠짐없이 용맹정진에 참여하게 하고 탈락하면 걸망을 싸 쫓아버렸다. 그러니 용맹정진 기간이 되면 산중의 분위기가 냉랭하고 스님들의 신경이 날카로워져 살벌했다. 선승이라면 예외가 없었다. 해인사 큰절에 있는 선방 스님들뿐만 아니라 여러 부속 암자 스님들에게도 용맹정진을 하라고 지시했다.

시간이 지나면서 조금씩 예외가 많아졌지만 안거 중 일주일간의 용맹정진은 지금도 해인사의 자랑이자 전통으로 남아 있다.

성철스님은 이미 1967년 해인사 방장으로 취임하던 해 '백일법문'에서부터 돈오돈수를 주장하며 보조국사 지눌의 돈오점수를 비판해왔다. 여러 법문에서 드러난 성철스님의 생각은 이렇다.

"선종이란 '바로 사람의 마음을 가리키는 것[直指人心]'을 근본으로 합니다. 구체적으로 참선이란 곧바로 깨쳐서 성불하는 것이지, 절대로 점차漸次를 둔다든지 단계를 둔다든지 하여 시간을 끌며 빙빙 둘러서 가는 공부가 아닙니다. 선종에서 말하는 돈頓과는 정반대로 교

해인사 마애불

가敎家에서는 점漸을 주장합니다. 즉, 수행의 정도나 마음의 상태 등에 따라 단계적으로 나누어 시간적인 점차를 두는 것입니다."

참선을 강조하는 선불교에서는 찰나[頓]에 단박 깨달음을 얻어 부처가 되는 것, 즉 견성성불을 주장한다. 반면에 불교 경전 공부를 강조하는 교가에서는 찰나에 성불한다는 것이 모든 사람에게 가능한 일이 아니므로 점차 한 계단 한 계단 올라가듯 시간적으로 거리를 두어 점차를 가지고 공부를 가르친다는 것이다.

물론 두 가지 방법 모두 불교의 가르침에 나오는 얘기다. 그런데 성철스님은 선불교의 전통에선 돈오돈수가 맞는 것이고, 돈오점수는 깨달음을 단박에 얻지 못하는 사람들을 위한 방편에 불과한 것이지 제대로 된 깨달음의 길이 아니라고 설명했다.

성철스님이 자신의 이론을 세우는 데 가장 큰 힘이 된 스승은 중국 당나라의 고승 육조 혜능이다. 성철스님은 중국 선불교를 개척한 고승인 혜능스님의 가르침을 자주 인용해 돈오돈수를 강조했다.

"선종에선 오직 돈頓으로서만 성불하는 길을 가르칩니다. 육조대사는 '오직 돈교만을 전해 세상에 나가 삿된 견해를 부순다[唯傳頓敎門 出世破邪宗]'고 했습니다. 단계적으로 공부길을 인도하는 것은 모두 다 방편인 동시에 삿된 종[邪宗]이라는 것입니다. 삿된 종이라 하지만 이것도 혹 개인의 여건에 따라 필요할 수도 있습니다.

그러나 상상할 수 없는 기나긴 세월 동안 헛고생할 필요는 없지 않습니까? '깨친다[悟]'고 하는 것은 한 번 깨칠 때 근본 무명을 완전히 끊고 구경각究竟覺(완전한 깨달음)을 성취하는 것을 말합니다. '단박에 깨친다[頓悟]'고 하면 '단박에 닦는다[頓修]'는 것입니다. 구경각을 성취해

버렸는데 그 뒤에 어떤 점차로 닦음이 있을 수 있겠는가 하는 것이 육조스님의 말씀입니다."

진정한 깨달음, 즉 '돈오'하고 나면 점수는 필요 없다는 얘기다. 그러니 당연히 단박에 깨치는 돈오돈수의 수행에 전념해야 한다는 말이 된다. 돈오점수는 능력이나 결심이 모자라는 사람을 위한 방편에 불과한 것이고, 너무나 오랜 시간을 필요로 한다. 반면 돈오돈수는 깨달음의 지름길인 셈이다.

"돈오라는 말을 겉으로 볼 때는 같습니다. 그러나 돈오돈수에서 말하는 돈오와 돈오점수에서 말하는 돈오는 '깨달음의 내용' 면에서 근본적으로 다릅니다. 보조국사가 초년의 저술에서는 확실히 돈오점수를 주장했습니다. 그러나 그로부터 약 10년 후 마흔한 살 때 『대혜어록大慧語錄』을 보고 얻은 바가 있었다고 말합니다."

"보조국사는 『절요』에서 돈오점수는 교종에 해당하는 것이지 선종은 아니라고 분명히 선언했습니다. 초기 저술에선 돈오점수를 달마선達磨禪이라고 강력히 주장했지만 20년 후에 지은 『절요』에서는 돈오점수는 선종이 아닌 교종이라고 고쳤습니다. 초년에는 선과 교를 혼동해서 돈오점수를 선종이라고 주장했지만 돌아가시기 직전 생각을 바꾼 것입니다."

보조국사의 후반기 사상이 전반기의 잘못을 시정한 것이며, 이는 성철스님 본인이 주장해온 돈오돈수와 같은 맥락이라는 해석이다. 성철스님은 이 같은 주장을 통해 당시 돈오점수를 광범하게 받아들이고 있던 한국 조계종의 잘못된 수행 풍토를 비판하고자 했다.

"요사이 우리나라의 선방을 볼 것 같으면, 보조국사의 잘못된 초기 저작만 보고 자꾸 돈오점수를 주장하는 사람들로 꽉 찼습니다. 돈오점수를 순전히 선사상이라고 주장하는 사람은 보조스님을 잘 모르는 것입니다. 800년이 지난 지금까지 돈오점수가 선종 사상이라고 주장한다면 보조국사가 웃을 일입니다."

성철스님은 이같이 보조국사의 생각을 잘못 이해한 돈오점수를 따르면 참된 깨달음을 담보해주지 못한다고 선언했다. 돈오점수는 선종의 이단이라는 시각이다. 나아가 보조국사에 대해서도 "보조국사가 초기 잘못된 사상을 말년에 깨닫고도 이를 정확히 바로잡지 못하고 열반했기에 지금까지 혼돈이 남아 있다."고 비판의 화살을 날렸다.

결론적으로 말해 성철스님의 주장은 화두를 들고 참선에 전념하여 단번에 완전한 깨달음을 얻으면 더 이상의 닦음(修)이 무의미하다는 것이다. 단번에 깨달음을 얻기까지가 중요하며, 그 완전한 깨달음을 얻기 위한 정진에 혼신의 힘을 기울이라는 엄정한 자기 깨침의 가르침인 셈이다.

김병용 거사와 장경각

참선을 강조하느라 늘 "책 읽지 말라"고 가르치셨던 성철스님은 정작 책을 아끼는 장서가이자 독서광이었다. 성철스님이 거처를 옮길 때마다 한바탕 치러야 하는 큰일이 바로 7~8천 권에 이르는 장서藏書를 옮기는 것이다. 백련암에 자리 잡고서는 아예 '장경각藏經閣'이란 별도의 건물을 지어 서고로 사용해야 할 정도로 책이 많았고, 성철스님은 그 어느 한 권도 소홀히 대하지 않았다.

성철스님이 대규모의 장서를 갖게 된 것은 1947년 봉암사 결사를 시작하기 직전 경남 양산 내원사에 머물 무렵이다. 어느 날 성철스님과 절친한 도반 청담스님이 해인사에서 보내 온 편지가 도착했다.

"서울 사는 거사居士(남자 불교 신도의 존칭)가 한 분 있는데 경전에도 밝고 어록에도 밝다고 합니다. 그 거사가 '나보다 불전佛典 실력이 나은 스님이 오면 경전과 어록들을 다 주겠다'고 한다니 스님이 나와 함께 가서 그를 한번 만나 보시지요."

애긴즉슨 김병용이라는 거사가 대장경뿐 아니라 중국에서 발간된 선종 어록 등 3,000여 권의 희귀한 불교 관련 서적, 그리고 일부 목판본까지 소장하고 있는데 그것을 기증받을 고승高僧을 찾고 있다는 것이다. 당시 성철스님과 봉암사 결사를 준비하던 도선사 선원장 도우스님이 그때의 상황을 정확히 기억하고 있다.

"성철스님과 청담스님이 대승사에서 함께 수행할 때 주지가 김낙인 스님이었어요. 선방 앞의 큰 나무를 베어 넘기는 통에 주지의 속을 끓이기는 했지만, 두 분의 정진과 높은 학식은 김낙인 스님에게 깊은 인상을 남겼나 봅니다. 김병용 거사라는 분이 바로 김낙인 스님의 친척인데, 김 거사가 책을 시주받을 만한 스님을 물색해 달라고 부탁을 한 거예요. 그래서 김낙인 스님이 청담스님에게 연락했고, 청담스님은 자신보다 성철스님이 낫겠다고 생각해 같이 서울로 가자고 편지를 보내 온 것입니다."

김병용 거사는 충북 충주에 살던 천석꾼이다. 그는 불교에 심취했던 아버지로부터 불교 관련 서적을 물려받았다. 워낙 귀하고 어려운 책이라 자신이 간직하기보다 이를 잘 활용할 스님을 찾아 시주하는 것이 낫다고 판단한 것이다. 김 거사는 속내를 감추고 이 절 저 절 참배하며 마땅한 스님을 찾아다녔다. 틈틈이 불교에 대한 문답을 하기도 했다. 몇 년을 다녔지만 마땅한 스님을 못 찾던 중 성철, 청담스님을 소개받게 된 것이다.

"우리가 앞으로 총림叢林(교육과 수행 등 모든 기능을 갖춘 큰절)을 만들어 운영하려면 불교 서적이 꼭 필요하다"라는 판단과 "세속에 그렇게 해박한 거사가 있나?" 하는 호기심, 나아가 "얼마나 많은 경전과 어록을 가지고 있을까?" 하는 궁금증까지 더해져 성철스님은 당장 청담스님을 만나 서울로 올라갔다. 당시 세검정 밖에 있었던 김 거사의 집에서 김 거사와 청담, 성철스님이 만났던 상황에 대해 성철스님이 이야기를 들려준 적이 있다.

"김 거사가 보기 드물게 경전을 많이 읽었고, 특히 반야경전에 달통했더구먼. 그 사람이 한참을 이야기하는데, 가만 듣다 보니 유식학唯識學에 대해서는 한마디도 안 해! 그래서 내가 다 듣고 말했제. '거사가 아는 불교 이야기는 어지간히 했소?' 하니 '그렇습니다' 카는 거라. 내 차례다 싶어 유식학에 대해 한참 얘기했제. 자기가 모르는 유식학을 강론하니 귀가 번쩍 뜨였던 모양이라."

성철스님의 얘기를 다 듣고 난 거사가 만면의 웃음으로 화답했다.

"내가 선대로부터 물려받고, 또 지금까지 모으고 간직해 온 귀한 책들을 받아갈 만한 스님이 없으면 어쩔까 큰 걱정을 하며 살았는데, 오늘 이렇게 스님을 만나서 내 소원을 풀었습니다. 이 얼마나 다행입니까? 이 모든 것을 스님께 드릴 터이니 언제든지 가져가십시오."

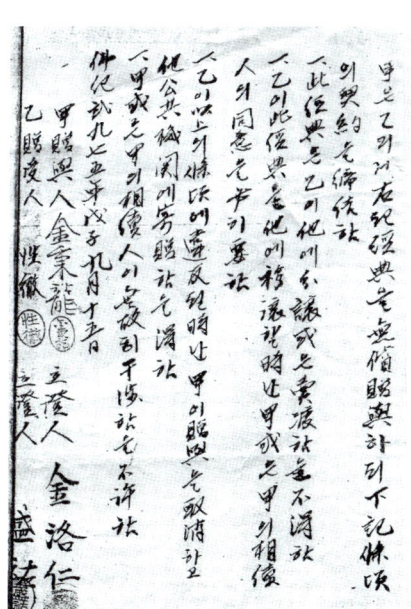

● 김병용 거사의 장서 증여계약서

● 백련암 장경각 앞에 선 성철스님

한 차례의 만남으로 모든 얘기가 끝났다. 운반 수단이 없던 시절이라 방대한 장서를 옮기는 것도 예삿일이 아니었다. 도우스님이 자운스님에게서 운반비를 지원받아 결사 예정지인 봉암사로 옮겼다.

"1950년대만 해도 바다 건너 서구의 학술 자료들을 구하기가 불가능에 가까웠지요. 성철스님은 본인이 장서를 보거나 간혹 찾아오는 학자들과 얘기를 나누던 중 새로운 주장을 담은 책이나 자료가 나왔다고 하면 꼭 구해달라고 당부했습니다. 특히 관심을 많이 가졌던 것은 아무래도 불교 교리와 관련된 것들인데, 연줄 연줄로 여러 사람에게 부탁하기도 했지요." 천제스님의 전언이다.

성철스님은 나아가 영혼의 존재, 불교적 인식론을 담고 있는 물리학적 근거, 전생에 대한 실험을 담은 자료 등에도 관심이 많았다. 또 "불교가 늙은 종교라고 생각하는 일반적 관념은 맞지 않는다."며 국내외의 돌아가는 현실에도 많은 관심을 가졌다. 당시 정부 당국의 검열에 따라 한국 관련 기사를 모두 도려내 구멍이 뻥뻥 난 〈타임〉지를 수시로 구해 읽었으며, 세계적인 시사 화보집 〈라이프〉지도 사오라고 지시하곤 했다고 한다. 책과 자료에 관한 성철스님의 애착에 대해 천제스님은 말했다.

"아무래도 불교와 관련된 외국 자료는 일본에서 많이 나왔는데, 성철스님은 아는 사람들에게 그런 자료들을 구입해달라고 부탁하곤 했습니다. 한번은 『남전대장경』이라는 경전을 일본에서 주문했는데, 부산항에서 하역하던 중 인부들이 실수로 전질을 바다에 빠뜨려 수장水葬됐지요. 하지만 성철스님은 포기하지 않고 다시 부탁해서 결국에는 그 책을 구해 읽었습니다. 당시 성철스님은 우리나라에서 불교 관련 서적을 가장 많이 지닌 분이었고, 또 가장 많이 불교전문서적을 읽은 스님이었을 겁니다."

그렇게 성전암에서 10년간 공부한 결과가 이후 해인총림 방장 시절에 행한 백일법문百日法門으로 이어졌고, 이후 쉬우면서도 정곡을 찌르는 법문의 밑거름이 된 것이다. 성철스님은 스스로 공부할 뿐만 아니라 행자이던 제자들에게도 영어와 같은 세속적 학문의 중요성을 강조하고 가르쳤다. 천제스님이 '천재天才'라는 별명을 얻은 것은 바로 그 같은 성철스님의 교육열 때문이다.

"성철스님은 불전을 원전으로 읽고 이해하기 위해서는 범어梵語를 알아야 하고, 또 범어 공부를 위해서는 영어가 필수라고 하셨습니다.

그러면서 서울에 있는 어떤 교수에게 특별히 부탁해 저에게 영어를 가르치게 했습니다. 그래서 잠시 그 교수 분에게 배우고, 다음부터는 독학했지요."

동진출가童眞出家(어려서 출가)했지만 천제스님의 영어 실력은 상당한 것으로 유명하다.

천제스님과 더불어 또 한 분, 10년간 행자로서 성철스님을 모신 스님이 만수스님이다. 만수스님은 성정이 어질어서 큰스님이 참 좋아했다고 한다. 만수스님의 그런 성격을 말해주는 일화가 있다.

눈이 쏟아진 어느 겨울날, 큰스님께서 산책을 하는데 눈밭에 속옷이 널려 있는 것이 보였다. '빨래를 하기 싫어서 눈밭에 버렸나' 하고 생각한 성철스님이 버럭 소리를 질렀다.

"이거 누구 옷이고?"

그러자 만수스님이 뛰어나왔다.

"제 옷입니더."

성철스님이 "와 이렇게 눈 위에 옷을 버려놨노?" 하고 묻자 대답이 걸작이다.

"옷에 이가 많아 가려워 죽겠는데 그렇다고 죽일 수는 없고 해서, 지도 추우면 도망가지 싶어 눈밭에 옷을 걸쳐 두었습니더."

성철스님도 그런 만수스님을 야단칠 수가 없었다고 한다. 그 만수스님의 별명은 '사전'이다. 성전암에 살면서 "공부하라"는 성철스님의 명에 따라 혼자 사전과 옥편을 줄줄 외우고 다녀 얻은 별명이다.

그리고 "중국고전 『맹자』를 백번 읽으면 한문문리가 트인다."는 말씀을 따라 『맹자』를 소리 내어 읽어야 했다는 만수스님의 회고다.

성철스님의
아버지

　　　　성철스님의 가족에 대한 이야기는 별로 알려진 것이 없다. 그러나 한 인물을 얘기하면서 그 부모에 대한 얘기를 생략할 수는 없다. 성철스님과 가까운 분들에게 들은 가족 얘기를 자세하지는 않더라도 조금 언급하고 지나가고자 한다.

　성철스님의 아버지 이름은 이상언李尙彦, 자字는 사문士文, 아호는 율은栗隱, 관향貫鄕은 합천陜川이다. 조선말 국운이 기울어가던 1881년 동짓달 초하루 경남 산청군 단성면 묵곡리 대대로 살던 집에서 태어나 평생을 그곳에서 살았다. 진양晉陽 강姜씨를 아내로 맞아 슬하에 4남 3녀를 두었는데, 성철스님이 장남이다.

　부친은 평생 남에게 굽히는 일이 없을 정도로 성정이 당당하고 직설적이었다. 외모는 성철스님보다 더 훤해 지팡이를 짚고 삿갓을 쓰고 길에 나서면 선풍도골仙風道骨의 모습이었다고도 하고, 유림으로 향교에 가 좌정하면 향교가 다 훤해질 정도였다고도 한다.

　어쨌든 성철스님의 기골 장대하면서도 시원스런 외모는 이런 부친을 많이 닮았던 듯하다. 성철스님이 들려준 일화에 따르면 부친은 무서우면서도 자상한 면이 많았던 분이다.

● 성철스님의 아버님 이상언 옹

"우리 집에 밤나무가 마이 있었거든. 그라이 온 동네 아이들이 우리집에 밤 훔치러 오는 게 일이라. 몰래 밤나무에 올라가 밤을 따 가는데, 선친은 보고도 아무 말을 안 해. 가만 보다가 아이들이 나무에서 다 내려오면 그때 호통을 치는 기라. 나무 위에 있을 때 뭐라고 하면 아이들이 나무에서 떨어질까 봐 그런 거 아이가."

부친은 매우 주도면밀하고 세심한 분이기도 했다. 집 우물가에 구기자나무를 심어놓고 매일 새벽 일어나 남보다 먼저 샘물을 떠마셨다고 한다. 우물가 구기자 뿌리가 땅속 깊이 들어가 우물을 감싸면서 구기자의 좋은 성분이 물에 녹아들게 되는데, 그 물을 새벽 일찍 마시면 장수한다는 옛말에 따른 것이다.

고집스런 면모는 일제강점기에 창씨개명을 거부한 대목에서 잘 드러난다. 일제 관리들이 그토록 종용해도 꿈쩍도 하지 않았다고 한다. 일제강점기 말 전쟁에 필요하다며 집에 있는 놋그릇 등을 거두어 갈 때도 끝까지 거부하고 숟가락 하나 내주지 않았다고 한다.

지리산 자락이라 빨치산들이 자주 출몰했는데, 성철스님의 집은 지주 집안이라 당연히 질시와 감시의 대상이었다. 하루는 인민군 병사가 집 안에 들이닥쳐 소를 몰고가려던 참이었다. 성철스님의 부친이 이를 보고 호통을 쳤다.

"니는 소 도적질하는 놈이가, 백성 위한다는 인민군이가."

전해오는 말투나 행동이 영락없는 성철스님이다. 그 인민군이 가만있을 리가 없다. 부친에게 총부리를 겨누었는데, 다행히 동네 사람 누군가가 재빠르게 끼어들어 노인을 업고 도망쳤다고 한다.

이런 완고한 유학자인 아버지가 장남의 출가를 보는 심정이 어떠했겠는가. 특히 산청 지역은 남명南冥 조식 선생의 유풍이 대대로 이어져 내려온 곳으로 매우 보수적인 유교 전통을 자랑하는 곳이다. 또 당시만 해도 조선조의 오랜 전통과 정책에 따라 스님이 천민 취급을 받던 시절이었다. 그러니 성철스님의 출가는 온 집안, 아니 온 마을을 발칵 뒤집어놓은 대사건이었다고 한다.

동료 유학자들이 아들이 중이 된 가문과는 친교를 가질 수 없다며 외면할 정도였다고 하니 완고하고 자존심 강한 부친의 낙담은 이루 다 말할 수 없었을 것이다. 부친은 분하고 답답한 마음에서 어느 날 하인들에게 집 앞 경호강을 가로지르는 그물을 치라고 지시했다.

"내 아들이 석가모니의 제자가 됐응께, 나는 석가모니한테 복수하는 수밖에 없다 아이가. 석가모니가 내 원수다."

부친은 살생을 금지했던 석가모니에게 복수하기 위해 집 앞 경호강에 하인들에게 그물을 치게 하고 저녁에 하인들이 잡아 오는 고기를 큰 통에 담아놓고 매운탕을 끓여 거의 매 끼니를 먹다시피 했다.

이때 밤마다 몰래 남은 물고기를 물동이에 담아 강물에 풀어준 사람은 어머니 강상봉이었다. 아버지 이상의 슬픔을 감추고, 아버지의 성격에 맞춰 살아가야 했던 어머니의 마음은 더 찢어지는 듯했다.

그러던 아버지가 아들이 도인이 되어 천제굴에서 불법을 펼치고 있다는 소식을 듣고 찾아 나서 20여 년 만에 부자 상봉이 이뤄졌다.

"지가 올 리는 없고 내가 가서 봐야제!"

도를 이룬 아들의 훤훤한 모습을 보고 크게 느끼셨는지 집으로 돌아온 부친은 하인에게 명했다.

"아들이 불법의 도인이 되었으니 이제 강가의 그물을 거두어라."

성철스님의 어머니

언젠가 성철스님에게 여쭈었다.

"출가할 때 집에서 반대하지 않았습니꺼?"

"반대 마이 했지, 와 안 하겠노. 내가 명색이 유림 집안의 장남인데, 반대 안 할 택이 있나."

성철스님이 그런 반대에도 불구하고 출가할 수 있었던 것은 거짓말 사주四柱 덕분이었다고 한다.

"반대한다고 출가 안 할 수는 없는 거 아이가. 그래서 내가 거짓말을 했지. 중 안 되면 죽을 팔자라고. 출가 안 시키고 집에 잡아놓으면 곧 죽는다는데야 더 뭐라 카겠노. 부모들 마음이야 그게 제일 약한 데 아이가. 나중에는 죽지만 말라고 하데."

사주팔자를 철석같이 믿었던 어머니는 아들의 말을 믿지 못해 따로 사주를 봤다. 당연히 아들의 말과 달랐다. 어머니는 아들을 다그쳤다.

"내가 용한 데 가서 사주 물어봉께, 니는 죽을 사주가 아이라 큰 사람 될 거라 하대."

그러나 장성한 아들한테 이기는 어머니가 있겠는가.

● 성철스님의 아버지와 어머니

"그 사주쟁이 참 엉터리요. 내가 지리산에 사주 잘 보는 도인한테 물어봤다 아이요. 그 사람이 집을 떠나지 않으면 요절한다고 확실하게 말했는데, 그 사람 믿어야지 내가 와 어무이가 본 엉터리 사주를 믿을 끼요."

성철스님이 그렇게 거짓말로 속인 어머니는 참 총명하고 지혜로운 성품으로 소문난 분이었다고 한다. 어머니를 본 적이 있는 사람들은 성철스님의 총명함이 어머니로부터 물려받았을 것이란 말을 많이 했다. 어머니는 성철스님을 잉태하기 전부터 큰 사람을 낳겠다며 치성을 많이 드렸다고 한다.

그렇게 귀한 아들이 출가하였으니 어머니는 수시로 옷가지와 음식을 준비해 아들을 찾아 나섰다. 하지만 성철스님은 결코 어머니를 반갑게 맞아주지 않았다. 처음에는 산으로 도망치다가 나중에는 아예 어머니가 절 근처에 오지도 못하게 돌멩이를 던지기도 했다. 그러면 어머니는 옷과 음식이 든 보따리만 두고는 발길을 돌렸다. 그리고 며칠 후엔 꼭 다시 찾아와 성철스님이 보따리를 가져갔는지를 확인했다. 옷가지나 음식을 두고 온 그곳에 아직 그대로 비 맞은 채 짐승들이 먹은 자취가 남아 있으면 그토록 마음이 아렸고, 아무것도 없으면 스님이 가져갔거니 하고 마음 편히 돌아왔다고 한다.

성철스님이 출가하고 4년쯤 지나 금강산 마하연선원에 들어가 하안거를 날 때의 일이다. 어머니가 어떻게 알고서 물어물어 그곳까지 찾아왔는데, 성철스님은 밖을 내다보지도 않고 참선만 하고 있었던 것이다. 선방스님들이 술렁거렸다. 천오백 리 길을 달려온 어머니가 돌아갈 생각을 않고 있으니 다른 스님들이 도저히 그냥 지나칠 수가 없었던 것이다. 그래서 대중공사(선방 전체회의)가 열렸다.

"아무리 생사를 걸고 정진하는 수도승이지만 어머니가 남쪽 끝 진주에서 이곳까지 찾아왔으니 마냥 외면하는 것은 도리가 아니다. 어머니를 맞이하든지 아니면 선방에서 떠나든지 해야 한다."

선방의 대중공사 결론은 무조건 따라야 한다. 성철스님은 어쩔 수 없이 참선 수행을 중단하고 어머니를 맞이했다. 물론 곱게 맞을 스님이 아니다.

"내가 원체 무섭게 하니까 딴 사람은 아무도 안 오는데, 우리 어무이는 그래도 용케 찾아오는 기라. 금강산 마하연에 찾아왔을 때는 대중공사 때문에 할 수 없이 만났는데, 보자마자 내가 막 해댔지. '뭐 하러 이까지 찾아왔느냐.' 그러니까 어무이가 '나는 니 보러 온 거 아이다. 금강산 구경하러 왔다'고 하대. 그러니까 뭐 더 할 말이 있겠노."

성철스님은 그 바람에 어머니를 모시고 금강산 유람에 나섰다. 금강산에서 수행하면서도 한번도 돌아보지 않았던 비경을 어머니 덕분에 돌아본 셈이다. 먼 훗날 "그때 아니었으면 금강산 구경은 평생 못했을 것이다."고 하셨다.

성철스님의 어머니를 잘 아는 비구니 성원스님(현 해인사 국일암 감원)은 금강산을 유람한 뒤 어머니가 한 말을 정확히 기억하고 있다.

"보고 싶던 아들 손 잡고 금강산 구경 잘했제. 험한 길에 가면 아들한테 업히기도 하고, 매달리기도 하고, 떠밀리기도 하면서 그래그래 금강산을 돌아다니는데 이게 꿈인가, 생시인가 싶은 마음에 분간이 안 되는 기라. 금강산 구경 잘하고 헤어졌제. 금강산 돌아다닐 때는 거기가 극락인 줄 알았는데 돌아올라카니 앞이 캄캄해. 산에서 내려와 기차를 타고 진주로 돌아오는데, 아이구 며느리 생각만 하면 아무리 생각해도 해줄 말이 없어 가슴이 답답한 기라. 더구나 며느리가 스님 만나거든 전해주라고 쥐어주던 편지는 전해 주지도 못하고 손에 쥔 채 돌아가는 심정은 뭐라고 말할 수 있어야제…."

수경의 학창시절

　　수경은 1937년 5월 아버지 이영주(성철스님의 속명)와 어머니 이덕명 사이에서 태어났다. 출가한 아버지 대신 할아버지가 지어 준 이름은 수경이었다.

　지금은 그런 모습이 사라졌지만, 당시 고향 묵곡 마을은 아름다운 경호강을 끼고 돌아 마치 강물에 둘러싸인 조용한 섬 같았다고 한다. 사방 1km를 남의 땅을 밟지 않고 살 수 있을 만큼 넉넉한 집안이었기에 일제 치하에도 불구하고 수경의 유년 시절은 남부럽지 않은 생활이었다.

　초등학교 6학년 때 아버지를 처음 뵙기 전까지 수경에게 아버지란 그저 상상 속의 인물이었다. 아버지는 수경이 태어나기 전에 이미 출가하였다.

　"아버지가 스님이란 사실은 어려서 누군가로부터 들어 알고 있었지만 한번도 보지 못했기 때문에, 그저 동화 속에서 나오는 사람 정도로만 생각했어요."

　어린 나이에도 불구하고 스님의 딸이란 소리가 듣기 싫었고, 그러다 보니 자연스럽게 아버지를 원망하는 마음과 함께 '아버지는 세상을 등지고 가족도 버린 채 산속에서 무얼 하고 사는가' 하는 고민을 하기 시작했다.

수경은 초등학교 4학년 때 할아버지에게 '사람은 나면 서울로 가고 말은 나면 제주도로 보낸다'는 옛말을 인용해 가며 서울 유학을 졸라 서울 혜화초등학교에 다니고 있었다. 당시 집안 살림이 넉넉했던 가문에서는 흔히 자식들을 서울로 유학 보내곤 했는데, 수경의 집안에서도 이미 막내 삼촌이 서울에서 학교를 다니고 있었다. 남산댁인 어머니와 함께 서울로 함께 올라가 혜화국민학교로 전학했다. 서울 학교의 수업은 시골 학교와 놀랄 정도로 차이가 컸다. 어린 나이로 서울 생활 적응에 어려움이 적지 않았지만 아버지가 스님이란 사실을 아무도 몰랐기에 큰 짐을 벗은 것처럼 마음이 홀가분해 날아갈 것 같았다고 한다.

처음 아버지를 만나게 해준 사람은 묘엄스님(전 수원 봉녕사 승가대학장)이었다. 묘엄스님은 성철스님과 절친한 청담스님의 딸이다. 어느 날 묘엄스님이 다른 비구니 스님과 함께 수경을 찾아왔다.

"큰스님께서 경남 월래 묘관음사에 계시니 한번 찾아뵙도록 하자."

전혀 예상치 못했던 일에 얼떨떨해 있는데, 서울에 같이 유학 와 있던 막내 삼촌이 담임선생님께 말씀드리고 한번 가보자며 나섰다. '평생 불러 보지도 못하고, 보지도 못한 아버지가 대체 어떤 모습일까' 하는 호기심 반, 자식을 팽개친 아버지에 대한 미움 반에 얼굴이라도 보자는 마음으로 삼촌을 따라나섰다.

삼촌을 따라가면서 어린 마음에도 '그렇게 미워한 아버지인데, 그래도 찾아 나서고 싶은 마음이 생기니 이것도 천륜인가' 하는 생각이 들었다고 한다. 기차를 타고 묘관음사에 도착하니 해질 무렵이었다. 산기슭을 따라 올라가니 누군지 모르는 무섭게 생긴 스님 한 분이 보였다. 나중에 알고 보니 그 스님이 바로 성철스님과 절친한 도반인 향곡스님이었다. 향곡스님이 말했다.

"칠수좌(성철스님)가 오늘 이상한 손님이 온다면서 온 데 간 데 없이 사라져 버렸다."

조금 기다리자 향곡스님이 다 떨어진 누더기에 부리부리하게 광채 나는 큰 눈만 보이는 스님과 함께 나타났다. '저분이 내 아버지인가' 하는 순간 눈 큰스님이 소리를 질렀다.

"가라, 가!"

그렇지 않아도 화가 나 있던 수경은 그 순간 "삼촌, 돌아가요."라며 돌아섰다. 그때 무서운 얼굴의 향곡스님이 부드러운 미소로 붙잡았다. 그리고 자그마한 방으로 데려가서는 과자며 과일이며 먹을 것을 내놓았다.

먹을 것을 내주며 얘기를 시키던 향곡스님이 수경에게 물었다.

"니는 앞으로 크면 뭐가 되고 싶노?"

향곡스님도 경상도 사투리를 썼다. 수경은 어릴 적부터 미국의 발명왕 에디슨을 좋아했다.

"발명가가 되고 싶습니다."

그렇게 시작된 문답인데, 이야기하다 보니 향곡스님께서 물었다.

"니는 어떤 발명가가 되고 싶은데?"

그 물음에 수경은 망설이지 않고 대답했다.

"사람은 어디서 와서 죽으면 어디로 가는가, 연구해 보고 싶습니다."

그러자 향곡스님께서 손뼉을 치며 크게 웃으시며 말했다.

"앞으로 니는 철수좌보다 더 큰 사람이 되겠는데."

향곡스님은 성철스님을 '철수좌'라고 불렀다. 성철스님과 가까운 스님들은 흔히 그렇게 불렀다. 여기서 '수좌'란 선승이란 말이고, 앞의 수식어인 '철'이란 성철스님의 법명 중 뒷글자를 따서 부른 것이다. 향곡스님이 어찌나 다정스레 대해주는지 늦게까지 얘기를 나눴다. 끝내 눈 큰스님, 아버지 성철스님은 나타나지 않았다.

"묘관음사에서 하룻밤을 보내고 다음 날 아침 절 아래를 내려다보니 끝없는 바다가 펼쳐져 있더구만요. 그때 바다를 처음 봤지요. 마음이 시원해지는 느낌이었어요. 아버지에 대한 미움이나 절집의 낯설음도 모두 바닷속에 묻힌 듯……."

그렇게 아버지와의 첫 만남, 절집에서의 첫 밤은 짧고 가벼운 기억으로 끝났다. 향곡스님이 손에 쥐어 준 차비로 좋은 필통을 사 오래도록 사용했던 일이 수경의 기억에 남는다고 한다.

다음 해 6·25전쟁이 터졌다. 서울이 갑자기 어수선해졌다. 포소리, 총소리에 숨을 죽이고 지하실에서 이불을 덮고 하룻밤을 지내고 나니 탱크와 인민군이 열을 지어 서울로 들어왔다. 인민재판하는 광경도 보고 즉결처분하는 장면도 학교 운동장에서 보고는 몸서리를 쳤다고 한다. 한 달을 머물다가 더 이상 서울에 있을 수 없겠다 싶어 수경은 어머니와 함께 고향집으로 내려갈 준비를 하고 피난민 행렬에 가세했다.

300여 명의 일행이 한 무리를 이뤄 남쪽으로 문경새재를 넘고 왜관 낙동강가에 이르렀다. 비행기가 보이면 콩밭이나 숲속에 엎드려 숨었다. 멀쩡히 옆에 있던 사람들이 기총소사로 죽는 장면을 더러 목격하기도 했다. 주검이 널려 있는 산을 넘고 물을 건너 마침내 대구에 도착했다. 그리고 다음 날 국회의원인 친척 이병홍 씨를 찾아가 도움을 청해 간신히 마산행 열차를 탈 수 있었다.

잿더미로 변한 진주에 도착해 아는 분을 만나 묵곡리 소식을 물으니 할아버지가 돌아가셨다고 했다. 눈물을 삼켜가며 고향집에 도착하니 할아버지는 살아계셨다. 소를 끌고가는 인민군을 혼내다 이를 말리는 동네 사람에게 업혀 나갔던 것이 잘못 소문난 것이다.

할아버지는 그 난리통에 살아온 손녀를 다시는 서울로 보내지 않겠다고 하셨다. 그래서 수경은 진주사범 병설 중학교에 다니게 됐고, 졸업 후엔 진주사범학교에 입학했다.

중학교 시절이었다. 친구의 권유로 교회에 나가기 시작했다. 스님이 된 아버지에 대한 반발심이 적지 않게 작용한 결과였다고 한다. 할머니는 겉으로는 잘 생각해 보라는 말씀을 하셨지만 속으로는 걱정이 태산이셨다.

한편 성철스님은 묘관음사에 있다가 전쟁이 나자 남쪽으로 내려와 경남 고성 문수암에 잠시 머물렀다. 그러다 전쟁이 소강상태에 들어갈 즈음 통영 안정사 옆 골짜기에 초가집을 짓고 '천제굴闡提窟'이라 이름 붙이고 거기에 머물렀다. 할머니는 집안 식구들 몰래 천제굴을 다니시곤 했는데 스님께 수경의 상황을 말씀드린 모양이었다.

수경이 학교를 마치고 집에 와보니 어떤 스님이 기다리고 있었다. 스님의 시자를 맡고 있던 법전스님이었다.

"큰스님이 한번 다녀가라고 하신다."

생각지도 않던 아버지 성철스님의 호출이었다.

고등학생 수경이 할머니와 함께 진주에서 고성으로 가는 산등성이를 넘어 천제굴로 아버지 성철스님을 찾아갔다. 할머니가 길을 잘못 드는 바람에 도중에 날이 저물어 산에서 하룻밤을 지내게 됐다. 억지로 따라온 수경은 잠자리가 불편한데다 화까지 나 잠을 설쳤다. 다음 날 일어나 보니 바로 옆에 천제굴이 있었다.

향곡스님 절에서 뵌 후 두 번째로 스님을 만났다. 할머니는 성철스님에게 준다고 음식을 잔뜩 만들어 머리에 이고 산길을 올라왔었다. 하지만 그 어려움과 정성을 성철스님은 전혀 알아주지 않았다.

"그 음식 해온 거 전부 산 아랫동네 못사는 사람들 주고 온나."

수경은 음식 보따리를 들고 산을 내려가 생면부지인 사람들에게 나눠 줬다. 잔뜩 골이 나 다시 암자로 올라왔는데, 할머니가 스님께 인사드리라며 재촉한다. 불만이 가득한 표정으로 성철스님을 바라봤다. 큰스님이 한마디 했다.

"니 참 못땠네."

수경은 마음속으로 '사람 마음을 참 잘 아시는구나'라고 생각했다. 하지만 얼굴에 묻어나는 불만을 결코 떨치지는 않았다. 그런 딸을 향해 성철스님 특유의 문답이 시작됐다.

"그래, 니는 뭣을 위해 사노?"

"행복을 위해서 살려고 합니더."

"행복에는 영원한 행복과 일시적인 행복이 있거든. 니는 어떤 행복을 위해 살 거고?"

이 말을 듣는 순간 수경은 속으로 일시적인 행복이 아닌 영원한 행복을 위해 살겠다는 결심을 했다. 그러자 묘하게도 그때까지 큰스님을 미워했던 생각들이 봄눈 녹듯 사라졌다고 한다. 그런 마음의 변화를 느끼며 성철스님에게 물었다.

"어떤 것이 영원한 행복이며, 어떤 것이 일시적인 행복입니꺼?"

"부처님처럼 도를 깨친 사람은 영원한 행복을 누리는 대자유인이고, 안 그라고 이 세상에서 오욕락五欲樂을 누리고 사는 것은 일시적인 행복 아이가."

수경은 벌써 아버지 성철스님의 말씀에 빠져 들고 있었다.

"도를 깨치는 공부는 어떻게 하면 됩니꺼?"

"화두를 들고 참선을 하면 되는 기라."

수경은 그 자리에서 큰스님으로부터 삼서근 화두를 받았다. 큰스님의 선문답은 몇 가지가 더 이어졌다. 수경은 생각나는 대로 대답했다. 그제야 성철스님이 웃는다.

"니가 10년 공부한 선객보다 더 낫다."

수경이 내친김에 이제부터 학교에 가지 않고 화두 들고 참선만 하겠다고 했다. 하지만 성철스님의 반응은 의외였다.

"아무리 작은 일이라도 끝을 제대로 맺지 못하면 큰일에 성공하지 못하는 거라."

학업을 일단 마치라는 성철스님의 가르침에 다시 학교로 돌아왔다. 그렇지만 이미 마음은 아버지의 가르침에 빼앗긴 수경이다. 음악이나 체육 시간에는 제일 뒷자리에 앉아 혼자 참선에 빠지곤 했다.

수경의 출가

교생 실습을 위해 진주 인근 초등학교로 출근해야 하는데, 학교로 가는 대신 참선하러 월명암으로 들어갔다. 그곳에서 평생 도반이 되는, 부산사범을 졸업하고 수행차 머물고 있던 친구 옥자(백졸스님. 부산 옥천사 주지)를 만났다.

성철스님의 출가 이후 20년 만에 다시 집안이 시끄러워졌다. 재원이란 소리를 들어가며 교사의 길을 잘 걸어가던 처녀가 교사 발령을 받고서도 "부임하지 않겠다. 참선 공부하러 절에 가겠다."고 하니 집안 어른들의 야단이 이만저만이 아니었다.

가족회의가 열렸다. 어른들의 설득에 수경이 조건을 내세웠다.

"내 소원을 들어 줄 수 있으면 절에 안 가겠심더."

모두들 긴장하며 수경을 쳐다봤다.

"오늘 죽을지 내일 죽을지 모르는 내 죽음을 대신해 줄 사람이 있으면 절에 가지 않겠심더."

수경이 용기를 내 결론을 내렸다.

"부처님은 6년 만에 대도를 깨쳤다 하지만, 나는 더 열심히 해서 3년 만에 공부를 마치고 도를 깨치고 오겠심더."

이제 여든을 바라보며 한평생 꼿꼿하고 도도하게 살아온 할아버지가 눈물까지 흘리며 한탄했다.

"우리 집안 다 망하는구나."

이 무렵, 집안의 이런 사정을 알 리 없는 성철스님은 경남 통영 안정사 옆 천제굴에서의 생활을 끝내고 대구 팔공산 파계사의 산내 암자인 성전암으로 거처를 옮겼다. 출가를 결심한 수경은 가족들에게 하직 인사를 하고 수소문 끝에 성전암으로 성철스님을 찾아갔다.

"영원한 행복을 얻기 위해 참선 공부를 하려 집을 나왔심더."

딸의 출가 결심을 듣던 성철스님이 허락하고 한마디 덧붙였다.

"급할수록 둘러가야 한데이."

수경은 친구 옥자와 함께 성철스님의 지시에 따라 해인사 청량사에서 하안거를 처음 맞았다.

불필스님은 지금도 그 시절의 초발심을 뚜렷하게 기억하고 있다.

"그 시절 상식적으로는 거의 불가능할 정도로 철저한 화두공부인 참선을 했지요. 처음엔 금방 쓰러질 것 같았지만 어느 정도 시간이 지나니까 거짓말처럼 온몸이 가뿐해지더군요. 내가 하고 싶어하는 일을 하면 절대로 피로나 괴로움이 없다는 것을 깨달았지요."

상기병으로 해제를 하자마자 성전암으로 성철스님을 찾아갔다.

"그래서 내가 급할수록 둘러가라 안 그랬나."

성철스님은 상기 내리는 방법을 가르쳐 주었다. 상기병이 나아질 즈음 성철스님이 다음 수행처를 정해 줬다.

"태백산 홍제사에 인홍스님(전 석남사 주지)을 찾아가거라."

성철스님의 가르침을 받은 수경은 태백산으로 향했다. 홍제사 인홍스님이 반갑게 맞아주었다.

수행에 대한 열정이 높은 수경에게 태백산은 안성맞춤이었다. 산 정상에 오르니 칡넝쿨이 저절로 엉켜 있고, 냇물을 거슬러 올라가 보니 도솔암도 보였다.

당시 도솔암엔 일타스님이 머리를 기른 채 정진하고 있었다. 일타스님은 가끔 홍제사에 내려와 설법을 해주기도 했다. 마침내 동안거(冬安居, 겨울철 외부 출입을 하지 않고 수행에 전념하는 것)가 시작됐다.

주지 인홍스님을 비롯해 성우, 묘경, 혜춘, 인성, 무염, 현각스님 등 다른 비구니 스님들의 정진도 대단했다. 겨울만 되면 눈으로 외부와 단절된 깊은 산속에서 스님들은 마주보며 장좌를 했다.

"정말 견디기 힘들 정도로 졸음이 쏟아지면 밖으로 나와 눈 속에서 행선을 했지요. 달빛 아래 쌓인 흰 눈에 무릎까지 쑥쑥 빠지는데, 추운 줄 모르고 걷다 배가 고프면 시금치나 생감자를 먹곤 했지요."

그렇게 겨울 한 철을 보내고 봄 햇살에 눈이 녹아 길이 드러나면 스님들은 하안거 할 곳을 찾아 만행(萬行, 하안거와 동안거 사이에 전국을 떠돌아다니며 수행하는 것)을 떠난다. 수경은 옥자와 함께 경북 문경 사불산에 있는 윤필암으로 갔다. 윤필암은 비구니 수행처로 유명한 암자다.

"사불산은 바위산이에요. 그런 바위산이 병풍처럼 사방을 둘러싸고 있으니 도량에 들어서면 마음속 번거로움이 다 사라지는 듯 했어요. 모든 불보살님들이 보살피는 정진도량이 아닌가 싶을 정도지요."

윤필암에서 조금만 산을 오르다 보면 묘적암이 나타난다. 고려말 나옹스님이 정진했던 곳이다. 나옹스님이 앉아 정진했던 곳으로 알려진 묘적암 인근 안장바위와 말바위는 천길 낭떠러지 골짜기에 걸려 있는 바위들로, 졸기라도 하면 목숨이 위험한 곳이다. 수경은 나옹스님처럼 정진한다는 일념으로 곧잘 바위에 오르곤 했다.

수경은 친구 옥자와 함께 대구에서 성전암까지 50리 길을 걸어 성철스님을 찾아갔다. 무사히 안거를 마쳤음을 보고하는 자리였다.
"열심히 하려고 하는데, 공부가 마음처럼 잘 되질 않습니다. 왜 그렇습니까?"
성철스님이 형형한 눈을 부라리며 호통 쳤다.
"건방지게! 니 언제 공부해 봤다고 공부가 되니 안 되니 그런 말을 하노? 공부를 이루기 전에는 공부란 이름도 붙일 수 없는 거라."
당시 성철스님은 이렇게 참선 수행의 어려움을 강조하면서 자주 하던 말씀을 친필로 써 가까운 사람에게 직접 나눠 주곤 하셨다. 대체로 이런 내용이다.
'하루에 적어도 20시간 이상 화두가 한결같이 들려야만 비로소 화두 공부를 조금 한다고 할 수 있다. 이를 화두천話頭天이라고 한다. 하루 중 아무리 바쁠 때라도 화두가 끊어지지 않고, 꿈속에서도 밝고 밝아 항시 한결같아도, 잠이 아주 깊이 들어 문득 막연하면, 화두가 없어지면 다생겁으로 내려오는 생사고生死苦를 어찌 하리오?[日間浩浩常作主 夢中明明恒如一 正睡著兮便漠然 塵劫生死苦奈何].'

하안거나 동안거를 마치고 참선공부를 점검받기 위해 성전암에 들를 때마다 쫓겨나기 일쑤였다. 옥자와 수경 중 하나가 대답을 잘못해도 같이 쫓겨나야 했다.

여름엔 덜하지만 겨울철에 쫓겨나면 정말 막막했다. 동안거를 마치고 보고차 왔던 날이었다. 무엇을 잘못했는지도 모르는데 성철스님의 불호령이 떨어졌다.

"인자 이것들 절에 놔둬 봤자 아무 소용없데이. 속가 집으로 내쫓아 버려야제."

인정이 메마른 성전암. 수경은 그런 박대를 당할 때마다 '공부를 제대로 하지 않고는 여기 다시 오지 않겠다'는 마음이 생겼다고 한다. 불필스님은 지금도 어려울 때면 그 시절을 되새긴다고 한다.

"천대받고 괄시받는 것이 대단한 기쁨이라고 나중에 생각했지요. 우리가 찾아갈 때마다 인정으로 밥을 주고 반겼다면 벼랑 끝에 선 마음으로 지혜의 칼날을 갈 수 있었겠습니까? 지금 생각해 보면 '대신심大信心으로 정진하라'고 내리던 큰스님의 자비의 담금질이었습니다."

수경은 경북 문경 깊은 산속 윤필암으로 다시 가 참선 정진 대신 처음으로 기도를 했다.

"하안거나 동안거를 마치고 곧장 아버지 성철스님께 찾아가 그간의 공부를 보고하려고 하면 큰스님은 그저 긴 말 없이 야단만 쳐 쫓아내니, 이제는 큰스님께 의지할 것 없고 혼자 부처님께 의지해 깨칠 수밖에 없다는 생각만 간절했어요. 그래서 일주일 동안 하루에 사천 배씩 절을 했습니다."

기도법도 모르고 기도하며 익숙지 않은 절을 사천 배나 반복하니, 절하는 시간이 하루 20시간씩 걸렸다. 수경은 기도하면 인간에게 무한한 힘과 능력이 생긴다는 것을 그때 처음 느꼈다고 한다. 확실히 느껴지는 '내부의 힘'을 개발하면 영원한 대자유인이 될 수 있고, 개발하지 못하면 중생계의 고통이 끝날 날이 없다는 생각도 들었다. 당연히 다른 일체의 잡념 없이 정진에 매진했다.

1959년 8월 28일이다. 할아버지는 출가한 아들의 이름을 외치며 돌아가셨다고 한다.

"할아버지 소식을 가져온 분이 그러더군요. 할아버지는 돌아가시기 직전 저승사자가 눈에 보이시는 듯 '나는 성철스님한테 간다. 이놈들아! 나는 성철스님한테 간다'고 고함을 치셨다는 겁니다."

환갑을 넘기는 노인이 드물었던 당시, 할아버지는 79세까지 장수하셨다. 그렇게 건강하던 분이셨는데, 아들의 출가를 그렇게 뼈저리

● 불필스님이 출가한 석남사의 일주문

게 아파하시던 분이셨는데 그렇게 마지막 순간에 아들의 이름을 부르며 가셨다고 생각하니, 수경은 할아버지에 대한 슬픔과 고마움과 죄스러운 마음이 불덩이처럼 가슴 깊은 곳에서부터 솟아올랐다.

'급할수록 돌아가라'고 큰스님께서 몇 번이나 말씀하셨는데, 곧 깨달음을 얻을 수 있을 것 같은 급한 마음에 정진을 거듭하다가 또 상기병이 도졌다.

"아무리 해도 상기병이 완전히 낫지 않습니다."

"상기병은 간단히 없어지는 병이 아이다. 할 수 없제. 쉬어가면서 천천히 할 수밖에. 장기전으로 대처해야제."

수경은 장기전이라는 말을 듣는 순간 정말 하늘이 무너지는 기분이었다. 집을 나올 때 3년 만에 공부를 마치겠다고 큰소리를 쳤고, 또 실제로 자신도 있었다. 그런데 장기전이라니. 믿기지 않는 마음에 다시 스님께 물었다.

"그러면 앞으로 어떻게 참선 정진해 가야 합니꺼?"

"한 길로만 가면 결국은 성불할 수 있는 거다. 병나지 않게 천천히 장기전으로 나갈라 카면 머리 깎아야 안 되겠나?"

성철스님이 붓과 종이를 꺼냈다. 불필不必과 백졸百拙, 수경과 옥자에게 내린 법명이다. 딸에겐 '필요 없다'는 법명을, 그 친구에겐 '모자란다'는 법명을 준 것이다. 그 자리에서 두 처자는 출가를 결심했다.

다시 성철스님의 명에 따라 많은 보살핌을 주던 인홍스님을 찾아 경남 울주군 석남사로 갔다. 그해 가을 인홍스님을 은사로, 자운스님을 계사로 사미니계를 받았다. 머리를 깎고 예비 비구니가 된 것이다.

불필스님의 3년 결사

　　불필스님은 1961년 3월에 통도사 금강계단에서 정식 비구니계를 받았다. 통도사 금강계단은 부처님의 진신사리를 모신 단壇으로, 이곳에서 계를 받는 것은 부처님 앞에서 계율을 지킬 것을 맹세한다는 의미가 있었다.

　비로소 정식으로 비구니계를 받았으니 그때부터 불필스님은 백졸스님과 함께 본격적인 운수납자(雲水衲子, 누더기 옷을 입고 구름처럼 물처럼 떠도는 수도승)의 길로 나섰다. 경북 문경 대승사 묘적암, 경남 합천 해인사 국일암, 지리산 도솔암 등을 두루 돌아다녔다.

　그리고 성철스님의 말씀에 따라 1969년 은사이신 인홍스님이 계시던 석남사로 다시 돌아왔다. 그리고 처음으로 석남사 심검당에서 3년 결사(結社, 3년간 일체 외부출입을 삼가고 선방에서 수행하는 것)를 시작했다.

　인홍, 장일, 성우, 혜관 같은 노스님들과 법희, 법용, 백졸, 혜주, 불필스님 등 젊은 비구니들이 함께 결사정진에 참여했으며, 1969년 동안거 때부터 매일 새벽 300배를 했다.

　3년 결사가 끝나갈 무렵, 마지막 100일 간 용맹정진에 들어갔다.

　"밤에 졸리면 밖에 나가 산길을 하염없이 걸었습니다. 전등도 없던

● 인홍스님, 묘엄스님, 불필스님과 함께 백련암 장경각 앞에서(1972년)

시절이라 사방이 캄캄한데 산길을 혼자 걷다 보면 바로 옆에 큰 짐승이 지나가는 것을 본능적으로 느낄 때도 있었지요."

성철스님은 수도승으로서의 모진 노력을 늘 강조하시던 분이다. 비록 속세의 인연은 떠났다한들 아버지 성철스님의 가르침은 늘 머릿속에서 떠나지 않았다.

"노력하고 또 노력해라. 노력 없이는 아무 성공도 없데이."

1972년 가을 3년 결사를 무사히 마쳤다. 결사의 리더격인 인홍스님이 고희를 맞아 주지 소임을 법희스님에게 넘기고, 본인은 다시 정처 없는 운수납자의 길을 가겠다며 칠불암으로 떠났다.

석남사에 남은 불필스님은 청조스님 등 다른 일곱 명의 스님들과 함께 심검당에서 100일 장좌불와를 시작했다. 가능한 모든 정진법에 도전하는 치열한 구도의 세월이었다.

당시 심검당에 두 그루의 보리수나무를 심었는데, 30년이 지난 지금 한 그루가 크게 자라 봄이면 꽃향기를 가득 내뿜고 여름이면 무성한 나뭇가지로 더위를 식혀 준다. 그리고 가을이 되어 맺힌 열매를 따서 실로 꿰면 아름다운 보리수 염주가 된다. 어린 나무가 크게 자란 것을 볼 때마다 불필스님은 당시 함께 정진했던 스님들이 그리워진다고 한다.

초발심初發心, 출가할 당시의 뜨거운 열정을 간직하고 정진했던 그 시절은 출가승이면 누구나 잊지 못하는 순간들이다.

남산댁의
설움과 출가

성철스님이 출가하기 전 결혼했던 부인 이덕명 여사, 남산댁은 남편에 이어 딸마저 출가하자 한동안 말을 잊었다고 한다. 결혼하고 얼마 지나지 않아 남편이 도를 찾겠다며 뱃속의 아이까지 모른 체 하고 지리산으로 들어갔고, 그렇게 어렵사리 얻은 딸은 아버지를 한번 보고 와서는 변해 버렸다. 똑똑하단 소리 들으며 공부 잘하던 딸이 학교에 가도 참선만 한다고 하고, 집에 와서도 "참선하니 조용히 하라."고 하니 답답하기 짝이 없었다.

딸이 사범학교를 졸업할 무렵, 이제 한숨을 돌리나 했더니 3년 만에 득도하겠다는 엉뚱한 말만 남기고 집을 떠났다. 복받치는 설움과 외로움을 삭이지 못한 남산댁이 드디어 대구 파계사 성전암으로 성철스님을 찾아갔다.

당시 성철스님은 성전암 주위에 철조망을 치고 아무도 허락 없이 들어오지 못하게 하며 살고 있었다. 어쩌다 큰스님을 꼭 뵙겠다거나, 아니면 도를 깨쳤으니 큰스님께 인가를 받겠다며 철조망을 뚫고 들어오는 스님이 간혹 있었지만 만나 주지 않았다.

남산댁 역시 성전암에 도착은 했지만 철조망 때문에 들어갈 수가 없었다. 그렇다고 물러날 수는 없는 일이었다. 주변의 나뭇가지를 꺾어 철조망을 덮고 벌리며 뚫고 들어갔다.

성전암에는 성철스님 외에 시자스님 세 명이 살고 있었다. 당시 같이 살았던 천제스님은 말했다.

"인기척이 있어 밖으로 나가 보니 웬 중년 부인이 큰스님 뵙기를 청하는 거야. 가끔 있어 온 일이기에 별 생각 없이 돌려보내려고 타일렀지. '큰스님께서는 지금 아무도 만나 주시지 않으니 그냥 돌아가시소'라고 말이야. 그런데 그 부인이 아무 대답 없이 그저 큰스님을 만나야 한다는 말만 반복하는 거야. 하루 종일 같은 말로 밀고 당기고 했는데, 해질녘이 되자 그 부인이 어디 갔는지 사라졌어."

스님들은 당연히 돌아갔겠거니 생각하고 저녁 공양을 마쳤다.

저녁 공양이 끝나면 성철스님은 거처에서 시자실로 잠시 건너와 10분 정도 앉아 이런저런 얘기를 해주시곤 했다. 그날도 저녁 공양을 마친 큰스님이 시자실로 건너와 막 말씀을 시작할 무렵이었다.

"우당탕."

문이 부서지는지 열리는지 모를 큰소리가 나더니 낮의 그 부인이 들이닥쳤다. 큰스님의 고함이 터진 것도 거의 동시였다.

"빨리 저거 쫓아내라. 뭐 하노, 빨리 쫓아내."

부인은 아무 말이 없이 큰스님을 쳐다보고 있었다. 시자들은 영문도 모르고 부인을 쫓아내기 위해 팔을 잡아당겼다. 그러자 밀려나던 부인이 외쳤다.

"스님, 내가 할 말이 있어 왔습니데이."

시자들도 황당했다. 무슨 부인이 이리 황소고집이기에 하루 종일 어디 숨어 있다가 난데없이 나타났는지, 또 큰스님은 왜 그렇게 노발대발하시는지 모르는 가운데 시자들도 화가 났다. 거칠게 끌어냈다.

세 행자가 부인의 손과 손을 잡고 끌다시피 하며 무려 1.5km나 되는 길을 내려와 파계사 가까이에 이르렀다. 그때서야 부인이 단념했는지 "휴우~" 하고 긴 한숨을 내쉬었다.

"행자님들, 내 다시 올라가지 않을 건께 인자 놓고 올라가소."

세 행자는 혹시나 하는 마음에 몇 번이나 뒤를 돌아보면서 성전암으로 올라갔다. 체념한 부인은 땅이 꺼지게 한숨만 몰아쉬고 있었다. 성철스님에게는 "저 밑에까지 쫓아내고 왔습니다."라고 보고했다.

"성철스님이 아무 얘기도 않더라구. 그러니 그냥 어떤 신도가 찾아왔다가 쫓겨난 줄 알았지."

성철스님의 아버지가 돌아가셨다는 소식이 성전암에 와닿았다. 성철스님은 별말 없이 천제스님에게 문상하고 오라고 지시했다.

"경호강을 나룻배로 건너 상가에 도착했지. 문상을 하고 일어서는데, 소복 입은 맏며느리라는 분이 어디서 많이 본 듯한 얼굴이라 '본 일이 없을 텐데, 어디서 봤나' 하고 한참 생각했지. 그러다 정신이 번쩍 들더라구. 그때 저녁 무렵에 억지로 쫓아낸 그 부인이었던 거야. 얼마나 무안하고 참담했던지 쥐구멍이라도 있으면 들어가고 싶다는 말이 이런 때를 두고 하는 말이구나 싶더라니까."

성철스님의 부인인 남산댁 이덕명 여사가 성전암으로 찾아간 것은 성철스님과 담판을 짓기 위해서였다고 한다. 부인은 훗날 이렇게 회고했다.

"도가 좋으면 혼자 가면 됐지, 왜 하나밖에 없는 딸까지 데려가느냐. 딸은 누구보다 내가 잘 키워 놓을 테니 딸만은 돌려 달라고 담판하려고 달려갔지. 그런데 담판은 고사하고 쫓겨 내려오고 말았어."

따져 보면 남산댁에겐 다른 선택의 여지가 없었다. 성철스님에 이어 딸 수경이 출가했을 뿐 아니라, 수경이 집을 떠난 다음 해인 1957년 4월 12일 시어머니 초연화超然華 보살도 세상을 떠났다. 수경의 할머니는 "다음 생에는 내 기필코 스님이 되겠다."는 서원을 세우고는 출가한 스님처럼 삭발하고 장삼을 입고 삶을 마감했다. 시아버지께서는 1959년 8월 28일에 세상을 떠나셨다.

성철스님을 다비하던 날 많은 신도들은 열심히 염불하고 있는데 저쪽 구석에서 낯익은 듯한 보살 한 분이 한없이 울고 있는 모습이 눈에 들어왔다. 나는 누굴까 해서 가까이 다가가 보니 뜻밖에 스님의 막내 여동생이었다. 순간 당황도 하고 무안도 해서 한마디 했다.

"보살님! 다른 신도님들은 다 열심히 염불을 하는데 혼자서 이렇게 슬프게 우시면 남이 알면 민망스럽지 않겠습니까?"

그러자 막내 동생은 더 목 놓아 울면서 말했다.

"원택스님, 스님은 내 마음 모릅니다. 나는 지금 큰스님 떠나심에 이렇게 체면 없이 우는 것이 아닙니다. 오늘 이렇게 많은 사람들이 모여 큰스님 떠나심을 애도하는 모습을 보니 생전의 어머니가 생각나서 이렇게 한없이 눈물을 흘리는 것입니다. 큰스님을 잉태하시고는 우리 어머니는 평상의 4각 모서리 같은 데는 앉지도 않고 모난 떡은 먹지도 않았으며 아들이 태어나거든 나라에 훌륭한 인물이 되게 해달라고 빌고 또 빌었답니다. 영특하고 기민하여서 큰 인물이 되리라 생각했는데 성장해서는 덜컥 스님이 되어 출가해 버리니, 그것이 어머니의 죄인 양 아버지의 구박이 이만저만이 아니었습니다. 그런데 오늘 큰스님이 수많은 불자들의 애도 속에서 이렇게 떠나시는 모습을 어머님 당신이 보셨다면 당신의 소원이 이제 이루어졌다고 얼마나 기뻐하셨을까를 생각하니 그래서 자꾸만 눈물이 납니다."

스님은 뜻대로 출가하여 도인이 되셨지만 그 가족에 드리운 아픔의 그림자는 그렇게 깊었나 보다.

홀로 남은 남산댁에게 기댈 곳이라곤 피붙이 딸뿐이었다. 남산댁은 수경이가 불필이라는 불명을 가지고 이 선방, 저 선방 참선 공부하러 다닌다는 것을 풍문으로 들었다. 그러다 불필스님이 경남 언양 석남사에 머물고 있다는 소식을 듣고 찾아갔다. 딸의 얼굴을 10여 년 만에 보리라는 기대감에 부푼 발길이었다.

역시 그 아버지에 그 딸이었다. 어머니가 찾아왔다는 전갈을 받은 불필스님은 산으로 도망쳤다. 공부 다 하고 돌아가겠으니 찾아오지 말라고 전해 달라는 말만 남긴 채. 그러니 어머니의 섭섭함이야 어찌 이루 다 말할 수 있겠는가. 어머니 남산댁은 "독사보다 더 독하다."라는 한마디를 남기고 집으로 돌아갔다고 한다.

하지만 그렇게 돌아섰다고 모정이 끊어질 일인가? 남산댁은 그 뒤에도 두 번이나 석남사를 찾아왔다. 두 번째도 못 만나고, 세 번째 찾았을 때는 석남사 주지였던 인홍스님이 마침내 그간 누르고 있던 안타까운 속내를 토로하셨다.

"성철스님은 이제 저렇게 도명을 떨치시고, 딸은 또 이렇게 불철주야 참선 정진하고 있는데 남산댁도 이제는 마음을 바꾸어야 하지 않겠소? 남편과 딸이 수행자가 되어 세상 그렇게 남산댁도 힘들게 살았지 않소? 남산댁도 이제 모든 것을 다 버리고 절에 들어와 우리와 같이 삽시다. 그러면 그렇게 보고 싶은 딸도 부처님 앞에서 매일 볼 수 있고 말이오!"

불필스님의 은사인 인홍스님의 말씀은 구절구절 남산댁의 마음을 파고들었다. 더 이상 세속에 연연할 인연도 없었다. 그 말을 듣고 며칠 곰곰이 생각하던 남산댁도 마침내 출가를 결심했다. 1967년 봄 석남사에서 출가해 일휴一休라는 법명을 받았다. 평생 한숨 속에 지새다가 마침내 출가로 쉼터를 얻었다는 뜻인지 자운 큰스님께서 법명을 주셨다.

일휴스님은 늦게 출가했지만 그만큼 남에게 지지 않으려고 열심히 정진했다. 말년에는 무릎 관절염으로 고생을 하면서도 흐트러짐 없이 수행에 매진했다. 말년엔 아무 정신이 없는 것 같은데도 손에서 염주를 놓지 않고 24시간 굴렸다. 불필스님은 당시를 이렇게 회고했다.

"출가해서도 나에 대한 애착을 버리지 못해 당신 자신보다 나를 더 생각하는 모습을 자주 보았지요. 그러니 이 세상 모든 어머니상이 어찌 다르겠는가, 가장 어리석은 바보가 세상의 어머니들이구나 싶더라구요. 일휴라는 법명으로 어머니가 늦게 출가하셨지만 참다운 발심을 하여 정진하시기를 바랐기 때문에 될 수 있으면 멀리서 바라만 보았어요."

1983년 여름, 며칠째 비가 계속 내리던 가운데 불필스님은 석남사 심검당에서 사흘간 머무르며 정진하고 있었다.

"음력 6월 6일 아침 일찍 어머니 일휴스님이 급히 찾는다고 해서 내려와 보니, 일휴스님이 '오늘은 내가 갈란다(세상을 떠나겠다는 말씀)'고 말씀하셨어요. 노인의 말씀이지만 하도 여러 번 하셔서 성타, 법희, 현묵, 혜주, 범용, 백졸스님들이 다 모여 두 시간이나 즐겁게 이야기하며 함께 있었지요."

마침 그날이 중복이었다. 중복이면 대중스님들은 옥류동 계곡에서 물맞이(목욕)를 하고, 찰떡국이나 감자떡을 먹으며 더위를 식힌다. 다른 스님들이 계곡으로 나간 사이에도 불필스님은 오랜 도반 백졸스님과 함께 일휴스님 곁을 지켰다. 그러다 저녁 무렵, 옥류동에 올라와 다른 스님들과 함께 저녁을 먹고 잠깐 쉬고 있는데 시자가 달려왔다. 그러고는 "일휴스님께서 저녁 공양에 찰떡국을 한 술 잡수시고 두 술째 뜨다가 그대로 앉아 숨을 거두셨다."고 말했다. 불필스님은 일휴스님에 대해 이렇게 회고했다.

"장작더미에 불이 훨훨 타고, 육신은 한줌의 재가 되고, 다시 그 재를 동서남북으로 뿌리니, 사람의 한 생이 너무나 허무하게 여겨졌습니다. 사십구재날 별당 앞 연못의 물이 황금빛으로 변하고 사십구재를 보러 오는 스님들이 보니 가지산에 비가 오지도 않았는데 무지개가 섰었다면서 서광瑞光이라고 했습니다. 오전 10시 무렵 무지개가 연못에 뿌리를 내리니 연못이 황금빛으로 보였나 봅니다. 그 후 일타스님께서 무지개 이야기를 들으시더니 근래에 보기 드문 일이라고 하셨습니다. 언제나 자기 생활에 철저하게 살았기 때문에 늦게 출가하셨어도 훌륭하게 살다 가신 분이라 기억됩니다."

4

우리 곁에 왔던 부처

성철스님은 산중에서 불교의 가르침에 따라
살면서 격동의 시기를 보냈다.
그러나 그로부터 몇 년의 세월이 흐른 뒤,
큰스님이 가신 날 가야산을 찾은
수십만 추모 인파를 보면서 생각했다.
큰스님은 산중에 앉아서도 세상을 널리 비추셨다고.

스님의
도반들

청담스님

괄괄한 성정 탓인지 큰스님께서는 가까운 도반이 그렇게 많은 편은 아니다. 그러나 몇몇 도반과는 무척 허물없이 지냈다. 특히 절친했던 분이 청담스님이다. 수좌들 사이에는 괴각쟁이로 소문난 두 사람이 만나 단번에 의기투합하게 됐다.

우여곡절도 적지 않았다. 청담스님은 해인사 효봉 큰스님이 주도하신 가야총림을 건설하고자 갔는데 대처승의 반발이 만만찮았다.

일제강점기 풍습에 따라 결혼한 대처승 신분으로 해인사를 차지하고 있던 스님들이 절을 내놓지 않아 애를 먹었다. 이에 청담스님도 1948년에 봉암사로 가서 성철스님이 주도하고 있던 봉암사 결사에 참여했다. 그러나 봉암사 결사도 후에 6·25사변으로 해체되어야 했다.

그래도 두 스님의 결심은 조금도 흔들리지 않았다. 성철스님은 대구 파계사 부속 성전암에 칩거하면서 '수행자로서의 전범'을 몸소 실천했고, 그동안에도 청담스님은 불교 개혁에 심혈을 기울였다. 1960년대 초 청담스님은 서울 우이동 도선사에 머물면서 개혁의 고삐를

늦추지 않고 있었다.

성철스님이 도선사를 찾은 것은 1964년 겨울이었다. 두 스님이 만났으니 일이 생기지 않을 수가 없었다. 도선사에 도착한 성철스님은 도선사가 여전히 일제강점기 사찰의 모습, 즉 불상이 무속신앙의 대상들과 나란히 법당에 모셔진 것을 보았다. 그래서 청담스님에게 제안을 했다.

"청담스님이 머물고 있는 절인데 이래서야 되겠소? 우리 옛날 봉암사 결사 정신으로 돌아가 법당 정리부터 해야제."

청담스님이 그 뜻을 모를 리가 없다.

"그래야제."

그러고는 법당에 모셔져 있던 칠성탱화와 산신탱화, 용왕탱화 등을 뜯어내어 마당에 집어던진 다음 불살라버렸다. 난리가 났다. 신도들은 "웬 중 둘이 도선사에 들어오더니만 조상 대대로 내려오던 탱화들을 모두 태웠다."며 소리를 지르고 항의를 했다. 두 스님의 대답은 한결같았다. '비불교非佛敎', 즉 부처님의 가르침과 맞지 않는다는 것이다.

하지만 수백 년간 산신과 칠선과 용왕을 믿어 온 신도들은 쉽게 받아들일 수가 없었다. 성철스님은 당시를 회고하면서 "그 뒤로 한 3년 동안 신도가 끊어진 거라. 청담스님이 불사佛事하는 데 무지 고생했다고 하데."라고 말하곤 했다.

청담스님이 성철스님보다 세속 나이로는 열 살이나 많았지만 두 스님은 아무 허물없이 지냈다. 그런데 청담스님의 제자들 입장에서는 다소 못마땅했던 모양이다. 청담스님의 제자인 현성스님은 그때를 떠

● 유난히 절친했던 청담스님과 성철스님

올리며 말했다.

"성철스님께서 도선사에 오신 후부터 청담스님의 방에선 두 분의 대화가 쩌렁쩌렁 울렸고, 간간이 박장대소가 도량을 휘몰아치곤 했어요. 이전까지 항상 참선으로 적요만 흐르던 스님의 방이었는데, 뭐가 그리 재미있는지. 나는 그 무렵 성철스님에게 불만이 생겼어요. 은사이신 청담스님이 훨씬 연상인데도 두 분은 '너, 나' 하면서 서로 하대하는 거예요. 그 점이 이해가 안 갔지요."

그래서 현성스님은 어느 날 청담스님께 볼멘소리로 항의를 했다.

"속세 같으면 큰스님께서 큰형님뻘이잖습니까? 성철스님은 예의가 너무 없는 것 아닙니까?"

그러자 청담스님의 불호령이 떨어졌다.

"성철스님은 한국불교의 보물이야! 내가 아니면 누가 알겠느냐?

나이는 내가 열 살이나 많지만, 불교는 성철스님이 열 배나 더 잘 안다. 너는 그따위 생각일랑 버리고, 시봉이나 잘하거라."

앞서 말한 대로 청담스님과 성철스님은 불교의 미래를 위해서는 승가의 교육이 절실하다고 믿었다. 때문에 승가대학을 세우자는 염원에서 '실달학원悉達學園'이란 간판을 도선사 기둥에 걸었다. 실달悉達이란 부처님의 이름인 싯다르타를 소리나는 대로 옮긴 말이니, 결국 부처님의 가르침을 제대로 배우고 가르쳐보자는 뜻이 담겨 있다.

신도들을 위해서는 "스님들의 불공보다 먼저 자신의 업장을 자신이 소멸시켜야 한다, 대참회 정신을 키워줘야 한다"는 취지에서 '참회도량懺悔道場'의 문을 도선사에 활짝 열었다.

이후 성철스님은 서울에 나들이할 일이 있으면 신당동에 있는 신도의 집에 머물렀다고 한다. 그러면 여러 스님이 그곳으로 성철스님을 뵈러 가기도 했다.

하루는 성철스님 있는 방에서 난리가 났다. 조금 전에 청담스님이 와서 2층 성철스님 방으로 들어간 지 얼마 되지 않았는데 온 집이 흔들리는 듯 우르릉 쿵쾅 하며 소란해졌다. 마침 공양을 준비하고 있던 집주인인 보살님이 혼비백산하여 2층으로 뛰어 올라갔다. 겁이 나 문을 열지도 못하고 밖에서만 큰소리로 물을 수밖에 없었다.

"스님! 무슨 일이십니까?"

그러나 방 안에서는 아무런 대답도 없이 쿵쾅거리는 소리가 그치지를 않았다. 어쩐 일인지 걱정 끝에 큰맘을 먹고 문을 벌컥 열었는데, 성철스님과 청담스님이 웃통을 벗어 던진 채 한참 레슬링을 하고 있는 것이 아닌가? 무슨 큰 난투극이 벌어졌나 걱정하고 문을 열었는데 두 큰스님이 서로 이기겠다고 방바닥을 뒹굴며 한창 죽인다, 살린다 하며 고함을 쳤다가 웃었다가 하는 모습을 보고는 비로소 안심이 됐다고 한다. 그렇게 집이 무너질 듯이 해대던 레슬링이 끝나면 지붕이 들썩거릴 정도로 무엇이 좋은지 박장대소가 그치지 않았다.

"우리는 전생에 부부였던 모양이지, 그자?"

청담스님이 성철스님에게 늘 했다는 말이다. 이렇듯 두 스님은 인간적으로 너무들 좋아했으니 만나면 레슬링을 하곤 했다. 성철스님이 열 살이나 위인 청담스님을 쉽게 이기지 못한 것을 보면 청담스님의 근력이 대단했던 모양이다.

1967년에 해인사에서 임시 중앙종회가 열리고 총림법이 통과되었다. 이때 해인총림 초대 방장方丈(총림의 최고 어른)으로 성철스님이 추대되는 데는 청담스님의 노고가 컸다. 어찌 보면 한국불교를 중흥시키기 위해서는 "선불교여야 한다"는 두 분의 '봉암사의 꿈'이 꽃망울을 피우는 때가 비로소 도래했다고 할 수 있다. 당시 두 스님의 감회가 얼마나 컸을지 짐작이 된다.

성철스님이 평소에 상좌들에게 안마를 받을 때면 도반 중에서도 청담스님의 이야기를 가장 자주 했는데, 청담스님이 먼저 열반하신 아쉬움을 이렇게 말했다.

"하루는 순호스님이 왔어. '나는 앞으로 순호라는 이름 대신에 청담으로 불려야겠으니 이제 순호스님이라 하지 말고 청담스님으로 불러줘. 순호에서 청담으로 바꾸면 도명道名을 날리고 수명도 120세까지 산대. 그런데 이름을 안 바꾸겠어?' 그러길래 내가 물었지. '순호 이름을 버리고 청담으로 이름 바꾸는 데 돈 얼마나 줬어?' 하니까 청담스님이 펄쩍 뛰면서 '그런 일은 절대 없어, 절대 없으니까 그리 알고 앞으로는 순호 대신 청담으로 불러!' 했단 말이야. 그래 내가 '좋다는 데야 좋게 불러야지. 청담스님, 오래 사소' 했제, 내가! 그런데 말이야. 정말 청담이라는 도명은 높았는데 120세까지 살지를 못했어. 청담스님이 열반하셨다는 갑작스런 소식을 들으니 눈앞이 캄캄하대. 향곡스님한테 연락해 대구서 같이 서울로 갔지. 향곡이 날 보자마자 '니 앞으로 레슬링 상대할 사람 없어 우짤래?' 하는 것이 첫마디였어. 청담스님이 오래 있어야 했는데……."

성철스님은 청담스님 떠나심을 그렇게 아쉬워했다. 어느 날 낡은 회중시계와 수실로 짠 시계집을 상좌인 나에게 보여주며 말했다.

"이제는 이것이 다 떨어져도 누가 새로 갖다 주는 사람이 없네. 옛날 같았으면 청담스님이 이것저것 벌써 다 가져왔제!"

향곡스님

성철스님도 작은 체구가 아닌데, 향곡스님은 성철스님보다 키도 더 크고 얼굴도 넓고 체구가 당당했다. 성철스님은 자신보다 덩치가 큰 향곡스님과 장난치며 어울렸던 일들을 얘기하며 웃곤 했다.

"어느 날 향곡이하고 수좌 몇이 포행을 나갔는데, 마침 계절이 초가을이라 잣나무에 잣이 주렁주렁 달려 있었제. 그래서 향곡이하고 내기를 했제. '저 잣을 따올 수 있냐'고 하니 향곡이가 아무려면 그걸 못 따겠냐며 잣나무에 막 오르려는 거야. 그래서 내가 '그라믄 옷을 벗고 올라야지, 옷 입고 오르다 잣송진이 옷에 묻으면 우짤라카노' 하니 '그래 맞다' 하며 옷을 훌러덩 벗고 잣나무로 막 올라가는 기라."

운부암 산골 깊은 골짜기니 누가 지나갈 일도 없는 곳이었다. 그런데 갑자기 성철스님의 장난기가 발동했다. 향곡스님이 한참 잣나무로 올라가는데 밑에서 소리를 쳤다.

"아이구, 저기 동네 아가씨들이 서넛 올라오네. 니 빨리 내려와라."

성철스님은 소리만 지르고 먼저 도망쳤다. 향곡스님이 화가 난 것은 당연하다. 성철스님은 웃느라 늘 얘기를 다 마치지 못했다.

향곡스님이 봉암사를 찾아온 날 비가 와 길이 질퍽하게 젖어 있었다. 마침 인근 점촌에서 봉암사를 찾은 신도들과 마당에서 마주쳤다. 그런데 깨끗한 옷을 입고 마당으로 들어오던 나이 많은 노보살들이 성철스님을 보고는 땅바닥에 엎드려 넙죽 절을 세 번이나 했다.

"진흙탕에 넙죽넙죽 엎드려 절을 하니까 향곡이가 그거 보고 깜짝 놀라는 거라. 그 절을 한 보살이 알고 보니 바로 전진한錢鎭漢(훗날 노동부장관) 씨 어머니라. 향곡이 두고두고 그 이야기를 했제."

성철스님은 봉암사에서 처음으로 신도들에게 스님들을 보면 세 번 절하라고 가르쳤으며, 그래서 당시 실력자의 어머니인 노보살이 진흙탕에서 절을 한 것이다. 이전에 없었던 진풍경이 아닐 수 없기에 향곡스님이 놀랄 만도 했다.

이렇게 해서 향곡스님도 봉암사 결사에 동참하게 되었다. 당시 봉암사에서 정진한 향곡스님에 대한 기록은 제자인 해운정사 진제眞際스님이 지은 비문에서 확인된다.

"정해년(1947) 문경 봉암사에서 여러 도반들과 함께 정진하던 중 한

● 백련암 불면석 위에 서 계신 평생도반 향곡스님과 성철스님

도반이 묻기를, 죽은 사람을 죽여라 하면 바야흐로 산 사람을 볼 것이요, 또 '죽은 사람을 살려라 하면 바야흐로 죽은 사람을 볼 것이라는 말이 있는데 그 뜻이 무엇이겠는가?' 하거늘 이때 무심삼매無心三昧에 들어 삼칠일(21일) 동안 침식을 잊고 정진하다가 하루는 홀연히 자신의 양쪽 손을 발견하자마자 활연대오하시고 게송을 읊으셨다."

여기서 향곡스님이 용맹정진에 들게 했던 질문을 던진 분이 성철스님이다. 향곡스님은 봉암사 부속 백련암에서 정진을 마치고 깨달음을 얻은 뒤 큰절의 성철스님에게 내려와 깨달음을 둘러싼 대단한 논쟁, 즉 법전法戰을 벌였다. 도우스님이 당시를 지켜봤다.

"정진을 끝낸 향곡스님은 '이제 성철이가 아는 불법佛法은 아무것도 아이다. 내가 바른 법을 알았다'라고 하면서 매일 성철스님과 싸움을 벌였지요. 한동안 봉암사 산골짜기가 두 분 고함으로 가득했지요."

이렇게 성철스님과 함께 봉암사에서 정진한 향곡스님은 새로운 경지를 열었다. 이후 북전강·남향곡北田岡·南香谷, 즉 북쪽에는 인천 용화사의 전강스님, 남쪽에는 향곡스님이란 말이 1960, 1970년대 불교계의 유행어가 되기도 했다.

두 스님이 만나면 꼭 다투는 것이 있다. 성철스님은 그래도 우리나라의 천하명산은 금강산이라 주장하고, 향곡스님은 설악산이야말로 천하명산이라고 주장했다. 두 스님은 결코 서로 자신의 주장을 굽히지 않았다. 내용인즉슨 성철스님은 설악산을 보지 못했고 향곡스님은 금강산을 보지 못했다. 그러니 서로 "니는 금강산을 못 봐놓으니 설악산이 좋다지만 그렇지 않다." 하고 "니는 설악산을 못 봐놓으니 금강산을 좋아한다." 하며 우기는 것이다. 그러니 두 분 사이에 어느 산이 좋다고 결론 나기는 애초에 틀린 일이었다.

● 향곡혜림(香谷蕙林, 1912~1979) 큰스님께서는 1960~70년대 "북쪽에는 전강스님, 남쪽에는 향곡스님"이란 뜻의 '북전강남향곡北田岡南香谷'이란 말이 있을 정도로 수행자의 선지식이었다. 16세에 출가하여 1930년 내원사 조실 운봉스님 아래에서 깨닫고 인가를 받아 경허-혜월-운봉으로 이어지는 정맥正脈을 계승했다. 1947년 '봉암사 결사'를 함께 하였으며, 한국전쟁 직후에 부산 선암사 조실로 추대되었다. 정화 때에는 중앙종회 의장으로 한국불교를 바로 세우기 위해 헌신했다. 1967년 진제스님에게 법맥을 잇도록 한 후 후학을 지도했으며, 1979년 1월 묘관음사에서 머물다 원적에 들었다.

세수 67세, 법납 57세. 향곡스님의 장례는 전국선원장全國禪院葬으로 엄수되었으며, 장의위원장은 도반 성철스님이 맡았다. 부도와 비는 부산의 묘관음사에 모셨다.

향곡 형을 곡하며哭香谷兄

슬프다 이 종문에 악한 도적아
하늘 위 하늘 아래 너 같은 놈 몇일런가
업연業緣이 벌써 다해 훨훨 털고 떠났으니
동쪽 집의 말이 되든 서쪽 집의 소가 되든
애닯고 애닯도다. 갑을병정무기경甲乙丙丁戊己庚

도우道友 성철

자운스님

성철스님의 도반을 말하자면 같은 해인사에 머물렀던 자운스님을 얘기하지 않을 수 없다.

성철스님은 해인사 부속 암자 중 동쪽으로 가장 높은 곳인 백련암에 머물렀고, 자운스님은 큰절 바로 왼쪽에 있는 홍제암에 오래 머물렀다. 두 스님은 해인사에 무슨 큰일이 있을 때마다 서로 숙의해 방침을 논의하던 양대 거목이었다.

세속처럼 혈연 관계에 따른 촌수는 아니지만 절집에서도 이런 식의 사제 관계에 따른 나름의 촌수는 엄연히 존재한다. 세속의 나이로는 자운스님이 성철스님보다 한 살 위였지만 어쨌든 촌수로는 사숙뻘이었다.

자운스님의 성품과 성철스님과의 우애를 말해주는 얘기로는 대구 파계사 부속 성전암 시절 일화가 유명하다. 하루는 자운스님이 걸망에 원고 뭉치를 잔뜩 지고는 칩거하던 성철스님을 찾아왔다.

"운허스님이 『금강경』을 번역한 원고네. 노스님께서 교정을 받고 싶으시다고 하니 한번 읽어줘야겠어."

성철스님은 길게 얘기하지 않는다.

"내가 우째 노스님 원고를 교정본다 말이고? 나는 못 하니까 다시 싸 짊어지고 가소."

성철스님을 잘 아는 자운스님은 이런저런 다른 얘기를 하다가 원고를 다시 짊어지고 내려갔다. 그리고 몇 달 뒤, 자운스님은 다시 그 원고를 지고 와 교정을 봐달라고 했다. 성철스님은 다시 거절했다. 다시 몇 달이 지나 세 번째로 자운스님이 원고를 들고 왔다.

"어른 체면을 봐서라도 이번에는 꼭 봐줘야겠네."

성철스님이 고집을 꺾을 사람이 아니다. 또 거절하자 점잖은 자운스님이 불같이 화를 내며 성철스님에게 소리를 질렀다.

"아무리 무심한 수좌라지만 내가 세 번이나 올라와 부탁하고, 또 노스님이 세 번이나 교정한 글을 한번도 못 봐주나. 인간의 도리상으로라도 어떻게 그렇게 거절할 수 있는가?"

한참 후 성철스님이 말했다.

"자운스님, 생각해보소. 스님 말처럼 그 사이에 운허스님께서 세

● 한국불교 계맥의 중흥조 자운스님과 성철스님

번이나 다시 교정하고 윤문하셨다는데 내가 더 손댈 것이 뭐 있겠소. 내가 손대면 그게 바로 노스님에게 불경하는 거 아인가요? 원고는 그만 노력하셨으면 됐으니 성을 푸소."

자운스님이 자리를 털고 일어서면서 말했다.

"아이구, 저 고집은 내가 언제 꺾어볼꼬?"

성철스님은 이런 얘기를 해주면서 늘 "자운스님은 그런 분"이라고 말하곤 했다. 이런 신뢰가 있었기에 성철스님은 성전암에 머물던 당시인 1956년 해인사 주지로 추대되자 이를 거절하면서 자운스님을 그 자리에 추천했다.

그리고 자운스님은 1966년 가을에 "해인사의 법통을 지키기 위해서는 성철스님이 있어야 한다."고 주장하며 경북 문경 김용사에 머물던 성철스님을 해인사 백련암으로 옮겨 오게 했다.

● **자운성우**(慈雲盛祐, 1911~1992) 대율사께서는 1927년 합천 해인사에서 출가하였다. 1935년부터 울진 불영사에서 결사를 하며 용맹정진했다. 1938년 도봉산 망월사에서 용성스님을 친견한 후 수행의 깊이를 인정한 용성스님이 법제자로 받아들여 전법게와 의발을 전했다.

교와 선을 두루 익힌 스님은 이후 율에 관심을 가졌다. 1940년대 초반 서울 대각사에 머물며 율장을 깊이 공부했으며, 1948년에는 문경 봉암사에서 보살계 수계법회를 봉행했다. 이후 해인사 주지, 해인학원 이사장, 범어사 주지, 조계종 총무원장 등을 맡았다.

1992년 정월에 입적하시니, 세수 82세, 법납 66세이다. 청정계율을 지키며 한국불교를 중흥시키고, 수많은 제자를 배출하였으며, 1960년대부터 1990년대 초반까지 출가한 스님 가운데 자운스님에게 계를 받지 않은 사례가 드물 정도로 한국불교 계맥戒脈의 중흥조이시다.

자운慈雲 노사 영전

가야산은 높고 높고 낙동강은 깊고 깊은데
청산은 구름속에 걸어가고 강물은 흘러가지 않는도다.
정正과 편偏이 서로 돕고 현玄과 현玄이 어긋나니
항상 일구一句에 족집게요 말후末後 법문이 자물쇠로다.
상송霜松같이 맑은 지조와 수월水月 같이 텅 빈 마음이여,
달그림자 잡기 어렵고 이슬방울 붙들 수 없도다.
밝은 광명 환하니 가없는 세계를 비추이시고
움직임도 고요함도 아님이라 앞과 뒤가 본래 없도다.
일편의 마음 거울이여, 삼몽三夢에서 진리를 깨치었고.
계행은 달과 같고, 자비는 꽃과 같아 삼공三空이 줄지어 빛남이로다.
몸과 마음 단련하고 닦으심이여, 맑고 맑고 깨끗하고 깨끗하도다
만법을 거두시고 선정에 드심이여,
사바와 극락이 두 가지가 아니로다.
허허!
만리길이 황금의 나라요 천층의 백옥누각이로다.
온통 천지가 노랫소리 춤이요 전 세계가 풍류일 뿐이로다.

조계종 종정 성철

영암스님과 운허스님

영암스님은 어디서 무슨 소임을 맡든지 장부를 꼭 두 질씩 만들었다. 그리고 주지 인수인계 후에는 꼭 한 질을 당신이 보관했다. 후임자가 와 전임자의 잘잘못을 따질 경우 당신이 가진 장부를 펼쳐놓고 따져보면 누구도 군말을 할 수 없었다. 이런 영암스님의 성격을 잘 아는 성철스님은 해인사 사중 사무에 관한 한 자운스님이나 영암스님의 판단에 대해 굳이 말을 하지 않았다.

성철스님은 영암스님의 상좌 되는 길상암 명진스님을 주지로 지명하면서, 당시 서울 강남 봉은사 조실이던 영암스님에게 미리 말씀드리라고 했다. 영암스님을 찾아뵙고 성철스님의 말씀을 전했다.

"방장스님께서 이번 해인사 주지로 명진스님을 임명한다고 큰스님께 먼저 말씀 올리라 하셨습니다."

"나는 요새 관음 예불 기도를 한 시간밖에 하지 않는데 명진이는 매일 꼬박꼬박 두 시간 넘게 염불을 하거든. 그래서 이번에 해인사 주지가 된 모양이지!"

앞에서 『금강경』 번역 관계로 운허스님을 잠깐 언급했는데, 한번은 운허스님이 해인사를 다녀가게 되었다. 영접하는 성철스님에게 운허스님이 하신 말씀이다.

"성철스님요, 나 요새 욕 많이 얻어먹어요. 탄허스님한테서 욕 많이 얻어먹고 있다구요. 내가 가는 곳마다 지금 우리 불교계에서는 선禪과 교敎를 통틀어서 성철스님이 최고라고 하면서 다녔거든요. 그런데 그 말씀을 전해 들은 탄허스님이 화를 벌컥 내더래요. '운허스님이 한글

● 공과 사가 분명했던 영암스님과 성철스님

4장 _ 우리 곁에 왔던 부처 337

대장경 번역을 하신다 해서 대단한 노장님이다, 생각했는데 판단이 그리 흐려서 어쩌겠소? 선은 모르지만 교는 내가 당대 제일인데 운허 노장님이 그걸 모르고 성철스님이 선교의 제일인자라 하면 말이 되는가 말이여! 교라면 당대에 내가 제일이란 말이여' 하며 글쎄, 나를 그렇게 욕한대요."

두 스님은 시간 가는 줄 모르고 이야기를 나누었다.

탄허 큰스님은 당대의 교학자로 어느 누구에게도 지지 않는 학덕을 갖추었을 뿐만 아니라 특히 노장사상이나 주역에도 밝아 따라올 사람이 없었다. 그런 큰스님이니 자부심 또한 대단한 것이 당연한 일이다. 세월이 흘러 탄허스님께서 병환에 드셨다는 소문을 듣고 성철스님은 탄허스님을 문병하고 오라고 하셨다.

치료차 잠시 진관사에 머물고 계시던 탄허스님을 찾아뵙고 성철스님의 간곡한 문병의 말씀을 전했다. 탄허스님도 반가워하며 "감사하다는 말씀을 전해다오." 하셨다.

● 영암임성(映巖任性, 1907~1987) 대종사께서는 어려서 유학을 공부하다가 우연히 영가스님의 『증도가證道歌』를 보고 1924년 17세에 양산 통도사에서 출가하였다. 1932년 청담, 자운, 종목, 혜천스님 등 도반과 울진 불영사에서 3년 결사를 했다. 1938년 오대산으로 옮겨 월정사 재무와 총무로 빈약한 사찰 재정을 확충하고 신심信心을 북돋우며 사찰을 지켰다.

종단 정화 후 해인사로 옮겨 팔만대장경 정대불사頂戴佛事를 창안하여 봉행하고 불철주야로 기도했으며, 서울 봉은사 주지 시절에는 토지를 확보하고 대웅전을 확장 중건하는 등 도량을 일신했다.

1979년에는 운허스님에 이어 동국역경원장을 맡아 역경불사에 나섰다. 종단의 요직을 두루 맡아 종단을 반석에 올려놓았으며, 1984년 국민훈장 동백장을 받았고, 1987년 서울 봉은사에서 원적에 들었다. 공과 사를 엄격히 구분하고 행정력이 뛰어나 '불교계의 청백리淸白吏'로 존경받았으며, 세수 81세, 법납 64이셨다.

영암映巖 원로 영전

영축의 산봉우리에 뭇 학이 훨훨 날고
가야의 계곡에 아롱진 표범이 크게 소리치는도다.
만년의 푸른 바위는 허공에 우뚝 섰고
천추의 늙은 소나무는 흰 구름에 높이 솟았도다.
공과 사가 엄연하니 종무의 귀감이요
내고 들임이 분명하니 행정의 사표로다.
빙설의 맑은 지조요 주옥의 열띤 변론이니
남북동서가 쳐다보며 우러러 보는도다.
나고 나도 나지 않음이여! 해와 달을 삼키고
죽고 죽어도 죽지 않음이여! 우주에 활보하는도다.
보배 자리에 버티고 앉음이여! 주고 빼앗음이 자재하고
주장자 잡고 놓음이여! 종횡무진하도다.
쯧쯧! 영암 노사여! 어느 곳에서 몸을 편히 하는고?
벽력의 한 소리에 하늘 문이 열리니
반짝이는 별들이 옛과 지금에 빛나는도다.

조계종 종정 성철 화남

무서운
방장스님

성철스님이 해인총림의 방장이 될 당시 세수世壽(세속의 나이)는 56세였다. 총림의 최고 어른인 방장스님이 대중들에게 법문하는 것을 상당법문上堂法門이라고 한다. 방장으로 첫 취임한 후 대중들을 위해 설하시는 첫 법문은 개당법문開堂法門이라고 해 높이 평가한다. 방장스님 법문의 종류에는 저녁 예불을 마치고 안거 대중에게 하는 만참법문晩參法門과 때때로 하는 소참법문小參法門 등이 있다.

성철스님이 선방에 들이닥칠 때는 늘 한 손에 죽비를 들고 있었다. 방에 들어서자마자 상판(윗자리), 하판(아랫자리) 구분할 것 없이 조는 사람의 등줄기를 사정없이 내리쳤다.

"졸지 말고 밥값 내놔라, 이놈아!"

선방 스님이 졸면서 참선을 않는다면 절에서 공짜로 주는 밥을 먹을 자격이 없다는 꾸짖음이다.

"사람 못된 것이 중 되고, 중 못된 것이 선원 수좌 되고, 수좌 못된 것이 도인 되는 거라."

선방 수좌들은 세속의 기준으로 보았을 때 가장 못된 인간들이란 얘기다. 그리고 그중에서도 못된 인간이 도인이 된다는 주장이다. 같은 맥락에서 성철스님이 수좌들의 수행을 돕는 소임자(절에서 행정적인 직책을 맡은 스님)들에게 당부하는 말이 있다.

"주지 이하 소임 사는 너거들은 수좌들이 방에 똥을 싸놓고 뒹굴어도 허물 잡지 말고 외호外護를 잘해야 된대이!"

"그래도 결제가 되면 부처님 혜명을 잇겠다고 꾸벅꾸벅 졸든지 말든지 좌복 위에 앉아 있는 수좌들 모습이 얼마나 좋노! 저 속에서 그래도 한 개나 반 개나 되는 도인들이 나오는 기라! 그런 기대로 선방을 둘러보는 거 아이가! 저거들 없으면 난들 무슨 소용 있겠어?"

성철스님은 스스로 "쓸모없는 인간" "못된 인간"이라고 자처했다.

"천하에 가장 용맹스러운 사람은 남에게 질 줄 아는 사람이다. 무슨 일에든지 남에게 지고 밟히는 사람보다 더 높은 사람은 없다. 나를 칭찬하고 숭배하고 따르는 사람들은 모두 나의 수행을 방해하는 마구니이며 도적이다. 중상과 모략 등 온갖 수단으로 나를 괴롭히고 헐뜯고 욕하고 괄시하는 사람보다 더 큰 은인은 없으니, 그 은혜를 갚으려 해도 다 갚기 어렵거늘 하물며 원한을 품는단 말인가? 칭찬과 숭배는 나를 타락의 구렁으로 떨어뜨리니 어찌 무서워하지 않으며, 천대와 모욕처럼 나를 굳세게 하고 채찍질하는 것이 없으니 어찌 은혜가 아니랴? 항상 남이 나를 해치고 욕할수록 그 은혜를 깊이 깨닫고, 나는 그 사람을 더욱더 존경하며 도와야 한다. 이것이 공부인(수행자)의 진실한 방편이다."

세속의 기준을 뒤집는 역설이다. 성철스님이 이 대목에서 비유하는 것은 '최잔고목摧殘枯木', 즉 '썩고 부러지고 마른 나무 막대기'다.

"부러지고 썩어 쓸데없는 나무 막대기는 나무꾼도 돌아보지 않는다. 땔나무도 되지 않기 때문이다. 불 땔 물건도 못 되는 나무 막대기는 천지간에 어디 한 곳 쓸 곳이 없는, 썩어 못 쓰는 물건이다. 이러한 물건이 되지 않으면 공부인이 되지 못한다. 공부인은 세상에서 아무 쓸 곳이 없는 대낙오자가 되지 않으면 안 된다. 오직 영원을 위하여 모든 것을 다 희생하고, 세상을 아주 등진 사람이 되어야 한다. 누구에게나 버림받는 사람, 어느 곳에서나 멸시 당하는 사람, 살아나가는 길이란 참선하는 길밖에 없는 사람이 되어야 한다. 세상에서뿐만 아니라 불법 가운데서도 버림받은 사람, 쓸데없는 사람이 되지 않고는 영원한 자유를 성취할 수 없는 것이다."

성철스님의 호통과 꾸짖음에야 누가 반기를 들랴만, 선방 스님들끼리 안거마다 일주일 용맹정진을 할 때 경책을 하다 보면 종종 언쟁이 벌어지기도 한다. 경책을 하는 사람은 분명히 졸고 있는 스님 앞에 가서 "경책하겠다"고 통지를 하는데, 졸던 스님은 잠이 깨 "절대 졸지 않았다"고 불복하는 경우가 문제다. "졸았으니 맞아라" "졸지 않았으니 안 맞는다"는 시비가 한바탕 소동으로 확산되기도 한다. 이런 문제를 해결하기 위해 성철스님이 꾀를 냈다.

"경책하는 스님이 돌다가 조는 사람이 있거든 손수건을 장군죽비에 걸어 그 스님 어깨나 무릎 위에 먼저 놓는다. 그러고서 조는 스님을 깨워 그 손수건 놓인 것을 먼저 확인시키고 경책해라."

백일법문 百日法門

　　1967년 해인총림 방장에 첫 취임한 성철스님은 그해 겨울 동안거를 맞아 100일에 걸친 대법문의 사자후를 토하셨다.
　성철스님은 100일간 하루도 거르지 않고 매일 두 시간씩 불교의 가르침을 일목요연하게 설명했다. 성철스님의 불교 철학, 선사상을 총정리한 '백일법문百日法門'이 삼계에 펼쳐지는 순간이었다.
　당시 해인사 큰절의 궁현당에는 발 디딜 틈이 없었다. 80평이나 되는 넓은 방에 꽉 찬 옥수수알처럼 겹겹이 줄지어 앉아야 했다. 선방에서 수행하던 수좌 60여 명, 교리를 배우는 강원의 학생 스님 70여 명, 그 밖에 절 살림을 돌보는 여러 스님까지 모두 빼곡히 모였다.
　법문의 명성이 입에서 입으로 알려지면서 인근 다른 사찰의 스님들까지 몰려와 큰절은 물론 해인사 부속 암자들에까지 스님들로 가득해 잠잘 방이 모자랄 지경이었다. 모두 300여 스님들이 운집하여 당시로서는 보기 드문 대규모 법회로 불교계의 화제가 되기도 했다.
　성철스님이 경북 문경 김용사에서 처음으로 설법의 말문을 연 적은 있지만 규모나 비중에서 백일법문과는 비교할 수도 없다. 성철스님이 해인총림 방장에 취임하자마자 100일간에 걸친 긴 법문을 한

데는 이유가 있었다. 큰스님은 그 이유를 법문의 첫머리에서 스스로 밝히고 있다.

"예수교는 성경, 유교는 사서삼경, 회교는 코란이면 됩니다. 근본경전이 간단합니다. 그런데 불교는 통칭 팔만대장경이라 하니 누가 들어도 엄두가 나지 않습니다. 그렇게 많으니 무슨 말씀인지 알기 힘들고, 설사 좀 안다고 해도 간단하게 뭐라 말하기가 어렵습니다."

성철스님은 이렇게 불교 경전이 복잡하고 어려운 까닭에 머리 깎은 스님이나 부처를 믿는 신도들이나 부처님 말씀을 너무 모른다며 '부처님이 무슨 말씀을 하셨는지, 어떻게 살아야 하는지, 불교가 뭘 가르치는 건지 모르고 무슨 발전이 있겠나?' 하고 생각했던 것이다. 그래서 자신이 공부한 것들을 압축하여 우선 급한 대로 최소한 꼭 알아야 할 것들만 골라 간략히 설명하고자 했다.

설법의 중심 교리는 '선과 교는 중도 사상으로 일관되어 있다'는 가르침이었다. 성철스님의 사상을 가장 잘 정리한 백일법문의 가르침은 크게 세 가지다.

첫째, 부처님의 윤회설은 방편이 아니고 정설이니 믿어야 한다는 점이다. 업業에 따라 생사生死를 되풀이한다는 '윤회輪廻'는 불교의 가장 기본적인 개념이기에 굳게 믿어야 한다는 것이다.

둘째, 불교가 과학적인 종교라는 점이다. 과학이 발달할수록 불교의 가르침이 정확하다는 사실이 입증되고 있다는 것이다. 성철스님이 자주 예로 든 과학적 이론이 아인슈타인의 상대성이론과 $E=mc^2$ 공식이다. 이 물리학적 연구 성과가 바로 불교에서 말하는 색즉시공 공즉시색을 합리적으로 설명해준다는 것이다.

또 질량이 에너지로, 에너지가 질량으로 바뀌면서도 부증불감不增不減(늘지도 줄지도 않는 것)하는 관계가 곧 불교에서 말하는 '법계法界(진리의 세계)'라는 것이다.

마지막으로 부처님의 가르침은 중도 사상에 있다는 점이다. 선과 악, 질량과 에너지가 하나로 통하듯 모든 모순이 융화돼 하나가 된다는 것이다. 성철스님 스스로 원시 경전에서부터 아함경, 삼론종, 천태종, 화엄종, 유식과 중관, 그리고 선어록(선승 등의 어록)에 이르기까지 모두 섭렵하면서 얻은 결론이다.

성철스님이 아무리 쉽게 설명한다고 하더라도 불교의 핵심 사상을 압축해 설명하기란 쉬운 일이 아니다. 그럼에도 많은 스님들은 물론, 최근 재가불자에 이르기까지 성철스님의 백일법문을 늘 새롭게 읽을 수 있는 것은 동서고금을 오가는 해박한 지식과 적절한 비유가 있기 때문이다. 40여 년이나 지난 지금 성철스님의 법문을 들어도 진부하지 않고 늘 새롭다.

팔만대장경으로 상징되는 부처님의 방대한 가르침을 시공을 넘나들며 설법하는 성철스님의 법문이 결코 쉬울 수만은 없다. 좀 어렵더라도 성철스님의 가르침 중 가장 핵심적인 사상, 즉 '교와 선을 관통하는 사상이 부처님의 중도 사상'이란 대목은 직접 법문을 통해 알아보고 지나가야 할 것 같다. 중도에 대한 큰스님의 법문이다.

"부처님께서 성불한 뒤 곧 수행 중인 다섯 비구를 찾아가서 맨 처음으로 하신 말씀이 '내가 중도를 바로 깨쳤다'였습니다. 중도가 불교의 근본입니다. 중도는 모순이 융합되는 것입니다. 선과 악은 서로 대립되어 있는데 불교의 중도법에 의하면 선, 악을 떠나게 됩니다. 선도 아니고 악도 아닌 그 중간이란 말이 아닙니다. 선과 악이 서로 통해버리는 것입니다. 선이 즉 악이고 악이 즉 선으로 모든 것이 서로 통합니다. 서로 통한다는 것은 유형이 즉 무형이고 무형이 즉 유형이라는 식으로 통한다는 말입니다. 그래서 중도법문이라는 것은 일체만물, 일체만법이 서로서로 융화하는 것을 말합니다."

성철스님 법문의 장점은 이 같은 가르침에 대한 적절한 비유다.

"중도는 중간이 아닙니다. 중도라는 것은 모순 대립된 양변인 생生, 멸滅이 서로 융화하여 생이 즉 멸이고 멸이 즉 생이 되어버리는 것을 말합니다. 이것은 물과 얼음에 비유하면 아주 이해하기 쉽습니다. 물이 얼어서 얼음이 되었다고 물이 없어진 것입니까? 물이 얼어서 얼음으로 나타났을 뿐 물은 없어지지 않습니다. 결국 물이 얼음으로 나타났다 얼음이 물로 나타났다 할 뿐이고, 그 내용을 보면 얼음이 즉 물이고, 물이 즉 얼음입니다."

성철스님이 자주 인용하는 아인슈타인의 $E=mc^2$이란 등가원리 공식이 인용되는 것도 이 대목이다. $E=mc^2$이란, 에너지(E)가 곧 질량(m)이라는 얘기다.

"에너지와 질량의 관계도 이와 똑같습니다. 에너지가 질량으로 나타나고 질량이 에너지로 나타날 뿐, 질량과 에너지가 따로 있는 것이 아닙니다. 물과 얼음이 서로 다르게 나타날 때에 물이 없어지고[滅] 얼음이 새로 생긴 것[生]이 아닙니다. 모양만 바뀌어서 물이 얼음으로 되었을 뿐입니다. 그러니 언제나 불생불멸不生不滅 그대로입니다. 마찬가지로 질량이 에너지로 나타나고, 에너지가 질량으로 나타납니다. 에너지가 질량으로 전환될 때 에너지는 멸滅하고 질량이 생기지[生] 않습니까? 그러니까 생生이 즉 멸滅입니다. 질량이 생겼다[生]는 것은 에너지가 없어졌다[滅]는, 에너지가 없어졌다[滅]는 것은 질량이 생겼다[生]는 것입니다. 그러니 생과 멸이 완전히 서로 통해버린 것입니다."

스님은 또 이렇게 덧붙이셨다. "아인슈타인의 등가원리가 없었으면 불생불멸이라는 것은 거짓말인가? 그것은 아닙니다. 부처님께서는 3,000년 전에 진리를 깨쳐서 이루 말할 수 없는 혜안慧眼으로 우주 자체를 환히 들여다본 어른입니다. 그래서 일체만법 전체가 그대로 불생불멸이라는 것을 선언했습니다. 그러나 보통 사람들은 그런 정신력을 갖지 못했기 때문에 3,000년 동안을 이리 연구하고 저리 연구하고 연구와 실험을 거듭한 결과, 이 자연계를 구성하고 있는 근본 요소인 에너지와 질량이 둘이 아님을 겨우 알아냈습니다. 부처님이 말씀하신 불생불멸이라는 원리가 과학적으로 입증된 것입니다. 그러니 원자물리학이 설사 없었다고 하더라도 그것은 사람들이 이해를 못 해서 그런 것이지 부처님이 본시 거짓말할 그런 어른이 아니다 이 말입니다."

이러한 세상의 원리, 부처님 가르침을 깨닫는 것이 곧 성철스님이 강조했던 '마음의 눈을 뜨는 것'이다.

그러나 이 백일법문이 곧바로 책으로 출판되지 못하고 25년이 지난 뒤인 1992년 4월 30일에 『백일법문』 상·하 2권으로 출판되었다. 그러던 중 성철스님께서 2004년 3월에 남겨두신 테이프 100여 개를 정리하면서 1992년 『백일법문』을 출판할 때 누락된 테이프 30여 개를 발견하게 되었다.

그 후 정리가 늦어져서 2014년 11월 14일에 개정증보판 『백일법

● 『백일법문』 개정판 상·중·하

문』 상·중·하를 출간하게 되니, 큰스님께서 법문하신 후 47년 만에 원음에 가깝게 정리된 책이 빛을 보게 되었다. 이 백일법문이 법문하신 후 곧바로 1970년 이전에 오늘과 같이 완벽하게 정리되었다면 불교를 공부하는 불자들이나 불교 학계에 큰 영향을 끼쳤으리라 생각한다. 뿐만 아니라 큰스님께서도 내용을 더욱 풍부하게 첨가하여 방대한 불교개론서로 남길 수 있는 그 기회를 제자들이 이루어 드리지 못한 한이 가슴에 사무칠 따름이다.

삼천배와
아비라 기도

흔히들 성철스님하면 삼천배를 떠올린다. 성철스님을 뵈려면 누구든지 삼천배를 해야만 허락하는 괴짜스님이자 오만한 스님이라고 소문이 나 있다. 이 문제에 대해 종정이 된 후 법정스님과 나눈 〈중앙일보〉 1982년 1월 1일자 신년 대담을 보자.

법정스님이 물었다.

"흔히 밖에서 말하기를 큰스님 뵙기가 몹시 어렵다고들 합니다. 스님 뵈려면 누구나 부처님께 삼천배를 해야 된다고 합니다. 일반인의 궁금증을 풀어주기 위해서 말씀해주시겠습니까? 어째서 삼천배를 하라고 하시는지, 그리고 언제, 어디 계실 때부터 그런 가르침을 시행하게 되었습니까?"

성철스님은 다음과 같이 대답했다.

"흔히 삼천배를 하라고 하면 나를 보기 위해 삼천배 하라는 줄로 아는 모양인데 그렇지 않습니다. 승려라는 것은 부처님을 대행할 수 있는 사람을 말하는데, 내가 어떻게 부처님을 대행할 수 있겠나 하는 생각이 들었습니다. 도저히 내가 남을 이익 되게 할 수는 없습니다. 그래서 나는 늘 말합니다. '나를 찾아오지 말고 부처님을 찾아오시오. 나를 찾아와서는 아무 이익이 없습니다.' 그래도 사람들은 찾아오지요. 그래서 그 기회를 이용하여 부처님께 절하라고 하는 것입니다. 그래서 삼천배 기도를 시키는 것인데, 그냥 절만 하는 것이 아니라 남을 위해서 절해라, 나를, 자기를 위해서 절하는 것은 거꾸로 하는 것이라고 말합니다. 그렇게 삼천배를 하고 나면, 그 사람의 심중에 무엇인가 변화가 옵니다. 지금도 말합니다. '나를 찾아오지 마시오. 부처님을 찾으시오' 하고 말입니다."

그 후 또 한 번 1984년 4월 1일자 〈주간조선〉과의 인터뷰에서도 이런 질문을 했다.

"스님을 만나려면 부처님께 삼천배를 먼저 해야 한다고 해서 화제가 되고 있습니다. 스님을 만나 뵙기 어렵다는 이야기로 이해되기도 하고 스님이 오만하기 때문이 아니냐는 오해도 있는 것 같습니다."

성철스님은 이렇게 대답했다.

"중이 신도를 대하는 데 사람은 안 보고 돈과 지위만 본단 말입니다. 안 그래요? 그래서 난 이 대문에 들어올 때는 돈 보따리와 계급장은 소용없으니 일주문 밖에 걸어놓고 알몸만 들어오라고 합니다. 사람만 들어오라 이겁니다. 그리고 들어오면 '내가 뭐 잘났다고 당신을 먼저 만날 수 있나?' 하지요. 부처님을 찾아왔다면 부처님부터 뵈라는 뜻입니다. 부처님을 정말로 뵈려면 삼천배는 해야지요. 부처님한테는 무엇보다도 신심信心이 제일입니다. 부처님을 알 때까지 절하는 정신이 중요한 겁니다. 그래야 부처님이 '너 왔구나' 하실 게 아니오. 그런 사람이면 나도 옆에서 좀 도와주지요. 중도 사람이고 나도 사람이니 부처님을 믿어야지요!"

세상에 잘 알려지지는 않았지만 백련암에서는 성철스님의 뜻에 따라 1년에 네 번, 하안거 결제와 해제, 그리고 동안거 결제와 해제를 전후해서 3박 4일의 아비라 기도를 갖는다. 음력으로 치면 정월 4일에서 7일, 음력 4월 12일에서 15일, 음력 7월 12일에서 15일, 음력 10월 12일에서 15일까지다. 백련암 법당에 모여 비로자나법신주인 "옴 아비라 훔 캄 스바하"를 염송하는 기도 행사이다. 예불대참회문을 독송하며 백팔배를 먼저 한 다음, 장궤합장(꿇어앉은 상태에서 엉덩이를 들어 올려 일직선이 되게 하여 합장하고 기도하는 모양)하여 30분 동안 "옴 아비라 훔 캄 스바하" 하며 우렁차게 합송하고 능엄주를 독송하는 기도이다.

새벽 3시에 일어나 아침 예불을 올리고 매 기도 시간을 50분으로 하여 저녁 공양 전까지 하루 여덟 번씩 기도를 한다. 1년에 네 번의 기도 기간에 지금도 매번 4~500여 명이 참여하고 있다. 성철스님도 "백련암에서 삼천배 기도와 아비라 기도가 끊이지 않게 하라."고 늘 당부했다.

성철스님을 만나려면 누구나 삼천배 기도를 해야 하며, 그것이 어떤 이유에서인지는 앞에서 말했다. 가끔 삼천배를 하지 않고 스님을 만나려는 사람들이 있었지만, 그 원칙에 예외가 있을 수는 없다. 1977년 구마고속도로 개통식에 참석했던 박정희 대통령이 가는 길에 해인사를 들르게 됐다. 당연히 방장인 성철스님의 영접을 요구해 왔다. 해인사 주지스님이 백련암으로 올라와 부탁을 했다.

"대통령께서 오시니까 큰스님이 큰절까지 내려와 영접을 해주셨으면 좋겠습니다."

성철스님은 한동안 주지의 얼굴만 쳐다보다가 말했다.

"나는 산에 사는 중인데, 대통령 만날 일이 없다 아이가."

주지를 비롯해 맏상좌인 천제스님까지 나서 성철스님을 설득하려고 많은 애를 썼으나 성철스님은 끝내 큰절로 내려가지 않았다. 그래서 박대통령은 방장 대신 주지스님의 안내를 받으며 사명대사가 열반한 암자인 홍제암을 둘러보고 허물어져가던 홍제암의 건물들을 보수토록 했다. 그 짧은 방문 중에 박대통령은 해인사에 여러 가지 도움을 주었다.

당시 붉은 단풍으로 뒤덮여 홍류동이라 불린 해인사 골짜기엔 오배자충 피해가 막심했다. 소나무가 말라죽는 병인데, 죽은 나무를 하루 빨리 베어내지 않으면 온 산이 벌겋게 변할 지경이었다. 박대통령은 홍류동을 지나다 붉게 죽어가는 소나무를 보고는 어떤 일이 있더라도 홍류동 소나무를 살려내라고 지시했다. 덕분에 정부 지원을 받아가며 한 3년간 방제에 전력을 기울일 수 있었고, 여전히 홍류동은 그 명성에 맞는 아름다움을 자랑하고 있다.

성철스님이 박대통령을 영접하지 않은 사건을 두고 산내에서도 평가가 갈렸다. 한쪽에서는 '성철스님이 박대통령을 영접해 한마디만 했으면 퇴락해가던 해인사 건물들을 일신하는 큰 지원을 얻을 수 있었을 텐데' 하는 아쉬움과 함께, 성철스님이 너무 까다로워 해인사가 발전이 없다는 비난도 적지 않았다.

또 다른 한쪽에서는 성철스님이 선승들의 권위를 지켜주었다는 찬사를 보냈다. 선승들의 지도자로서 세속의 최고 권력을 멀리 함으로써 산중의 자존심을 지켜냈다는 것이다. 주로 선방에서 수행 중이던 선승들이 절대적 지지를 보냈음은 두말할 필요도 없다.

법난과 종정 취임

1980년 10월 27일은 조계종의 역사상 씻을 수 없는 상처를 입은 날이다. 당시 종단은 조계사와 개운사로 나뉘어 몇 년간 싸워오다 겨우 송월주 총무원장 체제로 출범하여 안정을 되찾고 있었다. 그러던 중 종정 선출에 합의를 보지 못하고 투표까지 갔지만 그래도 결정하지 못하고 있던 차에 10·27법난이 일어난 것이다.

10·27법난이란 그날 새벽을 기해서 25개 본사를 비롯한 규모 있는 사찰에 군병력이 들이닥쳐 일대 수색에 들어가 막무가내로 사중을 뒤져 주지 이하 소임자들을 무조건 연행해 간 사건을 말한다. 5공 정권 출범 초기에 벌어진 여러 가지 비극적 사건 중 불교계에서 잊을 수 없는 깊은 상처다.

백련암이 워낙 높은 산중에 있어서인지 사건이 시작된 것은 오전쯤이나 되어서였다. 소총 끝에 칼까지 꽂은 군인 두 명이 올라왔다. 젊은 군인은 눈을 부라리며 소리부터 질렀다.

"성철이가 누구야! 같이 가야겠으니 빨리 나오라고 해!"

정말 어처구니가 없었다. 새파란 젊은 군인이, 성철스님이 누군지도 모르면서 이름부터 불러대다니.

급히 방에 들어가 산 입구에 있는 큰절로 전화를 해 상황을 파악해봤다. 주지스님은 새벽에 군인들이 들이닥친다는 애기를 전해 듣고는 일단 산을 넘어 어디론가 사라졌다고 한다. 대신 다른 주요 소임을 맡은 스님들이 피해를 입고, 지금 대웅전 앞에는 착검한 군인들이 삼엄하게 둘러서 있다는 애기를 듣고는 앞이 캄캄했다. 예사 상황이 아니었지만 그렇다고 큰스님이 붙들려 가는 것을 보고 있을 수는 없지 않은가? 시간을 벌려고 일단 둘러댔다.

"성철스님은 아침마다 산책을 나가시는데 산에 올라가면 보통 한두 시간은 걸리니 마음 놓고 기다리시지요."

"근데 뭔가 잘못 알고 온 것 아니오? 이런 고즈넉한 암자에 사는 스님이 무슨 죄를 짓겠소?"

"상부 명령이 꼭 연행해 오라는 것이니까, 우리는 그냥 연행해 가기만 하면 되는 거지 다른 거는 모릅니다."

혹시나 하는 마음에서 다시 군인을 구슬렀다.

"그러면 그냥 무작정 기다릴 것이 아니라, 지금 이쪽 상황을 큰절에 있는 상관한테 설명하고 다시 명령을 받아보는 것이 안 낫겠소?"

기다리던 군인들도 지루하고 피곤하던 터라 내 말에 귀가 솔깃했다. 어딘가로 전화를 하더니 "철수하자"며 내려가 버렸다.

놀란 가슴을 쓸어내리며 큰절로 내려가 보니 각종 소임을 맡은 스님들은 도망치고, 숨고, 잡혀가고 하는 바람에 누가 어디에 있는지조차 확인이 되지 않았다. 이렇게 전국적으로 대부분의 큰스님들과 주지스님들이 계엄사령부에 잡혀가 꽤나 곤욕을 치러야 했다.

그 당시 일부 절에서는 군인들이 간첩이나 수배자들을 잡는다며 군화를 신은 채로 법당을 들락거리고, 심지어 일부 비구니 스님들의 소지품까지 조사한 상식 밖의 행패를 부려 스님들이 분개하기도 했다.

　법난 직후 종단을 추스르기 위한 움직임이 이어졌다. 조계종불교중흥위원회가 구성되고 법주사 탄성스님이 위원장이 돼 종단 집행부를 만들어갔다. 그리고 1981년 1월 10일 원로회의에서 만장일치로 성철스님을 6대 종정으로 추대하게 됐다.

　백련암에서 화를 피한 성철스님은 서울 사정이 어떻게 돌아가는지 잘 모르고 있었는데, 어느 날 서울에 머물던 도반 자운스님에게 전화가 와서 급히 성철스님을 찾았다. 내 경험으로는 자운스님께서 전화로 이야기 하려고 하신 적이 없었다. 무슨 급한 일이기에 전화로 성철스님을 찾으시는지, 종단에 무슨 급한 일이 일어났는가 보다 하고 덜컥 걱정이 생겼다. 전화를 받은 성철스님의 목소리가 긴장됐다.

● 신년하례 후 총무원 집행부 스님과 본사 주지스님들이 큰스님과 차담을 나누고 있다.

"뭐! 가만 있으라고? 종단이 어려우니 안 한다는 말 하지 말라고. 그런 법이 어디 있노? 한마디 상의도 안 하고."

한참을 자운스님과 통화를 하시더니 "음…… 알았소."라며 전화를 끊는다. 그러고는 뒷짐을 지고 한참을 방 안을 맴돌았다.

"거참! 어렵게 됐네. 안 한다는 말도 못하게 하네…… 쯧쯧."

자운스님이 종단의 어려움을 설명하면서 "원로회의에서 스님이 만장일치로 종정으로 추대되었으니 안 한다는 말만 하지 말라."고 하시며 무조건 종정직을 수락하라고 강청한 것이다. 이렇게 해서 '성철 종정' 시대가 막을 열기 시작했다.

성철 큰스님이 종정이 되시고 나서 어느 날 "향곡스님이 보고 싶다." 하셨다. 향곡스님은 찻길이 없던 시절에도 1년에 두서너 번은 꼭꼭 백련암을 다녀가셨다. 만나면 무엇이 그리 좋은지 방안에서 "껄껄껄" 웃음소리가 멈추지 않았다. 그런 모습 속에서 "도인들은 도인들의 세계가 확실히 따로 있구나." 하는 생각을 지울 수가 없었다.

향곡 큰스님이 1979년 1월 세수 67세, 음력 섣달에 열반에 드셨다는 소식을 접하고 성철스님은 서운한 마음을 이렇게 말씀하셨다.

"저번에 다녀가면서 '니 평생 내한테 말 안 한 거 있제? 니 평생 날 속였제?' 하길래, '내가 니한테 속인 거 뭐 있어. 다 말했는데…' '아니다. 니 내한테 말 안 한 거 있다. 니 평생 날 속였제?' 하고 몇 번이나 말하고 가더니 이렇게 떠나버렸네."

성철스님이 종정이 되신 후 세월이 지나면서 "향곡스님이 있었으면 내 종정이 된 것을 누구보다 좋아했을 낀데…." 하시며 도반을 한 번씩 그리워하시던 모습이 눈에 선하다.

언론에 알려진
첫 법문

성철스님이 종정으로 추대되자 세속의 관심이 집중되기 시작했다. 절간에서야 이미 유명한 큰스님이지만 세속에선 잘 알려지지 않았던 터라 기자들이 한꺼번에 인터뷰를 요청해왔다. 종정이 됐다 하나 취임식을 위한 서울 나들이조차 않는 성철스님인데, 인터뷰에 응할 리가 없다.

그렇다고 가만있을 기자들도 아니다. 한 기자가 큰스님 육성을 듣고 싶다고 지극정성으로 요청하는 바람에 원영스님과 의논을 했다. 그리고 "큰스님 법문을 책으로 만들기 위해 녹음을 풀어 정리해둔 원고 중 일부를 주자"는 데 뜻이 모아졌다.

법문 녹음 중 한 시간 분량을 풀어놓은 원고를 기자에게 주었더니 얼마 뒤 한 주간지에 '성철 종정 최초의 법문 공개'라며 대문짝만하게 기사가 실렸다. 그 기사가 나간 뒤 절집에서 일대 회오리바람이 일었다. 전국 주지스님들로부터 항의 전화가 빗발쳤다.

"종정이 됐으면 종정답게, 다른 스님들이 편안하게 살 수 있는 법문을 해주셔야지, 어떻게 중들이 갖고 있는 밥통을 다 깨는 법문을 하실 수 있는가? 안 그래도 사회적으로 승려의 위상이 실추되어 있는 판국에, 북돋워주시지는 못할망정 어찌 일반 국민들을 상대로 대놓고 중 욕을 할 수 있는가?"

급기야는 종정을 잘못 모신 것 같다는 소리까지 들려왔다. 일부 중진 스님들은 "당신만 최고면 다냐?"는 식의 막말도 서슴지 않았다. 성철스님보다 더 죽어나는 것은 상좌인 필자였다. 길거리에서 갑자기 삿대질을 당하기도 했다.

"상좌들이 큰스님을 잘 보필하지 못하는 것 아니냐? 다른 좋은 법문도 많은데 하필이면 그런 법문을 내주어서 중들 망신을 시키는 거냐? 큰스님 똑바로 모셔라."

당시 일대 풍파를 일으켰던 법문의 내용은 다음과 같다. 절집의 잘못을 꾸짖는 내용이라 재론하기 거북한 면도 있지만 성철스님이 남긴 경책이라 소개하고자 한다.

"어떤 도적놈이 나의 가사장삼을 빌어 입고 부처님을 팔아 자꾸 여러 가지 죄만 짓는가? 누구든지 머리 깎고 가사와 장삼을 빌어 입고 승려의 탈을 쓰고 부처님을 팔아서 먹고사는 사람을 부처님께서는 모두 도적놈이라 하셨습니다. 다시 말하면, 승려가 되어 가사와 장삼을 입고 도를 닦아 도를 깨우쳐 중생을 제도하지는 않고 부처님을 팔아 자기의 생계 수단으로 삼는 사람은 부처님 제자도 아니요, 승려도 아니요, 다 도적놈이라는 겁니다. 우리가 승려가 되어 절에서 살면서 부처님 말씀 그대로를 실행한다는 것은 어려운 일이지만, 그래도 부처님 가까이는 가봐야 할 것입니다. 설사 그렇게는 못 한다 하더라도 부처님 말씀의 정반대 방향으로는 가지 말아야 할 것입니다. 나는 자주 '사람 몸 얻기 어렵고, 불법 만나기 어렵다[人身難得 佛法

難逢]'라는 이야기를 합니다. 그런데 다행히 사람 몸 받고 승려까지 되었으니 여기서 불법을 성취하여 중생 제도는 못할지언정 도적놈이 되어서야 되겠습니까? 만약 부처님을 팔아서 먹고사는 그 사람을 도적이라 한다면 그런 사람이 사는 처소는 무엇이라고 해야겠습니까? 그곳은 절이 아니고 도적의 소굴, 적굴賊窟입니다. 그러면 부처님이 도적에게 팔려 있으니 도적의 앞잡이가 되는 것이지요. …… 우리 자신이 도적놈 되는 것은 나의 업이니 지옥으로 간다 할지라도 달게 받겠지만 부처님까지 욕을 듣게 만들어서야 되겠습니까?"

능엄경을 인용한 법문인데 철저한 수행과 정진을 강조하신 것이다. 성철스님의 제자인 우리는 그런 법문을 워낙 자주 들었기에 무심코 그 법문을 기자에게 건네준 것인데, 스님의 뜻은 세상에 드러났지만 많은 스님들에게 질타를 당했고, 스님들이 불편해하는 점을 미리 살피지 못한 허물도 크다고 반성하지 않을 수 없었다.

절집을 뒤집어놓은 성철스님의 법문 가운데 가장 중요한 개념의 하나는 '불공'이다. 흔히 "절에 가서 불공을 드린다"고들 하는데, 성철스님은 그 개념을 뒤집어놓은 것이다. 성철스님의 법문 중 불공의 의미에 대한 부분을 옮겨보자.

"부처님이 얘기한 불공은 결국 중생을 이롭게 하라는 것입니다. 부처님께서는 많은 물자를 당신 앞에 갖다 놓고 예불하고 공을 드리고 하는 것보다, 잠시라도 중생을 도와주고 중생에게 이익되게 하는 것이 몇천 만 배 더 낫다고 하셨습니다. 부처님은 '나에게 돈 갖다 놓고 명과 복을 빌려 하지 말고, 너희가 참으로 나를 믿고 따른다면 내 가르침을 실천하라'고 하셨습니다. 중생을 도와주라는 말입니다. 이것이 부처님 뜻입니다."

법문을 하던 성철스님은 당시 이와 관련된 일화를 들려주었다.

6·25전쟁 직전 경북 문경 봉암사에 머물 때도 성철스님은 이런 주장을 했다고 한다. 하루는 향곡스님의 청에 따라 부산 지역 신도들을 상대로 같은 내용의 법문을 했다.

"불공이란 남을 도와주는 것이지 절에서 명命도 주고 복도 준다고 목탁 두드리는 것이 아닙니다. 절이란 불공 가르치는 곳이지 불공 드리는 곳이 아닙니다. 불공은 절 밖에 나가 남을 돕는 것입니다."

많은 신도들이 감명 깊게 법문을 들었다며 돌아갔다. 문제는 그다음이다. 부산, 경남 지역 스님들의 모임인 경남 종무원에서 긴급회의가 열렸다. 성철스님의 법문이 결국은 '절에 돈 갖다 주지 말라는 말인데, 그러면 우리 중들은 모두 굶어 죽으라는 소리냐'는 아우성이었다. 얼마 후 서울 종무원에서도 같은 항의와 함께 '다시는 그런 법문 말라'는 경고가 전해져 왔다. 그렇다고 주장을 굽힐 성철스님이 아니다.

"언제 죽어도 죽는 건 꼭 같다. 부처님 말씀 전하다 설사 맞아죽는다고 한들 무엇이 원통할까? 그건 영광이지. 천하의 어떤 사람이 무슨 소리를 해도 나는 부처님 말씀 그대로를 전할 뿐 딴소리는 할 수 없으니, 그런 걱정하지 말고 당신이나 잘하시오!"

성철스님은 해인사 스님들에게 같은 법문을 하셨다.

"내가 말하는 것은 부처님 말씀을 중간에서 소개하는 것이지, 내 말이라고 생각하면 큰일 납니다. 달을 가리키면 달을 보아야지, 가리키는 손가락을 보면 안 된다는 말입니다. 승려란 부처님 법을 배워

● 1970년경 백련암 장경각 앞에 서 계신 성철스님. 형형한 눈빛만으로도 스님의 강직한 성정을 알 수 있다.

불공 가르쳐주는 사람이고, 절은 불공 가르쳐주는 곳입니다. 불공의 대상은 절 밖에 있습니다. 불공 대상은 부처님이 아닙니다. 일체 중생이 다 불공 대상입니다. 승려들이 목탁 치고 부처님 앞에서 신도들 명과 복을 빌어주는 것이 불공이 아니라, 남을 도와주는 것이 참다운 불공입니다."

당시 성철스님은 불공의 의미와 관련해, 기독교의 봉사 활동을 자주 비교 대상으로 삼기도 했다.

"기독교인들은 참으로 종교인다운 활동을 많이 합니다. 그런데 불교는, 불교인은 그런 기독교도들을 못 따라갑니다. 불교의 자비란 자기를 위한 것이 아니고 남에게 베푸는 것인데, 참 자비심으로 승려 노릇 하는 사람이 얼마나 됩니까? 자비란, 요즘 말로 표현하자면 사회봉사입니다. 아마도 승려가 봉사 정신이 가장 약할 것입니다."

1970년대까지만 해도 불교계의 사회적 봉사 활동은 찾아보기 힘든 시절이었다. 성철스님은 갈멜수도원의 기도정신을 예로 들곤 했다.

지금도 여전한 모습이겠지만 당시 갈멜수도원은 수녀님들이 정월 초하룻날 제비뽑기로 역할을 분담하여 양로원·고아원·교도소 등에서 어렵게 생활하는 사람들을 위해 1년간 매일 기도를 한다고 한다. 수도원의 운영 역시 철저한 자급자족 원칙을 근거로 하여 수녀들이 직접 과자와 양초 등을 만들어 운영비를 마련했다.

성철스님은 갈멜수도원의 이 같은 기도, 즉 남을 위한 기도를 '기도의 근본 정신'이라고 강조했다. 또 먹고사는 것은 스스로의 노력으로 해결하고, 대신 기도는 전부 남을 위해서 하는 삶을 '참 종교인의 자세'라고 역설했다.

첫 한글 법어 탄생

1981년 성철스님이 종정이 되고 첫 부처님 오신 날을 맞았다. 총무원에서 종정스님께서 부처님 오신 날을 맞아 법어를 내려주셔야 한다고 전화가 와 보고하자, 큰스님이 "종정이 되어도 가만 있으면 된다 하더니 그런 할 일이 있나 보네!" 하셨다.

"그런 법어도 해야 되는가? 해야 된다카마 한번 써보지."

다음날 아침 큰스님이 불러서 달려갔다.

"이게 4월 초파일 법어다."

내미는 종이 한 장을 보니 한문투성이다. 보통 큰법당에서 스님들을 상대로 하는 한문체 법어의 난해한 글이다. 그렇지만 전 국민에게 들려줄 조계종 종정 스님의 초파일 법어로는 부적당하다는 생각이 들었다. 성철스님의 앞의 긍정적 반응에 힘입어 큰맘 먹고 박살이 나든지 어떻든지 한말씀 드려야겠다고 작심했다.

"큰스님, 이제 스님께서는 옛날처럼 산중의 스님이 아니십니다. 해인사 방장이 아닌 조계종 종정 큰스님으로서 불자들만이 아니라 모든 국민들에게 부처님을 대신해서 한 말씀 하시는 것입니다. 이제 전 국민들 앞에 나서시는 공인이 되셨으니 한문투로는 안 됩니더. 누가 알아 듣겠십니까? 쉬운 한글로 법어를 내려주셔야 합니더."

벼락이라도 치실까 걱정을 하며 머리를 조아리고 있는데 성철스님이 한참 말씀이 없다. 쏘아보는 화등잔 같은 눈길이 따갑다 싶은 순간 승낙이 떨어졌다.

"그래? 그라만 내가 다시 한 번 써보지."

처음 나는 내 귀를 의심했다. 그러나 정말 다행이다 싶었다.

다시 방으로 들어가시고 다음 날 아침 큰스님이 또 부르셨다.

"이만하면 됐나? 니가 한번 봐라."

처음과는 비교할 수 없지만 그래도 반은 한글, 반은 한문투다. 내 친김에 다시 간청을 올리지 않을 수 없었다.

"처음보다 훨씬 이해하기 쉽지만, 말 자체를 한문을 빼고 한글체로 완전히 바꾸어주십시오."

"그놈 참 사람 힘들게 하네. 이놈아, 이렇게까지 고쳐 쓰는데도 얼마나 힘들었는지 아나, 이놈아! 평생 써 온 한문체를 버리고 한글체로 바꾸려니 뭐가 영 허전하다 말이다 이놈아! 다시 생각해 보자."

고개를 끄덕이며 방으로 돌아가셨다. 그렇게 해서 다음날 아침 세 번째로 받아든 법어가 다음과 같다.

"모든 생명을 부처님과 같이 존경합시다. 만법의 참모습은 둥근 햇빛보다 더 밝고 푸른 허공보다 더 깨끗하여 항상 때 묻지 않습니다. 악하다 천하다 함은 겉보기뿐, 그 참모습은 거룩한 부처님과 추호도 다름이 없어서 일체가 장엄하며 일체가 숭고합니다."

● 친필법어 '자기를 바로봅시다'

종정 예하가 내린 최초의 한글 법어다. 이어 해마다 새해에 내놓는 신년법어도 당연히 한글로 바뀌었다. 이듬해인 1982년 부처님 오신 날 법어는 '자기를 바로 봅시다'이다.

"자기를 바로 봅시다. 자기는 원래 구원되어 있습니다. 자기가 본래 부처입니다. 자기는 항상 행복과 영광에 넘쳐 있습니다.
자기를 바로 봅시다. 자기는 시간과 공간을 초월하여 영원하고 무한합니다.
자기를 바로 봅시다. 모든 진리는 자기 속에 구비되어 있습니다.
자기를 바로 봅시다. 자기는 영원하므로 종말이 없습니다.
……
자기를 바로 봅시다. 부처님은 이 세상을 구원하러 오신 것이 아니요, 이 세상이 본래 구원되어 있음을 가르쳐주려고 오셨습니다."

그런데 이 글을 보고 "큰스님께서 한글로 글을 쓰실 턱이 없으니 누가 딴 사람이 대필한 것이다."라는 말들이 많았다. 그래서 지난 3월 창건된 겁외사에 전시실을 마련하고 거기에 성철스님이 직접 한글로 쓴 '자기를 바로 봅시다'의 육필 원고를 전시해두었다.

한글 법어에 대한 재가불자와 일반인의 반응은 정말 뜨거웠다. 일차적인 의미를 우선 이해할 수 있어서 친근한 탓이다. 특히 '자기를 바로 봅시다'라는 법어는 뜻 있는 많은 분들에게 종교를 떠나서 깊은 생각을 하게 했던 것 같다.

그 한 예가 작가 최인호 씨다. 가톨릭 신자인 최인호 씨는 당시 월간 〈샘터〉에 연재하던 글에서 이 법문을 인용했다. 그는 특히 "부처님은 이 세상을 구원하러 오신 것이 아니요, 이 세상이 본래 구원되어 있음을 가르쳐 주려고 오셨습니다."라는 끝 구절에 감명을 받았다고 썼다.

"불자들만이 아니라 모든 국민들에게 조계종을 대표하는 공인이 되셔서 부처님을 대신하여 한 말씀 하시는 것입니다. 쉬운 한글체로 법어를 하셔야 합니다." 하고 간언을 드렸는데 그동안 그렇게 "곰 새끼"라고 나무라기만 하시던 상좌의 고언을 받아들여 주시고 2~3일 추고 끝에 한글법어를 내려주신 그 공덕을 잊을 수가 없다. 그 또한 성철스님의 시대의 변화에 대한 가볍고 무거움에 순발력 있게 대처하시는 모습은 존경스러운 것이다. 그러므로 지금도 감사하고 감사한 마음이다.

큰스님의 한글체 종정법어는 오늘에도 그 빛을 발하고 있다. 2014년 8월에 『성철이야기』라는 제목으로 큰스님 법어들로 CD 2장의 찬불가를 출간하였다. 또 2015년 12월에는 파라미타청소년연합회와 백련불교문화재단 주최로 종정법어 중 16개를 가사로 자유롭게 선택하여 '성철스님 래퍼되다'라는 제목으로 청소년 랩음악경연대회를 성황리에 마쳤다.

2016년 초파일 전 쯤에는 대상을 탄 사람을 필두로 8명의 시상자들의 노래가 CD로 담겨 나올 예정으로 있다.

백련불교문화재단

성철스님은 앞으로 불교학 연구는 어떠해야 한다는 방향성을 확고하게 가지고 있었다. 한문 번역으로 된 2차 경전이 아닌, 인도 고대어인 산스크리트어, 즉 범어 원전의 연구를 통해서 부처님 뜻에 더 다가가야 한다는 생각을 일찍부터 가졌다. 맏사형인 천제스님에게 영어를 독학시켜 범어 원전을 연구하게 하려 했다는 이야기는 앞서 말한 바가 있다.

어느 날 식구들과 더불어 저녁에 안마를 해드릴 때였다.

"요새 불교학자들은 왜 범어 공부를 안 하나? 부처님 말씀을 원전으로 보면 더 좋을 텐데, 와 안 하는지 몰라!"

"그러면 그 교수님을 부르셔서 연구 좀 하라고 닦달하시지예?"

그러면 성철스님은 못내 아쉽다는 표정으로 말씀하셨다.

"그렇다고 그 사람들이 내 말 들을 사람들이가? 실력들이 없는 것이 아닌데 조금만 더 열심히 하면 될 긴데……."

그래서 하루는 먼저 말씀드렸다.

"큰스님, 교수님들 공부 안 한다, 안 한다 말씀만 하시지 말고 공부하게 하면 되지 않겠습니꺼?"

스님은 뭔 뚱딴지같은 소리냐는 듯이 쏘아보았다.

"큰스님! 말로만 공부 안 한다, 공부 안 한다 하지 마시고, 차라리 백련암 대문 앞에 장대를 세워놓고 거기에 돈주머니를 달아놓으십시오. 그래가지고 누구든지 범어 공부할 사람은 이 돈주머니를 가져가라고 외치시면 그 돈주머니를 가지고 가고 싶어서라도 백련암으로 오지 않겠습니꺼?"

성철스님은 그 말 한번 들어보겠다는 모양으로 "그래, 우째 돈주머니를 달아놓는데?" 하셨다.

"범어 공부하는 사람에게는 백련암에서 장학금을 준다고 하이소. 그리고 실지로 장학금을 만드시고요. 그래도 그 돈을 가져가는 사람이 없으면 그때 학자들 공부 안 한다고 욕하셔도 늦지 않을 낍니더."

"그래, 그 돈을 어떻게 만든단 말이고, 이놈아!"

"장학재단을 하나 만들어 신도들의 협조를 받아서 기금을 적립하면 언제든지 장학금을 줄 수 있지 않겠습니꺼?"

그러자 큰스님은 그럼 한번 연구해보라고 했다. 그때 마침 동국역경원의 박경훈 부장이 동국역경원을 재단으로 만든다 하여 같이 신청했는데 동국역경원과 백련재단은 퇴짜를 맞았다. 그 앞에 탄허문화재단은 설립 허가를 받는데 백련재단은 또 퇴짜를 맞았다. 나중에 알고 보니 사단법인은 설립이 쉬우나 재단법인은 좀체로 허가가 나지 않는다는 것이다. 뭘 모르고 시작했으니 차일피일 세월만 흐르다가 주변의 도움을 받아 1987년 10월 말에야 비로소 재단법인 '백련불교문화재단'으로 설립 인가를 받았다.

그러나 마련된 자본금이 2억뿐이라 그 이자만으로는 활동할 수 있는 범위가 매우 미약했다. 그런 가운데도 『백련불교논집』을 발행하고 백련학당도 운영하며 나름대로 노력해왔다. 1996년 재단 부설 기관으로 '성철선사상연구원'을 설립해서 학술 활동을 계속해오고 있으나 역부족을 느낄 때가 많다. 그리고 1999년 시류 따라 멋모르고 인터넷 문화 사업을 펼쳐 '성철넷(http://www.songchol.net)'을 운영하니 '밑 빠진 독에 물 붓기'라는 말을 실감케 한다.

재단을 운영하려면 처음부터 많은 기금을 가지고 출발해야 되는데 그것을 제대로 알지 못했던 까닭이다. 앞으로 금융실명제와 상속제도의 변동 등으로 재단 같은 데 기부금이 많이 모일 것이라는 경제학자들의 진단도 우리 재단과는 아직 인연이 없는 모양이다.

큰스님의 추모 사업과 선종의 돈오돈수 사상을 천양하는 학자들을 양성하고 지원하는 일에 백련불교문화재단이 밑거름이 되어야 함은 당연한 일인데 아직 거기까지는 힘이 못 미치고 있다. 그래도 재단이 설립돼 있기에 힘은 들어도 큰스님 사업을 추진하는 밑거름이 되었다고 자부한다. 재단의 힘으로 백련암 장대에 장학금을 걸어놓고 범어 연구자들을 지원하고 싶은 마음이 간절하다.

백련문화재단을 만든 큰스님의 근본뜻은 범어 원전 연구자와 불교학자의 양성이었다. 그러나 신도님들은 불서를 번역하고 장학금 수여 등의 학문적인 일에는 관심이 없다시피한 것이 오늘 불교의 현실이기도 하다. 새로운 학설을 세우고, 정교한 논리로 세상에 불교를 전파하는 인재양성이 대웅전을 짓는 일이나, 부처님 모시는 일 못지않게 중요한 일임을 불자들이 이해해 줄 날을 기다려 본다.

시주는
남 모르게

　　　　　성철스님은 수행하지 않고 신도들 길 안내하는 스님을 싫어했듯이, 시주하고 그걸 자랑하는 신도 또한 싫어했다. 스님은 특히 절 입구에 서 있는 석등이나 기둥에 시주자 이름을 버젓이 적어놓는 것을 영 마뜩찮게 생각했다.

　문제는 그런 성철스님의 뜻이 확고한 만큼 시주를 받아야 하는 주지와 소임자들의 처지는 더 곤란해질 수밖에 없다는 것이다. 막상 시주를 하는 사람들은 자신의 선행이 어떤 형태로든 남길 바란다.

　이런 소임자들의 불만이 아무리 크다고 해도 성철스님은 들은 체도 하지 않았다. 그리고 수시로 다음과 같은 일화를 들려주며 '시주의 익명성'을 강조했다.

　"6·25전쟁 직후 마산 근방 성주사라는 절에서 서너 달 살았거든. 처음 가보니 법당 위에 큰 간판이 붙었는데 '법당 중창시주 윤○○'라고 굉장히 크게 씌어 있는 거라. 그래서 내가 누구냐고 물어보니까 마산에서 한약방 하는 사람이라데. 그 사람 신심이 깊어 법당을 모두 중수했다는 거라."

　그것을 그냥 지나칠 성철스님이 아니다. 성철스님은 그 사람이 언제 오느냐고 물었다. 이미 성철스님의 이름이 불자들 사이에선 상당히 알려진 상황이라 "스님께서 오신 줄 알면 내일이라도 곧 올 겁니다."라고 했다. 과연 그 이튿날 윤씨가 성철스님에게 인사하러 왔다.

"소문을 들으니 처사의 신심이 퍽 깊다고 다 칭찬하던데, 나도 처음 오자마자 법당 위를 보니 그걸 증명하는 표가 없혀 있어서 대단한 줄 알았제."하고 성철스님이 인사처럼 말했다.

처음에는 칭찬인 줄 알고 윤씨가 웃음으로 감사를 표했다. 하지만 곧바로 성철스님의 따가운 지적이 이어졌다.

"그런데 간판 붙이는 위치가 잘못된 것 같데이. 간판이라 카면 남들 마이 보라고 만드는 건데, 이 산중에 붙여두어야 몇 사람이나 와서 보겠노? 그라이 저거 떼 가지고 마산역 광장에 갖다 세워야 안 되겠나? 내일이라도 당장 옮겨보자고."

그제야 말뜻을 알아듣고 윤 씨가 성철스님 앞에 엎드렸다.

"아이구, 스님. 부끄럽습니다."

성철스님의 꾸중은 쉽게 끝나지 않는다.

"처사가 참으로 신심에서 돈 낸 거요? 간판 얻을라고 돈 낸 거제!"

"잘못했습니다. 제가 몰라서 그랬습니다."

"몰라서 그랬다고? 몰라서 그런 거야 뭐 허물이랄 수 있나. 이왕 잘못된 거 우짜면 좋겠노?"

직접 시정하라는 지시다. 윤 씨는 서둘러 자기 손으로 그 간판을 떼어내 탕탕 부수어 부엌 아궁이에 넣어버렸다고 한다.

이런 얘기를 들은 신도들이 어찌 성철스님 앞에서 시주의 공을 내세울 수 있겠는가? 성철스님은 그런 호통을 치면서도 한편으로는 시주자들의 진심 어린 보시를 이끌어내기도 했다.

성철스님이 성전암에 머물 당시 얘기다. 큰절인 파계사 대웅전에 비가 줄줄 샜다. 이를 수리하는 불사佛事를 해야 하는데 마땅한 시주자가 없었다. 파계사에 신세를 지고 성전암에 사시면서 그런 사정을 듣게 된 성철스님이 나섰다. 잘 아는 신도에게 "절대 겉으로 나서지 말고, 심부름은 동업(천제스님)이가 할 테니 그리 알고 파계사 대웅전 중수불사를 맡아주시오."라고 당부했다.

그 시주자는 성철스님의 당부대로 전혀 나서지 않은 가운데 대웅전 중수에 필요한 돈을 지원했고, 마침내 대웅전이 새 모습으로 단장을 끝냈다. 사실 시주 당사자는 성철스님의 당부대로 전혀 나서지는 않았지만, 자신의 노력 끝에 만들어진 결과가 궁금한 게 당연하다. 그래서 정식 낙성식이 열리기 전 파계사 대웅전을 찾아 부처님께 백팔배를 올렸다. 그때 문이 벌컥 열리며 호통 소리가 났다.

"어떤 보살인데 허락도 없이 법당에 들어와 멋대로 기도하느냐!"

그 보살은 "아이구, 예. 스님, 잘못했습니다." 하고는 도망치다시피 성전암으로 달려와 성철스님에게 그 얘기를 올렸다.

"큰스님, 제가 법당불사 시주자인 줄 알았더라면 그 스님이 얼마나 반갑게 맞이해주었겠습니까? 그런데 오늘 칭찬받고 오는 것보다 야단맞고 쫓겨 오니 훨씬 더 마음이 가뿐합니다."

"바로 성전으로 왔으면 됐지, 보살이 자랑하고 싶은 마음 때문에 큰법당에 들렀은께 야단맞았지. 하하하." 큰스님이 박장대소했다.

산문불출 山門不出

　　성철스님은 산승山僧으로 산을 떠나는 것을 무척 꺼려했다. 말년에 관절염으로 고생했기에 한겨울 추위를 피해 부산의 한 신도가 마련해 준 처소로 피한避寒하는 것을 제외하면 산문山門을 나서는 일이 거의 없었다.

　　그러나 산속에 칩거하는 성철스님의 명성이 조금씩 세간에 알려지면서 큰스님을 세속으로 모셔내려는 요구 또한 적지 않았다.

　　성철스님이 종정의 자리에 오른 무렵인 1980년대 초반, 큰스님을 세속으로 모셔내려는 목소리는 포교 차원에서 비롯됐다. 당시 개신교계는 부활절 같은 날을 맞아 서울 여의도광장에서 대규모 집회를 가지곤 했다. 거의 매년 백만 인파가 모이는 큰 기도회를 개최하는 것을 보고 불교계가 술렁거렸다.

　　"우리도 '부처님 오신 날' 여의도에서 대대적인 법회를 갖자!"

　　일부의 목소리가 이내 조계종 총무원의 입장으로 굳어졌다. 당시 총무원장 의현스님이나 예경실장(종정의 비서실장) 천제스님이 몇 차례 성철스님을 뵙고 간청했다. 그러나 성철스님의 답변은 한결같았다.

　　"산승이 산에 있어야지, 어딜 간다 말이고! 내가 서울 간다고 사람

● 평생을 산승으로 살았던 성철스님

좀 마이 모이면 뭐하노. 내가 서울 가는 것보다 산사를 지키고 여기 그냥 앉아 있는 게 불교에 더 이익이 되는 줄은 와 모르노."

성철스님은 여의도에서 떡 벌어지게 큰 법회를 열고 설법을 하는 것보다 산중에 앉아 산승의 본분을 지키는 것이 크게 봐서 불교의 위상을 높인다고 판단했던 것이다. 이래서 결국 성철스님을 모신 여의도 법회는 한번도 열리지 못했다.

그렇게 1980년대가 끝나갈 무렵, 다시 성철스님을 세속으로 부르는 목소리가 있었다. 1987년 이후 민주화 운동의 열기다. 당시 성철스님과 자주 비교된 종교 지도자는 김수환 추기경이다.

시위 학생들이 명동성당으로 몰려들고, 추기경이 이들을 끝까지 보호하며 지원하는 모습을 보고 불교계에서도 진보적인 성향의 젊은 스님들이 목소리를 높였다.

"이런 어려운 때 불교의 최고 어른이신 종정스님은 한 말씀 하시지 않고 뭘 하고 계시는가?"

원성과 비판이 자자했다. 그런저런 사정을 성철스님께 여쭈지 않을 수 없었다. 예상대로 호통이다.

"내가 말 한마디 한다고 세상이 바뀌나. 또 내 말을 들을 사람(정치지도자)이 없는데 누구한테 무슨 말을 하란 말이고."

이때에도 성철스님에 대한 원성과 비판이 쉽게 가라앉지 않았다. 격동의 한 해가 지나고 새해가 되어 총무원장 등 중진 스님, 그리고 각종 불교 단체장들이 신년하례를 위해 백련암에 올라왔다. 일행 중에 권익현權翊鉉 정각회(불교도 국회의원 모임) 회장을 비롯한 국회의원 여러분이 포함돼 있었다. 성철스님이 말했다.

"요새 자꾸 내 보고 민주주의 장사하라 카는 기라! 민주화니 뭐니 하는 얘기가 여기 해인사 백련암까지 오는 거 보면 시끄럽기는 되게 시끄런갑제. 국회의원 여러분들, 생각해보소. 절집은 수행하는 데고, 국회의원은 정치하는 사람들 아이요. 서울 가거든 정치 잘해갖고 인자 나보고 민주주의 장사하라는 말 안 나오게 좀 해주소."

성철스님은 그렇게 산중에서 불교의 가르침에 따라 살면서 격동의 시기를 보냈다.

그러나 그로부터 몇 년의 세월이 흐른 뒤 큰스님이 출상하시던 날 가야산을 찾은 수십만 추모 인파와 사리 친견법회에 구름처럼 모여든 많은 사람들을 보면서 생각했다. 큰스님은 산중에 앉아 계셔도 세상을 넓게 비추고 계셨다고 말이다.

세월이 흐르면서 감 놔라, 배 놔라 하면서 종교지도자로서 정치현실에 참여하신 것보다 산중에서 당신의 의연한 모습으로 정치와 거리를 두셨던 성철스님을 존경하는 국민들의 뜻이 더 큰 듯하다.

효도와
고향

　출가한 후에도 가끔 집 생각이 나는 때가 있었다. 그럴 때면 성철스님은 어떻게 알았는지 시자들에게 가끔 이런 말씀을 했다.
　"사람이 한번 결심해 출가했으면 앞만 봐야지 뒤돌아보면 못쓰는 기라. 그러니 출가한 후에 속가집에 들락날락하는 것은 절대로 안 되는 기라. 출가했으면 가족들 인연 끊고 살아야제!"
　겁이 바짝 들어 있는 행자 시절이나 초년병 시절에는 집 생각을 전혀 할 수가 없었다.
　대신 어머니가 백련암으로 찾아오시다 큰스님께 호되게 꾸지람을 들었다. "자식 출가했으믄 그것뿐이지 뭘 자꾸 찾아와!" 하는 호통소리에 다시는 백련암에 오시지도 못하고 저 밑 부락에 오셔서는 "나 왔다" 하고 겨우 전화만 할 뿐이었다. 그때는 할 수 없이 내려가 얼굴만 보고 올라왔다. 하지만 그런 일도 점점 줄어들었다.
　불자, 불교 신도들은 스님들을 좋아하고 남의 자식이 스님 되는 것은 좋아하지만, 막상 자기 자식이 스님이 된다 하면 한 길이나 펄쩍 뛴다고 한다. "니가 와 스님될라 카노!" 하면서 세상이 끝난 줄로 생각하는 것이다.

가톨릭 같은 다른 종교에서는 아들 중에 누가 신부가 되겠다고 하면 "정말 하느님의 종이 된다"고 하여 온가족과 친척이 축복을 한다는데, 우리네 불교 집안은 그렇지는 않은 것 같다.

한번은 나의 아버지가 "중된 미운 자식이라 나는 보러 가기도 싫다. 그렇지만 아들인 지놈은 한 번이라도 왔다 가야지, 지 애비하고 무신 원수졌다고 한 번도 안 오나." 하고 섭섭해하신다는 애기를 들었다. 또한 아버지가 "중이 매몰스럽기는 매몰스러운 기라……." 하면서 하도 서운해한다기에 어쩔 수 없이 성철스님 몰래 한 번 뵙고 온 적이 있다.

친구들도 별로 만나지 않고 살았지만, 누구는 아버지 환갑을 어디서 했다, 누구는 어머니 환갑을 어떻게 했네, 하는 소문들이 바람도 없이 들려올 때면 그래도 자식이라 부모님께 미안하고 죄송한 생각이야 어디 가겠는가?

그날도 성철스님 심부름으로 서울에서 책 출간 준비를 하느라 바쁜 나날을 보내고 있었다. 백련암에서 날 찾는 전화가 왔다기에 수화기를 드니 시자스님의 전갈이다. 그런데 스님께서 직접 통화하신다고 잠시 기다리라는 것이다. 내가 밖에 나와서 스님 심부름을 하고 있지만 스님이 직접 전화하신 것이 처음이라, 분명히 해인사 사중에 무슨 큰일이 생겼다고 생각했다. 마음이 조급해지는데 수화기 저쪽에서 성철스님 목소리가 들려왔다.

"원택이가? 너거 아배 죽었다 칸다. 백련암으로 바로 오지 말고 대구 가서 초상 치르고 오너라. 내가 직접 전화 안 하면 니가 안 갈 것 같으니께 내가 전화한 기라! 내 말 알겠제! 꼭 대구 가거라. 어잉."

그때가 1982년 12월 중순쯤이라고 기억하는데 큰스님의 전화를 받는 순간 불효했다는 생각에 무척 마음이 아팠다. 그 길로 바로 대구로 내려가 형님댁을 찾아갔는데, 형님은 외국에 계셔 집안이 썰렁했다. 갑작스레 당한 일이고 내 신분이 스님이다 보니 동창들에게 알리는 것도 쑥스러운 생각이 들어서 가족끼리만 장례를 치렀다. 정말 과장되게 표현하면 '거적에 둘둘 말아 장사 지낸다'는 말이 맞을 정도로 초라하게 장례를 치러 마음이 더욱 편치 않았다. 사십구일재는 백련암에서 했는데, 성철스님도 계시고 해 성의껏 해드렸다.

4년 뒤에는 그때까지도 날 찾아오시면 "니 언제 장가 갈라 카노!" 하시는 것이 원망이자 당부셨던 어머니마저 세상을 떠나셨다.

그때는 신도님들도 알고 오셔서 문상도 해주시고, 해인사 스님들과 주변 인사들도 문상을 해주셨다. 아버지 출상 때와는 비교도 되지 않았다. 그래도 나는 성철스님과 비교하면 호강하는 셈이었다. 스님은 어머님이 별세하셨을 때나 아버님이 별세하셨을 때나 고향집을 찾지 않고 대신 시자를 보내 문상만 했다. 또 평생 떠나온 고향 산청군 단성면 묵곡리를 끝끝내 한번도 찾지 않았다.

어느 날 스님에게 물었다.

"고향을 찾지 않으신 이유가 있습니꺼?"

성철스님의 대답은 간단했다.

"아따! 니 고향은 어지간히 대단한 모양이제! 이놈아, 중이 되어 떠났으면 머무는 곳이 고향이지 중한테 갈 고향이 따로 있어?"

5

영원한 시간들
- 열반, 그 후

일생 동안 남녀의 무리를 속여서
하늘 넘치는 죄업은 수미산을 지나친다.
산 채로 무간지옥에 떨어져서
그 한이 만 갈래나 되는데
둥근 한 수레바퀴 붉음을 내뿜으며
푸른 산에 걸렸도다.

– 성철스님의 〈열반송〉

진영과
존상

문도들은 불모佛母(부처님 탱화를 그리는 화가를 지칭)인 석정스님에게 부탁해서 진영을 그리자고 쉽게 합의했다. 석정스님에게는 불필스님이 부탁했다.

"석정스님께 큰스님 영정을 그려 주십사 하고 말씀드리니 당신은 탱화 그리는 것이 전문이지 초상화 그리는 것은 전문이 아니라서 못 그린다고 하셨습니다. 그런데 제주도 일장스님이 요새 인물화를 잘 그리는 화가를 안다고 하니 일장스님과 한번 의논해보라고 하시더군요. 서울에 사는 김호석이라는 분인데 그분이 승락만 하면 틀림없다고 하십니다."

이름을 들으니 예전에 주명덕 선생이 추천한 바로 그 사람이다.

서울에 올라와 김호석 씨를 만나 자초지종을 말하고 부탁을 했다. 걱정과는 달리 이야기를 잘 들어주어 곧바로 영정 그리는 일이 시작되었다. 김호석 씨는 성철스님의 영정과 함께 일상의 성철스님 모습까지 여러 점을 따로 화폭에 담았다. 1995년에 예술의 전당에서 '성철 큰스님 추모 주명덕 사진전과 김호석 수묵인물화전'이 열렸다. 정말 신심으로 불철주야 애쓴 덕분으로 전시회가 열리게 돼 깊은 감사를 드렸다.

1998년에는 김호석 씨가 성철스님 다비식을 그린 기록화 전시회가 있었다. 10월 14일부터 28일까지 서울 동산방화랑에서 '그날의 화엄'이라는 제목으로 전시회를 연 것이다.

다비식에 참석했다는 김호석 씨는 말했다.

"수많은 인파들의 애도와 흐느낌에 묻혀 있다 다비식이 끝나고 나서 돌아가려고 보니, 그제야 멀리 산과 나무가 흐릿하게 보였습니다. 무엇이 이토록 사람들을 슬픔으로 몰아넣었는가? 그분의 정신세계를 표현하는 데 작가로서 승부를 걸어보고 싶었습니다."

그러고는 꼬박 4년을 '다비 장면' 그림에 매달린 것이다.

그림 내용은 '정조대왕의 능행차'를 모티브로 하여 큰스님의 출상을 해인사 영결식장에서부터 다비장까지의 거화장면을 그리면서 1만 명이 넘는 연도의 애도하는 다양한 신도들 모습을 담고 있었으니 가로 400cm×120cm의 대작이었다.

자연산 닥나무 껍질로 만든 한지, 300년 된 먹을 구하여 전통 방법으로 만든 자연산 채색 물감, 그리고 4년여의 세월. 이 모든 게 화가로서 일생에 한번 해볼 만한 대작업이었다. 작가에게도 큰일이었지만, 화단에서도 기록화의 새로운 장을 열었다고 극찬했다.

김호석 씨와 주명덕 씨의 전시회가 열릴 때 하루는 우연히 전시회장에서 고등학교 동창 이효신을 만나게 되었다. 반가운 인사를 하고 헤어졌는데, 오후에 친구가 다시 찾아와 느닷없는 질문을 하는 것이었다.

"스님! 내한테 뭐 부탁할 것 없나? 뭐 고민하는 문제가 있제?"

"내가 고민하는 거 뭐 있겠노? 니한테 부탁할 게 뭐 있겠노?"

"스님! 혹시나 성철스님 동상을 모실 생각은 안 해봤나? 그런 일이라면 내가 스님을 도와줄 수 있는데……."

의외의 제안이었다. 그렇게 말하는 친구의 눈을 뚫어지게 쳐다보며 나는 물었다.

"니가 우째 내 마음을 그렇게 잘 아노?"

참으로 그랬다. 성철스님을 위해 도서관인 장경각을 옮겨 백련암 동쪽편에 법당식으로 짓고 있었는데 그것이 완성되지 못하고 성철스님께서 열반에 드시니 용도가 바뀔 수밖에 없었다. 장경각은 고심원으로 이름이 바뀌어 자연스럽게 성철스님 기념관으로 쓰이게 된 것이다.

그 후 친구의 소개로 강대철 씨를 만나게 되었다. 작업을 의뢰한 후 어느 정도 시간이 지나 여러 상좌와 함께 보게 되었다. 선생은 성철스님을 한번도 뵌 적이 없지만 상좌들의 의견을 들어가면서 존상을 완성시켰다. 현재 그것은 백련암 고심원에 모셔져 있다.

그리고 이어서 겁외사에도 야외 입상을 모시게 되었다. 처음에는 겁외사 법당에 중국 백옥으로 만든 스님 존상을 모실 생각이었다. 그러나 백옥은 중국 문화재 보수용으로만 쓰여서 수출이 되지 않는다고 했다. 그 후 이탈리아 카라석산으로 만든 설법상이 겁외사에 도착했을 때는 모든 회향식이 끝난 뒤였다. 우선 임시로 지리산 거림에 있는 길상선사 법당 좌편에 모셨다.

● '그 날의 화엄', 1995~8년 제작. 400cm×120cm. 수묵채색. 수묵화가 김호석 씨가 성철스님의 다비장 모습을 한 장으로 생생하게 그려낸 대형그림이다

생가 겁외사
창건

　　　　성철스님이 열반하신 후 100제를 올린 뒤였다. 산청군수로부터 불필스님과 나를 만나고 싶다는 전갈이 왔다.
　군수는 뜻밖의 말을 했다.
　"스님! 스님께서 해인사에 계시면서 큰스님 뒷일을 감당하셨기에 바깥일은 잘 모르실 것입니다. 해인사는 해인사대로 인산인해로 조문객들이 모여들고, 사리친견으로 밀려드는 참배객들을 감당하실 수 없었겠지만 우리 군도 마찬가지였습니다."
　의아한 생각에 되물었다.
　"해인사도 아닌 산청군이 왜 많은 사람들에게 시달렸습니까?"
　군수의 이야기는 이러했다.
　"큰스님 고향이 산청군 단성면 묵곡리이지 않습니까? 그러다 보니 사람들이 큰스님 생가 터에 밀려왔는데 길도 제대로 나 있지 않아서 우리가 얼마나 고생을 했는지 모릅니다. 그래서 이번 기회에 큰스님 생가 터를 복원하는 게 좋을 것 같아서 이렇게 불필스님과 원택스님을 찾아오게 되었습니다."
　큰스님 생전에 『포영집』 때문에 생가를 방문한 적이 있었다. 산자락 밑 70~80평 대지에는 아무것도 남아 있지 않았다. 그때의 돌더미만 한편에 남아 흔적을 찾을 듯 말 듯했다. 무심한 황소가 배를 깔고 마당에 앉아 한가로이 되새김질하던 모습이 떠올랐다.

"군수님, 생가 터에는 손수레 길이 겨우 나 있는데 거기에 생가를 복원한들 교통편이 그렇게 불편하니 어떻게 참배가 되며, 설사 복원을 한다 해도 어떻게 공사를 할 수가 있겠습니까? 문도들은 그저 그 자리에 '성철스님 생가 터'라는 자그마한 표지석이나 하나 세워 기념할까 생각하고 있었습니다. 생가 복원은 전연 생각한 바가 없습니다."

그래도 군수의 말은 완강했다.

"스님! 지금 같으면 어떻게 우리가 생가를 복원하자고 하겠습니까? 마침 진주-대전 고속도로가 공사 중인데다가 생가 터 앞 경호강에 2차선으로 묵실교가 놓이게 되고 그곳에 바로 진주로 이어지는 지방도로가 새로 생기니, 교통 문제는 일거에 해결되기에 드리는 말씀입니다. 앞에 문익점 시배지 전시관이 있고 남명 조식 선생의 향교도 있는데, 큰스님 생가를 복원하면 청소년 교육에도 많은 도움이 될 것 같습니다. 아무쪼록 문도 스님들이 큰 마음을 내어주셔야 합니다."

투박하지만 집념이 담겨 있는 말이었다. 일단 그 정도의 말만 듣고 헤어졌다. 그 후 어느 날 생가 터를 가보니 바로 뒤에 진주-대전 고속도로의 성토 작업을 하고 있었다. 생가 터 가는 길도 그 고속도로를 닦는 길과 연결되어 있었다. 이제는 생가 터라 할 수도 없을 지경이었다. 그렇게 말만 있고 한 해가 그냥 지나갔다. 현장을 보고 나니 고속도로 바로 밑이라 마음이 내키지 않은 부분도 있었다.

산청군에서는 성철스님 생가 터를 복원하겠다는 의지를 강하게 전해왔다. 모든 행정적인 지원은 가능하되, 산청군이 자생력이 미비한 군이기에 예산 지원만은 어렵다는 얘기였다. 그러나 재정 문제에서 문도들도 답답하기는 마찬가지였다. 성철스님 사리탑 불사를 추진하기도 급급한데 생가 복원은 힘에 벅찰 수밖에 없었다. 게다가 문도들 의견은 생가만 덜렁 지어서 뭘 하겠느냐는 것이었다. 누군가 관리하지 않으면 금방 폐가와 다름없이 될 텐데 오히려 표지비 하나 세우는 것만 못하다는 반론도 만만찮았다. 다시 불필스님과 의논을 했다.

"정말 생가만 복원하면 뭐합니까? 살지 않는 집은 금방 폐가가 될 것은 뻔한 일인데 새로 지은 집에 누가 살며 누가 지키겠습니까? 군에서 예산 지원하는 것도 아니니 문도로서는 어려운 일이겠습니다."

그러자 불필스님은 이렇게 말했다.

"그럼 해인사 사리탑 불사는 백련암에서 맡고 생가 터 복원은 내가 한번 연구해보겠심더."

사람이 살지 않는 생가 복원은 역시 어려운 문제였다. 그래서 생각해낸 것이 생가를 복원하고 앞에 터를 확보하여 절을 짓는 것이었다. 스님들이 살면 그런 문제들은 일거에 해결될 것 같았다. 1996년부터 생가 복원 및 사찰 창건이라는 조감도를 그려놓고 산청군과 본격적인 협의가 시작되었다.

남아 있는 생가 터는 80여 평이었다. 예전 같으면 그 주변 땅이 모두 할아버지 소유였다. 성철스님이 출가한 뒤 할아버지는 생전에 살던 집에 정이 떨어져, 200여 m 떨어진 강 쪽으로 나와 2층 목조 집을 짓고 이사하여 살았다. 그때부터 성철스님 생가는 폐가가 되고 말았다. 그 뒤로 친척들이 땅을 달라고 해서 나눠주었고, 그렇게 집을 짓고 산 것이 오늘에 이른 것이다.

생가가 드러나기 위해서는 앞이 틔어야 하니 마당 중앙에 성철스님 존상을 모시고 그 옆에 영정이나 좌상을 모시는 사당 역할을 하는 법당형의 건물을 짓는 것으로 의견을 모았다.

마침 고속도로 건설과 경호강 하상정비를 하던 시기라 흙과 자갈을 염가로 얻을 수 있어 성토 문제는 어렵지 않게 진행되었다. 또한 지리산 쪽에 조그만 댐 사업이 있어 베어버리는 소나무를 얻어 와 주변을 정비하는 데 큰 비용은 들지 않았다.

그러나 문제는 땅값이었다. 일을 하면서 터를 마련하려다 보니 생각지 않게 주변의 땅값이 올라 비용을 마련하기가 더 힘들었다.

이러한 여러 가지 힘든 과정을 지나 5년여에 걸친 생가 복원 공사

● 겁외사 전경

를 마무리할 때가 되었다. 이제 절 이름을 어떻게 지을 것인지가 고민되기 시작했다. 누구에게 부탁을 할까, 아니면 흔한 이름에서 얻어 쓸까 여러 궁리를 했다. 하지만 뾰족한 묘안이 떠오르질 않았다.

그러다 생각이 미친 곳이 있다. 성철스님이 말년에는 참 추위를 많이 타셨다. 백련암의 겨울은 영하 15도 이하로 떨어지는 날이 며칠씩 되는 혹독한 기후였다. 말년이 되자 스님은 그런 날씨를 견뎌내지 못했다. 가실 만한 곳으로는 부산 청사포의 해월정사海月精舍가 있었지만 거기 계시면 찾아오는 사람들이 많아 오히려 더 불편해하셨다.

범어사 쪽 근처에 마침 지낼 만한 조용한 곳이 생겼다. 물론 절이 아닌 가정집이었다. 성철스님은 집을 내준 거사님에게 스님들이 드나드는 곳이니 간판이나 하나 붙이자면서 '겁외사劫外寺'라고 써놓았다. 그리고 당신이 거처하는 곳은 고불원古佛院이라 이름을 붙였다. 그렇게 11월이면 부산으로 내려가고 5월이면 백련암으로 올라오기를 몇 년 동안 계속했다.

내심으로 그 거사님의 허락을 받아 성철스님 생가 터에 세워지는 절 이름을 겁외사劫外寺로 하는 것이 좋겠다는 생각이 들었다.

아무쪼록 성철 큰스님 가신 수행의 길을 우리도 걸어가야겠다. 그 길을 가지는 못한다 해도 겁외사를 참배함으로써 그 길을 가서 진리를 깨친 스님이 계심을 모두 함께 아는 계기로 삼아야 한다. 그 순간만이라도 자기가 부처라는 생각을 가져본다면 성철스님 생가 복원과 겁외사 창건의 뜻을 다한 것이라고 생각한다.

열반송
유감

生平欺狂男女群(생평기광남녀군)하니

彌天罪業過須彌(미천죄업과수미)라

活陷阿鼻恨萬端(활함아비한만단)인데

一輪吐紅掛碧山(일륜토홍괘벽산)이로다.

일생 동안 남녀의 무리를 속여서

하늘 넘치는 죄업은 수미산을 지나친다.

산 채로 무간지옥에 떨어져서 그 한이 만 갈래나 되는데

둥근 한 수레바퀴 붉음을 내뿜으며 푸른 산에 걸렸도다.

성철스님이 남기신 열반송은 많은 화제를 몰고 왔다. 불교를 믿는 사람들은 물론이고 일부 기독교 목사님들에게도 큰 반향을 일으켰다. 열반송을 읽고 크게 깨달음을 얻을 수 있다면 다행한 일이지만, 그렇지 못하고 시비를 일으키는 부분도 종종 있는 것 같다.

일부에서 스님의 열반송을 시비하는 대표적 해설을 소개해본다.

"초인적인 극기 수행과 용맹정진을 통해서 큰 깨달음을 얻어 성불의 경지에 이르렀다는 성철스님, 그러나 그는 마지막에 '한평생 남녀

무리를 진리가 아닌 것을 진리라고 속인 죄가 너무 커 지옥에 떨어진다'고 회한으로 몸부림치며 천추의 한을 토로했다…….

참으로 성철스님은 불교사에 보기 힘든 최고의 선승이요, 학승이다. 그러므로 성철스님은 한국불교계의 큰 보배요, 위대한 지도자이다. 그래서 그는 온 불자들의 존경과 선망을 한 몸에 받았다. 그러므로 지금도 불자들은 그를 '우리 곁에 왔던 부처'라고 추앙하고 있다. 그러나 세상이 알고 있는 것과는 달리 성철스님은 말년에 와서 새로운 사실을 깨닫고 내심 말 못하는 갈등으로 괴로워하며 방황하다가 결국은 마지막에 회한으로 몸부림치며 천추의 한을 안고 세상을 떠났…….""

어떤 목사님이 출판한 책의 내용이다. 이분만의 생각이 아니라 성철스님이 떠난 후 이런 내용으로 이야기하는 교회들이 많긴 많았던 모양이다. 급기야 대전 지방에서는 불자들의 거센 반발이 있었다. 그러면서 불똥은 또 나에게 튀었다. "그런 책을 출판한 사람은 큰스님의 명예를 고의로 훼손한 것이니 고소를 하든가, 판매정지가처분 소송을 하든가 해야지 문도들이 뭣들 하는가?" 하는 항의가 백련암으로 빗발친 것이다. 글의 뜻이 어떻게 그렇게 둔갑하는지 참 어처구니없는 일이 벌어졌으니 그만큼 선의 사상과 언어에 무식하다는 반증이다.

성철스님이 종정으로 취임하신 후 그 당시에 MBC 기자 김영일 씨가 처음으로 육성녹음을 했다.

"1,300만 불자가 있는데 그 불자들에게 한 말씀만 주십시오."

스님의 이야기는 간단했다.

"한 말씀이라……. 내 말에 속지 마라, 내 말……, 내 말 말이여……, 내 말에 속지 마라, 그 말이여!"

이 내용이 육성 그대로 텔레비전 화면에 실려 나갔다.

그 인터뷰로 인해서도 말들이 분분했다. 불자들의 불만은 "그런 기회가 있으면 좋은 말씀을 하셔서 국민들이 들어서 기쁘고 고마운 말씀을 할 것이지, 처음 나가는 종정 큰스님 방송 인터뷰에서 느닷없이 '내 말에 속지 마라' 하시니, 그러면 당신은 만날 거짓말만 하고 사시나, 그러면 우리도 속고 있단 말인가?" 하였다.

성철스님은 늘 법문하시면서 강조하셨다.

"사람이면 누구에게나 영원한 생명과 무한한 능력이 있다고 부처님은 말씀하셨다. 그러므로 우리도 부처님이 가신 길을 가면 그 누구라도 영원한 생명과 무한한 능력을 개발하여 쓸 수 있다. 그 지름길이 바로 참선이다."

그러니 '내 말에 속지 마라'고 한 뜻은 "내가 종정이라는 고깔을 쓰니 인터뷰도 오고 하는 모양인데 난들 별 사람이냐? 부처님 가르침대로 살아서 오늘 이렇게 종정이라는 고깔을 쓰지 않았느냐? 그러니 고깔 쓴 나를 보고 무엇을 얻으려 하지 말고 각자가 가지고 있는 영원한 생명과 무한한 능력을 스스로 개발해 자기가 부처임을 깨달아라." 하는 당부의 말씀인 것이다.

선가에서는 흔히 은유적 표현과 반어적 설법을 사용한다. 이 열반송도 그렇다. 기독교 인사가 어디서 착상을 했는지, 성철스님 말을 글자만 따라가서 엉뚱하고 희한한 해석을 해낸 것이다. 선가의 입장에서는 성철스님의 뜻을 전혀 이해하지 못한 포복절도할 일로서 웃어야 할지 울어야 할지 모를 일이다.

성철스님이 평생에 무엇을 하셨기에 남녀의 무리를 속였다고 하시는가? 이 세상에서 성철스님이 남녀의 무리를 속였다고 생각하는 사람은 아무도 없을 것이니 그러면 산 채로 무간지옥에 떨어져서 그 한이 만 갈래나 된다는 것도 달리 해석되어야 할 것이 아닌가? 이런 간단한 논리에서 벗어나 엉뚱한 해석을 해서 정말로 남녀의 무리를 속이는 목사님들이 있다는 것이야말로 놀라운 일이다.

"평생 남녀의 무리를 속였다."고 한 성철스님의 말씀은 앞의 "내 말에 속지 마라." 하시는 말씀의 뜻과 같은 것이다.

"내가 수행자로서 평생을 살았는데 사람들은 내게서 자꾸 무엇을 얻으려고 하고 있다. 실은 자기 속에 영원한 생명과 무한한 능력을 갖추고 있으면서 그것을 개발하려고 노력하지 않고 내만 쳐다보고 사니 내가 중생들을 속인 꼴이다. 그러니 나를 쳐다보지 말고, 밖에서 진리를 찾지 말고 자기를 바로 보아라. 각자 스스로의 마음속에 있는 영원한 생명과 무한한 능력을 잘 개발하라."

그러한 모든 중생에게 이익을 주고 깨우치게 하지 못하고 떠나니 미안하고 섭섭하기가 짝이 없다는 뜻으로 "산 채로 무간지옥에 떨어져서 그 한이 만 갈래나 된다."고 표현하신 것이다. 법정스님은 효봉스님의 일대기에서 효봉스님 떠나심을 '장엄한 낙조落照'라고 하셨다. 이것과 비교해보면 "둥근 한 수레바퀴 붉음을 내뿜으며 푸른 산에 걸렸도다."라고 한 것은 당신이 떠나는 순간을 '장엄한 낙조'로 표현한 것이다. 선가의 일상사를 잘 알지도 못하면서 선가의 표현을 곡해하고 엉뚱한 말로 교도들을 충동하는 일은 없었으면 좋겠다.

6

시봉이야기 그 후

– 큰스님께 잘한 일, 생전 하나, 열반 후 셋

"성철스님 시봉이야기"를 15년 만에
장경각에서 출판하게 되니 지난 일들이 주마등처럼 지나갔다.
이제는 큰스님께서 열반에 드신 지 23년째로 접어드는 세월에 이르렀다.
그 세월 동안 내가 큰스님 생전에 가장 잘한 일이 무엇이며,
큰스님 열반에 드신 후 잘한 일은 또 무엇이 있을까 하는,
평생 큰스님께 책망만 받은 미련한 곰 새끼의 역발상이 문득 떠올랐다.

1
성철스님 생전에 잘한 일

법어집과 선서의 출간

　성철스님의 가르침을 책으로 펴내는 작업이 시작된 것은 1976년부터였다. 그 계기는 다소 엉뚱했다. 내가 본격적으로 참선에 들어가려고 서두르다가 상기병上氣病에 걸린 것이 그 출발점이기 때문이다. 상기병은 참선 수행자들이 걸리는 일종의 두통으로 평소엔 증상이 없다가 참선하려고 자세를 잡기만 하면 갑자기 머리가 아파오는 고질병이다.
　상기병으로 참선을 못 하게 된 나는 대신 큰스님의 법문을 들으며 공부해 보자는 생각을 했다. 그렇다고 함부로 얘기할 수도 없던 차에 마침 릴 테이프에 녹음되어 있는 내용을 카세트테이프로 옮기는 작업을 하게 됐다.
　성철스님이 1967년 7월 해인총림 초대 방장으로 취임하고 그해 겨울 동안거 100일간 설법한 것을 녹음해 둔 백일법문 테이프를 얻어 백련암 뒷방에서 혼자 듣기 시작했다. 그런데 들을 때는 뭘 좀 알 것 같았는데 듣고 나면 기억되는 것이 별로 없는 게 아닌가? 그래서 아예 녹음기를 구해 큰스님의 법문을 노트에 받아쓰면서 들었다. 큰스님이 아시면 불호령이 떨어질까 봐 이어폰을 끼고 몰래 들으면서 기침, 웃음, 고함소리까지 하나도 빼놓지 않고 옮겨 적었다.

한참을 그렇게 두문불출하니 큰스님이 이상하게 생각하셨던 모양이다. 이 마당 저 마당, 이 산 저 산을 오르내리던 놈이 안 보이니 궁금하기도 하셨을 것이다. 행자들에게 물어보면 뒷방에 있다고만 할 뿐, 뭘 하느냐고 물으면 묵묵부답이었으니 말이다.

결국 하루는 큰스님이 직접 뒷방을 찾아와 문을 벌컥 열고 들어오셨다. 이어폰을 끼고 열심히 뭔가 적고 있는 내 모습을 보고 물으셨다.

"니 지금 뭐 하는데?"

자초지종을 말씀드렸다. 한참 이야기를 듣고 계신 모습을 뵈니 큰야단은 안 치실 듯싶었다. 잠시 있다가 퉁명스럽게 한마디 뱉으셨다.

"니깐 놈이 뭘 알까라고……."

들키면 어쩌나 조마조마했었는데 그날 따라 이상하게 관대하셨다. 며칠 지난 뒤에 큰스님으로부터 호출이 왔다.

"어데까지 받아 적었노?"

백일법문은 다 끝났고 상당법어上堂法語도 상당히 녹취했다고 말씀드렸다. 그러자 개당설법開堂說法을 녹취한 것을 가져오라고 하셨다. 기침소리 하나도 놓치지 않고 그대로 옮겨 적은 나는 속으로 수고했다는 칭찬을 기대하면서 의기양양하게 원고를 내놓았다. 한참 원고를 쳐다보시던 큰스님이 갑자기 고함을 치며 방바닥에 원고를 내동댕이치셨다.

"어느 놈이 이 글을 이렇게 번역했노?"

어찌나 고함소리가 쩌렁쩌렁한지 지붕이 무너져 내리는 줄 알았다. 영문을 모르니 아무 말도 못하고 눈만 끔벅거리며 앉아 있을 수밖에 없었다.

"꼴도 보기 싫다. 어서 나가."

방에 돌아와 곰곰이 생각해 봐도 도무지 이해가 안 돼 다시 녹음기를 틀어 보았다. 분명 한 글자도 틀리지 않았다. 이틀이 지나자 새로 정리한 원고를 가져오라는 전갈이 왔다. 큰스님의 법문을 내 맘대로 고칠 수도 없는 일이다. 할 수 없이 그 원고를 다시 가져갔다. 큰스님은 원고를 보고 피식 웃으셨다.

"이놈아, 이걸 그대로 가져오면 우짜잔 말이고?"

결국 그냥 물러나왔지만 안절부절 어찌할 바를 몰랐다. 또 가져와 보라고 하실 텐데 원고를 고칠 수도 없고, 그렇다고 똑같은 원고를 또 들고 갈 수도 없지 않은가? 애만 태우다 이틀이 지났다.

새벽예불이 끝나자 다시 원고를 가져오라는 전갈이 왔다. 한 자도 고치지 못한 원고를 들고 큰스님 방으로 갔다. 세 번째에도 똑같은 원고를 받아든 큰스님이 그제야 말문을 여셨다.

"니라는 놈은 참 실력이 없는가 보제. 그만큼 뭐라 캤으면 그래도 어덴가 좀 고쳐와야 할 꺼 아이가? 아무 데도 손 안 댄 것 보니, 내가 앞으로 니 실력 믿고 뭐 시키겠노? 내일 새벽예불 마치고 종이하고 필기도구 갖고 내 방으로 오이라. 내가 직접 구술해 줄 꺼니까 니는 그대로 받아 적기만 해라."

스님은 10년 전 법문을 녹음한 그 녹취록을 보고 스스로 마음에 흡족하지 않으셨던 것이다. 다음날부터 새벽예불을 마치자마자 큰스님 방에 가서 한 시간씩 받아쓰기를 시작했다. 성철스님 법어집 출간은 생각지도 않게 이렇게 시작됐다.

성철스님 스스로도 부처님의 가르침을 널리 알리기 위한 법문의 정리작업에는 상당히 적극적이셨다. 운달산 법회 때나 해인사 백일법문 때 녹음도 못 하게 하셨다고 하던 때와는 다른 모습이셨다. 매일 새벽 한 시간씩 구술하신 정성도 그렇고, 간혹 스승의 목소리를 자장가 삼아 졸고 있는 제자의 등짝을 후려쳐 깨우는 손길에서도 꾸지람보다는 다독이는 정이 느껴졌다.

성철스님이 직접 구술한 내용은 쉽지 않았다. 직역直譯하신 초고 원고는 내가 읽어도 무슨 말인지 알 수가 없었다. 고문古文 해석투에 "시로금…… 하여금……" 하는 구결口訣까지 사용하시니 무슨 뜻인지 전혀 들어오지 않았다. 처음에 내가 큰스님 녹음 그대로 한 자도 틀리지 않게 옮겨드렸는데도 당신 마음에 들지 않았던 것은 구어체를 풀어썼기 때문이었다. 글을 쓴다는 것과 말을 옮긴다는 것은 그만큼 차이가 있게 마련이다. 당신 말씀을 옮겼지 당신 문장을 옮긴 것은 아닌 것이다.

다시 큰스님의 직역과 녹음을 비교해 가며 원고를 만들어 나갔다. 그때 마침 한글대장경으로 번역된 월운 큰스님의 「염송」이 출판되어 큰 도움이 되었다. 어렵게 어렵게 『본지풍광本地風光』과 큰스님이 직접 논술한 『선문정로禪門正路』 원고가 완성되었다. 『본지풍광』과 『선문정로』. 두 책은 선불교에 대한 성철스님의 안목을 정리한 것으로, 역대 고승高僧과 선승禪僧들의 저서와 어록 등을 많이 인용하면서 선의 의미를 설명하고 있어 꽤 어려운 편이다.

두 책의 출간 과정에서 빠뜨려선 안 될 공로자가 법정스님이다. 얼추 초고가 완성될 즈음, 성철스님이 나를 불러 "송광사 불일암으로 법정스님을 찾아가 윤문을 부탁한다고 말씀드리고 오라."고 했다.

불일암으로 찾아가 큰스님 말씀을 전하자 법정스님은 "되도록이면 큰스님 뜻을 후대에 잘 전해야지. 그러나 글은 그 사람의 인격이라 할 수 있고 끝어미의 문투도 그 분의 성격을 나타내니 내가 크게 윤문할 것은 없지."라며 원고의 윤문을 흔쾌히 승락해 주었다.

그렇게 법정스님을 모시고 불임암에서 『본지풍광』과 『선문정로』 원고 교정을 보는데 법정스님이 "여기는 찾아오는 사람이 많아 번거로우니 조용한 곳을 찾아보자."고 했다. 그때 마침 큰스님 신도 중 서울에 영동반도유스호스텔을 운영하는 보살님이 계셔서 그곳에 방을 얻어 몇 달 오르내리면서 윤문을 계속해 갔다.

마침내 『선문정로』 원고를 마무리해 평화당출판사에 인쇄를 맡겼다. 당시 난생처음 나는 책 출판이라는 경험을 하게 되었다.

법정스님은 웃으며 말했다.

"활자活字라는 말이 재미있어. 글자가 정말로 살아 있어. 그래서 오자誤字 없는 책 만들기가 참 힘들지!"

드디어 『선문정로』는 1981년 12월 1일에 『본지풍광』은 1982년 12월 7일에 초판본이 발간되어 기쁜 마음으로 큰스님께 보여드렸다. 처음 세상에 나오는 큰스님 법어집인 만큼 장정도 양장으로 잘 만들었다. 큰스님은 책을 받아들고 흐뭇한 듯 말씀하셨다.

"책에 오자는 없겠제?"

나는 자신 있게 대답했다.

● 1973년경 백련암 염화실 앞에서 현호, 법정스님과 함께 한 모습. 법정스님과 현호스님은 필자의 법어집 출판 불사에 눈을 열어 준 고마운 스님들이다.

"법정스님이 활자는 살아 있는 거라서 오자 없는 책 만들기는 참 힘들다 하셨는데, 이 책에는 오자가 하나도 없을 겁니더."

두서너 시간 지난 뒤에 큰스님이 찾는다 하여 가보니 『선문정로』을 내 앞에 던지시며, 그 책을 한번 펴보라고 했다. 그동안에 책을 다 훑어보셨는지 쪽마다 오자를 표시해 놓으셨다. 한 자도 없다던 오자가 그렇게 많이 쏟아질 줄은 몰랐다.

"이미 나온 책은 어쩔 수 없지만 다음 판부터는 철저히 교정해 다시 고치겠습니더."

싹싹 빌고 한달음에 출판사로 달려갔다. 법정스님은 경험이 많아서 그러셨겠지만, "오자가 나올지 모르니 보통 초판은 2,000부 정도 찍고 나머지는 교정 봐서 내는 것이 원칙이다."라는 귀뜸이 없었더라면 한꺼번에 1만 권을 다 찍을 뻔했다. 다행히 법정스님의 조언에 귀기울여 8,000부는 수정해서 출판했다.

그리고 '본지풍광'은 뜻이 어려우니 '산이 물 위로 간다'로 책 이름을 바꾸라고 하셨다. 그래서 『본지풍광』은 시중에 유통할 때, 보급판은 『산이 물 위로 간다』로 출간했다.

당시 법정스님은 이렇게 제안했다.

"불교 출판이 활성화되지 못하는 데는 여러 가지 이유가 있지만 무엇보다도 가장 큰 이유는 절집 안에 유행인 법보시에 있다. 신심 있는 사람이 책을 내 공짜로 나누어주니 받은 사람도 읽지 않고 출판사도 망한다. 그렇게 해서 책이 없어져버리면 그다음에는 정작 책을 보려고 해도 볼 수 없게 된다. 그러니 이번 성철스님 책은 법공양으로 해서 무상으로 나누어주지 말고 정가를 붙여 서점에 내놓도록 하자. 그러면 첫째로 보고 싶은 사람은 돈을 주고 사볼 수 있고, 둘째로 정가를 붙여 서점에 내놓으니 책이 사라지지 않고 늘 독자 가까이에 있을 수 있다. 이런 장점이 있으니 큰스님께 법공양으로 하지 말고 정가를 붙여 서점에 내놓자고 말씀드렸으면 좋겠다."

내 말만 들먹였다간 불호령이 예견된 일이라 큰스님께 "법정스님이 말씀하시는데예……." 하며 말을 꺼냈다. 큰스님은 예상대로 "내가 어떻게 책을 팔아먹을 수 있느냐?"고 완강하게 거절하셨다. 시간을 두고 몇 차례 말씀드리고 또 드리며, 정가를 붙여 서점에 내놓으면 멀리에 있는 인연 없는 분들도 큰스님 책을 볼 수 있고, 또 좋은 책이면 영원히 서점에 남아서 먼 후대에까지 읽힐 수 있다는 법정스님의 논리를 거듭 펼쳐 마침내 승낙을 얻게 되었다.

성철스님은 매우 흡족해하며 말씀하셨다.

"『선문정로』와 『본지풍광』, 이 책 두 권을 냈으니 나는 이제 부처님께 밥값 다했다. 이 두 책을 제대로 터득하고 실천하는 사람이라면 나를 바로 아는 사람인 것이다."

물론 『본지풍광』이나 『선문정로』는 쉬운 책이 아니다. 난해難解하다. 두 권의 책을 발간하고 난 뒤, 나는 백련암 뒷방에서 녹음을 풀어 만들어 놓은 백일법문의 많은 원고를 훗날 큰스님이 이 세상을 떠나신 후 큰스님 유촉으로 기념 저술을 발간한다는 마음으로 깊숙이 싸두었다.

그리고 성철스님의 법문을 서둘러 정리하여, 오늘날 열한 권의 법어집으로 출간하게 된 것은 현호玄虎스님의 조언 덕분이다. 현호스님은 당시 송광사 주지로서 송광사 방장인 구산(九山, 1910~1983)스님을 모신 효상좌이다.

1983년 12월 16일 구산스님이 열반하고 성철스님을 대신해 사십구일재에 참석했을 때 얘기다. 광주에서 서울로 가는 새마을호 기차를 탔는데, 내 옆자리가 비어 있었다. 기차가 출발하고 10여 분 뒤에 누가 헐레벌떡 뛰어와서 자리에 털썩 주저앉는데 쳐다보니 뜻밖에 현호스님이었다. 반갑게 인사를 나누고 한참 뒤에 큰스님의 열반을 먼저 경험한 현호스님에게 이것저것 물어보게 되었다.

"큰스님을 모시고 계시다가 이렇게 훌쩍 떠나보내시니 얼마나 황망하십니까? 큰스님이 떠나신 뒤에 무엇이 가장 후회가 되십니까? 스님께서 가장 후회하시는 것이 저에게도 훗날 가장 후회될 일이 아니겠습니까?"

"큰스님께서 떠나시니 생전에 어록을 다 못 펴낸 것이 제일 후회되네. 내 방 궤짝에 큰스님 자료가 가득하다고 자랑했잖소. 그걸 큰스님 계실 때 책으로 펴냈어야 했는데……."

말꼬리를 흐리는 현호스님의 얘기를 듣고 있는데 등줄기에 땀이 찌르르 흘러내렸다. 당시에 나는 겨우 큰스님 책을 세 권 내놓은 상황이었고, 성철스님의 귀한 법문은 여전히 빛을 보지 못하고 있었다.

그래서 주변에 자문을 구했다. 불교학자들 사이에서도 "큰스님 생전에 법어집이 나오면 아무도 의심하거나 시비를 걸지 않는데, 사후에 책이 나오면 위작 시비에도 휘말리고 하니 성철스님 생전에 내는 것이 옳다."는 권유의 목소리가 많았다. 그러나 이날 저날 하면서 성철스님 법어집은 애써 출판하지 않고 미뤄지고 있었다.

어느 날 불필스님이 후덕하신 노보살님을 모시고 와서 큰스님께

안내했다. 보통은 10~20분이면 면담이 끝나는데, 그 날은 2시간이 지나서야 나오시더니 곧바로 금강굴로 내려갔다.

며칠 뒤 불필스님을 만나 "그날 그 보살님이 누구시길래 그렇게 오래 계셨습니까?" 하고 물었다. 불필스님은 "그 보살님은 평생 향곡스님을 모신 분으로 자기도 나이가 들어가니 성철 큰스님을 꼭 뵙고 싶어서 왔다고 했습니다."라고 하는 것이었다. 그러면서 큰스님께서도 오랜만에 향곡스님과 월내 묘관음사에서 함께 지낸 도반들과의 인연과 추억을 떠올리시며 이야기가 길어졌다고 하셨다.

그런데 금강굴에 내려오신 노보살님이 "백련암 큰스님은 저렇게 오래오래 계시는데 우리 큰스님은 70도 못 되어 입적하셨다."며 대성통곡을 하더라는 것이었다. 더구나 향곡스님이 살아 계실 때는 누구랄 것도 없이 나서서 불사에 동참한다고 야단이더니 돌아가신 후에는 큰스님 불사가 지지부진하여 잘 이루어지지 않는다며 한참을 더 통곡하고 가셨다는 말에 나는 소스라치게 놀랐다.

큰스님 법문 원고를 쌓아두고 큰스님께서 열반에 드시면 유훈사업으로 〈성철스님 법어집〉을 출간해야겠다고 한가하게 생각하고 있었는데, 세상 인심은 그럴 일이 아님을 통렬히 깨달았다. 아울러 잘 하거나 못 하거나 모든 일, 특히 법문집 출간은 큰스님 생전에 마쳐야겠다고 결심하고 법어집 출간을 서두르게 되었다.

물론 『선문정로』와 『본지풍광』 이전에도 큰스님의 책이 출판된 적이 있었다. 1970년대 초반 성철스님은 주로 한국불교의 법맥法脈에 대해 말씀하셨다. 조계종의 종조宗祖는 보조普照국사가 아니라 태고太古국사로 하는 것이 종지宗旨에 부합될 뿐만 아니라 정통적인 설이라는 것이 큰스님의 주장이었다. 그리하여 1976년 『한국불교의 법맥』이라는 책을 출간하였는데, 이 책이 성철스님의 최초 저서이다. 그리고 백일법문 중에서 『돈오입도요문론』이 가장 먼저 정리되어 1986년 5월에 드디어 출간하였다.

1987년 봄 〈선림고경총서禪林古鏡叢書〉를 간행하기 위해 '백련선서간행회'가 만들어지고, 그 첫 사업으로 그해 6월에 『자기를 바로 봅시다』를 출간했다.

또 그해 봄 해인사에서는 선림회수련회가 개최됐다. 전국 선방 스님들의 모임인 선림회禪林會가 해제 기간 중에 며칠 동안이라도 한자리에 모여서 선종 정통 종지에 대한 성철스님의 〈육조단경 지침〉 특강을 들었다. 1988년 2월 『육조단경지침』과 『돈황본 육조단경』을 이어 발간했다.

1992년 4월에 출간한 『백일법문』은 상·하 두 권이다. 백일법문은 앞서도 말한 바와 같이 성철스님이 1967년 해인총림 초대 방장에 취임하고 그해 겨울 동안거 100일 동안 해인사 궁현당에서 불법의 가르침을 중도中道에 입각하여 선교禪敎를 꿰뚫어 논한 법문이다. 그런데 큰스님을 모시는 시자들이 큰스님의 수행과 학문을 따라가지 못해서 릴 테이프에 녹음을 하는 등 공은 들였으나 스님의 뜻을 제대로 전달하지 못한 아쉬움이 있다.

성철스님은 평소에 "지금까지 어느 누구도 나처럼 부처님의 중도사상으로 선과 교를 하나로 꿰어서 불교를 설명한 사람은 없을 것이다."라는 말씀을 자주 하셨다.

돌이켜보면 백일법문이 정리·출판되기까지는 거의 25여 년 가까운 세월이 흘렀다. 백일법문을 하던 그때 당시에 책이 만들어졌더라면 성철스님이 더욱 다듬고 보태서 참으로 훌륭한 불교 이론서가 탄생했을 텐데 하는 아쉬움이 지금도 크다.

성철스님이 자신의 법어집 열한 권과 더불어 각별한 관심을 보인 책이 〈선림고경총서〉라는 서른일곱 권짜리 선어록 번역서이다. 〈선림고경총서〉는 양이 방대한데다, 한문으로 된 선어록을 한글로 번역해서 책으로 펴내는 일이라 여간 어려운 일이 아니었다. 그럼에도 불구하고 총서 발간에 힘을 쏟은 것은 총서 목록의 책들이 성철스님의 사상을 상징하는 돈오돈수頓悟頓修와 직결돼 있기 때문이었다.

1981년 성철스님의 『선문정로』가 세상에 나오자 너무 어렵다는 반응이 지배적이었다. 큰스님께서 직접 강설講說을 하기도 하셨지만 여전히 이해하기 어렵다고들 했다. 그래서 불교의 유식학唯識學을 공부한 학자가 이 책을 해석해 주었으면 한다는 뜻을 큰스님께서 비추었다. 이리저리 수소문한 끝에 동국대학교 교수 한 분을 소개받아 그 분이 백련암에 와서 큰스님과 한참 대화를 하고 갔다. 『선문정로』가 아무나 평석評釋할 수 있는 책은 아니지만, 한번 연구해 보자는 데까지 이야기가 진전되었다.

마침 그 교수가 그해 가을에 한국불교학회에서 『선문정로』에 대해 발표를 하게 되었다. 열일을 제쳐놓고 세미나에 참석했다. 발제가 끝나고 토론 시간이 되자 질문이 쏟아지기 시작했다. 성철스님에 대한 학계와 승단 일부에서 제기한 비판이 몽땅 그 교수에게 집중되었다. 그 교수는 자신의 전공 분야도 아닌데다 성철스님 사상에 대한 연

● 2015년 7월 『명추회요』 발간을 계기로 그동안 발간해온 〈선림고경총서〉와 〈성철스님 법어집〉 외 선서 관련 책들을 모아 부산 고심정사 법당에서 문도 스님들과 신도들이 참석한 가운데 봉정법회를 가졌다.

구가 제대로 안 된 상황이라서 명쾌한 답변을 내놓지 못했다.

이날 해인사로 돌아오며 생각했다. 무척 충격적이었다. 성철스님의 돈오돈수 사상은 해인사 일주문 밖을 나가지 못하고 있었던 것이 아닌가? 그동안 보조스님의 돈오점수를 연구해 온 교수들이 시쳇말로 진을 치고 앉아 제아무리 성철스님이라고 해도 학자가 아닌 산중의 스님이 감히 보조국사를 비판하다니 하며 집단적으로 폄하하고 비난의 함포사격을 퍼붓고 있다는 느낌이었다. 백련암으로 돌아와서 큰스님에게 안마를 해드리며 말씀을 드렸다.

"불교학회에 가보니 모두 다 돈오점수를 연구한 교수들뿐입니다. 해인사 골짜기에서 혼자서 선종 전통사상은 돈오돈수라고 외쳐도 아무 소용이 없을 것 같십더. 큰스님 사상을 뒷받침할 인재를 키우셔야지 이러다간 나중에 큰일 나겠심더!"

누워서 묵묵히 듣고 계시던 큰스님이 벌떡 윗몸을 일으키더니 내 왼쪽 뺨을 오른 손바닥으로 때리면서 고함치셨다.

"니 지금 인재 양성이라 캤나? 이놈아, 나는 평생 인재 양성이 뭔지 모르고 살았는 줄 아나? 이놈아, 키울 인재가 없는데 나보고 우짜란 말이고. 뭐 좀 해보자카마 다 도망가고 없는데 내가 우짜란 말이냐. 너거들이라도 내 뜻을 알아 좀 똑똑히 살아줘야지, 다 머저리 곰새끼들만 우글거리니 나도 별 수 없지."

그러고는 뺨을 또 한 차례 치셨는데 여전히 분이 사그라지지 않은 모습이었다.

큰스님에게 '인재 양성'이라는 단어가 그렇게 역린逆鱗이 될 줄은 몰랐다. 스승의 뜻을 좇지 못하는 제자로 유구무언일 뿐이었다. 며칠을 고민한 끝에 큰스님을 다시 찾아뵈었다.

"사람 키운다는 것이, 인재양성이 큰스님 말씀처럼 욕심대로 되는 것이 아니라면 때를 기다리시고, 대신 역대 조사들의 어록 중에서 돈오돈수 사상을 주장한 것들을 번역해 널리 알리면 큰스님 사상의 울타리가 되어서 지금보다는 원군援軍이 생기지 않겠습니까?"

"그것도 한 가지 방법은 방법이겠네."

부랴부랴 선종 서적 30권 가량의 목록을 정리해 큰스님께 올렸다. 그 가운데 큰스님의 사상과 맞는 것을 골라달라고 부탁을 드렸다. 일주일쯤 지나 대여섯 권의 책을 첨삭하여 건네주며 "이 책들을 잘 번역해 보라."고 당부하셨는데, 그것이 〈선림고경총서〉 37권의 탄생 배경이다. 그리고 책을 출판하려면 출판사가 있어야 할 것 같아 1987년 11월 30일 경남 합천군 제1호로 도서출판 장경각藏經閣을 등록하였다.

그런데 선어록 목록만 만들면 쉬울 것 같았는데 막상 시작해 보니 산 넘어 산이었다. 당장에 번역자가 없었다. 선어록 번역에 사람들이 쉽게 응하지 않았다. 겨우겨우 번역자를 물색해 원고를 부탁했는데, 다음은 자금이 문제였다. 번역을 맡기면 번역료를 지불해야 할 것이 아닌가? 언제 끝날지 모르는 일인데다가 어디 가서 이야기할 데도 없어 큰스님께 말씀드리면 "불교 책은 법보시로 하는 것이니 신도들에게 얘기해 봐라."라고만 하셨다. 한두 권이면 모르겠지만 30~40권의 책 출간 비용을 몇몇 신도의 시주로 감당하기는 쉽지 않은 일이었다.

궁리 끝에 〈성철스님 법어집〉과 〈선림고경총서〉를 한 구좌로 하여 그 당시 1987년 중반에 20만 원의 회비로 회원을 모집하기로 했다. 그러나 100일이 지나도 회원 100명이 모이지 않았다. 이리저리 고민하는 모습을 보고는 성철스님이 영 못마땅해 하셨다.

"본래 우리 속담에 무식한 놈이 용맹스럽고 어리석은 포수가 범 잡는다 했는데, 니 하는 꼴을 보니 꼭 그렇다. 이러다가 책도 내지 못하고 망신만 톡톡히 당하고 말끼라."

그런 우여곡절 끝에 〈선림고경총서〉 37권이 나왔다. 대대로 선풍禪風을 드 날린 마조, 백장, 황벽스님의 어록을 위시하여 『임제록』, 『운문록』, 『위앙록』, 『법안록』, 『조동록』, 5가의 어록과 『임간록』, 『나호야록』, 『총림성사』, 『인천보감』, 『운와기담』, 『고애만록』, 『산암잡록』의 선종 7부록, 그리고 선문제일서禪門第一書라는 『벽암록』 및 『종용록』 등 선가에 필요한 책은 다 번역했다. 선어록의 한글 번역은 불전 역경에 버금가는 불사였다. 번역에 동참한 분들은 한문은 물론 불교 전반에 대한 지식을 갖춘 분들이었다. 그래서 그 분들을 역경사譯經師라고 불렀다.

그런데 제방 선원禪院의 수좌스님들은 백련암에서 선어록을 번역한다니까 성철스님께서 직접 하시는 줄로 알고 기대가 많았던 것 같다. 그러다 역경사를 찾아서 맡긴다 하니 수좌스님들의 자존심이 상했던 모양이다.

나도 처음에는 역경사들이 번역을 마치면 큰스님께 보여서 감수를 받을 생각이었다. 그런데 큰스님도 연로해지고 웬만한 일에는 점점 관심을 보이지 않으시니 선어록 감수 이야기는 입 밖에도 꺼낼 수 없었다. 그 당시 번역에 참여했던 월운 큰스님, 원영스님, 신규탁 교수, 이인혜 연구원과 작고하신 이창섭 선생과 송찬우 교수에게는 지금도 고마울 뿐이다.

1993년 9월 21일, 서울출판문화회관에서 무려 10여 년의 세월 동안 공력을 들인 〈선림고경총서〉 37권과 〈성철스님 법어집〉 11권의 완간을 회향하는 기념법회를 봉행하였다. 그리고 그간 선서 번역과 법어집 출판에 노고가 큰 백련선서간행회 관계자 분들에게 고마움을 표하는 자리를 마련했다. 또 10월 초순에는 야나기다 세이잔柳田聖山 등 국내외 선불교 학자들을 모시고 해인사 보경당에서 「선종사에서 돈오사상의 위상과 의의」라는 주제로 국제학술회의를 성대하게 치렀다.

그리고 한 달이 채 안 된 11월 4일 아침, 큰스님께서 "이제 나도 가야겠다. 참선 잘하그래이."라고 당부하며 반열반般涅槃에 드셨다.

지금도 때때로 어느 스님들을 만나면 "〈선림고경총서〉를 어떻게 번역했느냐."며 "덕분에 지금 그 책을 잘 보고 있다. 그런 책이 진작에 나온 줄을 몰라 요새야 읽게 되었다."고 때늦은 고마운 말을 들을 때가 있다. 돌이켜보면 한편으로는 부끄럽기 짝이 없는 출판이었다. 주註도 전거典據도 색인도 없는 그야말로 생짜배기 직역 어록집이다. 앞으로 이 〈선림고경총서〉를 징검다리로 해서 더 좋은 선서 번역들이 나올 것을 기대해 본다.

법문집과 함께 빠뜨려선 안 되는 중요한 기록이 성철스님 사진집이다. 법문집을 만들면서 '사진집도 있으면 좋겠다'고 생각하던 1980년대 말 어느 날, 해인사에서 나오는 월간지 〈해인〉 편집실에 들렀다. 처음 보는 사람과 함께 있던 편집장 스님은 "서울에서 내려온 분인데 〈해인〉지 표지 사진 때문에 의논하고 있었다."고 말했다. 바로 사진작가 주명덕朱明德 씨였다. 이런저런 얘기 끝에 내가 주 선생에게 때가 되면 "성철스님 사진집을 부탁드린다."고 했다.

그 뒤 마침내 약속한 날이 다가왔다. 오전 10시쯤 백련암에 올라온 주 선생은 어인 일로 제대로 된 사진기는 가져오지 않고 폴라로이드 카메라만 달랑 들고 왔다. 속으로 서운한 생각이 들었다. 조금 있으니까 큰스님이 마당으로 포행을 나오셨다.

"아침에 말씀드린 그 사진작가가 왔습니다."

성철스님이 주 선생을 보더니 퉁명스런 목소리로 "사진기도 안 가지고 다니는 사진사도 있나?" 하고 되물으셨다.

"처음 뵙는데 어떻게 큰 사진기를 들고 올 수 있겠습니까? 이 간단한 사진기로 즉석 사진을 찍어 올릴 테니 한번 봐주십시오."

그리고는 말을 마치기도 전에 주 선생은 폴라로이드 사진기의 셔터를 눌렀다. 곧바로 인화지가 술술 빠져나오면서 사진 한 장이 완성됐다. 성철스님은 사진보다 즉석카메라인 폴라로이드 사진기에 훨씬 더

● 사진작가 주명덕 씨가 찍은 큰스님의 사진을 모아 만든 『포영집泡影集』

관심이 가시는 듯, 주 선생에게 이런저런 질문을 하셨다. 그러다 보니 금방 친해져 다음에 만나 사진을 찍기로 자연스럽게 약속까지 했다.

성철스님은 또 나에게 "얼른 가서 폴라로이드 카메라를 한 대 사오라."고 성화를 하셨다. 큰스님은 이후 꼬마들이 암자에 찾아오기만 하면 폴라로이드 사진기로 직접 찍어 한 장씩 나누어주셨다.

그런데 큰스님은 사진을 찍자고 약속까지 해 놓고서도 주 선생이 카메라 가방을 메고 올라오면 이 핑계 저 핑계로 카메라 앞에 서려고 하지 않으셨다. 그래서 허탕치는 날도 있었지만 주 선생은 열심히 백련암을 오르내리며 큰스님의 모습을 렌즈에 담았다. 그리고 1988년 성철스님의 옛날 사진과 수행했던 절의 사진까지 모아 『포영집泡影集』이라는 사진집을 출간했다.

가산지관伽山智冠 큰스님에게 『포영집』 한 권을 드리러 갔었다. "사진집 만들고 스님 얼굴 팔아 먹는 놈이라고 어찌나 욕을 먹는지 죽을 맛입니다."라고 말씀드렸더니, 큰스님이 위로의 말을 해주셨다.

"지금은 욕먹겠지만 성철스님 계시지 않을 때는 이 『포영집』이 금덩어리가 될 텐데, 뭘 그리 걱정하는가?"

따뜻한 격려는 정말 큰 힘이 되었다. 그리고 실제로 스님이 입적하신 후에 주 선생의 사진집은 금덩어리처럼 긴요하게 쓰이고 있다.

지금 와서 지난날을 되돌아보면 큰스님께서 『선문정로』와 『본지풍광』 두 권의 원고를 지고 불일암으로 법정스님을 찾아가 윤문을 부탁하고 오라."고 하신 그날부터 큰스님을 위한 나의 할 일이 정해진 것 같다. 법정스님을 모시고 3년여에 걸쳐 『선문정로』와 『본지풍광』

의 윤문과 교정이 끝나고, 평화당출판사에 원고를 넘겨 판형이 짜이고 인쇄가 되고 제본소로 넘겨가 비로소 책이 되어 나오는 과정을 법정스님의 시자로서 몸소 체험했다. 그 뒤 책 만드는 일은 백련암에서 내 역할의 중심을 이루었다. 그러니 나도 모르는 사이에 큰스님께서 내 갈 길을 닦아놓으신 것이라 이제와 확실히 직감하고 보니 곰 새끼도 이런 곰 새끼가 없는 것 같다.

큰스님께서 열반하시고 발간한 책들은 다음과 같다.

2001년 12월 『성철스님 시봉이야기』 1, 2 지은이 원택.
2012년 3월 『성철스님이 들려준 이야기』 1, 2권, 『성철스님 행장』, 엮은이 원택.
         9월 불필스님 회고록 『영원에서 영원으로』 지은이 불필.
2013년 8월 불교신문 연재 "성철스님의 자취를 찾아서"를 『이 길의 끝에서 자유에 이르기를』이라는 제목으로 조계종출판사에서 발간.
2014년 11월 개정증보판 『백일법문』 상·중·하권
2015년 7월 『명추회요』, 감역 원택.
2016년 2월 『설전雪戰』, 엮은이 원택.
2016년 4월 『성철스님 시봉이야기』 개정증보판, 지은이 원택.

모쪼록 위의 책들이 널리 읽혀져 큰스님의 삶에 대한 당부와 수행의 가르침을 전달하는 데 큰 교량이 되기를 기대해 본다.

2.
성철스님 열반 후 잘한 일

1) 칠일칠야 8만4천배 추모 참회법회

1993년 11월 큰스님께서 열반에 드시고 스물두 해가 지나는 시점에 이르자 문득 그동안 못한 일들은 접어두고 잘한 일들은 무엇일까 하고 주제넘은 생각을 하게 되었다.

무엇보다 먼저 자신 있게 떠오른 것은 매년 큰스님 제삿날에 맞추어 실행하는 '칠일칠야 8만4천배 추모 참회법회'였다. 매년 칠일칠야 참회법회를 개최하여 매일 하루씩 문도사찰의 주지스님과 신도들이 교차하여 법회를 진행하니, 참여하는 문도 스님들과 신도님들이 흩어지지 않고 20여 년 동안 큰스님의 추모행사를 진행해옴으로써 우리들의 마음을 하나로 모을 수 있었다고 생각한다.

칠일칠야 8만4천배 추모 참회법회를 시작하게 된 연유를 이야기해 보고자 한다.

큰스님께서 열반에 드신 지 1년이 되어가던 때였다. 스님께서 떠나시고 백련암을 오르내리며 만감이 교차하는 속에서 "건너다 보면 푸른 산이요, 쳐다보면 흰 구름"이라 하며 유유자적하시던 스님의 모습이 늘 눈에 선했다.

'큰스님 1주기 추모법회를 잘 모셔야 되는데…' 하는 생각을 수시로 하면서도 시자로서 허전한 마음을 달랠 수가 없었다. 그럴 즈음 생전에 큰스님으로부터 들은 이야기가 한두 가지 떠올랐다.

"내가 평생 이 절 저 절 다녀보았지만 수덕사 있을 때 만공스님의 지도 하에 온 산중대중이 24시간 염불소리를 끊지 않고, 대중들이 돌아가면서 3일간 정초기도를 올리는데 참 신심이 나더라."

그리고 또 자주 들려주셨던 석남사 주지 인홍스님의 이야기도 떠올랐다.

"무념 등 상좌들이 성전암을 찾아와서 인홍 저거 대장이 췌장이 아파 수술하게 되었다며 어떻게 할지 기도 방도를 일러달라는 기라. 그래서 너거 대중은 뭐 하고 있나! 눈물만 짜고 있나? 전 대중들이 나서서 두 사람은 108배하고 두 사람은 능엄주를 해라. 두 시간에 1000배씩 교대로 법당에서 24시간 촛불이 꺼지지 않게 하고, 너거 대장 살아올 때까지 기도해라. 그래 전 대중이 나서서 기도하는데 23일 만에 주지 인홍스님이 법당문을 열고 들어오더라 안 카나!"

그런 말씀들을 떠올리고 큰스님 1주기 행사로 생각해낸 것이 일주일 동안 2시간마다 일천배씩 쉬지 않고 교대로 절을 하며 '칠일칠야 8만4천배 추모 참회법회'를 하면 어떨까? 하는 것이었다.

백련암 신도들은 대부분 큰스님의 지도로 매일 일과로 집에서 300배, 600배, 1000배, 심지어 3000배도 하시는 분들이니 모두 좋아하며 찬성했다.

마침 하루 24시간을 두 시간대로 나누니 열두 번이라 하루 종일 하면 일만이천배이고, 일주일 하니 8만4천배가 되었다. 8만4천 번뇌라 하였는데 마침 일주일 절 양이 8만4천배이니 8만4천 번뇌를 참회하고 중생들을 위해 자비실천을 다짐하는 법회가 되었다. 말이 두 시간에 일천 배이지 절하는 데 숙달되지 않으면 그것도 해내기 어려운 기도가 아닐 수 없다.

큰스님 다례제를 맞이하여 누구나 8만4천배 참회기도에 참여할 수 있도록 했더니 어떻게 알았는지 전국에서 많은 사람들이 찾아왔다. 매일 3~400여 명이 넘는 신도들이 동참하여 일천배나 이천배 또는 삼천배를 하고, 또 어떤 분들은 일주일 동안 머물면서 8만4천배 참회법회에 꼬박 동참하기도 했다.

1994년 1주기 기도 기간에 또 다시 백련암 주변과 뒷산, 또 큰절 퇴설당과 장경각 판전 근처에서 시차를 두고 방광이 일어나는 모습을 금강굴 쪽에서 생생히 볼 수 있었다고 한다.

"칠일칠야 8만4천배 추모 참회법회를 열지 않았으면 큰스님의 이런 법력을 어떻게 볼 수 있었을까? 많은 대중의 기도에 감읍하시어 큰스님의 법력을 다시 볼 수 있는 것이 아닌가" 하는 생각이 들자 기쁘고 감사할 따름이었다. 기도에 동참한 신도들이 더욱 기뻐했음은 물론이다. 그 뒤 방광의 이적異蹟은 몇 년 더 볼 수 있었고, 간헐적으로 감동을 주었다.

그때부터 매년 큰스님 기일이 되면 추모법회가 열린다. 매년 음력 9월 13일 오전 7시에 '칠일칠야 8만4천배 추모 참회법회'가 해인사 백련암 고심원에서 입재하여 음력 9월 20일 오전 7시에 같은 장소에서 회향한다. 또 매년 음력 9월 20일 오전 9시에는 해인사 운양대에

● 근래의 백련암 전경. 마당의 연등은 성철 큰스님 추모 칠일칠야 참회법회를 기념하여 걸어놓은 등이다. 등표는 달지 않는다.

모셔져 있는 큰스님 사리탑전에서 추모 참배법요식을 봉행하는데 누구든지 와서 참배할 수 있다.

다음 해에는 금강굴에 내려가서 큰스님의 방광 모습을 내 눈으로 직접 볼 수 있기를 원하며 기다렸다. 어둠이 짙어지고 밤 9시가 못되어 백련암 쪽에서 들녘의 노적가리 형태로 빛덩이가 생기더니 오렌지 빛을 띠며 큰 절 쪽으로 움직이기 시작했다. 빛덩이는 다시 지족암 위쪽을 지나 팔만대장경 뒤쪽에서 멈추었다. 그리고는 퇴설당과 큰 법당 쪽으로 내려와 한참을 머물더니 서서히 사라져 갔다. 2~30분 가량 지속된 방광 현상을 보고 내 심장은 크게 뛰었다.

지금 내 눈 앞에서 보이는 이 광경을 무엇이라고 표현해야 할까? "우리 인간에게는 누구나 영원한 생명과 무한한 능력이 있으니 그것을 깨쳐야 한다."고 말씀하신 큰스님의 음성이 쟁쟁하게 들리는 듯했다. 믿을 수 없는 이적의 광경을 목격한 나로서는 큰스님에 대한 더없는 존경심과 큰스님을 위한 불사에 분골쇄신 해야겠다는 다짐을 새롭게 하지 않을 수 없었다.

2) 사리탑 건립

큰스님이 열반에 들어 다비茶毘를 마치면 대개 사리탑(부도탑)을 세운다. 성철 큰스님께서 열반하시고 난 후에 스님의 사리탑을 어떻게 세울 것인가가 논의되었다.

우리나라에서는 통일신라 말 구산선문九山禪門이 열리면서 큰스님들의 사리탑 건립이 본격화되었다. 국보인 연곡사 동부도탑이 그 당시 세워진 사리탑의 정형을 이루는데, 그 형태를 '팔각원당형부도탑'이라 한다. 그 밖에 가지산문을 열었던 도의국사의 부도탑과 같이 사각의 탑신 위에 팔각의 모양을 하고 있는 독특한 부도탑도 있다.

그러나 무엇보다도 큰스님 사리탑 건립 장소 결정이 선행되어야 했다.

큰스님 생전에 "옛날 홍도여관 터에 사리탑을 세우면 안 좋겠나?" 하시던 말씀도 있고 해서 혜암 방장 큰스님을 찾아뵙고 생전의 큰스님 뜻을 말씀 올렸다.

그 후 방장 큰스님께서 부르셔서 찾아뵈었더니, "임회에 부의했더니 그 자리는 앞으로 해인사 영빈관을 지을 요긴한 자리라 하여 승낙을 얻지 못했어. 그러니 그 뒤 언덕이 넓잖아, 그 터에 108평 넘게 잘 해드리면 되지 않겠나?" 하시는 것이었다.

방장 큰스님께서 말씀하신 그 밭은 넓기는 넓은데 묵은 밭으로서 김장배추나 무를 심던지, 봄에는 감자를 심다가 요사이는 버려진 곳으로 중간에 어수정에서 흘러내리는 가느다란 실개천이 흐르고 있었다. "마음속으로 그곳은 탑 돌을 세울 수 있을 지반이 아닌데…" 하는 생각이 들었지만 방장스님께서 하신 말씀이라 "예, 잘 알았습니다." 하고 돌아왔다. 그러나 공사비 등 앞일을 생각하니 눈앞이 캄캄하였다.

그런 가운데 많은 신도님들의 정성과 삼성그룹 이건희 회장님과 홍라희 여사 내외분의 시주로 공사가 시작되었다.

사리탑 터는 오전에는 그늘이 지는 곳이기도 하였는데 지질조사 끝에 그대로는 땅이 물러 사리탑을 세울 수 없었다. 표층의 2~3m 내외의 부토를 걷어내고 자갈과 마사토로 다시 땅을 다져나가자 앞서의 버려진 농토와는 전혀 다른 공간으로 변해갔다.

사실 큰스님의 다비식이 끝난 후 사리탑을 어떻게 모셔야 할지 가장 큰 고민이었다. 당시 황수영 전 동국대 총장님과 정영호 교수, 김

● 성철스님 사리탑. 안개에 싸인 사리탑이 더욱 고즈넉해 보인다.

동현 문화재연구소장을 모시고 성철스님 부도를 어떻게 모실 것인가를 의논하게 되었다.

"스님, 이제 스님들 헛 불사는 그만하시는 것이 좋겠습니다. 요새 스님들 불사하는 것을 보면 전부 모방, 모사에 그치고 있어요. 천 년 전, 오백 년 전의 탑을 모사해 놓은들 무슨 뜻이 있겠습니까? 성철 큰스님의 사리탑을 온 국민이 주시하고 있는데, 상좌스님들이 신중하게 생각하셔서 우리 시대를 제대로 나타낼 수 있는 작품을 만들어야 합니다. 만약 스님들께서도 다른 스님들처럼 기존에 있는 문화재들을 모방, 모사하고 싶으시다면 우리는 지금 당장 그림도 그리고 말씀도 드릴 수 있습니다. 기단은 어느 곳의 국보로, 탑신은 어느 곳의 것으로, 상륜부는 어느 곳의 국보로 하면 좋을 것이라고요. 그러니 문도 스님들의 뜻이 어떠한지를 확실히 밝혀주셔야 우리의 역할도 있으리라 생각합니다."

당연한 지적과 걱정이었다.

"그렇습니다. 말씀에 저희들도 전적으로 동감입니다. 문화재로 지정된 탑들을 모방, 모사하기보다는 우리 시대

를 잘 표현하는 조형언어로써 성철스님 부도탑, 사리탑을 만들어야 한다는 말씀은 지당합니다. 모쪼록 좋은 지도를 바랍니다."

"스님들의 생각이 그러하시다면 우리가 가지고 있는 전문 지식이랄까, 의견을 말씀드리겠습니다. 첫째, 성철스님 사리탑에는 조각을 하지 마십시오. 요새는 아무리 조각을 잘한다 해도 옛 솜씨를 따르는 장인이 없습니다. 둘째, 우리 스님 최고라는 식으로 탑을 5층탑, 9층탑으로 높게 하지 마십시오. 그것은 오히려 성철스님의 덕을 감하는 것이니 되도록이면 탑을 낮게 하십시오. 셋째, 불교의 전통을 계승하되 우리 시대의 조형언어로 표현하기를 바랍니다."

의논은 그렇게 끝났다. 더불어 큰스님 사리탑 건립을 위한 현상 공모전을 개최하는 것이 좋겠다는 데 의견 일치를 보았다. 그때가 1995년 1월이었다.

우여곡절 끝에 사리탑의 자리가 결정되고, 세 분 전문가의 지도로 '퇴옹당 성철대종사 사리탑설계 현상공모'를 개최하게 되었다. 사리탑 부지 현장에서 가진 설명회에는 약 50~60여 명의 관계자가 참석했다. 설계 공모의 요점은 "성철 큰스님의 사리탑은 모방이 아니라 전통을 계승하면서 큰스님의 거룩한 청빈사상과 올곧은 수행정신이 표현될 수 있는 이 시대의 독창적인 조형물이 되어야 한다."는 것이었다.

지관 큰스님을 심사위원장으로 모시고 응모작을 심사하였는데, 응모작 30여 점 중에서 당선작을 내지 못했다. 다만 우수작 세 편, 가작 두 편이 나왔다. 당선작이 없어서 걱정하고 있던 차에 주명덕 선생이 재일在日 설치작가 최재은 씨를 소개해주었다.

"큰스님 사리탑은 사리탑을 세울 땅이 넓으니 거기에 맞게 설계되어야 합니다. 내 생각에는 통도사 적멸보궁탑을 기본으로 해서 현대적 조형언어로 사리탑을 설계해 주시면 좋을 듯합니다."

최재은 작가에게 사리탑에 관련하여 전반적인 의견을 충분히 전달하고, 당시 총무원장 월주 큰스님을 '성철대종사 사리탑 건립추진위원장'으로, 정영호, 김동현, 주남철, 이경성, 홍윤식, 주명덕 선생을 지도위원으로 위촉하여 수시로 회의를 하면서 작품을 다듬어나갔다.

사리탑 공사는 문화재위원회의 심의가 끝나고 난 1997년 5월부터 시작되었다.

최재은 씨는 큰스님 사리탑의 의미를 이렇게 설명했다.

"성철 큰스님의 사리탑 이미지를 얻기 위해 큰스님의 올곧은 수행정신과 청빈한 삶, 그리고 중생을 향한 자비 실현의 정신세계에 감히 접근한다는 것은 무척 힘든 일이었습니다. 그러나 긴 시간을 가지고 스님의 세계를 느껴보려 노력하는 과정 속에서 그 어떠한 설명도 필요치 않은 무언無言의 형태를 그분에게서 발견하게 되었습니다. 그것은 우주의 거대한 결정체와도 같은 청결한 원圓이라는 형태입니다. 이 원들은 서로 의식하며 이동하고, 공존하는 과정과 같습니다. 즉, 영원한 시간들이라고 말할 수 있을 것입니다. 이와 같은 전체적인 특징으로, 전통적인 부도의 형태를 응용하되 거대한 상징성을 탈피했고, 올곧은 수행과 청렴한 삶으로 일관하신 큰스님의 정신세계를 보다 가깝게 느껴지도록 표현하고자 했습니다."

그렇게 사리탑 불사가 순조롭게 진행되어 가는가 했는데 갑자기 산중이 소란스러워졌다. "누더기 한 벌, 검정 고무신 한 켤레뿐인 성철스님, 천 평 사리탑이 웬 말이냐?"는 등의 플랜카드가 여기저기 사리탑 공사 주변에 걸리고 해인사의 타 문중스님들의 거센 반발에 부딪친 것이다. 공사도 진행하지 못하고 걱정 끝에 한 열흘쯤 물 한 모금 넘기기도 힘들만큼 기진맥진하여 몸져눕게 되었다.

"누가 해결하겠습니까? 스님이 기운을 차리시고 일어나셔야 어떻게라도 수습할 수 있지 않겠습니까? 이렇게 누워만 계시면 어찌시렵니까?" 하는 상좌의 말에 겨우 기운을 차리게 되었다. "아하! 사람이 살다가 이렇게 내몰리면 죽을 수도 있겠구나!" 하는 생각이 난생처음 들기도 한 때였다. 총무원장 송월주 스님의 중재와 우여곡절 끝에 겨우 큰스님 사리탑을 준공할 수 있었다.

전통적인 형식을 소화하면서 현대적인 미학으로 세워진 사리탑은 그래도 두고두고 화제가 되었다.

작가 최재은 씨는 "가야산의 아늑한 공간을 소우주로 삼아 사리탑이 있는 공간이 큰스님의 정신세계를 전하고 이곳을 찾는 이들에게 자연스런 참배 공간이 될 수 있도록 '나를 찾아가는 선禪의 공간'이 되었으면 좋겠다."고 하였다. 마침내 1998년 11월 8일, 큰스님 열반 5주기에 사리탑 회향식을 무사히

치르게 되었다. 종정 혜암 큰스님은 추모법회를 통해 사리탑을 세운 감회를 법문으로 말씀하셨다.

큰스님 떠나심으로 인한 허허로움과 죄송함, 참회의 마음에서 일만 서둘렀지, 각 문중의 스님들과 충분한 대화를 나누는 여유를 갖지 못한 허물은 지금도 죄송스럽게 생각하고 있다.

● 사리탑에서 참선 삼매에 든 불자들

오늘에 와서는 큰스님 사리탑은 여름수련법회 때가 되면 새벽에 여명이 깔린 시간에 원둘레에 백여 명이 넘게 앉아 참선하는 고즈넉한 야외선방으로 변신하여 참가자들에게 남다른 감동을 체험하는 장소가 되었다. 당시의 어려웠던 기억이 새삼스럽게 떠오른다.

옛날부터 해인사 새벽예불은 신도들에게 최고의 감동이라는 입소문이 자자했다. 백여 명 가까운 비구 스님들이 함께 합송하며 올리는 염불소리는 동참한 신도들에게 무한한 법열을 체험하는 보기 드문 기회라고 칭송이 높았다. 이제 수련회에 참석한 대중에게 설문지를 돌리면 해인사 새벽예불과 성철스님 사리탑 참선체험이 1, 2위를 다툰다고 하니 감회가 새롭기만 하다.

3) 『성철스님 시봉이야기』와 『영원에서 영원으로』, 『설전』의 출간

『성철스님 시봉이야기』

성철스님이 열반하신 후 해가 바뀌고 100제를 올린 후 얼마 되지 않아서 경남 산청군수로부터 생가복원 공사 관계로 불필스님과 나를 만나고 싶다는 전갈이 왔다.

금강굴에서 면담이 이루어졌는데 해인사 사리탑 불사는 백련암에서 맡고, 생가 터 복원공사는 불필스님이 맡는 것으로 불사에 대한 논의가 이루어졌다.

1996년부터 생가 복원 및 사찰 창건이라는 조감도를 그려놓고, 산청군과 본격적인 협의가 시작되었다. 그러나 1998년 11월 사리탑 불사가 원만 회향되고 나서, 고향의 생가 복원공사에 불필스님의 심려가 이만저만이 아니었다. 먼저 땅을 확보하고 공사를 해야 했는데 공사를 하면서 광역이 점점 넓어지다 보니 땅값이 자꾸 올라 부지마련에 애를 먹게 된 것이다.

우여곡절 끝에 2001년 3월 30일, "성철스님 생가 및 겁외사 창건 회향 법회식"을 올리게 되었다. 김중권 민주당 대표, 이회창 한나라당 대표님을 위시한 많은 정관계 분들과 신도님들이 모여서 성대한 창건불사의 회향을 여법하게 치렀다.

그날따라 따뜻한 봄날이어야 하는데 산청 지역답지 않게 눈보라가 휘몰아쳐서 모두들 봄옷 차림으로 왔다가 떨어야 했던 기억이다. 어느 입빠른 국회의원 한 분은 "평생 청빈한 삶을 사신 성철 큰스님께서 당신의 동상도 세우고 생가도 세우니 화가 나셔서 이렇게 춥게 눈보라가 친다."고 했다. 그러나 식이 끝나고 나니 하얀 눈이 쌓인 산하의 경치는 또 다른 하나의 별천지를 보여주었다.

회향식을 잘 마치고 한 달이 지나지 않은 어느 날, 〈중앙일보〉 이헌익 부장님으로부터 전화가 왔다. "원택스님, 큰스님 생가 터에 겁외사를 창건했다는 소식을 들었습니다. 아직도 큰스님에 대한 국민들의 관심이 큽니다. 원택스님이 성철스님 평전을 〈중앙일보〉에 연재하였으면 합니다." 하는 것이었다. 나는 글을 써 본 적이 없는 사람이고 더욱이나 큰스님을 평가하는 글은 분에 맞지 않는다고 생각하고, "제자가 어찌 큰스님을 평가하는 글을 쓰겠습니까?" 하고 사양했다. 그 후 몇 차례 끈질기게 전화통화가 오고가다가 끝내는 내가 항복하고 평전이 아닌 '성철스님을 시봉한 일상사'를 쓰기로 하고, 〈중앙일보〉에 남기고 싶은 이야기 98화 '산은 산 물은 물, 성철스님 시봉이야기'가 5월부터 월, 화, 수, 목, 금 주 5일 연재물로 시작했다.

그때는 마침 조계종 총무부장의 소임을 맡고 있을 때라 옴짝달싹 못하고 매주 토, 일요일에 원고를 만들어 보내야 했다. 아무 기록도 없고 순전히 기억에 의존해 글을 써야 해서 어떤 날은 쉽게 글이 쓰이다가 어떤 날은 48시간 동안 한 장도 쓰지 못할 때도 있었다. 소설 연재자들은 어떻게 하루도 빠지지 않고 그렇게 글을 잘 쓸 수 있을까 하는 부러운 생각뿐이었다.

그렇게 고생하여 10월 말쯤에 마치게 되니 정말 하늘을 날듯 가뿐한 기분이었다. 연재 중에 오병상 기자님한테서 전화가 드물게 오는데, "스님, 초등학교 학생이 스님의 글을 읽고서 질문하는 전화가 와서 기자들이 신기해 했습니다."라든지, "데스크에서 스님 글이 너무 자기 주변 이야기이고 큰스님의 무게 있는 말씀이 없다는 지적을 받았습니다."고 하여 "큰스님의 무게 있는 말씀을 쓰면 글이 어려워

● 『성철스님 시봉이야기』와 『영원에서 영원으로』

져서 독자들이 읽겠습니까? 생각해 보지요."라고 대답하기도 했다.

어느 때는 행사장에서 〈중앙일보〉 홍석현 회장님의 어머님 되시는 김윤남(신타원) 보살님을 뵈었는데, "원택스님, 스님 글 열심히 읽고 있습니다. 열심히 써 주십시오." 하시는 인사의 말씀도 들었다. 아무 재미도 없는, 다람쥐 쳇바퀴 돌 듯 하는 단순한 산중 암자생활의 이야기였는데 독자들의 반응은 의외로 컸다.

연재를 마치고 12월 1일 김영사 출판사에서 『성철스님 시봉이야기』가 1, 2권으로 출판되어 1년 간 25만 부쯤 판매되는 나름의 베스트셀러 반열에 오르기도 했다.

연재할 때는 이헌익 부장님과 오병상 기자님에게 "사람 생고생시킨다."고 불만을 표하곤 했는데, 지금에 와서 보면 두 분께 정말 감사하고 고맙기 그지없는 일이었다.

10월 연재가 끝나갈 무렵에 최인호 작가에게서 "형님, 잘 있어요?" 하며 전화가 왔다.

최인호 작가와는 "형님, 동생"하며 지냈는데 그 인연을 우선 밝혀야겠다. 최 작가가 1990년대 초, 〈동아일보〉에 '길 없는 길'을 연재하고 있었는데, 근대의 큰 선지식이신 경허 큰스님의 일대기를 내용으로 하고 있었다. 어느 날인가 최 작가가 해인사를 찾아왔다.

"요즘 통 글이 잘 써지질 않아서 고생하고 있습니다. 자료를 찾다가 경허 큰스님께서 손수 쓰신 선방 방함록이 해인사에 있다고 들었습니다. 경허 큰스님 선방 방함록 서문과 내용을 꼭 한 번 보고 경허 큰스님의 기를 받고 싶어 연락도 없이 해인사로 달려 왔습니다."

당시 나는 마침 해인사 총무국장의 소임을, 그리고 교무소임을 무관스님이 맡고 있었다. 최 선생의 부탁으로 우리도 그때까지 있는지 없는지도 모르고 있던 무식을 부끄러워하면서, 성보대장 목록에서 자료를 발견하고 방함록을 찾아 함께 보게 되었다. 그리고 나서 이런 저런 얘기를 재미있게 나누는데, 최인호 작가가 자기는 문학가가 되었지만 국문과 출신이 아니라 연대 영문과 출신으로 64학번이라고 하는 것이었다. 내가 "나는 연대 정외과 63학번인데요." 하니, "어째 연대 나오신 분이 신부나 목사가 안 되시고 스님이 되셨어요? 스님, 나는 세상 살면서 신부님들 만나도 그렇고, 스님들을 만나도 그렇고, 나보다 나이가 많으면 형님, 나이가 적으면 무조건 동생입니다. 스님이라 부르지 않고 앞으로 형님이라고 부를 테니, 형님도 저를 무조건 동생이라 부르십시오."

그렇게 우리 두 사람은 연세대 동문으로 그때 자연히 형님과 동생으로 부르게 된 것이다. 그 후 드문드문 전화연락이 있다가 '시봉이야기' 연재가 끝날 무렵 오랜만에 연락이 왔다.

"형님, 모처럼이니 얼굴이나 한번 봅시다."

서울 시내 커피숍에서 만나 이런저런 얘기 끝에 내가 물었다.

"동생요, 절집의 아무 재미없는 단순한 산중 암자 생활을 이야기했는데, 뜻밖에 독자들의 호응이 컸다네요. 연재하는 동안 〈중앙일보〉가 경향 각지에서 크게 인기가 있었다고 합니다. 그 이유가 무엇인지 모르겠어요?"

"형님, 내가 보기에 스님들이 쓴 글씨는 대체로 한문투로, 생소한 불교적 용어가 많아서 읽기가 어려운데 이번 형님 글은 한글을 아는 사람은 누구라도, 초등학생이라도 읽기 쉽게 써졌기 때문이에요.

또 성철스님 살아 계실 때에는 절집에서는 유명하셨는지 모르지만 세상에는 별로 알려지지 않았어요. 그런데 성철스님께서는 돌아가시고 나서 오히려 국민들에게 유명해지셔서 우리 곁에 그런 큰스님이 계셨나, 어떤 분이시기에 그런 평가를 받으시나 하는 궁금증을 모든 국민들이 갖고 있었어요. 그런데 저 구름 속에 가려진 성철스님의 모습을 형님이 이번에 '이런 스님이셨다'고 과장 없이 솔직하게 표현하여 산중 스님들의 수행모습을 잘 전했어요. 그래서 해인사 산중에 그런 큰 어른이 계셨는데 우리들이 미처 몰랐구나 하는 안타까움을 독자들이 깨닫게 되었다고 할까요?"

『영원에서 영원으로』

그때는 동생에게 무심히 "고맙다."고 인사를 했는데, 세월이 지나면서 최인호 동생이 평가한 말이 자꾸 가슴을 무겁게 짓눌렀다.

'내 시봉이야기는 백련암 마당에서 일어난 일을 쓴 것일 뿐이지, 큰스님의 내면의 깊은 세계를 독자들에게 보여준 것은 없지 않는가?'

그런 가운데 세월이 흘러가면서 내 부족한 이 부분을 채워 줄 스님이 누구 없을까 하는 마음으로 사형, 사제, 또는 큰스님 가까이 지도받은 분들을 떠올리며 찾다가, '아! 불필스님이라면 이 일을 감당할 수 있겠다.'고 결론을 내렸다. 이런 나의 마음을 불필스님에게 솔직히 말씀 드린 후 "스님은 여고 졸업반부터 큰스님께 참선지도를 받으셨고, 그 후 출가하여 지금까지 평생을 선배, 도반스님들과 더불어 전국 비구니 선방과 석남사에서 3년 결사를 몇 번씩 하며 선수행자로서 살아오셨으니 시봉이야기에서 부족한 내면의 심신수양에 의한 깨달음에 대한 말씀을 잘 정리해주실 수 있을 것입니다." 하고 간청을 드렸다.

하지만 예상과 달리 "나도 열심히 한다고는 했지만 큰스님 가르침대로 마음을 바로 깨친 경지가 아직 저 멀리 있으니 그런 자격이 없습니다."고 딱 거절을 하는 것이었다.

세월 속에서 그때그때 분위기를 살피며 진지하게 여러 번 부탁을 했지만 불필스님은 그때마다 거절만 하는 세월이 되풀이 되었다.

그렇게 세월이 흐르다가 2012년 3월 11일이 큰스님 탄신 100돌이 되는 해인데, 그 100주년을 어떻게 맞이할까 하다가 '성철스님 100주년 기념 준비위원회'가 구성된 것이 2010년 가을 무렵이었다.

여러 가지를 논의하는 가운데 어느 여교수님이 말씀하였다.

"원택스님, 보물단지를 놓아두고 왜 이리 허둥지둥 하십니까?"

"예? 보물단지라고요? 내 주위 어디에 보물단지가 있습니까?"

"불필스님이 계시잖습니까? 불필스님이 큰스님을 의지해서 평생 수행해 온 과정을 풀어 놓는 것 이상으로 큰스님 탄신 100주년을 기념할 재료는 없습니다. 불필스님의 수행담이야말로 지금 가장 필요한 보물단지입니다."

"안 그래도 큰스님의 탄신 100주년 기념 이전에 벌써부터 '성철스님 시봉이야기'에서 하지 못한 것을 불필스님이 해주셔야 한다고 조르고 있지만 번번이 퇴짜만 맞고 있습니다. 제가 불필스님에게 또 말씀드리면 큰스님 탄신 100주년 기념이라 해도 퇴짜를 맞을 것이 뻔합니다. 그러니 교수님께서 직접 불필스님께 말씀드리고 승낙을 받아주십시오. 이 보물단지를 누구보다 바라지만 저는 불필스님을 설

● 불필스님

득할 수가 없습니다."

그렇게 여교수님께서 제 대신 나서, '성철스님 탄신 100주년을 빛낼 보물단지는 바로 불필스님 자신의 수행담을 세상에 내놓는 것'이라고 설득 또 설득을 드린 끝에 2011년 하안거를 마치며 마침내 승낙을 받게 되었다.

그리하여 2012년 9월 21일, 『영원에서 영원으로』라는 이름으로 불필스님 회고록이 출간되어 2015년 12월까지 20쇄가 발행되고 있다.

이 책의 발간으로 성철 큰스님이 대중에게 내보이신 산중 수행의 본 모습을 조금은 제대로 세상에 알릴 수 있게 되었다는 사실에 나의 기쁨은 말할 수 없이 컸다.

성철 큰스님의 밖, 마당의 얘기를 쓴 『성철스님 시봉이야기』와 이제 내면 수행의 보물단지인 『영원에서 영원으로』의 발간으로 큰스님의 본 모습이 두 날개를 온전히 달아 진면목의 그림자나마 세상에 비추어졌다고 생각한다.

나는 비로소 그동안의 마음의 큰 짐을 벗고 큰스님 진영을 마주하면서 기쁜 마음으로 삼배를 올릴 수 있었다.

『설전雪戰』

2015년 초파일에 앞서 『꽃잎이 떨어져도 꽃은 지지 않네』라는 제목으로 '법정스님과 최인호의 대담집'이라는 부제가 붙은 책을 받아 보게 되었다. 책을 받아들면서 제일 먼저 떠오른 생각이 법정스님께서 "내가 지은 책을 모두 절판하라." 하셨는데 이런 책이 나와도 되는가 하는 것이었다.

이 세상에 살면서 성철 큰스님을 시봉하며 해인사 암자 끝에서 살다 보니 인적도 드물고 출입이라야 고작 서울 성철선사상연구원에 다녀오는 정도이니 사람 교류의 폭이란 것도 없는 세월을 보낸 셈이다. 그런데 나의 그런 단순한 삶 속에서도 굵은 획을 마음에 남겨 준 몇 분 중에서 법정스님과 최인호 작가가 차지하고 있다.『성철스님 시봉이야기』속에서 두 분의 역할을 독자들도 충분히 이해할 것이다.

최인호 작가의 영결식 때는 참석하지 못해 미안한 마음이었는데, 마침 '영인문학관'에서 2주기 전을 개최한다는 기사를 보고 전시회에 참관하러 갔었다. '길 없는 길'을 연재할 때 "경허스님 친필을 친견하고 기를 얻어 글을 쓰려고 해인사에 왔다."며 최 작가가 불쑥 찾아온 해인사의 초겨울을 다시 떠올리며 한 시간 가까이 전시실을 둘러보았다.

최 작가의 '길 없는 길' 연재가 끝나고 난 후 어느 날 전화가 와서 만나게 되었다. "내가 생각해 보니 동생은 가톨릭인데 어떻게 불교를 이해하게 되었을까 하고 추리해 보았소. 몇 년 전에 '잃어버린 왕국'을 신문에 연재할 때 그 내용이 백제왕국 이야기니 불교를 모르고서는 도저히 글을 쓸 수 없을 것이라고 생각하는데 그때 쌓은 불교지식이 오늘 '길 없는 길'로 이어진 것 아니오?"

"아따, 형님 산에 살면서 '잃어버린 왕국'을 다 아시네. 형님 말이 맞소. 그때 내 불교공부 많이 했소. 그것이 아까워 '길 없는 길'을 쓴 것은 사실이오."

그리고 세월이 흘러『상도』가 밀리언셀러로 엄청난 붐을 일으킬 때 동생을 다시 보게 되어 차 한잔을 나누게 되었다.

"동생! 내 이런 말해도 될까?"

"형님, 무슨 말이요?"

"내가 우짜다가 동생 글이 신문에 연재되니까 읽을 수 있지 만약 책이었다면 동생 글을 한 면도 못 읽었을지도 모르요. 그런데 '상도' 임상옥이 절집으로 출가하여서 생활하는 모습을 묘사하고 있는데 말이지, '길 없는 길'에서는 스님들의 법문이 딱딱하게 느껴졌는데 '상도'에서는 임상옥의 절 생활이 마치 불교에 익은 것 같이 잘 쓰고 있는 것을 보면 동생의 불교 이해가 상당한 수준에 이른 것 같애."

"아! 형님 그래요. 나도 '길 없는 길' 쓸 때보다는 '상도'에서의 임상옥의 절집 생활이나 불교 이해가 더 높아진 것은 사실이요. 형님 고맙소."

어느 날인가 또 최인호 씨로부터 전화가 왔다.

"형님! 나요 인호요."

"동생, 오랜만이네. 웬일이요?"

"나 침샘암이라 하오. 사돈이 의사인데 걱정 말고 수술을 받으라고 하오. 그러니 형님도 부처님께 기도 잘 해주시오."

"동생, 사돈이 책임지실 테니 너무 걱정 말고 편하게 수술 받으시오. 나도 부처님께 열심히 기도할게요."

그 후 전화 통화가 되질 않고 지상으로 소식을 틈틈이 알 뿐이었는데 부고 기사를 보면서 안타까운 마음으로 먼 조의를 표했다.

"형님! 내가 앞으로 할 일이 두 가지요. 하나는 예수님 전기를 한국인의 자긍심으로 꼭 쓰고 싶소. 그리고 나서 성철스님에 대해서도 길게는 못쓰고 원고 800장쯤 꼭 쓸 것이요." 하던 동생의 다짐 같은 목소리가 다시 들려오는 듯 했다. 물론 다 이루지 못한 일이 되었지만 말이다. 이러한 상념들 속에서 영인문학관을 돌아 나왔다.

그 후 누가 나를 찾아와서 자기소개를 했다.

"제 이름은 함명춘이고, 지난 봄『꽃잎이 떨어져도 꽃은 지지 않네』를 편집하였으며, 최인호 선생의 마지막 수행비서 역할을 했습니다. 최 선생님 생전에 성철스님 얘기와 원택스님 이야기를 더러 하셨습니다. 그래서 오늘 찾아뵌 것은 지금 자료를 조사 중인데 성철스님과 법정스님 대화집을 한번 만들어 보고 싶어서입니다. 허락해주시면 열심히 해보겠습니다."

"나보다 법정스님 측 상좌스님들부터 먼저 허락을 받아와야 내가 허락할 수 있지 내가 먼저 허락할 수 없소.『꽃잎이 떨어져도 꽃은 지지 않네』가 나오고 나서 법정스님 상좌스님들이나 송광사 측 스님들은 다른 말 없었는지 궁금하네요."

"그 책 낼 때도 법정스님 측 상좌스님들과 충분히 의논했었고, 이번에도 충분히 말씀드리고 스님을 찾아왔습니다."

"법정스님 쪽에서 양해를 했다면 나는 더 말할 것 없지요. 마지막 비서를 몇 년 하셨다니, 혹 이런 말 들은 적 있는지 모르지만 시간이 나면 성철스님 이야기를 꼭 800장쯤 쓸 것이라고 나만 보면 약속했는데 당신이 이제 떠났으니 이렇게 마지막 수행비서를 보냈는가 봅니다. 아무쪼록 내가 가지고 있는 자료는 다 드릴테니 열심히 해보시오. 부족한 자료는 또 만나 의논합시다."

그리고 11월 말인가, 함 선생이 찾아와서 원고 모자라는 걱정을 하면서 물었다.

"지금 자료로서는 원고 분량이 적습니다. 그래서 법정스님과 성철스님의 행장을 살펴 보니 성철스님 해인사 방장하실 초기에 법정스님이 해인사에 계셨다고 하는데 혹시 성철스님께서 백일법문을 하실 때 법정스님이 그 법문을 들으셨습니까?"

"나도 그때는 출가 전이라 자세히 알지는 못하지만 녹음상으로 백일법문 하실 때 끊임없이 질문하시는 스님이 법정스님이었다고 하네요. 아마 백일법문 법회 자리에도 끝까지 있었다지요."

"그럼 잘 되었습니다. 법정스님이 질문하시는 내용과 성철스님이 대답하시는 내용을 녹취해 줄 수 있습니까?"

"그러지요. 마침 우리가 2014년 11월에 『백일법문』 개정증보판 상·중·하 3권을 내면서 큰스님 녹음법문 녹취록이 있을 것이니 정리해 드리지요."

"그렇게만 도와주시면 저희들은 너무 감사합니다."

나는 큰스님 백일법문 정리에만 마음이 쏠려 당시 법문에 참석하셔서 열심히 질문하시던 법정스님 부분은 과외로서 전혀 인용이 없

● 『설전』

었는데, 함 선생의 말에서 크게 깨닫고 녹취록에서 끊임없이 질문하시는 법정스님의 많은 부분을 찾을 수 있었다. 그것이 오늘의 『설전』을 내는 데 큰 바탕이 된 것이다. 그러고 보니 성철스님과 법정스님, 법정스님과 최인호 선생, 최인호 선생과 나 원택과 함명춘(최인호 수행비서), 이런 인연의 고리로 오늘 『설전』이 출간되었다. 『성철스님 시봉이야기』나 『영원에서 영원으로』에서는 볼 수 없는 성철스님의 세계와 법정스님의 세계를 살펴 볼 수 있는 계기를 세상에 열었다고 생각하고 함명춘 선생에게 감사를 드린다.

법정 스님께서 법문 강의 중에 자주 질문하니 거기에 답하다 보니 강의 진도가 자꾸 늦어진다고 질문 자주 하지 말라고 했습니다. 그런데 그게 말이지요. 필요하면 무엇이든 그때그때 질문해야 의문의 요점이 스님께 잘 전해지지 않겠습니까? 그때는 질문하지 못하고 지나가서 다음 날 틈을 보아가며 질문 드리려니 그 순간의 의문의 감정이 없어져 영 질문할 힘이 빠집니다. 다시 질문을 그때그때 받아주십시오.

성철 법정스님, 질문이 많아서 큰일이라. 자꾸 질문만 받다보면 대중들은 지루해서 다 도망가고 말겠다. 그래도 우짜겠노. 해봐야지 무슨 질문인데요?

법정 이건 제가 멍청해서 묻는 게 아니라 대중 스님들이 혹시 착각할까 봐서 대중을 위해서 가려 달라고 말씀드립니다. 불교사상 가운데서 상당히 중요한 비중을 차지하고 있는 윤회사상이라든가, 인과사상, 업사상 이런 것도 부처님의 독창적인 학설인지 그렇지 않으면 재래에 있던 학설에서 새롭게 부처님께서 옷을 입힌 것인지 그것 좀 말씀해주십시오.

성철 윤회사상은 인도 고유의 사상이었어요. 부처님께서 생사해탈하는 근본법이 중도란 것을 완전히 독자적으로 깨치셨다 말이여. 중도라는 우주의 근본원리를 바로 깨치시고서 인생의 현상적인 면에서 생사윤회가 있음을 인정했어요. 윤회사상을 인정하니 인과사상과 업도 인정하여 후대에 발달한 유식사상에서 많은 연구를 했지요.

법정 그러면 부처님이 아주 출중하셨습니다.

성철 그렇지요. 그전의 인도사상에서는 생사윤회만 있는 줄 알았지 생사윤회를 완전히 벗어나서 해탈하는 법으로 중도사상이 있음을 인도 사람들은 그때까지 전혀 몰랐어요. 부처님이 나시기 전이나 나신 후나 생사윤회사상은 그대로 존재하고 있는 것은 사실로서, 참답게 생사윤회를 해탈하는 근본법, 중도사상을 몰랐다 말입니다. 부처님의 인류에 끼친 근본공적은 중도를 정등각해서 생사해탈하는 근본지침, 근본원리를 인류에게 지도를 했다, 소개했다 말입니다. 이것이 부처님이 일체인류에게 끼친 큰 공적입니다.

이상의 예를 든 본문은 '백일법문' 당시의 설법 현장의 분위기를 유추해 볼 수 있는 대목이기도 하고, 『백일법문』에는 없는 대화체 부분이기도 하여서 인용해 보았다.

『성철스님 시봉이야기』, 『영원에서 영원으로』, 『설전』의 출간이 정말 큰스님께서 열반에 드신 후 잘한 일중 하나라고 감히 꼽고 싶다.

3.
사리탑전 삼천배 기도의 감동

　　2012년은 성철 대종사 탄신 100주년이 되던 해다. 탄신 100주년과 열반 20주년을 기념하기 위하여 2011년 준비위원회를 구성하여 2013년까지 3년 계획을 세운 다음 여러 의견들을 정리하여 행사를 진행하기로 결정하였다. 그래서 2011년 행사준비를 시작으로 2013년 10월의 열반 20주년까지 매분기마다 학술회의를 실행하는 것으로 그동안 준비한 행사를 무난히 치르고 이듬해 열반 20주년 행사를 진행하게 되었다.

　성철 대종사 탄신 100주년을 기념하기 위하여 교수님 몇 분을 모시고 가진 준비위원회에서는 "'자기를 바로 봅시다, 남을 위해 기도합시다, 남 모르게 남을 도웁시다' 하시던 큰스님 말씀이 오늘의 세상을 사는 우리 중생들에게 참으로 고마운 말씀이니 큰스님의 이 사상을 널리 펼치는 것으로 이번 행사를 마무리 하였으면 좋겠다."는 의견이 나오고 그 방법의 하나로 월드컵 경기장에서 일만 명의 불자들이 모여 '나라의 평화와 국민행복을 기원하는 삼천배 행사'를 펼쳐 큰스님께서 강조하신 자비사상의 실천을 세상에 크게 알리는 행사로 회향하면 불자들도 크게 기뻐할 것이라는 데 의견이 모아졌다.

● 사리탑전에서 삼천배 기도를 올리고 있는 신도들

처음 그때는 나 역시 들떠서 마냥 신이 났는데 차근차근 일을 진행하다 보니 제일 먼저 부딪치는 문제가 만 명이란 인원을 동원하는 문제였다. 백련암 단독으로 그만한 인원을 동원할 수 있기만 하다면 아무 문제가 없겠지만 몇 십 명, 몇 백 명씩 사찰 단위로 삼천배를 할 신도를 만 명이나 모은다는 것은 간단한 일이 아니었다. 일 년 가까이 노력해 보았지만 이런저런 사정으로 인원은 줄고 줄어 처음 계획과 달리 백련암 중심으로 삼천배를 할 천 명의 신도를 모으는 데 최선을 다하기로 하고, 장소는 해인사 운양대에 모셔진 큰스님 사리탑에서 하기로 결정하였다.

그러나 행사 당일이 때마침 해인사 '보살계 수계법회' 날이어서 주차장 사용관계로 결국 토요일, 일요일 두 번으로 나누어 행사를 치르게 되었다.

우여곡절 끝에 맞이한 행사당일, 첫날인 토요일에만 500명, 둘째 날인 일요일에는 700여 명이 모여서 큰스님 사리탑 공간을 꽉 메우고 아침 10시부터 저녁 6시까지 삼천배 법회를 무사히 마칠 수 있었다. 청명한 가을 날씨와 적당히 햇볕을 가려주는 구름, 온 산이 물들어 가는 가을 정취에 흠뻑 젖어 동참한 모든 신도분들이 감격해 하시던 모습이 눈에 선하다.

해인사를 오르내리는 가을 관광객들과 참배객들이 무슨 일인가 하고 탑전으로 올라와 참관하다가 내용을 알고서는 "성철 큰스님께서는 아직도 해인사에 계시는구나!" 하며 놀라워 하였다. 삼천배에 동참한 모든 분들이 이구동성으로 "앞으로 큰스님 칠일칠야법회 동안에는 그해 토요일마다 사리탑전에서 삼천배를 올립시다."고 다짐하기에 이르렀다.

사리탑전에서의 1,000명 삼천배기도 회향을 성공리에 마치게 된 것은 아비라 카페 회원들의 도움이 컸다. 삼천배 카페, 수미산 카페, 영원한 자유 기도팀에게도 감사를 드린다.

사리탑전에서의 1,000명 삼천배가 1,200여 명의 삼천배가 되어서 회향한 후 자리를 정리하고 백련암으로 돌아오니 관음전 앞에서 어떤 보살님이 통곡하고 계시는 모습이 보였다. 나는 '탑전 행사를 잘 마쳤는데 웬일인가?' 하는 마음으로 보살님께 다가가 물었다.

"보살님, 이런 좋은 날에 왜 큰 소리로 통곡하고 계십니까?"

그러자 보살님께서는 눈물 자욱한 얼굴로 말씀하시는 것이었다.

"스님, 서럽고 슬퍼서 우는 것이 아닙니다. 오늘 너무나 기뻐서 주체 못해 눈물을 흘리는 것입니다. 제가 이제껏 한해도 빠짐없이 20여 년간 큰스님 사리탑전 삼천배 기도에 동참해 왔는데 첫해 삼천배 행사 때 얼마나 많은 사람들이 왔는지, 거짓말을 보태 제 눈에는 구름 모이듯이 많은 사람들이 몰려서 삼천배를 올리는 광경이 그야말로 장관이었습니다. 그런데 그 다음 해에는 사람들이 몰라보게 줄지 않았습니까? 그 후 어느 해에도 첫해처럼 많이 모이지 않아 제 속으로 원을 세웠습니다. '내가 죽기 전에 꼭 한 번만이라도 첫해처럼 성철 큰스님 사리탑전에 사람들이 꽉 차서 기도하는 모습을 보고 죽으면 한이 없겠다'고 말입니다. 그런데 올해는 어제도 오늘도 연거푸 이틀이나 꽉 차게 많은 신도들이 사리탑전에서 기도를 올리는 모습을 보고 그렇게 기다리는 원이 성취되어서 너무 감사하고 좋아 이렇게 염치도 없이 울음이 터져 나옵니다. 스님!"

노보살님의 그 말씀을 듣는 나 역시 가슴이 먹먹해졌다.

그렇게 열반 20주년을 맞아 성철 큰스님 사리탑전에서 1,200여 명이 이틀에 나누어 삼천배를 올리는 법회는 3년 동안 진행해 왔던 성철 대종사 탄신 100주년 기념행사의 대미를 장식하는 순간이었다.

그간 20년 동안 칠일칠야 8만4천배 참회기도로써 성철 큰스님을 추모해 왔던 신도님들도 세월이 흘러 그때의 50대는 70대로, 60대는 80대로 기도동참이 많이 힘들게 되고, 21주기부터는 칠일칠야 8만4천배 참회법회에서 4일4야 4만8천배 참회법으로 날짜와 절 횟수를 줄이는 것으로 합의를 보게 되었다. 그러면서 음력으로 기도하기에 매해 돌아오는 날짜들이 들쭉날쭉하는 어려움이 있지만 성철 큰스님 사리탑전 삼천배 행사는 토요일 또는 일요일로 정해 매년 많은 신도님들이 모여서 성심껏 치르자고 다짐하였다.

성철 큰스님에 대한 신도님들의 추모의 정성과 마음을 잘 알기에 항시 감사하고 감사한 마음뿐이다.

앞으로도 성철 큰스님 사리탑전 삼천배 기도와 4박4일 4만8천배 추모행사에 변함없는 정성과 동참을 부탁드리며, 다시 한 번 감사한 마음을 전해드린다. (※추모행사는 매월 음력 9월 16일~9월 20일이다.)

4.
성철스님 탄신 100주년 기념 사업들

1) 성철스님 탄신 100주년 기념 학술포럼 개최

　성철스님께서 1967년 동안거 중에 말씀하신 '백일법문' 가운데서 보조국사의 여러 가지 이론 가운데 특히 선종의 돈오점수론을 주장하신 부분에 대해서 강하게 비판하셨다. 그러나 이 내용이 논문으로나 저서로 발표되지 않고 법상에서 유인물을 가지고 설명하시는 형식이었다. 때문에 현장에서 들어야만 이해할 수 있는 수준이어서 대외적으로 언론이나 학계에 제대로 발표되지 않았다. 따라서 '백일법문'이 아무리 큰 법문이었다 해도 해인사 법당에서의 메아리일 뿐이었다.

　세월이 지나 성철스님께서 저서의 필요성을 느끼시고 원고를 정리하시어 『선문정로』라 이름하여 송광사 불일암 법정스님께 윤문을 부탁드리고 출판을 준비하고 계셨다. 그런데 1981년 1월에 원로회의에서 만장일치로 성철스님을 조계종 종정으로 추대하시게 되고, 『선문정로』는 1981년 12월 1일 초판이 출간되었다. 1967년 동안거에 해인사에 메아리쳤던 돈오돈수의 사자후가 비로소 15년 만에 세상에 알려지니 그것은 메아리가 아니라 천둥소리로 변해 불교학계를 발칵 뒤집어 놓았다.

"산중에 사는 수행승이 어떻게 크신 보조국사를 비판한단 말인가?" 하는 분노의 심정이 보조학계의 1세대에서 터져 나왔다.

1980년대는 보조국사의 돈오점수론과 성철스님의 돈오돈수론이 불교학계를 들끓게 하였다. 요즈음 불교학자나 교수님들도 그때를 회상하면서 모처럼 우리 불교학계를 달군 치열한 불교 논쟁시대를 성철스님이 여셨다고 했을 정도다. 그때 불교학계가 처음 논쟁다운 논쟁을 벌이고 학문하는 분위기가 그리운 시대였다고 기억된다.

그러나 그 논쟁은 끝난 것이 아니라 보조군단의 튼튼한 방어벽을 필마단기로 뚫어야 하는 분위기는 크게 달라지지 않고 있다. 심지어 어떤 학자는 "성철스님이 종정이 되시더니 그 힘으로 보조국사를 흠집 내려 한다."며 비난하였다. 성철스님이 종정이 되셨기에 보조국사의 돈오점수를 비판한 것이 아니라, 이미 오래전 1967년 12월에 해인사 '백일법문' 자리에서 설법하셨고, 최근 1980년 전후부터『선문정로』의 저서를 준비해 오셨음을 모르는 소치이기도 하였다.

그렇게 20년 가까이 이어온 돈오점수론과 돈오돈수론의 논쟁을 큰스님 탄신 100주년을 맞이하여 지난날을 회고하고 앞으로의 방향을 살펴보자는 의미에서 '성철스님 탄신 100주년 기념 학술포럼'을 개최하였다. 2011년 주제는 '퇴옹성철과 현대 한국불교'로 정하였다. 제1차 포럼은 '퇴옹성철과 현대한국불교의 방향'이란 주제로 3월 24일 조계종 역사문화기념관 전통문화예술공연장에서 1시간에 걸친 입제식을 올리고 14시부터 김희옥 동국대 총장님이 '불교교육과 한국사회의 미래-성철스님의 지도방식을 중심으로'란 제목 하에 기조강연을 하였다. 이에 앞서 입재식 때 도대현 박사의 「성철선사상 연구」라는 박사논문 저서를 헌정하는 차례가 있었다. 도 박사는 대지월 보살님의 며느리로서 미국 소아과 의원을 운영하며 50대 초반부터 불교학 석사, 박사 과정을 이수하였다. 8년 가까운 세월에 걸쳐 박사 논문을 쓰기까지 힘들었던 일들을 담담히 설명하면서 모든 사부대중의 심금을 울렸다. 또한 큰스님께서 떠나심을 섭섭해 하며 강연 중에 자신도 모르게 눈물을 흘리니 참석한 보살님들도 함께 감동의 눈물을 흘리며 격려의 박수를 보냈다.

제2차 포럼은 '한국 근대불교 100년과 퇴옹성철'을 주제로 5월 25일 13시~18시까지 실시하였고, 제3차 포럼은 '현대 한국사회와 퇴옹성철'을 주제로 9월 23일 오후 13시~17시까지 실시하였다. 그해 마지막으로 제4차 포럼은 '퇴옹성철과 종교의 현실 참여'를 주제로 12월 1일 오후 13시~15시까지 조계종 국제회의장에서 행사가 진행되었다.

2012년 3월 29일 제5차 학술포럼의 주제를 '퇴옹성철과 한국불교의 수행'으로 정하고, '돈점사상의 역사와 의미'라는 제목으로 동국대학교 불교학술원 종학연구소와 성철선사상연구원이 공동으로 진행하여 더욱 뜻이 깊었다. 소장 종호스님에게 큰 감사를 드린다.

제6차 포럼은 5월 24일 오후 2시~6시까지 '돈오돈수와 퇴옹성철의 수증론'이란 주제로, 제7차 포럼은 9월 21일 오후 2시~6시까지 '퇴옹성철의 중도론'이란 주제로 진행되었다.

제8차 포럼은 국제학술포럼으로 11월 29~30일까지 '불교의 명상 : 고대 인도에서 현대 아시아까지'라는 제목으로 동국대학교 불교대학

● 성철스님 탄신 100주년 학술포럼

황순일 교수가 주관하여 진행되었다. 행사는 영국, 미국, 프랑스, 독일에서 온 초기 불교명상과 인도불교의 명상학자 등 10여 명과 한국의 불교학자 혜원스님, 미산스님, 정덕스님, 윤원철 교수, 서명원 교수 등이 참석하여 이틀 동안 성대히 이루어졌다.

2013년에 들어서는 학술포럼이 아닌 성철 큰스님 열반 20주기 추모 명사 초청강연회를 개최하였다.

2013년 11월 27일, 고은 시인 초청강연회를 〈부산일보사〉 강당에서 개최하여 6백여 명이 참가한 가운데 '성철스님의 선시에 대한 분석'이란 주제로 성황리에 마쳤다.

이어서 12월 4일 오후 2시~5시까지 한국불교역사문화기념관 2층 국제회의장에서 '통일이냐 분단이냐?-한반도의 통일은 축복이다'라는 제목으로 한반도 선진화재단 이사장인 박세일 박사님께서 강연하였다. 이어서 '성철스님을 통해 본 한국불교의 개혁운동'이란 제목으로 전 〈조선일보〉 논설위원이신 공종원님께서 강연을 하는 것으로 3년에 걸친 학술포럼을 마치게 되었다.

2) BTN '산은 산, 물은 물' 법문 방영

2012년 3월 11일이 성철스님 탄신 100돌이 되어서 백련암에서 여러 가지 행사를 준비한다는 소문이 BTN사업부에까지 퍼졌나보다. 어느 날 BTN사업부 부장으로부터 연락이 왔다. "원택스님, 성철스님 탄신 100주년 기념사업을 준비한다고 들었는데 BTN에서도 도울 일이 있을 것 같습니다. 큰스님께서 백일법문을 하신 녹음테이프를 CD로 만들었다고 들었습니다. 그것을 BTN에서 방송하였으면 합니다."

"고마운 말씀입니다만, 큰스님 말씀이 워낙 빠르시고 진주지방 사투리를 쓰시기 때문에 시청자들이 알아들을 수가 없을 것이라고 생각합니다. 그래서 큰스님의 녹음 말씀을 라디오나 TV로 방영하는 것은 오히려 불가능하리라 생각되어 꿈도 꾸지 않고 있습니다."

"원택스님, 요즘 방송기술이 얼마나 발달했는지 모르셔서 하시는 말씀입니다. 저희 BTN에서 큰스님들께서 하신 법문을 TV화면으로 내보내는데 그 스님의 말씀 따라 화면 밑에 자막으로 글자를 표시해 나가는 기술이 있어 듣기 어려운 스님들의 말씀을 알기 쉽게 극복한 지가 오래 되었습니다. 그런 걱정은 않으셔도 됩니다."

"그럼 만나서 한번 이야기 해봅시다."

그 뒤 사업부장을 만나서 궁금한 점을 많이 묻기도 하고 답도 시원하게 들을 수가 있었다. 큰스님의 빠른 말씀과 사투리는 자막으

● 성철스님께서 무슨 말씀을 하시는지 모두 밝은 표정으로 스님을 향한 모습이 정겹다. 왼쪽부터 원영스님, 성철 큰스님, 법정스님, 필자

로 해결된다 해도 TV화면에 비춰질 영상이 또 문제가 되었다. 큰스님 계실 때만 해도 라디오나 TV에 출연하신 적이 없으니 방송에 내보낼 화면 준비가 전혀 없었던 것이다. BTN 방송사에서도 큰스님의 준비된 자료가 없으니 실로 난감해 하였다. 그러다 1970년대 중반에 일본에서 처음으로 가정용 비디오 촬영기가 나왔을 때 지금은 고인이 되신 장준업 사장님이 백련암으로 한 대 선물해 준 일이 생각났다. 그 비디오 촬영기를 지금 정심사 주지인 원영스님과 나와 둘이서 일본어로 된 사용설명서를 읽어가며 조작법을 익혀나갔지만 카메라도 제대로 만질 줄 모르는 실력이라 허둥대기에 바빴다. 그러자 궁금한 것을 참지 못하시는 큰스님께서 "인자 뭐 좀 알겠나? 밖에 나가 보자." 하시며 천진불마냥 먼저 마당에서 폼을 잡으셨다. 원영스님과 내가 번갈아 가며 촬영을 마치고 TV영상에 올리니 화면이 눈이 아플 정도로 이리저리 흔들리고 무엇보다도 초점이 맞질 않았다. 아니나 다를까. "이 바보 등신 곰 새끼들이 그것도 하나 못하나?" 하시는

꾸지람을 달고 살게 되었다. 그래도 세월이 지나가고 큰스님의 성화도 쌓여가니 화면이 떨지 않고 그림이 비치기 시작하였다. 몇 개월이 자나자 큰스님께서 먼저 "저 산에 올라가 보자." 하시며 앞에서 성큼성큼 걸어가시면, 앞에서도 찍는다고 찍었는데도 웬일인지 TV화면을 틀면 큰스님 뒷모습만 커다랗게 찍기 일쑤였다. 그래도 꾸지람 듣는 세월 속에서 촬영 실력이 조금씩 늘어갔고, 원영스님의 솜씨는 나보다 훨씬 빨리 익숙해 가는 것이었다. 그때 그렇게 찍어두었던 테이프가 생각나서 그것을 찾아 BTN 사업부장에게 주면서 화면으로 쓸 수 있는지 판단하라고 하였다.

BTN에서 마침내 소식이 오기를, 없는 것보다는 이 화면이라도 큰스님 모습이 생생하시니 당신들 기술로 잘 조정하여 편집하면 아쉽지만 화면을 구성할 수 있겠다고 하였다.

그리하여 2011년 4월 25일부터 시작하여 일주일 단위로 내용을 바꾸기로 하여 2012년 3월 20일까지 48주 동안 방영되었다. 그런데 48주 동안 매주마다 배경화면이 바뀌는 것이 아니라 촬영해둔 양이 적으니 3~4주마다 배경화면이 되풀이 되었다. 그런데 그 방영되는 화면 때문에 생고생을 치르게 되었다. 큰스님께서 법상에서 가사장삼을 걸치시고 여법하고 당당하게 설법하시는 장면은 한 장면도 없었다. 대신에 동방, 바지 차림으로 평상복만 입으시고 바위를 기어오르시거나, 나무를 잡고 흔드시거나 뒤따르는 일행에게 어서 오라고 냅다 고함치시는 등 아무런 가식 없이 일상의 삶의 모습 그대로의 생활화면을 보여주고 있었다.

무엇보다 원로의장스님에게 인사를 드리러 갔는데 노발대발이셨다. "좋은 화면이 없으면 그만둘 일이지 종정스님의 권위는 하나 없이 평범한 일상의 모습만 보이니 그것이 상좌들이 할 일이냐!" 어찌나 엄하게 꾸짖으시는지 몸 둘 바를 몰랐던 기억이다. 원로 큰스님들께서나 어른스님들의 반응은 대체로 그런 화면은 없느니만 못하시다는 판단을 하고 계신 듯하였다. 그러나 또 한편 다수의 시청자인 신도님들은 상좌들이 서툰 솜씨로 촬영을 하였지만 큰스님의 자연스런 그 모습이 오히려 더 친근하고 좋았다고 평들을 하시니 어느 쪽으로 가야할지 어리둥절하기만 했다.

세월이 지나 방영이 끝나고 나서 BTN에서는 새벽 2시경에 그 프로그램을 재방송하였던 모양이다. 이 글을 쓰기 위해서 BTN에 들어가 큰스님 관련 영상 다시보기 조회 수를 검색해 보았더니 2016년 2월 23일 오후 3시의 통계로 48회 가운데 1회의 조회 수가 36,682회가 되어서 깜짝 놀랐다. 10,001~18,317 조회가 21회이고 9,001~9,908 조회가 10번이었으니 대단한 조회 수가 아닐 수 없었다. BTN방송 담당자는 다른 프로그램들의 조회 수와는 차원을 달리한다는 전언과 함께 인사말도 많이 들었다고 덧붙였다.

"큰스님 법문이 BTN 방송을 타면서 그 반응이 기대 이상으로 폭발적이었다 해도 과언이 아닙니다. 강남의 모든 아줌마 불자들이 큰스님 법문에 놀라워하면서 반가워하였습니다. 50년 전에 해인사 산골짜기에서 지금 들어도 하나도 어색하지 않고 곰팡이 냄새도 나지 않는 법문을 하셨다니 참으로 놀랍습니다. 우리가 성철 큰스님을 너무도 모르고 살았습니다. 정말 안타깝습니다."

BTN 방송을 마칠 때까지 자막들을 띄워 보내느라 마감일 가까이까지 밤잠을 설치며 애써준 금강대학에 근무하는 최원섭 박사에게 고마운 마음을 전하며, BTN의 회장 성우 원로의원 스님과 구본일 사장님, 관계자들에게도 깊은 감사의 마음을 드린다.

법문 구성 내용을 보면 1회부터 18회까지는 1969년 대학생 여름수련법회에서 법문하신 '불교의 현대적 고찰'로 편성이 되었고, 19회부터 22회까지는 전국 수좌수련법회에서 '단경지침'을 강연한 내용으로 이루어졌다. 23회부터 26회까지는 '백일법문-불교의 본질', 27회부터 30회까지는 '백일법문-교학의 중도사상', 31회부터 33회까지는 '백일법문-선종의 중도사상', 33회부터 40회까지는 '백일법문-견성의 본질', 40회부터 45회까지는 '백일법문-돈오점수 비판', 45회 중간부터 48회까지는 1982년 1월 1일 법정스님과의 새해 대담을 하는 내용으로 편성되었다. 지금도 BTN 홈페이지에 들어가서 다시보기의 절차대로 따르면 성철스님 법문을 언제든지 시청할 수 있다.

3) 성철스님 탄신 100주년 기념 다례제

100돌 탄신일은 2012년 3월 11일로 일요일이었다. 100주년맞이 전야제로 조계사 대웅전에서 토요일 저녁 예불을 마치고 600여 명

● 성철스님 탄신 100주년 기념법회(조계사, 2012. 3. 11.)

이 법당이 꽉 차도록 모여서 새벽 4시 30분쯤 3000배 기도를 회향하게 되니 얼마나 감사하고 기쁜지 몰랐다. 조계사가 생기고는 처음으로 어간문과 더불어 세 칸 문을 닫고 큰 무대벽면을 차려서 다례제 법회를 준비하였다. 대웅전 현판 바로 밑에 길게 「퇴옹당 성철 대종사 탄신 100주년 기념법회」라고 현수막을 붙이고, 기념 단을 장엄하게 꾸밀 수 있도록 당시 조계사 주지 토진스님이 아이디어를 내주시고 마음을 다해 도와주어서 참으로 고맙게 생각했다. 과일이나 음식들의 고임새 없이 둥근 뿌리를 가진 수선화 등으로 법단을 장식하여 성철스님께서 새봄에 탄생하심을 역동적으로 표현하고자 우담화 보살 등이 애를 많이 썼다. 아침에는 날씨가 갑자기 추워지고 바람도 세게 불어 걱정을 했는데 오후 2시 행사 시작이 되니 햇빛도 나고 한 번씩 센 바람이 불었지만 행사는 큰 지장 없이 진행되었다. 무엇보다도 조계사 앞마당을 가득 메우고 큰 열기를 보내주신 그날의 사부대중 여러분들에게 고개 숙여 감사를 올린다. 참석했던 백련암 모든 신도님들과 문도 스님들이 모두가 마음속 깊이 큰스님에 대한 존경과 애경심을 더욱 새기며 백돌기념법회를 성대히 마친 데 대해서 서로 서로 격려하고 커다란 자부심을 느꼈다.

4) 성철스님 일대기 전시회

대한불교조계종 출범 50주년을 겸하여 불교중앙박물관과 공동주관으로 20세기라는 시대상황을 함께 한 성철스님의 일대기를 시대별로 정리하여 전시회를 열었다. 전시에는 성철스님의 유품과 유필, 사진 등이 전시되었으며, 젊은 세대와 소통할 수 있도록 큰스님의 행적과 사상을 담은 21세기 문화컨텐츠를 전시하였다. 아울러 조계종단 50년사 미니다큐를 제작·상영하여 종단 역사 속에서의 성철스님

● 전시회 개막식

의 일생의 의미를 되새기는 전시회를 개최하였다. 입구 넓은 홀에 성철스님의 대리석 설법상(지금은 산청군 단성면 겁외사의 성철스님기념관에 모셔져 있다.)을 흔들리는 왕대나무 밭을 영상으로 장식한 가운데 모셔 많은 분들에게 존경심을 가지게 한 좋은 작품으로 호평을 받았다. 전시회는 조계종 불교중앙박물관에서 3월 9일~6월 3일까지 열렸다.

5) 성철스님 수행도량 순례단 행사

2012년 3월 31일에는 성철스님의 '룸비니 동산(부처님이 태어나신 곳)' 인 산청군 단성면 묵곡리에 있는 겁외사에서, 조계종 중앙신도회 부설 불교인재원의 엄상호 이사장님과 백련불교문화재단이 함께하는

● 문경 대승사

● 구미 도리사

● 순례단 발대식 광경(2012. 3. 31. 겁외사)

● 산청 대원사

● 서산 간월암

● 대구 파계사

● 합천 해인사

성철스님이 머무셨던 수행처의 발자취를 찾아보는 24곳 순례 결성 법회를 가지게 되었다. 순례단 300여 명과 백련문도회 전국방생회원 800여 명이 모여 그 출발의 첫걸음을 산청 겁외사에서 힘차게 떼어 놓게 되었다.

이에 앞서 불교신문에 연재된 기획기사 '성철스님의 자취를 찾아서'는 이진두 불교신문 논설위원이 집필하였고, 조계종출판사에서

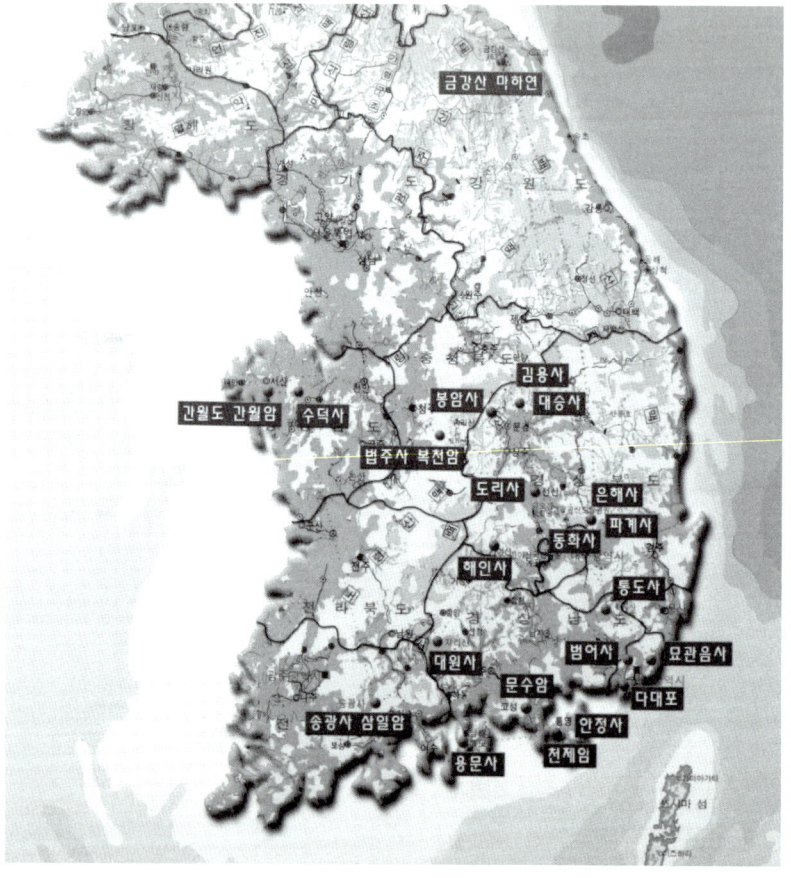

● 성철스님 수행도량 지도

『이 길의 끝에서 자유에 이르기를』이란 제목 하에 2013년 8월 5일 초판 발행되었다.

　순례단은 매월 성철스님께서 주석하셨던 곳을 찾아 순례의 길에 나섰다. 가본다 가본다 하면서 성철스님께서 주석하셨던 곳을 미처 가보지 못하고 이번 순례단에 참여하면서 가본 곳이 경북 구미 태조산 도리사, 충북 보은 속리산 복천암, 양산 영축산 백련암, 충남 서산 간월도 간월암 등이었다.

　그중에서도 특히 망망대해의 외딴 섬인 간월암에서 1941년 하안거, 동안거를 나셨다는 사실을 목격한 그 순례는 감격적이었다. 그리고 1년간 생식하는 수좌를 위해 만공 큰스님이 베푼 자비가 얼마나 두터웠을까를 상상하면서 무학대사와 만공스님의 진영 앞에서 무수배를 올렸다. 늘 2~300명의 순례단들이 모였는데, 참 묘하다고 생각했다. 성철스님이 머무시던 곳은 그때는 한결같이 첩첩산중이었다. 하지만 반세기가 지난 오늘에는 첩첩산중에도 신작로가 놓이고 주차장도 자리 잡고 있다. 대승사나 운부암 같은 곳에도 대형 관광버스가 7, 8대면 꽉 차 더 많은 사람들이 올 수도 없으니 순례에 모이는 그 숫자가 참 묘하다고 생각한 것이다.

　큰스님께서 금강산 마하연에서도 동안거, 하안거를 사셨는데 금강산 관광이 끊겨서 더이상 가볼 수가 없으니 2014년 8월 해인사 백련암에서 임시 순례회향법회를 올리는 것으로 행사를 마쳤다. 그리고 금강산 관광이 재개되면 순례단이 다시 모여 금강산 마하연을 참배하고 큰 회향법회를 가지자며 아쉬운 마음을 달랬다.

　순례에 참석해주신 모든 분들에게 뒤늦은 인사를 드린다.

5.
성철스님기념관 건립

　　20여 년 전 성철스님 사리탑을 건립하려고 중국 불교성지를 탐방하였다. 대동석굴, 용문석굴, 맥적산석굴, 공이석굴, 대족석굴, 라싸의 포탈라궁과 티벳사원들을 둘러보면서 말할 수 없는 감동을 느꼈다. 그 후 10여 년 전에는 인도의 아잔타석굴, 엘로라석굴, 산치대탑과 불교 8대 성지를 탐방하였다. 최근에 탐방한 돈황석굴에는 크고 작은 굴마다 천장이나 벽면에 천불의 모습이 다양한 크기와 모양으로 그려져 있었다.

　오랜 세월이 지났지만 오늘 나에게 감격스럽게 다가오는 천불의 모습에서 나는 '성철스님기념관' 건립의 영감을 얻었다.

　우리나라에도 김천 직지사의 천불전을 비롯하여 전국 곳곳에 천불전을 모신 사찰들이 많이 있다. 이러한 경험과 생각을 바탕으로 옛 석굴문화를 현대적으로 해석해서 성철스님기념관을 석굴형으로 건립하였으면 하였다.

　성철 대종사의 탄신 100주년이 되던 2012년 말쯤에 설계도를 완성하고 열반 20주년이 되는 2013년 5월에 석굴형 기념관을 착공하게 되었다.

● 성철스님기념관

　성철스님기념관 입구 벽면에 1000불의 미륵불, 기념관의 핵심공간인 제1굴에 1000불의 석가모니불, 제1굴의 바깥 좌우 반원공간들을 차지하는 오른쪽에 1000불의 약사여래불, 그 왼쪽에 1000불의 아미타불을 장엄하여 불국토를 완성함으로써 인도에서 서역으로, 서역에서 중국으로, 중국에서 한국으로 이어져온 불교문화의 원류를 오늘에 살려보고자 하였다. 이 모든 건축과 조각물 조성은 전남 장흥의 강대철 화백이 진행하기로 하였다.

　기념관의 외형은 2층으로 되어 있다. 아래층은 월아천의 형상을 모방하여 반월형 구조를 갖추었고, 2층은 전통한옥의 형태를 지녀야 한다는 산청군의 허가 조건에 따라 맞배지붕에 주포집 형식의 고

● 성철스님기념관 내 성철스님 설법상 앞에서 합장하는 필자

● 성철스님기념관 개관법회 모습

려시대 목조건물 양식으로 지어, 전체적으로 보면 외형은 전통적인 한옥의 양식을 따르고 있다. 그리고 '퇴옹전退翁殿'이란 편액을 부착하여 큰스님을 모신 전각임을 나타내고 있다.

　기념관의 전면 1층 중앙에는 '성철스님기념관'이라 한글로 표현하였고, 그 좌우에는 양쪽 끝에서 중앙으로 날아드는 비천상을 청자도

판으로 구워 배열하여, 이 공간이 항상 즐거운 곳이란 것을 상징적으로 표현하고 있다. 비천상을 받치고 있는 여덟 개의 기둥은 팔정도를 나타내어 불교의 기본 바탕을 받들고, 웅장하게 배열된 여덟 개의 기둥을 중심으로 왼쪽에는 스님의 출가송을, 오른쪽에는 오도송을 부조기법의 석조물로 조각해 설치하였다. 그 출가송과 오도송을 배경으로는 스님의 생전 여러 도반의 모습을 사진 그대로 오석판에 새겨 참배객들로 하여금 큰스님의 삶의 궤적을 한눈에 볼 수 있도록 하였다.

돌기둥 안쪽 중앙, 현관문 바로 위에 청동미륵불 좌상을 배치하였고, 현관문 좌우에 금강역사상을 배열하여 신성한 불법이 엄격하게 수호되고 있음을 나타내고 있다. 청동미륵불 좌우의 모든 벽면에는 1000불의 미륵부처님상을 유약 없이 황토색의 도자기로 구워 배치하고 있다.

미륵은 범어로 Maitreya라 하고, 이를 번역하면 자씨慈氏라 하는데 그것은 우정을 뜻한다. 여기서 말하는 우정이란 자기를 희생하고 남을 기쁘게 해줄 줄 아는 이기주의를 극복한 인격을 말한다.

● 성불문 입구. 성철스님 설법상이 보인다.

　미륵세계의 안으로 들어서면 성철스님의 친필인 '성불문成佛門'이라 이름붙인 문이 있고, 좌우측에 평소 스님께서 공부인과 참선인에게 일러주신 글을 새겨 넣었으며, 그 안쪽에 원형의 중심공간을 마주하게 된다. 바로 이 기념관의 핵심공간인 제1굴이다.

　정면의 불벽감실에는 과거·현재·미래의 삼세불을 모셨는데, 왼쪽에 과거세의 연등불, 중앙에 현재세의 석가모니불, 오른쪽에 미래세의 미륵불이다.

제1굴 중앙에는 과거·현재·미래의 삼세불을 배경으로 하고 전면에 비로자나불을 맞이하는 대리석으로 조성한 성철스님의 거룩한 설법상이 모셔져 있다. 해인사 대적광전에서 하안거·동안거 결제 때 보름마다 법문하시던 성스럽고 장엄하며 위엄 넘치는 모습을 섬세하게 표현하고자 하였다. 이 공간은 기념관에 표현된 모든 부처님상의 지혜와 자비공덕이 스님의 설법상을 통하여 체험할 수 있길 바라는 염원이 깃든 곳이다.

천정은 우주를 상징하는 돔의 형태로 하여 악기를 연주하는 비천상을 새겨 놓았는데, 이는 우리 중생으로 하여금 환희심을 일으켜 깨달음의 세계에 다가갈 수 있도록 한 것이다. 모든 부처님이 불법을 설하고 나면 하늘에서 꽃비가 내리고 천상에서 천상음악이 들려온다고 하는 종교체험의 세계를 표상한 것이다.

하얀 대리석으로 된 설법상을 바라보며 이 원형공간을 돌아보면 원형 벽 전체가 1,230분의 불상으로 가득 채워져 있음을 알게 된다. 이 작은 금동 불상들은 모두가 청자로 제작된 감실 속에 모셔졌는데, 이 불상들은 이미 불성을 가지고 있는 우리 중생 모두를 상징하고 있다. 이 중생 모두는 가운데 앉아 계신 성철스님의 설법상을 바라보고 있으니, 큰스님을 통하여 각자의 불성을 체험할 수 있도록 유도하고 있는 것이다.

설법상이 모셔져 있는 제1굴인 원형공간을 나와 오른쪽으로 돌아서면 원형 제1굴 바깥쪽 벽에 유약 없이 도자기로 구워진 황토색의 1000불의 약사여래불이 가득 모셔져 있다. 중생의 아픔을 치유하기 위한 부처님의 모습이다. 그리고 벽쪽 중앙에 커다란 보현보살상이

● 보현보살상　　　　● 약사여래불　　　　● 자성청정경

안치되어 있다. 이는 성철스님이 평소 강조하신 「보현행원품」의 사상을 실천케하려 함이다.

　원형 제1굴 왼쪽으로 돌아가면 원형 바깥쪽 벽에 역시 유약 없이 도자기로 구운 황토색의 1000불의 아미타여래상이 약사여래불상과 대칭을 이루며 모셔져 있는데 이는 약사여래불을 통해 치유된 중생들이 아미타여래불이 인도하는 극락세계로 향하도록 하려는 것이다. 무량수 무량광의 아미타여래불 가운데에 관세음보살상을 모셨다.

　실내에는 팔룡八龍이 모셔져 있고, 실외에 '자성청정경自性淸淨鏡'이라 이름한 거울을 들고 오른손에는 손으로 만져 돌릴 수 있는 여의주를 든 키 160cm의 청동비천용상이 모셔져서 모두 구룡九龍이 가람을 수호하고 있다.

　2층 퇴옹전退翁殿 공간은 80평이 넘는 공간으로 실내 법회장소로서 큰스님들의 법문과 선방공간, 강의공간으로 사용할 곳이다. 이미 많은 부처님과 보살상으로 장엄되어 있는 공간이 창조되었기에 이

● 성철스님기념관 2층 퇴옹전에서 참선정진 중인 대중들의 모습

　공간에는 퇴옹성철 큰스님과 은사이신 동산혜일 노스님, 노스님의 은사이신 용성진종 노스님 등 세 분의 진영을 모셔 '조사전祖師殿'이 라 이름 짓고 단을 모시게 되었다.
　성철스님기념관은 삼국시대의 불교전래에서 오늘에 이르기까지 축적되어온 선종, 화엄신앙, 법화신앙, 아미타신앙, 약사신앙 등을 중 도中道사상으로 회통하여 한국불교의 통불교적 사상의 의미를 담으 면서 성철스님의 거룩한 선수행의 법력을 예술적으로 장엄한 것이기 에 만고에 빛나는 석굴공간이고자 하였다. 배달민족의 전통문화인 유약 없는 황토색의 도자기법으로, 기념관의 전면 벽에는 미륵불, 천 불, 2굴의 오른쪽 벽에는 약사여래불 천불, 왼쪽 벽에는 아미타불 천 불로 삼천 부처님을 장엄하여 기념관의 모든 불상이 참배자들에게 무궁한 지혜와 자비심을 용출하도록 염원하고 있다.
　제1굴의 성철스님 설법상을 둘러싸고 있는 청자감실에 모신 작은 금동불의 천불 석가모니상은 세계에서 가장 뛰어난 고려 청자문화의 재현에 성공하여 우리 모두에게 감동을 주고 있다. 기념관의 정문을 나서면 저 멀리 아련하고 우뚝하게 다가오는 지리산의 주봉인 천왕봉이 성철대종사의 기념관과 마주하고 있다. 이 뜻하지 않은 인연으로 성스러운 지리적 의미를 내포함으로써 이 기념관을 성지화 하고 있는 듯하다.

그러므로 거룩한 삼세의 불보살님들께서 주석하시는 성철스님기념관을 참배하는 이들은 누구나 모든 죄업을 참회하고 평화와 성스러움의 열반의 세계로 나아가, 갈애와 집착, 슬픔과 고통으로부터 벗어나 영원한 생명과 행복과 자유를 얻기를 기도드린다. 우리 모두 부처님이 깨치신 영원한 행복의 길을 걸어가신 성철 큰스님의 공덕을 기리고, 모두가 이 선불장에서 깨달음의 정상에 우뚝 서길 서원한다.

2층에 세 분 조사님을 모시고서 다시 한 번 발원 해본다.
"겁외사 선불장에서 모든 불자들이 지혜와 자비를 증장하고 부처님의 혜명을 이어가는 기라성 같은 수많은 스님들이 출세하기를 발원합니다."

성철스님기념관을 설계해주신 동이설계회사의 손기찬 교수님, 건설 시공을 맡아준 (주)영진건설의 하태준 사장님, 그리고 이효신 거사와 신명자 보살 내외의 20여 년 동안 성철스님 불사에 예술적 관심을 아끼지 않은 신심에 감사한다. 또한 모든 신심과 노력을 아끼지 않은 원암 겁외사 주지스님의 원력과 노고가 뼛속 깊이 고맙다. 기념관의 모든 조각물을 맡아 갖은 어려움을 이겨내고 한국 전통의 미를 고스란히 살려낸 강대철 조각가에게 감사의 마음을 가눌 길 없다.

6.
「성철스님 이야기」 음반 출판

　　　　　　1993년 11월 4일 성철 큰스님께서 열반에 드신 이후 2001년 3월에 큰스님의 고향 생가 터에 생가 복원과 겁외사를 창건하였다. 2012년 3월 11일 성철스님 탄신 100주년을 맞이하여 우리시대의 새로운 불교적 공간을 창조해 보고자 하는 생각으로 그 해 12월에 '성철스님기념관' 건립을 위한 설계도를 완성하고 2013년 5월에 석굴형 기념관을 착공하게 되었다. 기념관을 지어가는 동안에 성철 기념관이 완공되면 다른 찬불가를 부르고 연주하는 것이 아니라, 성철스님의 법향을 느낄 수 있는 음악이 있어야 하지 않느냐는 생각을 하게 되었다. 마침 그동안 윤소희 작곡가가 관심을 가져 주어 음반 작곡과 제작을 부탁하게 되었다.

　큰스님의 출가송, 오도송, 열반송을 비롯하여 초파일 법어와 신년 법어를 더러 가사로 채용하여 랩 법문과 감상곡 등 여러 장르에 걸친 다양한 곡을 2장의 CD 음반에 담아 2014년 8월에 '성철이야기'라는 제목으로 2장을 제작해 국내외의 문화계에 배부하니 많은 호평을 받았다.

1 _ 「퇴옹회상」은 작곡 윤소희, 연주 국립국악원정악단으로 본곡에서는 인도로부터 중국을 거쳐 선풍을 이어받은 성철스님의 법맥을 상징하여 성철스님의 법호인 '퇴옹'을 붙여 '퇴옹회상'이라 하여 4장으로 구성하였다.

2 _ 「출가송」은 조원행 작곡, 조주선 창으로 하늘소리예술단이 반주하였다.

3 _ 「성철스님과 나」는 작곡 조광재, 노래 조주선, 반주 국립국악정악단으로 본 곡은 성철스님을 시봉하는 일상의 에피소드를 떠올리며 작곡하였다.

4 _ 「오도송」은 작곡 조광재, 노래 조주선, 반주 국립국악정악단이 하였다.

5 _ 「당신의 생일입니다」는 1986년 초파일법어를 작곡 이종만, 랩 디갈로, 합창 김주님·정혜심·황경임이 함께하여 경쾌한 흐름으로 많은 칭송을 받았다.

6 _ 「참법문」이란 곡은 성철스님의 육성법문을 5분 정도 육성 그대로 녹음한 것이다.

7 _ 「백일법문」은 작곡 윤소희, 소프라노 정율스님, 합창 L.M.B싱어즈가 동참하였다.

8 _ 「돈오가풍」은 작곡 조광재, 연주 국립국악정악단이 하였고, '오도송'의 주제를 활용한 감상곡으로 한국 전통악기와 현대적 감성을 표출한 전자음향의 조화로써 오도송이 지닌 긴장감과 환희심을 표현하고 있다.

9 _ 「자기를 바로 봅시다」는 1982년 초파일법어를 중심으로 편사

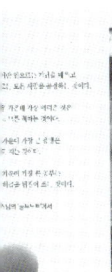

● 「성철스님 이야기」 음반 CD

작곡 윤소희, 노래 김무한, 합창 꼬마풍경(강소리·유수민·이시윤)이 동참하였다.

10 _ 「그 날」은 작곡 윤소희, 연주 국립국악정악단, 판소리 조주선 합창 L.M.B싱어즈들이 함께 하였다. 악곡은 열반송을 노래한 범패선율을 주제로 하여 다비장의 정경을 묘사하기 위하여 범패 선율 사이로 세간의 번다한 흥겨움과 황망한 슬픔이 교차하고 있다.

11 _ 「퇴옹전」에서는 작사 작곡 윤소희, 노래 유현주, 신디 박부자이다. 한국불교신행을 배경으로 하여 흰 대리석으로 성철스님의 설법상을 모신 성철스님기념관은 생활 속에서 부처님을 섬기며 보살행을 행할 것을 강조하셨던 성철스님의 가르침을 표현하고 있다. 본 곡은 성철스님을 그리는 마음과 그 가르침을 새기는 노래이다. 1, 2, 3으로 이루어져 있다.

12 _ 「산은 산 물은 물」은 법문은 성철대종사, 작사 작곡 윤소희,

노래 유현주, 염불 L.M.B싱어즈가 참여하고 대금 솔로 한충은, 대금 여승헌, 피리 김현진, 해금 변승주, 아쟁 윤세림, 가야금 이유림, 타악 한덕규, 신디 박부자 님 등이 애써주셨다.

이상에서 소개한 바와 같이 한국 전통음악에서부터 판소리와 소프라노, 랩에 이르기까지 다양한 수용층을 배려하였다. 그러나 이 음반은 2장으로 엮다보니 좀 더 많은 분에게 쉽게 다가가기가 어려웠다. 따라서 올해에는 그간 많은 대중에게 인기가 있었던 곡을 뽑아서 성철이야기 선곡집이라 하여 한 장의 CD에 담아 출반하게 되었다.

「퇴옹회상」을 비롯하여 「출가송」·「오도송」, 랩으로 노래하는 「당신의 생일입니다」, 기타 반주에 의한 「자기를 바로 봅시다」, 성철스님 육성법문에 이어 소프라노 정율스님이 부르는 「백일법문」, 성철스님을 가까이 느낄 수 있는 「성철스님과 나」·「돈오가풍」, 열반과 다비식을 회상하는 「그 날」, 성철스님의 가르침을 회상하는 「퇴옹전」에서, 「산은 산 물은 물」 등이 빼곡이 담겨 있다.

신나라(Synnara) 음반회사에서 기획·편집하여 CD 1, 2(2014년)와 CD 한 장(2015년)을 출간하였다.

7.
『명추회요』 발간과 봉정법회

성철 큰스님 생전에 스님의 뜻을 받들어 출범한 백련선서간행회의 첫 번째 일은 선어록禪語錄을 한글로 번역하여 출판하는 〈선림고경총서〉의 발행이었다. 그러나 〈선림고경총서〉 번역의 길은 산 넘어 산이었다. 천목중봉天目中峰 스님의 『산방야화山房夜話』를 시작으로 한 권 한 권의 책이 출간될 때마다 오역이나 오자, 탈자가 없는가 해서 등줄기에 땀이 마르지 않았다. 어렵고 힘들었던 긴 세월의 터널을 지나오는 데는 약 10여 년의 세월이 걸렸다.

〈선림고경총서〉 완간의 대미를 장식한 『벽암록碧巖錄』 상·중·하의 마지막 초고草稿를 건네받은 1993년 7월의 어느 날이었다.

"큰스님께서 선정해주신 〈선림고경총서〉의 번역이 마무리되어 가고 있습니다. 이번 어록 번역을 1집으로 한다면 2집은 어떤 어록들로 준비하면 되겠습니까?"

"이번 책들 번역한다고 그렇게 분주를 떨었는데 더 하기는 뭘 더 해! 고만해라."

"그러시면 다른 것은 몰라도 큰스님께서 『선문정로禪門正路』 제1장 견성즉불見性卽佛에서 영명연수永明延壽 선사의 『종경록宗鏡錄』에 대하여 『종경록』 100권은 종문宗門의 지침으로 용수龍樹 이래의 최대 저술로서 찬양된다. 회당조심晦堂祖心 스님은 항상 『종경록』을 애중愛重하여, 연로해서도 오히려 손에서 놓지 않고 말하기를, '〈내가 이 책을 늦게 봄을 한恨한다〉라 하고, 그 중에 요처要處를 촬약撮約하여 3권을 만들어 명추회요冥樞會要라고 이름하니, 세상에서 널리 유전한다'라고 말씀하고 계십니다. 그런데 『종경록』 100권은 너무 방대해서 번역

● 『명추회요』 봉정법회에 참석한 문도 스님들과 대중이 자리를 함께 한 모습

하기가 어렵고, 후학들을 위해 『명추회요』 판본을 구해 다음번 어록 번역 불사佛事로 정했으면 합니다. 아울러 『오등회원五燈會元』도 번역했으면 하는데, 큰스님께서 지남指南해주셨으면 합니다."

"영명연수 선사는 법안종 3세로 존숭받는 스님이고, 『종경록』은 어려운 책이다. 그러니 『명추회요』라도 번역해서 세상에 유포하면 후학들에게 큰 도움이 되겠지. 그러나 제대로 번역이 될지 모르겠다. 그리고 『오등회원』은 남송南宋 시대의 사대부들 서가에 꼭 꽂혀 있던 전등서傳燈書인데, 힘들여 번역한다 해도 우리 시대에 얼마나 도움이 되겠느냐."

뜻밖에도 큰스님께서는 "쓸데없다, 하지 마라."고 꾸짖지 않으시고 번역을 잘할 수 있을까를 걱정하고 계셨다. 나로서는 내심 '큰스님께서 허락을 하셨구나'라고 생각했다. 그래서 큰스님께 "〈선림고경총서〉 2집으로 『명추회요』와 『오등회원』을 준비하겠습니다."라고 말씀드렸다.

그런데 『명추회요』는 번역하기가 매우 어려운 책으로 학계에 정평이 나 있는 책이었다. 『명추회요』의 저본底本인 『종경록』 100권은 영명연수 선사가 화엄華嚴·유식唯識·천태天台의 교학을 밝히고, 스님 자신이 심종心宗의 거울이 되어 선종의 입

6장 _ 시봉이야기 그 후 483

장에서 공평하게 평가하고, 대승경론 60부와 인도와 중국 스님 300여 명의 말씀을 모아 유심唯心의 종지를 증명한 백과사전적인 책이다. 여기서 요추要樞가 되는 것을 회당조심 스님이 3권으로 발췌하여 간행한 것이 바로 『명추회요』이다. 인용문 가운데 또 인용문이 있어서 문장 정리가 까다롭고, 인용문에 증거된 서적들이 멸실되거나 이름만 전하는 것도 있어서 대조할 길이 없기 때문이기도 하였다.

그렇게 하여 지금으로부터 3년 전에 출간 계획을 잡고 편집을 마무리하고 있던 중에 뜻밖의 사실을 알게 되었다. 몇 년 전 중국의 종교문화출판사宗敎文化出版社에서 『영명연수선사전서永明延壽禪師全書』 상·중·하 3권을 출판하였는데, 그동안 번역하는 데 어려움이 되었던 인용문과 인용문 속의 인용 문장이 표점과 더불어 잘 정리되어 있던 것이다. 그래서 나는 "만약 그 전집을 참고하여 지금 윤문해 놓은 원고를 다시 검토한다면 더 완성도 높은 번역을 할 수 있는 기회가 되겠다." 싶은 생각이 들었다.

때마침 무슨 인연인지, 한국고전번역원 출신으로 역경을 소임으로 삼고 불전 연찬研鑽과 학업에 전념하고 있는 대진스님과 선암스님을 만나게 되었다. 두 분 스님은 큰스님과 나의 뜻을 이해하고 선뜻 윤문을 맡아주었다. 그리하여 『명추회요』 전반에 걸친 검토(윤문, 교열, 인용문 전거 찾기, 각주 정리 등)를 하고, 아울러 우리에게 맞는 표점 작업도 다시 했다. 두 분 스님이 잠자는 시간까지 아껴가며 원고를 검토한 결과, 윤문을 맡긴 지 1년여 만에 원고가 마무리되었다.

네덜란드 출신의 중국학자인 에릭 쥐르허가 쓴 중국의 초기 불교사에 대한 고전적 연구서인 『불교의 중국정복』이란 책에는 인도 불교가 이질적인 중국 문화에 젖어 그렇게 꽃을 피울 수 있었던 것은 바로 500여 년 동안 지속되어온 역경의 성공이라고 평가하고 있다. 우리나라에서 아직도 팔만대장경 역경 불사가 대중 속으로 파고들지 못하고 있는 것은 역경의 완벽한 한글화가 이루어지지 못했기 때문이라고 해도 과언이 아니다. 그러므로 역경 불사는 역경가와 시간과 재정적 지원이 필요한 사업이어서 어느 한 곳의 암자나 개인이 할 수 있는 일이 아니다. 조계종 종단이나 동국대학교에서 체계적으로 이루어 가야 할 사업임을 다시 한 번 뼈저리게 느낀다.

문도 스님들의 사찰로 『명추회요』를 배포했더니 사제인 원당스님에게서 전화가 왔다.

"『명추회요』를 받고 보니 사형께서 정말 고생을 하셨구나 하는 생각이 들고, 지금처럼 무심히 지날 수는 없다는 생각이 들었습니다. 문도 스님들과 의논하여 고심정사에서 『명추회요』 봉정법회 자리를 마련하였으면 합니다."

이렇게 뜻밖의 전화를 받고 적잖이 놀랐다. 30년 가까이 지났지만 누가 한번도 책 출판에 대해 관심을 준 적이 없기 때문에 새삼스럽기도 하고, 지금은 결제 중이기도 해서 사양 아닌 사양의 뜻을 간곡하게 전했으나, 사제 스님들의 뜻이 워낙 간곡하여 작년 7월 21일, 부산 고심정사에서 사시예불을 마치고 『명추회요』 봉정식을 갖게 되었다.

『명추회요』 뿐만 아니라 지난 30여 년간 큰스님께서 직접 저술하신 법어집 11권과 〈선림고경총서〉 37권을 합하여 80여 종의 출판물을 불단에 정리해 놓고 봉정식을 올린 것이다. 문도 스님을 대표하여 축사를 한 창원 정인사 원행스님의 축사 중 한 대목을 옮겨본다.

● 폴라로이드 카메라를 만져 보시는 성철스님. 과학문명과 물질문화에 대한 관심도 많으셨다.

"2001년에는 『성철스님 시봉이야기』를 원택스님이 출간하였는데, 〈중앙일보〉 연재를 시작으로 그간 궁금하였던 큰스님의 일상사와 백련암의 생활을, 특히 시봉을 하면서 실수연발의 경황이 없는 이야기를 진솔하게 풀어감으로써 불자들뿐만 아니라 관심 있는 일반 독자들에게까지 스님들의 인간적인 면모를 지면을 통해 엿볼 수 있는 계기를 만들었습니다. 그리고 그간 막연히 알고 있었던 불교보다는 우호적이고 친근감을 더하는 신뢰감을 심어주는 큰 역할을 하지 않았나 생각됩니다. 이러한 공덕으로 큰스님의 가르침과 사상이 널리 퍼지고 법계 모든 중생들이 함께 성불하여지기를 바랍니다."

봉정식을 올리는 동안 지난날들이 주마등처럼 스쳐지나가는 가운데 법정 어른 스님과 목정배 교수님의 모습이 떠오르며 두 분께 정말 감사한 마음이 들었다.

법정 어른 스님께서 큰스님의 『선문정로』와 『본지풍광』의 윤문을 흔쾌히 허락해주셔서 원고만 있으면 책이 어떻게 출판되는가를 무언 중 일깨워주셨기에 내가 출판 분야에 눈을 뜨게 되어서 그 고마움을 잊을 수가 없다. 목정배 교수님은 "큰스님의 사상 연구를 해서 논문도 발표하게 하고, 책도 많이 출간하는 것이 큰스님을 진정으로 위하는 일이지, 사리탑을 잘 세우는 것이 중요한 게 아니라요. 그것은 돌덩어리일 뿐이란 말입니다. 도서관 서가에 큰스님의 연구 논문과 저서가 꽉 차게 하는 것이 큰스님을 진정으로 위하는 길입니다."고 "할喝"하듯 말씀하시던 음성이 지금도 귓전에 맴돌고 있다.

봉정식을 축하해주시는 모든 분들에게 고맙고 감사한 마음을 두고 두고 잊지 않을 것이다.

용성 대종사 행장

　이 자리를 빌려 저의 노노老老 큰스님이신 용성진종(龍城震鍾, 1864~1940) 대종사님의 행장行狀을 정리해보고자 한다.
　조사祖師의 이름은 진종震鍾, 호는 용성龍城, 성은 백白, 본은 수원, 속명은 상규相奎니, 전라도 하반암면 죽점리 백남현의 장자요, 어머니는 밀양 손씨였다. 손부인이 하루는 점잖은 스님이 가사를 수하고 방에 들어오는 꿈을 꾸고 서기 1864년 갑자 5월 8일에 종사가 탄생했다. 14세에 남원 교룡산성 덕밀암에 도망쳐 스님이 되려 하였으나 부모에게 끌려 돌아왔고, 16세 되던 해(1879)에 해인사 극락전에 가서 화월華月스님의 상좌가 되어 상허相虛율사에게 사미계를 받았다. 그해에 의성군 고운사의 수월스님을 찾아가 "생사가 큰일이요, 세월이 빠르니 어찌하면 견성하오리까?" 하니 수월스님은 "시대가 말법이어서 법은 멀고 근기가 둔하여 빨리 들어가기 어려우니, 먼저 천수다라니를 많이 외워 업장이 소멸되면 마음이 열리리라." 하시므로, 그때부터 천수주력에 진력하였다. 27세에 통도사에서 선곡禪谷율사에게 구족계와 보살계를 받으니 칠불암 대은율사의 계맥을 계승하였다. 그 후부터 여러 곳을 다니며 일대시교를 열람하였고, 무자화두의 뜻을 분명하게 알아서 1886년 9월 낙동강을 건너 금오산을 지나다 오도송을 읊었다.

금오천추월金烏千秋月 낙동만리파洛東萬里波
어주하처거漁舟何處去 의구숙로화依舊宿蘆花
금오산에 비치는 달 천고에 밝았는데
낙동강 흐르는 물 만리에 굽이친다.
고기 잡는 거룻배는 어디로 갔는가?
옛과 같이 여전히 갈대 꽃 속에 묵고 있네

44세(1907)에 청국 북경에 가서 반년동안 그곳 불교를 살펴보았다.

56세, 1919년 3월 1일 한용운 스님과 함께 불교대표로 민족대표 33인으로 참여해 독립선언서에 4번째로 서명했으며, 이로 인해 서대문형무소에서 1921년 봄까지 3년의 옥고를 치르고 출소하게 되었다.

61세, 1923년에 경을 읽다가 왼쪽 어금니 사이에서 자색 사리 한 개가 나왔는데 모양이 정골과 같았다.

용성 조사께서는 대각사에서 윤봉길 의사에게 삼귀의三歸依와 오계五戒를 주셨고, 상해 임시정부에 가서 항일 독립운동을 할 것을 권유하였으며, 윤 의사가 뜻을 받아 항일운동에 나섬으로써 상해 홍커우공원 거사를 통해 대한독립의 의지를 세계만방에 알리게 되었다.

용성 조사 입적 후 대각사를 찾은 백범 김구 선생은 "용성 큰스님께서는 독립운동 자금을 보내주시어 나라의 광복을 맞이하는 데 크게 이바지하셨다. 뿐만 아니라 매헌 윤봉길 의사를 보내주시어 만대의 순국의 사표가 되도록 하여 주셨습니다."라고 손수건으로 눈물을 닦으면서 조사 영전에 감사함을 표했다고 한다.

용성 조사께서는 만주에 선농당, 함양 백운산에 화과원花果院을 조성, 독립자금을 지원하였다. 조사께서는 옥고를 치르고 나온 이후 연길 명원진과 봉영촌에 대각사 선농당禪農堂을 설립하고 700ha의 농장을 마련, 일제의 압박을 피해 유랑하는 동포들에게 생활의 터전을 마련해주고 이들에게 민족의식을 일깨워 주셨다. 경남 함양군 백전면 백운리 백운산에 임야 30ha와 많은 전답을 구입하여 화과원을 만들었다. 이렇게 만들어진 자금과 전국 불교계에서 모은 자금을 만주 북간도, 연변 용정 대각사에 운반하여 일부는 대한민국 임시정부에 전달하고 일부는 만주에 있는 독립운동가에게 전달, 항일 독립운동에 활기를 불어넣는 원동력이 되었다.

대각교 운동은 용성 조사께서 일생동안 심혈을 기울인 불교운동으로 1921년 4월 서대문형무소를 출소하시고 난 후 대각교를 창립하였다. 대각교는 용성 조사에 의하여 20세기 초반 역사적 전환기를 맞아 불타조사원류에 입각한 개혁을 표방하고 출발한 불교의 대중화·생활화·지성화 운동이라고 말할 수 있다. 대각교 창립의 또 하나 중요한 이유는 불교의식에 판소리, 민요, 민속무용 등의 민중문화를 접목시켜 민중이 불교의 주체가 되게 함으로써 독립운동·불교개혁운동·민중운동을 실현하려는 데 있었다.

대각교 운동은 사회개혁과 민족정기 승화에 연결되어 한국 사회에 역사적 전환을 가져오는 데 크게 기여하게 되었다. 그러나 1934년 일제는 대각교 재산을 몰수, 신탁하여 대각교 활동을 억제하기 시작하고, 1938년에는 18년 동안 활기차게 활동을 펼친 대각교를 강제 해산시켰다. 그러나 용성 조사는 이러한 탄압에 굴하지 않고 대각교당을 '조선불교선종총림'으로 개명하여 활동을 지속했다.

서대문형무소에 수감 중에도 용성 조사께서는 어떤 방법으로 불교의 대중화를 실현하여 그를 통해 어떻게 중생구제와 민족독립의

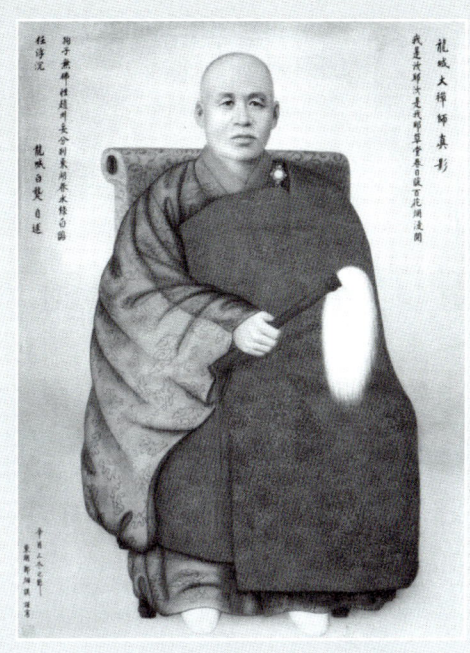
● 용성 대종사 진영

힘을 마련할까 고심해 오다가 1921년 봄 58세 되던 해에 출옥하자마자 '삼장역회三藏譯會'를 조직하고 한문으로 되어 있는 불교경전의 한글화에 착수하였다. 난해한 경전에 갇혀 있던 당시의 불교계를 생각할 때 그것은 가히 충격적인 사건이라 하겠다. 한문 경전에 단순히 토만 다는 것이 아니라 그 의미까지도 상세히 설명해 두었다. 산간에서 거리로, 불교 스스로가 대중에게 다가가야 한다는 신념을 갖고 한문으로 된 불경을 쉬운 한글로 번역하여 많은 사람들이 불교 진리에 쉽게 접근하고 나아가 그 속에서 민족의 우수성과 호국 불교의 전통을 일깨워 민족의 자주 독립 역량을 키워 나가셨다. 용성 조사는 『화엄경』, 『금강경』, 『능엄경』 등 어렵기만 했던 불경 20여 종을 번역하고 박한영 스님과 함께 불교잡지 〈불일佛日〉을 간행하였고, 마음을 닦는 수행의 기본서인 『수심론』을 비롯해 20여 종의 어록을 저술하였다.

1927년 64세에는 〈대각교의식집〉을 발간하면서 우리나라 최초의 서양식 찬불가인 '왕생가', '권세가' 등 국악조의 창작 찬불가를 작사 작곡하시기도 하였다. 용성 조사에 의해 창작된 찬불가는 한국 불교 음악의 새로운 장을 여는 계기가 되었다. 또한 노구에도 불구하고 대각사에 '대각일요학교'를 개설하여 청소년 교화에 힘쓰면서 오르간을 손수 치시기도 하고 한문으로 된 불교의식을 한글화하여 불공과 제사를 지내기도 하였다. 용성 조사는 찬불가의 창시자일 뿐만 아니라 국악조의 창작국악으로 된 창작 찬불가를 남기는 등 불교의 현대화에 크게 이바지 하였다.

일제는 우리 고유의 전통문화를 말살하고 우리나라 불교의 전통과 사상을 일본식 불교로 만들기 위해 승려들에게 결혼을 하게 하고, 고기를 먹고 술 마시기를 암암리에 조장하는 정책을 펼쳤다. 이에 맞서 1925년 용성 조사는 '만일참선결사회'를 결성하여 한국 불교의 왜색화와 타락에 대응하고 순수한 조선 불교의 전통을 이어가기 위해 노력하였으며, 1926년 5월에는 '범계생활금지犯戒生活禁止', 계를 깨는 생활을 금지하는 제1차 건백서建白書를 127명 비구 명의로 조선총독부에 제출하였다. 그해 9월에 다시 '지계건백서'를 제출하여 조선총독부의 불교 정책을 신랄하게 비판하면서 불교계의 정화 운동을 전개함으로써 전통불교의 맥을 잇기 위해 노력했다.

용성 조사께서는 1940년 이른 봄에 가벼운 병이 들면서 문도들에게 "내가 떠나거든 상복도 입지 말고, 곡도 하지 말고, 무상대열반, 원명상적조無上大涅槃 圓明常寂照만 염송하라."고 유촉하고 2월 24일 임종시에 묻기를, "이러한 때를 당하여 어디로 가십니까?" 하니 다음과 같은 열반송을 남기셨다.

제행지무상諸行之無常 만법지구적萬法之俱寂
포화천리출匏花穿籬出 한와마전상閑臥麻田上
모든 행이 항상함이 없고
만법이 모두 다 고요하도다.
호박꽃이 울타리를 뚫고 나가니
삼밭위에 한가로이 피었도다.

세납 77세로 원적에 드셨으니 법랍 62세였다.

최근에는 용성-동헌-도광·도문 원로 큰스님으로 이어지는 화엄사 문중에서 용성 조사의 생가 터 가까운 곳에 죽림정사를 개창하여 조사의 큰 뜻을 잇기 위해 수많은 노력을 하고 있다. 불심도문 큰스님께서 사단법인 독립운동가 백용성 조사 기념사업회, 백용성 조사 유훈실현 후원회 등을 조직하여 용성 조사님의 유훈 사업을 활발히 펼치시고 계심에 늘 감사하고 고맙게 생각하고 있다. 이런 감사한 마음 한편으로 도문 원로 큰스님의 노력에 충분히 동참하지 못함에 죄송한 마음 끝이 없다.

龍城祖翁

龍兮龍兮　造化莫測　吞吐乾坤　出沒自在
孔聖歎仰　誰敢復言　大吼寶塔　萬邦震動
詳譯金言　千古輝煌　鳳翼高坐　花雨滿天
梵魚深藏　佛祖難窺　忽來忽去　夜半太陽
或住或行　蒼海明珠　一擧一投　少林虎嘯
一嚬一笑　曹溪獅躍

咦　與此老有甚怨

柱杖從橫天地黑　億萬丈夫眼炯炯

不肖孫　性徹　拜讚

용성 노스님

용이여, 용이여, 조화를 측량할 수 없도다.
하늘과 땅을 삼키고 토하며 나오고 사라짐이 자재하도다.
공자 성인이 감탄하여 칭찬하니 누가 감히 다시 말하리오.
보배탑에서 크게 소리치니 만방이 진동하고
부처님 말씀 자세히 번역하니 천고에 빛나네.
봉익동에 높이 앉으니 꽃비가 하늘에 가득하고
범어사에 깊이 감추니 부처와 조사도 엿보기 어렵도다.
문득 왔다 문득 감이여, 한밤중의 태양이요
혹 머물고 혹 움직이니, 창해의 밝은 구슬이로다.
한 번 들고 한 번 던짐이여 소림에 범이 휘파람 불고
한 번 찡그리고 한 번 웃음이여 조계에 사자가 뛰도다.
어허! 이 늙은이와 무슨 원한이 있는고.
주장자를 종횡으로 내두르니 하늘과 땅이 캄캄하고
억만의 장부들 눈빛이 빛나고 빛나네.

불초손 성철 배찬

동산 대종사 행장

　　동산혜일(東山慧日, 1890~1965) 대종사님은 1890년 2월 25일 충청북도 단양군 단양읍 상방리 244번지에서 태어나셨다. 대종사님은 7세 때 단양의 서당에 들어가 사서삼경과 기타의 사서史書 등을 7년 동안 이수하고 15세 때 재교육기관인 향리의 익명보통학교益明普通學校에 입학하였다. 그 당시에는 신학문을 공부하려면 국가에서 제정한 단발령에 의하여 머리를 깎고 학교에 다녀야 했다. 대대로 유교의 전통에 의하여 머리를 길러 상투를 올렸던 것을 하루아침에 자른다는 것은 여간 어려운 일이 아니었다. 특히 보수적인 성향이 강한 충청도의 양반 고장에서는 더욱 난감한 일이 아닐 수 없었다. 그러나 큰스님은 시대의 변화 추세를 감지하고 신학문을 꼭 배워야 한다는 결심 아래 완고하신 부모님들을 설득하여 머리를 깎고 학교에 들어갔다. 그때 익명보통학교에서 큰스님의 담임교사는 한글 학자로 큰 업적을 남기신 주시경周時經 선생님이었다.

　　신구학문에 두루 밝으신 큰 스승 밑에서 큰스님의 공부는 일취월장日就月將, 학문이 날마다 발전해 가던 중 19세에 보통학교를 졸업하고 주시경 선생님의 권유로 경성 유학길에 올라 중동중학교에 입학하였다. 큰스님의 경성 유학 생활에는 친고모부이며 민족대표 33인의 한 분이신 위창葦滄 오세창(吳世昌, 1864~1953) 선생님의 도움이 컸다.

1910년 21세 되던 해 8월 29일은 우리 민족의 씻을 수 없는 치욕의 날인 한일합방 조약이 공포되던 날이다. 나라 이곳저곳에서 김석진, 황현 같은 뜻있는 분들이 자결하는 사태가 벌어지고 국민 전체가 나라 잃은 비탄에 빠져서 어찌할 바를 몰랐다.

이런 상황에서 큰스님께서는 나라를 다시 찾고 국가와 민족을 일으켜 세우는 길은 개개인이 나아가서 학문을 닦고 실력을 키우는 길밖에 없다고 결심했다. 이 판단은 주시경 선생의 뜻과 일치되어 진학의 길로 나아가게 되었다. 경성의 중동중학교를 졸업하고 보다 전문적인 학문의 연마를 위해 경성제대 의학전문학교에 진학하여 의학을 전공하기 시작했다. 그 많은 학문의 분야 중에서 의학에 관심이 있었던 것은 사람들의 병마의 고통을 건져주기 위한 따뜻한 천성의 자비심의 발로였다. 경성에서 의학을 공부하는 동안 고모부인 위창 선생의 권유로 용성선사를 자주 친견하게 되었다. 스승이신 용성 조사와의 인연은 이렇게 위창 선생의 안내로 자연스럽게 이루어졌다. 위창 선생과 용성선사는 갑자생(1864) 동갑이며 용성선사가 대각교당에 주석한 이래 자주 만나서 국사를 걱정하며 동지의 정을 두터이 해온 사이였다. 스님이 의과생으로 용성스님을 처음 뵈었을 때, 용성스님은 의학을 공부하는 청년(동산 스님)에게 이렇게 물었다. "인간의 몸이 얻은 병은 의술로 어느 정도 치료하겠지만 마음의 병은 무엇으로 다스릴 수 있는가?"

이 말씀에 충격과 감동을 받은 스님은 불교에 대하여 관심을 갖기 시작하였다. 그리고 더욱 용성선사의 고매하신 인격에 마음이 끌리게 되었다. 그로부터 스님은 의학전문학교를 졸업하기까지 불교에 대한 연구를 끊임없이 이어나갔다. 학교를 마친 뒤에는 마음의 병을 다스리는 불교의 길로 나아가리라는 결심을 굳히게 된다. 1911년 22세 때 용성선사께서는 서울 봉익동 1번지에 대각사大覺寺를 창건하셨다. 역시 민족운동의 하나로 만약의 경우 일제가 민족불교를 말살하고 자기들의 왜색불교를 이 땅에 심고자 획책할 때를 대비하신 것이다. 용성선사의 대각사 건립은 위와 같은 일제의 식민통치 손아귀에서 벗어나 우리의 고유한 전통불교를 지켜보려는 노력의 일환이었다.

1912년 23세에 경성제대 의학전문학교를 졸업하고 그해 10월, 용성 큰스님의 지시로 부산 금정산 범어사로 출가하게 되었다.

용성 큰스님을 은사로, 성월惺月스님을 계사로 하여 혜일慧日이라는 법명으로 마침내 비구가 되었다. 용성 큰스님께서 법명을 직접 지어 주셨고, 훗날 한국 불교의 큰 대들보가 되셨다.

마침 여름안거가 시작되어 범어사 강원에서 『능엄경』을 수학하게 되었다. 한편 용성 큰스님께서는 장성 백양사 운문선원의 조실로 계셨다. 그래서 스님은 스승의 가르침을 친히 받고자 하는 마음으로 운문선원으로 거처를 옮기게 된다. 운문선원에 온 스님은 10월 보름 결재일부터 용성선사에게서 『전등록』, 『염송』, 『범망경』, 『사분율』을 수학하였다. 일찍이 사서삼경 등 한학과 현대학문을 이수하였고, 『능엄경』까지 익혔으니 짧은 기간에 많은 공부를 할 수 있었다.

1924년 25세 초, 스님께서는 발심 출가하여 출세간의 깊은 뜻을 밝히려면 수많은 선지식들을 참방하여 견문을 넓히는 것이 옳은 일이라 여겨 당시 큰 선지식으로 존경받는 한암漢巖선사를 찾아 평안 남도 맹산군 우두암으로 갔다. 거기서 다시 『능엄경』, 『기신론』, 『금강경』, 『원각경』을 수학하였다. 다음 해인 1915년 26세까지 2년여에 걸쳐 사교과 전체를 공부하였는데, 스님은 이때 특히 『원각경』을 잘 배워서 감명이 깊었으며 깨달은 바가 많았다고 몇 차례 말씀하셨다. 한암스님에게서 사교四敎와 선禪에 대해 많은 것을 배운 뒤 다시 남쪽으로 내려와서 출가 본사인 범어사로 돌아오니 마침 영명永明 대강백이 대교과인 『화엄경』을 강의하고 계셔서 대교과를 철저히 공부하여 1917년 28세에 대교과를 수료하였다.

대교과를 졸업한 후 범어사 선원에 올라가서 선정을 닦는 일에 매진하였다. 스님은 일찍이 용성 큰스님으로부터 선정을 익히는 일이 불교수행에서 무엇보다도 중요함을 배웠다. 경학 공부를 다 마쳤으니 이제는 참선 공부에 전심전력을 다해서 용맹정진에 들어갔던 것이다. 그러나 1919년(기미년) 3월 1일 민족대표 33인이 태화관에서 독립선언서를 낭독하고 서울 탑골공원을 시작으로 독립요구 시위가 전국적으로 파급되어 6개월이나 이어졌다. 33인이 모두 재판을 받아 실형이 선고되었는데 용성 큰스님은 3년형을 받고 만해 한용운 스님과 같이 서대문형무소에 수감되었다. 그때 스님은 봉익동 대각사와 도봉산 망월사 등에서 정진하면서 은사스님의 옥바라지에 갖은 정성을 기울였다. 스님은 만해스님의 상좌인 춘성스님과 함께 무상함과 분개함에 밤잠을 잊고 용맹정진으로 일관했다고 한다.

스님은 용성 큰스님이 출옥한 봄 이후부터는 명산대찰의 선원에서 수행에 전념하였다. 오대산 상원사선원을 시작으로 속리산 복천암, 태백산 각화사, 범어사 금어선원, 함양 백운암선원 등에서 정진

● 동산 대종사 진영

하였다. 1924년 4월 보름부터 3년간 직지사에서 3년 결사를 하였고, 1927년 4월에 금정산 범어사 금어선원에서 하안거에 들어 참선하던 중인 7월 5일 방선시간에 대나무 숲을 거닐다가 바람에 부딪히는 댓잎소리를 듣고 칠통을 타파하고 오도悟道의 소식을 전했다.

화래화거기다년畵來畵去幾多年 필두낙처활묘아筆頭落處活猫兒
진일창전만면수盡日窓前滿面睡 야래의구착노서夜來依舊捉老鼠
그리고 그린 것이 그 몇 해던가
붓끝이 닿는 곳에 살아 있는 고양이로다.
하루 종일 창 앞에서 늘어지게 잠을 자고
밤이 되면 예전처럼 늙은 쥐를 잡는다.

용성 큰스님에게 견처見處를 말씀드리자 즉석에서 인가를 해주시니 용성선사의 법맥을 사자상승師資相承하게 되었다. 이리하여 스님은 1929년 방함록에 의하면 40세가 되던 해 금어선원 동안거에서 처음으로 범어사 조실이 되어 참선납자들을 제접하게 되었다.

성철스님 행장에 의하면 1936년 3월에 해인사에서 동산스님을 은사로 수계 득도하게 되며, 1937년 3월에 범어사에서 비구계를 수지하게 된다. 동산스님은 1936년 47세 되던 해 11월 18일 용성 큰스님으로부터 동국계맥으로 가장 유명한 지리산 칠불계맥을 전수받으시어 전계사가 되신 것이다.

용성 큰스님께서 1940년 음력 2월 24일 대각사에서 세납 77세로 입적하시자 동산스님은 1941년 하안거부터 1965년 음력 3월 23일 입적하실 때까지 범어사 조실로 머물며 간화선풍을 드날렸다. 또 1943년에는 범어사 금강계단의 단주壇主로 전계대화상이 되셨다.

1954년 65세 8월 24일, 25일 양일간 선학원에서 64명이 참석하여 제11차 전국비구승대표자대회를 열고 불교정화방침을 결정하기에 이르렀다. 11월 3일 제2차 중앙종회를 개최하여 종단의 임원진을 구성하였는데, 종정에 동산, 총무원 도총섭에 청담스님이었다. 이때가 동산 큰스님께서 처음으로 종정이 되신 해이다. 그래서 동산 큰스님은 대처승단을 정화하는 데 주도적인 역할에 매진하게 되고, 이후 두 번이나 더 종정에 추대되셨다. 1962년 73세 2월 12일에 비구대처 양측이 8년 만에 회동하여 불교재건비상종회가 개최되고, 4월 1일에는 정화불사가 성취되는 비구와 대처의 통합종단이 구성되었다. 이에 동산 큰스님은 종정의 소임을 사임하시고 범어사로 내려와서 사격을 일신하고 납자들의 교육에 전념하였다.

동산 스님은 1965년 음력 3월 23일에 열반에 드시니 세수 76세요, 법랍 53세였다. 열반송은 다음과 같다.

　　원래미증전元來未曾轉　개유제이신豈有第二身
　　삼만육천조三萬六千朝　반복지저한反覆只這漢
　　원래 일찍이 바꾼 적이 없거니
　　어찌 두 번째의 몸이 있겠는가.
　　백년 삼만 육천일
　　매일 반복하는 것, 다만 이놈뿐일세.

3만여 인파가 모여 영결식을 마치고 다비를 하자 사리 3과가 나와 부도에 안치했다. 성철 큰스님은 '동산 대종사 사리탑비'에서 동산혜일 대종사의 임제종 종풍 등을 다음과 같이 천양하였다.

어떤 깨지고 눈먼 머리 깎은 이가 있어서 독을 바른 크나큰 북을 높이 달아 놓으니 불조가 목숨을 잃고 금강보검을 비껴 차니 일월이 더욱 빛나더라. 삼현三玄의 과갑戈甲을 방榜과 할喝의 아래에 펼치니 평지平地에 큰 파도가 도도하고 사빈주반四賓主伴을 언상言像 밖에 증험하니 푸른 하늘에 빠른 번개가 소리치도다. 사자가 몸을 뒤치매 백 가지 짐승들은 뇌가 찢어지고 코끼리가 몸을 돌리매 미진처럼 많은 중생이 널리 법은에 젖도다. 험하기는 깎아지른 천 길이요, 꽃은 만 떨기를 펼침이라. 영축산 고개의 보배달은 그것을 힘입어 더욱 밝고 조계산의 신령스러운 파도는 그것을 인하여 더욱 용솟음치니 실로 임제臨濟의 적실한 골수요, 태고太古의 정밀한 혈맥血脈이라. 이것은 우리의 스승 동산 대종사의 가풍의 상도常道로다.

......

아아! 스님의 금옥 같은 아름다운 모습과 철석같은 마음으로 무궁화 꽃이 만발한 옛 동산을 교화하신 40성상星霜은 부지런히 종승宗乘을 천양하고 정법을 붙들어 세우는 것을 자신의 소임이라 여기시어 험악한 산길을 시원하게 개척하고 수많은 폐단을 확연히 소탕하여 조사의 등불을 창해滄海의 깊은 곳에 안치하고 교단을 태산의 견고한 데 두었으니 큰 원력을 타고 온 사람이라고 누가 이르지 않겠는가.

송하기를,

영골사리는 청정하고 찬연하니
부처님이 실색하고 달마가 점두하도다.
한 여름에 서리 내리고, 엄동에 꽃이 찬란하도다.
푸른 용은 웅비하고 표범은 용맹스럽게 달리도다.
날카로운 칼날은 감로수요, 비둘기 깃은 맑은 차로다.
어두운 밤의 보배구슬과 낭떠러지의 무지개 다리로다.
시체가 쌓이어 산이 높이 솟고 피가 흘러 폭포가 되었네
향기로운 바람은 땅을 휩쓸고 꽃비는 하늘에 가득하네
봉황은 예천을 마시고 기린은 경림에 깃들었도다.

-문인門人 성철이 울며 짓다.

성철 대종사 행장

전불심등부종수교 조계종정傳佛心燈扶宗樹敎 曹溪宗正
퇴옹당성철대종사사리탑비명退翁堂性徹大宗師舍利塔碑銘

원각圓覺이 보조普照하니 적寂과 멸滅이 둘이 아니라
보이는 만물은 관음觀音이요 들리는 소리는 묘음妙音이라
보고 듣는 이 밖에 진리가 따로 없으니
시회대중時會大衆은 알겠는가?
산은 산이요 물은 물이로다.

종문宗門 가운데 바른 안목을 갖춘 종사는 본디 굳세고 우뚝하여 그 모습은 고고하고 청수하며 그 생각과 사려는 호수처럼 고요하시니, 계법戒法과 선정禪定의 행리行履는 인간 천상이 엿볼 수 없고 자비慈悲의 묘용妙用은 일체 중생이 다 함께 우러러 본다. 한 말씀 한 구절과 한 기틀 한 경계에 인천人天의 안목眼目을 열되, 어느 때는 방棒·할喝의 본분수단本分手段으로써 납승을 제접하고 어느 때는 삼현三玄·삼요三要와 사료간四料揀·사빈주四賓主의 임제종지臨濟宗旨로써 향상일로

向上一路向上一路를 천양闡揚하여 사자후獅子吼를 토吐하시니, 이는 불조佛祖의 행리이니 당대當代 건곤독보乾坤獨步의 선기禪機를 떨치셨다.

퇴옹당退翁堂 성철대종사性徹大宗師께서는 서기 1912년 임자壬子 음陰 2월 19일 경남慶南 산청군山淸郡 단성면丹城面 묵곡리黙谷里 합천이씨陜川李氏 가문家門에서 태어나시니, 엄부嚴父는 상언尙彦이시고 자모慈母는 진주강씨晉州姜氏셨으며, 속명俗名을 영주英柱라 하였다. 천성이 총민하시고 안광眼光이 남달랐으며 다섯 살에 능히 글을 짓고 시詩를 쓰니 모두 천재신동天才神童이라 하였다. 소학교를 졸업하고 서당에서 자치통감資治通鑑까지 마친 뒤로는 남에게 더 이상 배운 바가 없이 스스로 학문을 대성大成하셨다. 일찍이 소년 시절부터 진리를 탐구하기 위하여 모든 경서經書와 신학문新學問을 섭렵하였으나 이는 진여眞如의 문에 들어가는 길이 아님을 깨닫던 즈음 한 노승老僧으로부터 영가永嘉의 증도가證道歌를 받아 읽고 홀연히 심안心眼이 밝아짐을 느꼈다. 20세 전후부터 불교에 심취하여 지리산智異山 대원사大源寺 탑전塔殿에서 정진하기 40여 일 만에 문득 마음이 밖으로 달아나지 않고 화두가 동정일여動靜一如에 이르게 되었다. 화두참선에 확신을 가지고 마침내 1936년 병자丙子 봄 25세에 입산 출가를 결심하고 가야산伽倻山 해인사海印寺로 떠나면서 출가시出家詩를 읊으셨다.

     미천대업홍로설彌天大業紅爐雪이요
     과해웅기혁일로跨海雄基赫日露라
     수인감사편시몽誰人甘死片時夢가
     초연독보만고진超然獨步萬古眞이로다

하늘 넘친 큰일들은 붉은 화롯불에 한 점의 눈송이요
바다를 덮는 큰 기틀이라도 밝은 햇볕에 한 방울 이슬일세.
그 누가 잠깐의 꿈속 세상에 꿈을 꾸며 살다가 죽어가랴
만고의 진리를 향해 초연히 나 홀로 걸어가노라.

1936년 병자丙子 봄 해인사海印寺 백련암白蓮庵의 하동산河東山 스님을 은사로 수계득도受戒得度하고 같은 해에 운봉화상雲峰和尙으로부터 비구계를 수지한 다음 범어사梵魚寺 금어선원金魚禪院 금강산金剛山 마하연摩訶衍 등 남북 제방선원諸方禪院에서 안거하셨으며, 29세 때 대구大邱 동화사桐華寺 금당선원金堂禪院에서 마침내 칠통漆桶을 타파하고 오도송悟道頌을 읊으셨다.

황하서류곤륜정黃河西流崑崙頂하니
일월무광대지침日月無光大地沈이라
거연일소회수립遽然一笑回首立하니
청산의구백운중靑山依舊白雲中이로다
황하수 곤륜산 정상으로 거꾸로 흐르니
해와 달은 빛을 잃고 땅은 꺼지는도다.
문득 한 번 웃고 머리를 돌려 서니
청산은 예대로 흰 구름 속에 섰네.

이후로 10여 년 가까이 장좌불와長坐不臥로 고행 정진하시니 언제나 안목이 투철하여 그 선기禪機를 당할 자가 없었다. 8·15광복 후

경북 문경 봉암사鳳巖寺에서 공주규약供住規約을 만들어 '부처님 법대로 살자'는 기치를 높이 드니, 청담靑潭·향곡香谷·자운慈雲·월산月山·혜암慧庵·법전法傳 등 대덕大德들이 동참하여 불조佛祖의 정법正法을 발양發揚함으로써 교단정화敎團淨化의 초석礎石을 다졌다. 1955년 교단 정화 후 초대 해인사 주지에 임명되었으나 거절하시고 팔공산八公山 파계사把溪寺 성전암聖殿庵으로 옮겨 철망을 치고 10여 년을 동구불출洞口不出하며 도광道光을 숨기셨다. 1967년 가야산伽倻山 해인총림海印叢林 초대 방장方丈에 추대되시고 백일법문百日法門을 열어 무량중생無量衆生을 화도化度하기 시작하셨다. 1981년 대한불교조계종大韓佛敎曹溪宗 제6대 종정宗正에 추대되시고 1991년 제7대 종정에 재추대되셨으며, 종문宗門의 이론서인 『선문정로禪門正路』를 저술하고 상당법어집上堂法語集인 『본지풍광本地風光』을 발간하시고는 부처님께 밥값 하였다고 흔연해 하셨다. 스님의 말씀 및 종문의 핵심어록에 관한 스님의 강론을 엮은 10여 종의 책과 스님께서 몸소 선정하여 번역하게 하신 선종의 주요 어록 37권을 함께 묶은 〈선림고경총서禪林古鏡叢書〉를 발간하니, 종통宗通과 설통說通을 겸전兼全하신 스님께서 현대 한국 선종에 끼치신 바는 참으로 큰 것이다. 스님께서는 종단 행정에는 일절 간여치 않으시고 국정자문위원國政諮問委員에 위촉되었으나 전혀 나아가지 않으면서 '산승은 오로지 청산에 머물 뿐이다'라고 하셨다. 결제結制 때에는 산중에 비구·비구니를 비롯한 사부대중四部大衆이 항상 500명이 넘게 운집하여 정진하였으니, 오늘날 동양 삼국에 이와 같은 수행처가 없다 할 것이다. 매철마다 대중이 함께 참여하는 칠일칠야용맹정진七日七夜勇猛精進은 철저한 수행정신을 진작시키고 조계문하曹溪門下의 선풍禪風을 드날리게 하는 스님의 매서운 가풍家風을 이루었다. 스님께서는 선종禪宗의 바른 이념이 육조혜능六祖慧能의 돈오돈수사상頓悟頓修思想에 있음을 밝히시고 800여 년 동안 한국 선종을 물들여온 보조普照의 돈오점수설頓悟漸修說을 논파論破하여 종지宗旨를 바로 세우시니 캄캄한 밤중에 등불을 밝힘과 같았고, 수행납승修行衲僧과 종도宗徒들에게 바른 종취宗趣를 고취시켜 활발발活潑潑한 조사가풍祖師家風을 회복하신 것이다. 스님께서는 평생 계율戒律을 엄격히 하셨고, 신도들에게 직접 불공염불해주지 않았으며, 스스로 참회기도懺悔祈禱를 하도록 하셨다. 누구나 불전佛前에 삼천배三千拜를 하지 않으면 화두話頭를 주지 않고 친견을 허락지 않았으며, 평생 돈 만지는 일을 멀리하셨다. 젊었을 때 16년간 생식生食 또는 벽곡辟穀으로 지내셨으며, 40여 년간 무염소식無鹽小食으로 일절 간식하지 않고, 광목廣木 마포麻布 외外에는 입지 않으셨으며, 사는 건물에는 단청을 허락지 않으셨다. 1993년 11월 4일 새벽 스님께서 처음 삭발 수계 득도하셨던 퇴설당堆雪堂에서 상좌上佐들에게 '참선參禪 잘하라'는 당부를 하시고 스스로 임종게臨終偈를 쓰신 다음 문득 열반涅槃에 드시니 세수世壽는 82세요, 법랍法臘은 58세로서 그 모습이 거룩하고 또 거룩하셨다.

    생평기광남녀군生平欺誑男女群하니
    미천죄업과수미彌天罪業過須彌라
    활함아비한만단活陷阿鼻恨萬端인데
    일륜토홍괘벽산一輪吐紅掛碧山이로다

일생 동안 남녀의 무리를 속여서
하늘 넘치는 죄업은 수미산을 지나친다.
산 채로 무간지옥에 떨어져서 그 한이 만 갈래나 되는데
둥근 한 수레바퀴 붉음을 내뿜으며 푸른 산에 걸렸도다.

7일 장중葬中에 수많은 사람들이 와서 모두 슬퍼하였고, 그 기간 동안 퇴설당堆雪堂과 백련암白蓮庵 뒷산에 걸쳐서 일곱 차례나 방광放光을 하시니, 그 이적異蹟에 사부대중四部大衆은 모두 놀라워하고 감격했다. 다비식茶毘式에는 30여 만 명이 운집雲集하여 30리 밖까지 인산인해人山人海를 이루니 그 장엄함은 이루 다 말할 수 없었다. 다비 후 100여 과顆의 사리舍利를 얻어 칠칠재七七齋 동안 친견법회親見法會를 열자 종교를 초월하여 100여 만 명의 대중이 모여들어 찬탄하였으니, 이는 불교사佛敎史에 드문 일이었다. 이에 우리 후학들은 향 사르어 올리며 스님의 가신 뜻을 기린다.

아! 남산에 구름 일고 북산에 비 내리니
빛난 해는 수미산을 감도는데
붉은 안개 자욱히 벽해碧海를 뚫는다.
스님께서는 대원각大圓覺으로 집을 삼으시니
몸과 마음 길이 평등성해平等性海에 머무소서.

불기 2540년 병자丙子(1996) 가을 후학後學 동곡일타東谷一陀는 머리 숙여 절하옵고 삼가 쓰다.

성철 대종사 연보

1912년(1세) 경남 산청군 단성면 묵곡리에서 아버지 이상언 님,
어머니 강상봉 님의 장남으로 출생.

1936년(25세) 해인사로 출가. 3월에 하동산 스님을 은사로 수계 득도.
범어사 금어선원에서 하안거, 범어사 원효암에서 동안거.

彌天大業紅爐雪이요 跨海雄基赫日露라
誰人甘死片時夢가 超然獨步萬古眞이로다
하늘에 넘치는 큰일들은 붉은 화롯불에 한 점의 눈송이요
바다를 덮는 큰 기틀이라도 밝은 햇볕에 한 방울 이슬일세.
그 누가 잠깐의 꿈속 세상에 꿈을 꾸며 살다가 죽어가랴
만고의 진리를 향해 초연히 나 홀로 걸어가노라. 〈출가시〉

1937년(26세) 3월 24일 범어사에서 비구계 수지.
범어사 원효암에서 하안거, 통도사 백련암에서 동안거.

1938년(27세) 범어사 내원암에서 하안거, 통도사 백련암에서 동안거.

1939년(28세) 경북 은해사 운부암에서 하안거, 금강산 마하연에서 동안거.

1940년(29세) 금강산 마하연에서 하안거, 금당선원에서 동안거,
오도송悟道頌 읊음.

黃河西流崑崙頂하니 日月無光大地沈이라
遽然一笑回首立하니 靑山依舊白雲中이로다
황하수 곤륜산 정상으로 거꾸로 흐르니

　　　　　　　해와 달은 빛을 잃고 땅은 꺼지는도다.
　　　　　　　문득 한 번 웃고 머리를 돌려 서니
　　　　　　　청산은 예대로 흰 구름 속에 섰네. 〈오도송〉
1941년(30세)　전남 송광사 삼일암에서 하안거,
　　　　　　　충남 수덕사 정혜사에서 동안거.
1942년(31세)　충남 서산군 간월도의 만공스님 토굴에서 하안거, 동안거.
1943년(32세)　충북 법주사 복천암에서 하안거, 경북 선산 도리사에서 동안거.
1944년(33세)　선산 도리사에서 하안거, 경북 문경 대승사에서 동안거.
1945년(34세)　대승사에서 하안거, 대승사 암자인 묘적암에서 동안거.
1946년(35세)　경북 파계사 성전암에서 하안거, 동안거.
1947년(36세)　통도사 내원암에서 하안거, 경북 문경 봉암사에서 동안거.
　　　　　　　봉암사에서 "부처님 법답게 살자"는 기치 아래 결사하여
　　　　　　　청담, 자운, 월산, 혜암, 성수, 법전스님 등과 주석.
　　　　　　　중국 총림의 일과에 맞게 생활하고 대불정능엄신주를 독송
　　　　　　　하도록 함.
1948년(37세)　봉암사에서 하안거, 동안거.
1949년(38세)　봉암사에서 하안거, 경남 월내리의 묘관음사에서 동안거.
1950년(39세)　경남 고성군 문수암에서 하안거, 동안거.
1951년(40세)　경남 고성의 은봉암에서 하안거, 경남 통영 안정사
　　　　　　　천제굴에서 동안거.
　　　　　　　안정사 위 산자락에 초가삼간의 토굴을 지어 천제굴이라고
　　　　　　　이름함.
　　　　　　　신도들에게 삼천배를 하게 함.
1952년(41세)　천제굴에서 하안거, 경남 마산의 성주사에서 동안거.
1953년(42세)　천제굴에서 하안거, 동안거.
1954년(43세)　천제굴에서 하안거, 동안거.
　　　　　　　비구 종단의 정화가 시작됨.

1955년(44세)	경남 남해의 용문사 백련암에서 하안거, 파계사 성전암에서 동안거.
	비구 정화 후, 해인사 초대 주지로 임명했으나 취임하지 않음.
1956년(45세) ~1963년(52세)	파계사 성전암에서 동구불출하며 하안거, 동안거.
1964년(53세)	부산 다대포에서 하안거, 서울의 도선사에서 동안거.
1965년(54세)	경북 문경의 김용사에서 하안거, 동안거.
	겨울에 육조단경, 금강경, 증도가 및 중도 이론을 대중들에게 최초로 설법함.
1966년(55세)	김용사에서 하안거. 해인사 백련암에서 동안거.
1967년(56세)	해인사 백련암에서 주석함.
	해인총림의 초대 방장으로 취임, 동안거 기간 중에 백일법문을 함.
1967년~ 1993년 11월 4일	열반하기까지 해인총림 방장으로 퇴설당과 백련암에 주석.
1976년(65세)	『한국불교의 법맥』 출간.
1981년(70세)	1월 20일 대한불교조계종 제6대 종정으로 추대.
	12월 『선문정로』를 출간하여 '돈오돈수'를 설파함.
	원각圓覺이 보조普照하니 적寂과 멸滅이 둘이 아니라
	보이는 만물은 관음觀音이요 들리는 소리는 묘음妙音이라
	보고 듣는 이 밖에 진리가 따로 없으니
	시회대중時會大衆은 알겠는가?
	산은 산이요 물은 물이로다. 〈종정 수락법어〉
1982년(71세)	11월 『본지풍광』 출간.
1986년(75세)	6월 『돈오입도요문론 강설』과 『신심명·증도가 강설』 출간.
1987년(76세)	6월 『자기를 바로 봅시다』 출간.
	7월 백련불교문화재단 설립.
	11월 도서출판 장경각 설립, 〈선림고경총서〉 발간을 시작.

1988년(77세)	2월 『돈황본 육조단경』 출간.
1991년(80세)	대한불교조계종 제7대 종정으로 재추대.
1992년(81세)	4월 『백일법문』 상·하권 출간.
1993년(82세)	11월 4일 오전 7시 30분 해인사 퇴설당에서 입적.
	生平欺誑男女群하니 彌天罪業過須彌라
	活陷阿鼻恨萬端인데 一輪吐紅掛碧山이로다
	일생 동안 남녀의 무리를 속여서
	하늘 넘치는 죄업은 수미산을 지나친다.
	산 채로 무간지옥에 떨어져서 그 한이 만 갈래나 되는데
	둥근 한 수레바퀴 붉음을 내뿜으며 푸른 산에 걸렸도다.
	〈열반송〉
1993년	11월 10일 영결식 및 다비식 봉행.
	11월 12일 100여 과 사리 수습.
1998년	11월 해인사 운양대에 사리탑 봉안.
2001년	3월 경남 산청군 단성면 묵곡리 생가 터에 겁외사 창건.
	12월 『성철스님 시봉이야기』 1, 2권 원택 지음 출간.
2012년	3월 조계사 대웅전 앞 뜰에서 성철 큰스님 탄신 100주년 기념법회
	4월 『성철스님 시봉이야기』 개정판 출간.
	9월 『영원에서 영원으로』 불필스님 회고록 출간.
2013년	8월 '성철스님의 자취를찾아서' 불교신문 연재를 『이 길의 끝에서 자유에 이르기를』이라는 제목으로 조계종출판사에서 출간.
2014년	11월 개정증보판 『백일법문』 상·중·하 출간.
2015년	4월 성철스님기념관 건립 회향.
	7월 『명추회요』, 감역 원택으로 번역 출간.
	9월 정심사 성철 큰스님 사리전 건립.
2016년	2월 엮은이 원택으로 『설전雪戰』 출간.
	4월 『성철스님 시봉이야기』 개정증보판 출간.

값 18,000원

ISBN 978-89-93904-71-0